ADOBE® PHOTOSHOP® CS6
CLASSROOM IN A BOOK®

Das offizielle Trainingsbuch von Adobe Systems

Die Deutsche Nationalbibliothek verzeichnet diese Publikation in der Deutschen Nationalbibliografie; detaillierte bibliografische Daten sind im Internet über http://dnb.d-nb.de abrufbar.

Autorisierte Übersetzung der amerikanischen Originalausgabe:
»Adobe Photoshop CS6 – Classroom in a Book«

10 9 8 7 6 5 4 3 2 1

14 13 12

ISBN 978-3-8273-3160-1

Einbandgestaltung: Adobe Press
Lektorat: Kristine Kamm, kkamm@pearson.de
Herstellung: Philipp Burkart, pburkart@pearson.de
Übersetzung und Satz: Frank Baeseler, Güby
Druck: Graphy Cems
Dieses Buch wurde mit Adobe Photoshop CS6,
Adobe InDesign CS6 und Adobe Illustrator CS6 auf dem Macintosh erstellt.
Printed in Spain

INHALT

EINFÜHRUNG

1 DER ARBEITSBEREICH

2 FOTOS KORRIGIEREN

5 DIGITALE FOTOS KORRIGIEREN UND AUFWERTEN

6 MASKEN UND KANÄLE

7 TYPODESIGN

8 MIT VEKTOREN ZEICHNEN

9 SPEZIALEFFEKTE

10 VIDEO BEARBEITEN

11 MALEN MIT DEM MISCHPINSEL-WERKZEUG

12 MIT 3D-BILDERN ARBEITEN

13 DATEIEN FÜR DAS WEB

14 MIT KONSISTENTEN FARBEN PRODUZIEREN UND DRUCKEN

AUF DER DVD

Lektionsdateien und vieles mehr auf der Classroom in a Book-DVD

Die *Adobe Photoshop CS6 Classroom in a Book*-DVD enthält Verzeichnisse mit allen elektronischen Dateien für die Lektionen dieses Buchs, Video-Trainings über Adobe Photoshop CS6. Das folgende Diagramm zeigt Ihnen Inhalt und Struktur der Buch-DVD.

Lektionsdateien

Jede Lektion besitzt einen eigenen Ordner, den Sie auf Ihre Festplatte kopieren müssen, bevor Sie beginnen.

VIDEO-TRAINING

Video-Trainingsfilme zu Photoshop CS6 finden Sie im Ordner *Video-Training*. Die Filme laufen ohne Installation unter Mac OS und Windows, öffnen Sie dazu die HTML-Datei *start.html* in Ihrem Standardbrowser.

EINFÜHRUNG

An Adobe® Photoshop® CS6 kommt keiner vorbei. Für Grafiker, Fotografen und Designer ist dieses Bildbearbeitungsprogramm schon seit vielen Jahren der wegweisende Standard. Adobe Camera Raw, Bestandteil von Photoshop CS6, bietet eine große Flexibilität und Kontrolle bei der Arbeit mit Raw-Bildern. Sie können jetzt die gleichen Funktionen auch auf TIFF- und JPEG-Bilder anwenden. Photoshop CS6 erweitert die Möglichkeiten der digitalen Bildbearbeitung und hilft, Ihre Ideen einfacher als je zuvor in Szene zu setzen.

Über dieses Buch

Adobe Photoshop CS6 Classroom in a Book gehört zu den offiziellen Trainingsbüchern für Adobe-Grafik- und Satzprogramme und wurde von Experten im Hause Adobe Systems entwickelt. Die Lektionen sind so angelegt, dass Sie Ihren Lernrhythmus selbst bestimmen können. Wenn Sie mit Adobe Photoshop noch nicht vertraut sind, werden Sie alle wichtigen Grundlagen und Möglichkeiten kennenzulernen, die Sie für die Arbeit mit dem Programm benötigen. Arbeiten Sie bereits mit Adobe Photoshop, finden Sie in *Classroom in a Book* viele wichtige weitergehende Techniken und Tipps für die aktuelle Version und für das Aufbereiten von Bildern für das Web.

Obwohl in jeder Lektion Schritt-für-Schritt-Anleitungen für das Erstellen eines bestimmten Projekts gegeben werden, gibt es viel Raum für eigene Experimente. Sie können das Buch von Anfang bis Ende durcharbeiten oder sich nur die Lektionen vornehmen, für die Sie sich interessieren. Alle Lektionen enden mit einem Rückblick auf das, was Sie gelernt haben.

Neu in dieser Ausgabe

Diese Ausgabe geht auf viele der neuen Möglichkeiten in Adobe Photoshop CS6 ein, wie die intuitiven Werkzeuge zur Videobearbeitung: Sie erstellen ganz einfach Effekte und fügen sie anschließend Videoclips und Standbildern hinzu. Das inhaltsbasierte Verschieben-Werkzeug entfernt unerwünschte Objekte oder ersetzt vorhandene Bildbereiche. Hinzu kommt die einfachere und leistungsstärkere 3D-Steuerung (nur in Photoshop CS6 Extended). Das völlig neue Freistellen-Werkzeug bietet größere Freiheit beim Freistellen, Ausrichten und Drehen von Bildern. Die Lektionen in diesem Buch machen Sie außerdem mit den erodierbaren Pinselspitzen, den neuen Vektorebenen, objektivabhängigen Einstellungen, Absatzformaten und vielem mehr vertraut.

Themen der neuen Lektionen:

- Arbeiten im Zeitleistenbedienfeld, Keyframes und Bewegungseffekte, um in Photoshop aus Videoclips und Standbildern Filmdateien zu erzeugen.
- Absatzformate einrichten und zuweisen

- Mit erodierbaren Pinselspitzen noch realistischer malen
- In einer 3D-Szene Effekte erzeugen, positionieren und Objekten zuweisen (nur in Photoshop CS6 Extended)

Die aktuelle Ausgabe von *Adobe Photoshop CS6 Classroom in a Book* liefert viele weitere Informationen zu Photoshop und wie Sie am besten mit dem Programm arbeiten. Außerdem erhalten Sie viele praktische Photoshop-Tipps zur Organisation, Verwaltung und Präsentation Ihrer Bilder ebenso wie zu deren Aufbereitung für das Web. *Adobe Classroom in a Book* enthält darüber hinaus wertvolle Tipps und Techniken der Adobe-Expertin Julieanne Kost.

Funktionen in Photoshop Extended

Das vorliegende *Adobe Photoshop CS6 Classroom in a Book* geht auf viele Funktionen in Adobe Photoshop CS6 Extended ein – die erweiterte Version für Profis, Techniker und Wissenschaftler. Mit Photoshop CS6 Extended lassen sich 3D-Inhalte und Grafikanimationen sowie spezielles Bildmaterial aus den Bereichen Architektur, Wissenschaft oder Technik bearbeiten.

Hier einige Funktionen in Photoshop Extended:

- Import von dreidimensionalen Bildern sowie die Möglichkeit, einzelne Frames oder Bilderserien individuell zu bearbeiten, wie Malen, Bearbeiten mit dem Kopierstempel, Retuschieren und Transformieren.
- Unterstützung dreidimensionaler (3D-)Dateien, wie der Formate U3D, 3DS, OBJ, KMZ und Collada, erzeugt mit Programmen wie Adobe Acrobat und Google Earth. Weitere Informationen finden Sie in Lektion 12.
- Kommentieren und Analysieren von DICOM-Dateien – dem Standard für medizinische Scans. MATLAB-Anwender können Bilddaten aus Photoshop Extended exportieren bzw. die Ergebnisse von MATLAB-Algorithmen in Photoshop Extended visualisieren. Bearbeitung von 32-Bit-HDR-Bildern (HDR = High Dynamic Range) mit einem speziellen HDR-Farbwähler und der Möglichkeit, in HDR-Bildern zu malen und sie in Ebenen anzuordnen.

Vorbereitungen

Bevor Sie mit *Adobe Photoshop CS6 Classroom in a Book* beginnen, sollten Sie mit dem Betriebssystem Ihres Computers vertraut sein. Sie sollten mit der Maus und den standardmäßigen Menüs und Befehlen umgehen können. Ihnen sollte zudem bekannt sein, wie man Dateien öffnet, speichert und schließt. Um diese Techniken noch einmal aufzufrischen, informieren Sie sich in den Dokumentationen, die mit Microsoft Windows oder Apple Mac OS X ausgeliefert wurden.

Adobe Photoshop installieren

Bevor Sie mit *Adobe Photoshop CS6 Classroom in a Book* beginnen, muss Ihr System korrekt eingerichtet und die notwendige Soft- und Hardware installiert sein. Sie müssen das Programm Adobe Photoshop CS6 gesondert erwerben – meist zusammen mit anderen Programmen als Creative Suite 5. Die vollständigen Hinweise über die Systemvoraussetzungen und für die Installation finden Sie in der »Bitte lesen«-Datei auf der Programm-DVD oder im Internet unter *www.adobe.com/de/support*. Beachten Sie, dass einige Funktionen in Photoshop CS6 Extended (einschließlich vieler 3D-Funktionen) eine Grafikkarte mit Unterstützung von OpenGL 2.0 voraussetzen.

Photoshop und Bridge verwenden dasselbe Installationsprogramm. Sie müssen diese Programme von der Adobe Photoshop CS6-Programm-DVD auf Ihrer Festplatte installieren, da Sie sie nicht von der DVD ausführen können. Folgen Sie den Anweisungen auf dem Bildschirm.

Halten Sie die Seriennummer bereit, wenn Sie mit der Installation beginnen.

Adobe Photoshop starten

Sie starten Photoshop so wie jedes andere Programm.

So starten Sie Adobe Photoshop unter Windows: Wählen Sie **Start: Programme: Adobe Photoshop CS6**.

So starten Sie Adobe Photoshop unter Mac OS: Öffnen Sie den Ordner *Programme/Adobe Photoshop CS6* und doppelklicken Sie auf das Programmsymbol *Adobe Photoshop*.

Hinweis: Sie überschreiben während der Arbeit die Ausgangs- bzw. Startdateien. Um die ursprünglichen Dateien wiederherzustellen, kopieren Sie einfach erneut den jeweiligen Lektionsordner von der *Classroom in a Book*-DVD in den Ordner *Lektionen* auf Ihrer Festplatte.

Die Buch-Dateien installieren

Die *Adobe Photoshop CS6 Classroom in a Book*-DVD enthält Verzeichnisse mit allen Dateien für die Lektionen dieses Buchs. Jede Lektion besitzt einen eigenen Ordner. Sie müssen diesen Ordner auf Ihrer Festplatte installieren, um Zugriff auf die Dateien für die Lektionen zu erhalten. Um Speicherplatz zu sparen, können Sie die Ordner für die einzelnen Lektionen auch erst bei Bedarf einrichten und anschließend wieder entfernen.

So installieren Sie die *Classroom in a Book*-Dateien:

1 Legen Sie die DVD *Adobe Photoshop CS6 Classroom in a Book* in Ihr Laufwerk.

2 Suchen Sie auf der DVD den Ordner *Lektionen*.

3 Führen Sie einen der folgenden Schritte aus:

- Um alle Lektionen zu kopieren, ziehen Sie den Ordner *Lektionen* von der DVD auf Ihre Festplatte.

- Um eine einzelne Lektion zu kopieren, erstellen Sie zuerst einen neuen Ordner auf Ihrer Festplatte. Benennen Sie den Ordner mit Lektionen. Ziehen Sie dann den entsprechenden Lektionsordner von der DVD in den Ordner *Lektionen* auf Ihrer Festplatte.

Den Ordner Video-Training **installieren**

1 Legen Sie die DVD Adobe Photoshop CS6 Classroom in a Book in Ihr Laufwerk.

2 Erstellen Sie einen Ordner namens **Video-Training** auf Ihrer Festplatte.

3 Ziehen Sie den Inhalt des Ordners *Video-Training* von der DVD in den neu erstellten Ordner *Video-Training* auf Ihrer Festplatte.

Die Filme laufen ohne weitere Installation unter Mac OS und Windows. Öffnen Sie dazu die HTML-Datei *start.html* in Ihrem Standard-Webbrowser und wählen Sie in der Übersicht ein Thema bzw. einen Videofilm.

Die Standardeinstellungen wiederherstellen

Die Voreinstellungen-Dateien speichern Informationen über die Einstellungen für Befehle und Bedienfelder. Sobald Sie Adobe Photoshop verlassen, werden die Positionen der Bedienfelder sowie die Einstellungen bestimmter Befehle in der entsprechenden *Voreinstellungen*-Datei gespeichert. Alle im Dialogfeld »Voreinstellungen« vorgenommenen Änderungen sind ebenfalls Teil der *Voreinstellungen*-Datei.

Um sicherzustellen, dass die Informationen auf Ihrem Bildschirm mit den Bildern und Anweisungen im Buch übereinstimmen, sollten Sie zu Beginn einer Lektion die Standardeinstellungn wiederherstellen. Sie müssen jedoch nicht die standardmäßigen Voreinstellungen zurücksetzen. In diesem Fall sollten Sie sich aber bewusst sein, dass die Werkzeuge, Bedienfelder und anderen Einstellungen in Photoshop CS6 mit der Beschreibung in diesem Buch nicht unbedingt übereinstimmen.

Sollten Sie Ihren Monitor kalibriert haben, speichern Sie diese Einstellungen, bevor Sie mit diesem Buch beginnen.

So speichern Sie die aktuellen Farbeinstellungen:

1 Starten Sie Adobe Photoshop.

2 Wählen **Sie Bearbeiten: Farbeinstellungen**.

3 Prüfen Sie im Dialogfeld »Farbeinstellungen« die Optionen im Menü »Einstellung«:

- Falls unter »Einstellung« nicht die Option »Eigene« gewählt ist, notieren Sie den Namen der Einstellungsdatei und klicken Sie auf OK, um das Dialogfeld zu schließen. Die Schritte 4 bis 6 brauchen Sie nicht mehr auszuführen.
- Falls unter »Einstellung« die Option »Eigene« gewählt ist, klicken Sie auf »Speichern« (*nicht* auf OK).

Das Dialogfeld »Speichern« öffnet sich für den Ordner *Settings*, der verschiedene Dateien mit der Erweiterung *.csf* (Farbeinstellungsdatei) enthält.

4 Geben Sie im Feld »Dateiname« (Windows) bzw. »Speichern unter« (Mac OS) einen eindeutigen Namen zusammen mit der Erweiterung *.csf* für Ihre Farbeinstellungen ein. Klicken Sie anschließend auf »Speichern«.

5 Geben Sie im Dialogfeld »Farbeinstellungen: Anmerkung« eine Beschreibung ein, um die Farbeinstellungen wiederfinden zu können (z.B. Datum, bestimmte Einstellungen oder Ihre Arbeitsgruppe).

6 Klicken Sie auf OK, um das Dialogfeld »Farbeinstellungen: Anmerkung« zu schließen. Klicken Sie nochmals auf OK, um auch das Dialogfeld »Farbeinstellungen« zu schließen.

So stellen Sie Ihre Farbeinstellungen wieder her:

1 Starten Sie Adobe Photoshop.

2 Wählen Sie Bearbeiten: Farbeinstellungen.

3 Wählen Sie im Dialogfeld »Farbeinstellungen« aus dem Einblendmenü »Einstellung« die weiter oben notierte bzw. gespeicherte Farbeinstellungsdatei und klicken Sie auf OK.

Zusätzliche Quellen

Adobe Photoshop CS6 Classroom in a Book kann und soll nicht die Dokumentation ersetzen, die zusammen mit Photoshop CS6 ausgeliefert wird. In diesem Buch werden nur die in den Lektionen verwendeten Befehle erklärt. Ausführliche Informationen über das Programm finden Sie in folgenden Quellen:

- *Adobe Photoshop Community-Hilfe*, auf die Sie über F1 oder **Hilfe: Photoshop-Hilfe** zugreifen. Community-Hilfe ist eine integrierte Online-Umgebung mit Anweisungen, Anregungen und Support.

Adobe-Inhalte werden regelmäßig aktualisiert auf Basis von Rückmeldungen und Beiträgen der Community. Beiträge lassen sich auf verschiedene Weise veröffentlichen: Beiträge in Foren (einschließlich Links auf Webinhalte), Veröffentlichung eigener Inhalte mit *Community Publishing* oder die Bereitstellung von *Cookbook Recipes*. Mehr über Veröffentlichungen finden Sie unter *www.adobe.com/community/publishing/download.html.*

Wenn Sie Fragen zur Community-Hilfe haben, informieren Sie sich unter *http://community.adobe.com/help/profile/faq.html.*

Adobe Photoshop Hilfe und Support: Entsprechende Inhalte finden Sie unter *www.adobe.com/de/support/photoshop*.

Adobe Foruen: Über *forums.adobe.com* können Sie an Diskussionen teilnehmen, Fragen stellen und erhalten Antworten zu Adobe-Programmen.

Adobe TV: Unter *tv.adobe.com* finden Sie Online-Videos mit Hinweisen und Anregungen zu Adobe-Programmen, einschließlich einem How-to-Kanal für den Einstieg in das jeweilige Programm.

Adobe Design Center: Unter der Adresse *www.adobe.com/de/designcenter* finden Sie unter anderem Artikel über Design, eine Galerie mit Arbeiten bekannter Designer und Tutorials.

Adobe Developer Connection: *www.adobe.com/de/devnet* ist die Quelle für technische Artikel, Code-Beispiele und Videos über zukünftige Adobe-Programme und Technologien.

Informationen für Bildungseinrichtungen: *www.adobe.com/de/education* enthält unter anderem Informationen für Schüler, Studierende, Lehrkräfte und Dozenten, um Ideen und Informationen effektiv zu kommunizieren. Durch flexible Lizenzierungsprogramme können Bildungseinrichtungen einfach und kostengünstig Adobe-Lösungen in die Ausbildung integrieren und damit Kernkompetenzen für die spätere Studien- oder Berufswahl vermitteln. Darüber hinaus bietet Adobe auch Zertifizierungsprogramme an, mit deren Hilfe erworbene Kenntnisse im Rahmen einer Prüfung nachgewiesen werden können.

Hier noch weitere nützliche Links mit Webseiten:

Adobe Marketplace & Exchange: *www.adobe.com/cfusion/exchange* ist die Zentrale für Werkzeuge, Services, Erweiterungen, Code-Beispiele und mehr zur Ergänzung und Erweiterung Ihrer Adobe-Programme.

Adobe Photoshop CS6-Homepage: *www.adobe.com/de/products/photoshop*

Adobe Labs: *http://labs.adobe.com* ermöglicht Ihnen den Zugriff auf frühe Beta-Programmversionen sowie Foren mit Mitgliedern des Adobe-Entwicklungsteams oder der Community.

Adobe-Zertifizierung

Das Adobe-Zertifizierungsprogramm bietet Anwendern und Schulungszentren die Möglichkeit, ihre Professionalität im Umgang mit dem Programm darzustellen und sich als *Adobe Certified Experts, Adobe Certified Instructors* oder *Adobe Authorized Learning Providers* zu qualifizieren. Informationen über dieses Zertifizierungsprogramm finden Sie auf der Website *www.adobe.com/de/support/certification/*.

1 DER ARBEITSBEREICH

Überblick

In dieser Lektion lernen Sie Folgendes:

- Adobe Photoshop-Dateien öffnen
- Werkzeuge aus dem Werkzeugbedienfeld wählen und benutzen
- Gewähltes Werkzeug über die Optionsleiste einstellen
- Bildanzeige vergrößern oder verkleinern
- Bedienfelder wählen, neu anordnen und verwenden
- Befehle in Bedienfeld- und Kontextmenüs wählen
- Ein angedocktes Bedienfeld öffnen und benutzen
- Aktionen widerrufen, um Fehler zu korrigieren oder eine andere Wahl zu treffen
- Arbeitsbereich individuell anpassen
- Themen in der Photoshop-Hilfe finden

Für diese Lektion benötigen Sie etwa 90 Minuten. Kopieren Sie den Inhalt des Ordners *Lektion01* in den entsprechenden Lektionsordner auf Ihrer Festplatte (falls Sie den Ordner noch nicht erstellt haben, sollten Sie das jetzt tun). Während dieser Lektion überschreiben Sie die Startdateien. Möchten Sie die Startdateien wiederherstellen, kopieren Sie sie einfach von der *Adobe Photoshop CS6 Classroom in a Book*-DVD erneut auf Ihre Festplatte.

Wenn Sie mit Adobe Photoshop arbeiten, werden Sie feststellen, dass es häufig mehrere Wege zur Lösung einer Aufgabe gibt. Um die vielfältigen Möglichkeiten optimal zu nutzen, ist es wichtig, dass Sie sich im Arbeitsbereich zurechtfinden.

Mit der Arbeit in Adobe Photoshop beginnen

Der Arbeitsbereich in Adobe Photoshop enthält die Befehlsmenüs oben auf Ihrem Bildschirm und die unterschiedlichsten Werkzeuge und Bedienfelder, um Elemente zu bearbeiten oder zu Ihrem Bild hinzuzufügen. Sie können Menüs auch zusätzlich mit Befehlen und Filtern erweitern, indem Sie *Plug-ins* bzw. Zusatzmodule von Drittherstellern installieren.

Photoshop arbeitet mit digitalisierten Bitmap-Bildern (d.h. Halbtonbildern, die in Punkte bzw. Bildelemente (*Pixel*) umgewandelt wurden). Sie können außerdem mit Vektorgrafiken arbeiten. Vektorgrafiken bestehen aus mathematisch berechneten Formen wie Linien und Kurven, die ihre Detailtreue und Schärfe auch beim Skalieren und Drucken mit anderer Auflösung beibehalten. Sie erstellen Originalgrafiken in Photoshop oder importieren Bilder aus Quellen wie:

- Fotos von einer Digitalkamera
- CDs mit digitalisierten Bildern
- Per Scanner eingelesene Fotos, Diapositive, Negative, Grafiken oder andere Vorlagen
- Bilder aus einem Video
- Grafiken aus Illustrationsprogrammen

Hinweis: Wenn Sie mit eigenen Projekten arbeiten, brauchen Sie die standardmäßigen Voreinstellungen in der Regel nicht wiederherzustellen. Hier stellen Sie die standardmäßigen Voreinstellungen zu Beginn jeder Lektion wieder her, damit die Bildschirmdarstellung der Lektionsbeschreibung entspricht. Weitere Informationen finden Sie unter »Die Standardeinstellungen wiederherstellen« auf Seite 13.

Photoshop starten und eine Datei öffnen

Zuerst starten Sie Adobe Photoshop und stellen die standardmäßigen Voreinstellungen wieder her.

1 Doppelklicken Sie auf dem Desktop auf das Adobe Photoshop-Symbol, um Adobe Photoshop zu starten. Drücken Sie sofort danach die Tastenkombination Strg+Alt+Umschalt (Windows) bzw. Befehl+Wahl+Umschalt (Mac OS), um die standardmäßigen Voreinstellungen wiederherzustellen.

Falls Sie auf Ihrem Desktop kein Photoshop-Symbol sehen, wählen Sie **Start: Programme: Adobe Photoshop CS6** (Windows) bzw. wählen Sie es im *Programme*-Ordner oder im Dock (Mac OS).

2 Wenn eine Meldung erscheint, klicken Sie auf »Ja«, um zu bestätigen, dass Sie die Adobe Photoshop-Einstellungen löschen wollen.

Der Photoshop-Arbeitsbereich erscheint wie in der folgenden Abbildung.

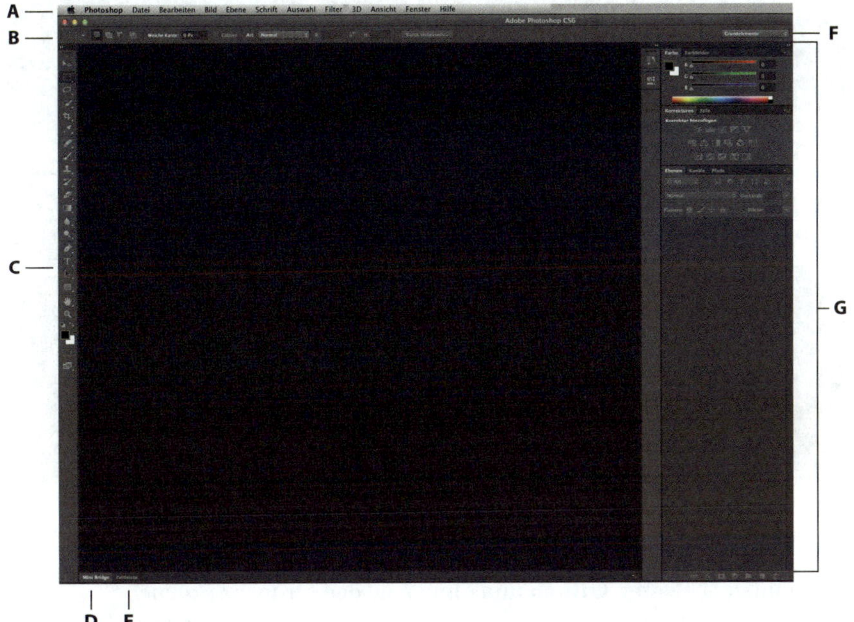

A. Menüleiste
B. Optionsleiste
C. Werkzeugbedienfeld
D. Mini Bridge
E. Zeitleiste
F. Arbeitsbereich
G. Bedienfelder

Hinweis: Die Abbildung zeigt die Mac OS-Version von Photoshop. Abgesehen von systembedingten Unterschieden in der Anzeige ist die Anordnung in Windows gleich.

Der standardmäßige Arbeitsbereich in Photoshop besteht aus der Programmleiste, der Menüleiste und der Optionsleiste oben im Arbeitsbereich, dem Werkzeugbedienfeld links und verschiedenen geöffneten Bedienfeldern rechts. Bei geöffneten Dokumenten erscheinen entsprechende Bildfenster, die Sie zusammen mit den neuen Registern anzeigen können. Die Photoshop-Benutzeroberfläche ähnelt sehr stark der in Adobe Illustrator, Adobe InDesign und Adobe Flash – wenn Sie also über die Werkzeuge und Bedienfelder in einem Programm Bescheid wissen, können Sie damit auch in den anderen Programmen umgehen.

Unter Mac OS können Sie in einem Anwendungsrahmen arbeiten, der die Programmfenster und Bedienfelder von Photoshop enthält. Der Rahmen setzt sich von den anderen eventuell geöffneten Programmfenstern ab – allein die Menüleiste befindet sich außerhalb des Rahmens. Der Anwendungsrahmen ist standardmäßig deaktiviert. Wählen Sie **Fenster: Anwendungsrahmen**, um diese Funktion zu deaktivieren.

Unter Mac OS hält der Anwendungsrahmen Bilder, Bedienfelder und Anwendungsleiste zusammen.

3 Wählen Sie **Datei: Öffnen** und öffnen Sie den Ordner *Lektionen/ Lektion01*. Sie haben diesen Ordner bereits von der Buch-DVD auf Ihre Festplatte kopiert.

4 Wählen Sie die Datei *01A_End.psd* und klicken Sie auf »Öffnen«. Klicken Sie auf OK, wenn das Dialogfeld »Abweichung vom eingebetteten Profil« angezeigt wird.

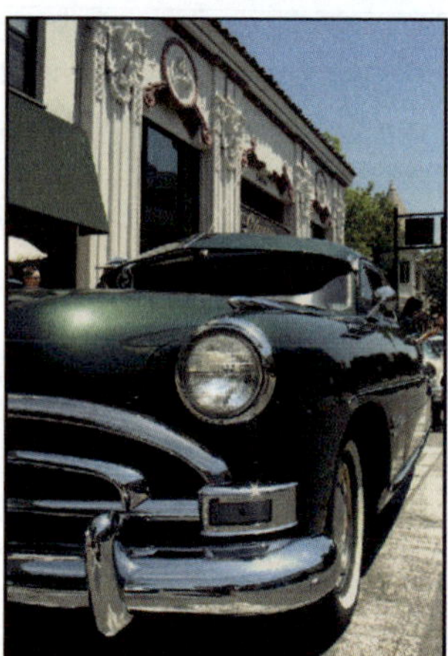

Die Datei *01A_End.psd* öffnet sich im eigenen Fenster, dem Dokument- bzw. *Bildfenster*. Die *End*-Dateien in diesem Buch zeigen Ihnen, was Sie in den einzelnen Projekten erreichen sollten. In dieser Datei wurde das Bild eines Oldtimers überarbeitet, ohne dabei jedoch den Scheinwerfer überzubelichten.

5 Wählen Sie **Datei: Schließen** oder klicken Sie ins Schließfeld in der Titelleiste des Fensters mit dem Foto. (Klicken Sie nicht ins Schließfeld für Photoshop.)

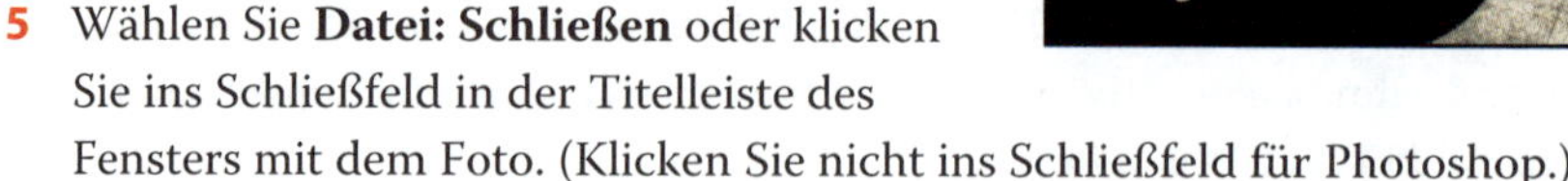

Eine Datei mit Adobe Bridge öffnen

Sie arbeiten in jeder Lektion mit anderen Startdateien. Sie können sich diese Dateien kopieren und unter einem anderen Namen oder einem anderen Ort speichern, um wieder auf die unveränderten Dateien zuzugreifen. Oder Sie arbeiten mit den Original-Startdateien und kopieren sie bei Bedarf neu von der Buch-DVD. Für diese Lektion gibt es drei Startdateien.

Sie haben bereits die klassische Methode zum Öffnen von Dateien kennen gelernt. Jetzt öffnen Sie eine andere Datei mit dem Dateibrowser bzw. der Steuerzentrale *Adobe Bridge*, die das Auffinden benötigter Bilddateien extrem vereinfacht.

1 Wählen Sie **Datei: In Bridge suchen**.

Die geöffnete Adobe Bridge zeigt diverse Bedienfelder, Menüs, Schaltflächen und Fenster.

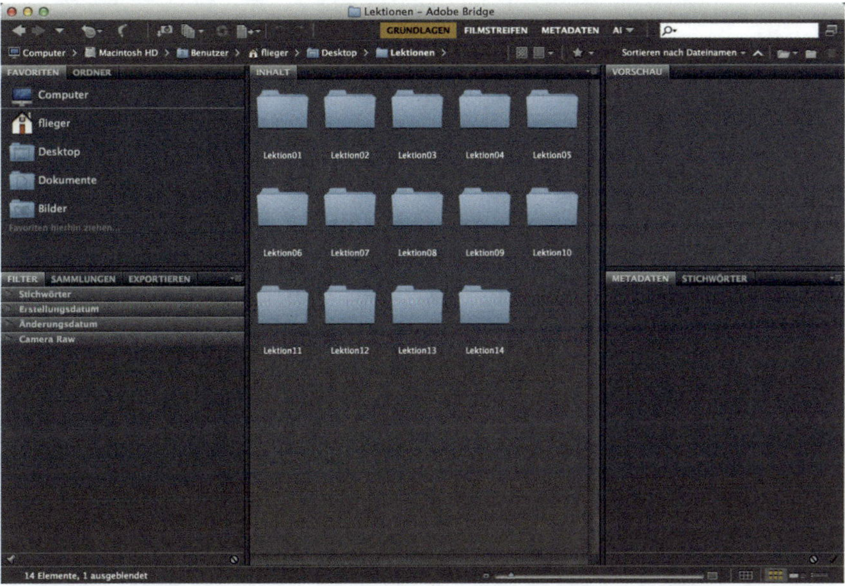

2 Suchen Sie im Ordner-Fenster oben links den Ordner *Lektionen*, den Sie von der Buch-DVD auf Ihre Festplatte kopiert haben. Der Ordner erscheint im INHALT-Fenster.

3 Wählen Sie den Ordner *Lektionen* und dann den Befehl **Datei: Zu Favoriten hinzufügen**. Fügen Sie Dateien, Ordner, Programmsymbole und andere häufig verwendete Elemente dem FAVORITEN-Fenster hinzu, um schnell darauf zuzugreifen.

4 Klicken Sie auf das Favoriten-Register, um das Fenster zu öffnen, und (nachdem Sie die Abweichungen vom eingebetteten Profil mit OK bestätigt haben) auf den Ordner *Lektionen*, um ihn zu öffnen. Doppelklicken Sie dann im INHALT-Fenster auf den Ordner *Lektion01*.

Sie sehen jetzt Vorschau-Miniaturen des Ordnerinhalts im zentralen INHALT-Fenster von Adobe Bridge.

5 Wählen Sie die Datei *01A_Start.psd* im INHALT-Fenster und öffnen Sie sie durch Doppelklicken auf die entsprechende Miniatur. Oder wählen Sie in der Bridge-Menüleiste den Befehl **Datei: Öffnen**.

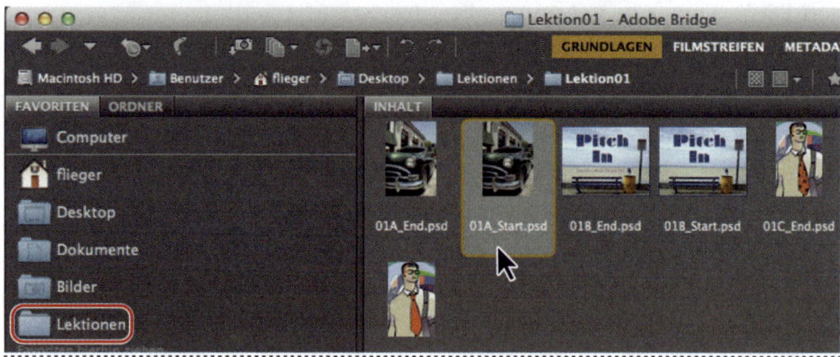

Das Bild *01A_Start.psd* öffnet sich in Photoshop. Lassen Sie die Bridge geöffnet, da Sie im weiteren Verlauf dieser Lektion noch andere Dateien suchen und öffnen.

Die Werkzeuge verwenden

Photoshop bietet leistungsstarke Werkzeuge zur Produktion anspruchsvoller Grafiken für den Druck, die Online- und die mobile Betrachtung. Die vollständige Auflistung und Beschreibung der einzelnen Photoshop-Werkzeuge und deren Einstellungen füllt schnell ein eigenes Buch. Auch wenn das sicherlich ein nützliches Nachschlagewerk wäre, verfolgt das vorliegende Buch andere Ziele. Sie sammeln Erfahrung, indem Sie einige Werkzeuge im Rahmen von Beispielprojekten konfigurieren und dann damit arbeiten. Mit jeder Lektion lernen Sie weitere Werkzeuge und Möglichkeiten kennen, sie zu benutzen. Wenn Sie alle Lektionen dieses Buches abgeschlossen haben, verfügen Sie über eine solide Basis für die weitere Arbeit mit den Photoshop-Werkzeugen.

Hinweis: Eine Übersicht mit allen Werkzeugen im Werkzeugbedienfeld finden Sie am Ende dieser Lektion.

Werkzeuge im Werkzeugbedienfeld wählen und benutzen

Das Werkzeugbedienfeld – die lange schmale Palette ganz links im Arbeitsbereich – enthält Werkzeuge zur Auswahl, zum Malen und Bearbeiten, Auswahlfelder für Vorder- und Hintergrundfarbe sowie Werkzeuge für die Ansicht. In Photoshop Extended umfasst das Werkzeugbedienfeld auch die 3D-Werkzeuge.

Sie beginnen mit dem Zoom-Werkzeug, das es auch in vielen anderen Programmen wie Illustrator, InDesign und Acrobat gibt.

1 Klicken Sie auf den Doppelpfeil über dem Werkzeugbedienfeld für eine zweispaltige Ansicht des Werkzeugbedienfelds. Klicken Sie erneut auf den Pfeil für die einspaltige Darstellung und eine damit verbundene effizientere Nutzung der Bildschirmfläche.

2 Prüfen Sie die Statusleiste unten im Arbeitsbereich (Windows) oder im Bildfenster (Mac OS) und achten Sie auf den links aufgeführten Prozentwert. Der Wert steht für die aktuelle Vergrößerung der Bildansicht.

3 Setzen Sie den Zeiger im Werkzeugbedienfeld über das kleine Lupensymbol und lassen Sie ihn dort, bis die QuickInfo mit dem Werkzeugnamen (Zoom-Werkzeug) und dem Tastaturbefehl für das Werkzeug (Z) erscheint.

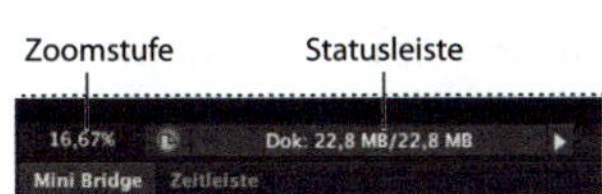

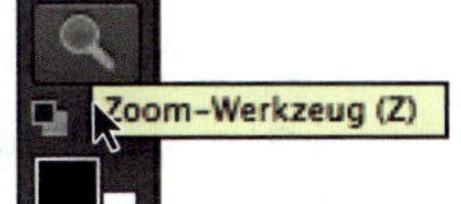

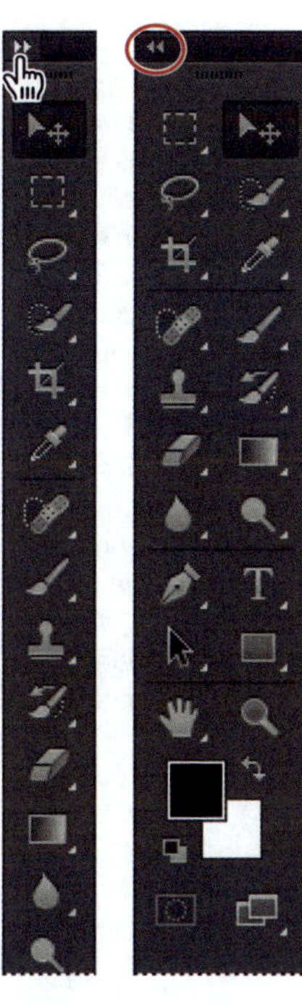

4 Klicken Sie auf das Zoom-Werkzeug (🔍) im Werkzeugbedienfeld oder drücken Sie die Taste Z, um dieses Werkzeug zu wählen.

5 Setzen Sie den Zeiger in das Bildfenster. Der Zeiger verwandelt sich in ein Vergrößerungsglas (🔍) mit einem Pluszeichen in der Mitte.

6 Klicken Sie irgendwo im Bildfenster.

Das Bild vergrößert sich auf eine voreingestellte Prozentstufe, die den vorherigen Wert in der Statusleiste ersetzt. Die Stelle, an der Sie mit dem Zoom-Werkzeug geklickt haben, wird zur Mitte der vergrößerten Ansicht. Wenn Sie erneut klicken, wird das Bild auf den nächsthöheren (voreingestellten) Prozentwert bis maximal 3200 % vergrößert.

7 Halten Sie die Alt- (Windows) bzw. Wahltaste (Mac OS) gedrückt, damit der Zeiger des Zoom-Werkzeugs mit einem Minuszeichen in der Mitte des Vergrößerungsglases (🔍) erscheint. Klicken Sie irgendwo im Bild und lassen Sie dann die Alt- bzw. Wahltaste los. Die Bildansicht ist auf den nächstniedrigeren Wert verkleinert – Sie sehen nun mehr vom Bild, aber weniger Details.

8 Ist in der Optionsleiste die Option »Dynamischer Zoom« aktiviert, klicken Sie irgendwo im Bild und ziehen Sie das Zoom-Werkzeug nach rechts – das Bild wird größer. Ziehen Sie das Zoom-Werkzeug nach links, um zu verkleinern. Mit gewählter Option »Dynamischer Zoom« lässt sich das Zoom-Werkzeug zum Ein- oder Auszoomen über das Bild ziehen.

Hinweis: Die Option »Dynamischer Zoom« ist nur verfügbar, wenn in den Photoshop-Voreinstellungen im Leistung-Bedienfeld die Option »Grafikprozessor« aktiviert ist.

9 Deaktivieren Sie »Dynamischer Zoom« in der Optionsleiste, sofern die Option gewählt ist. Ziehen Sie mit dem Zoom-Werkzeug einen Auswahlrahmen um den Bildbereich mit dem Scheinwerfer.

Hinweis: Es gibt noch andere Möglichkeiten für das Vergrößern oder Verkleinern. Wählen Sie in der Optionsleiste für das Zoom-Werkzeug den Modus *Einzoomen* bzw. *Auszoomen*. Oder wählen Sie den Befehl »Ansicht: Einzoomen« bzw. »Ansicht: Auszoomen«. Sie können aber auch einen anderen Prozentwert in der Statusleiste eingeben und die Eingabetaste drücken.

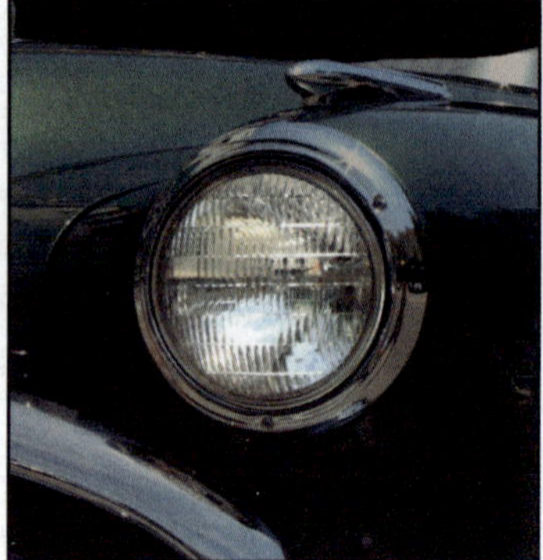

Das Bild wird so vergrößert, dass der ausgewählte Bereich das Bildfenster komplett füllt.

Sie haben jetzt drei verschiedene Möglichkeiten ausprobiert, um mit dem Zoom-Werkzeug die Vergrößerungsstufe im Bildfenster zu ändern: Klicken, Drücken eines Tastaturbefehls während des Klickens und Ziehen für den Vergrößerungsbereich. Viele andere Werkzeuge im Werkzeugbedienfeld lassen sich ebenfalls zusammen mit Tastenkombinationen benutzen. Diese Techniken lernen Sie noch im weiteren Verlauf dieses Buches kennen.

Verborgene Werkzeuge wählen und benutzen

Photoshop verfügt über viele Werkzeuge für die Bearbeitung von Bilddateien, von denen Sie aber nur wenige gleichzeitig benötigen. Einige Werkzeuge sind im Werkzeugbedienfeld zu Gruppen zusammengefasst, wobei von jeder Gruppe nur ein Werkzeug zu sehen ist. Hinter diesem Werkzeug sind die anderen Werkzeuge der Gruppe verborgen.

Ein kleines Dreieck in der unteren rechten Ecke einer Werkzeugschaltfläche weist darauf hin, dass sich unter diesem Werkzeug noch mindestens ein weiteres Werkzeug verbirgt.

1 Setzen Sie den Zeiger auf das Werkzeug oben links im Werkzeugbedienfeld und warten Sie, bis die QuickInfo mit dem Hinweis »Auswahlrechteck-Werkzeug« (⬚) und dem Tastaturbefehl M erscheint. Klicken Sie anschließend auf dieses Werkzeug.

2 Wählen Sie das Auswahlellipse-Werkzeug (◌), das unter dem Auswahlrechteck-Werkzeug verborgen ist, mit einer dieser Methoden:

- Halten Sie die Maustaste über dem Auswahlrechteck-Werkzeug gedrückt, um die Liste mit den verborgenen Werkzeugen zu öffnen. Wählen Sie das Auswahlellipse-Werkzeug.
- Halten Sie die Alt- (Windows) bzw. Wahltaste (Mac OS) gedrückt und klicken Sie auf das Werkzeug im Werkzeugbedienfeld, um nacheinander die verborgenen Werkzeuge anzuzeigen und das gewünschte Werkzeug zu wählen.
- Drücken Sie Umschalt+M, um zwischen dem Auswahlrechteck-Werkzeug und dem Auswahlellipse-Werkzeug umzuschalten.

3 Bewegen Sie den Zeiger in das Bildfenster, damit er das Fadenkreuzsymbol (+) annimmt. Setzen Sie den Zeiger auf die obere linke Seite des Scheinwerfers.

4 Ziehen Sie den Zeiger nach unten und nach rechts, um eine Ellipse um den Scheinwerfer zu ziehen. Lassen Sie anschließend die Maustaste los.

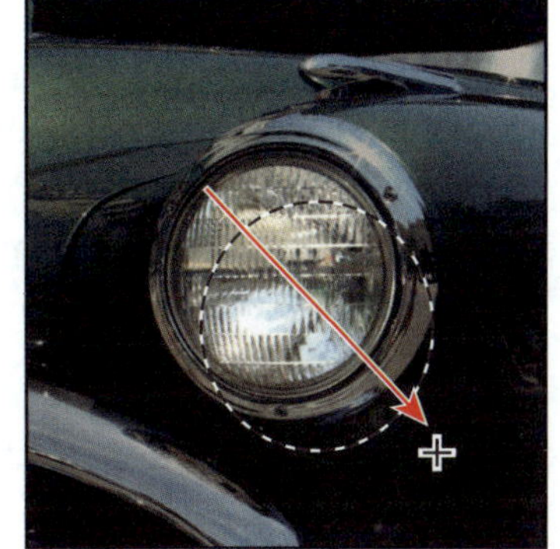

Die animierte unterbrochene Linie zeigt an, dass der innere Bereich gewählt ist. Sobald Sie einen Bereich wählen, ist dies der einzige Bildbereich, der sich bearbeiten lässt. Der Bereich außerhalb der Auswahl ist geschützt.

5 Bewegen Sie den Zeiger in die elliptische Auswahl. Der Zeiger wird zu einem Pfeil mit einem kleinen Rechteck (▹⬚).

6 Ziehen Sie die Auswahl so, dass sie genau über dem Scheinwerfer zentriert ist.

Wenn Sie eine Auswahl ziehen, bewegen sich nur die Auswahlbegrenzungen, nicht jedoch die Pixel im Bild. Wollen Sie dagegen die Bildpixel bewegen, benötigen Sie eine andere Technik. In Lektion 3, »Auswahlbereiche«, lernen Sie andere Möglichkeiten für eine Auswahl und das Bewegen einer Auswahl kennen.

Tastenkombinationen mit Werkzeugaktionen benutzen

Viele Werkzeuge lassen sich mit bestimmten Einschränkungen (z. B. genaues horizontales Ziehen) verwenden. Diese Funktion aktivieren Sie normalerweise, indem Sie bestimmte Tasten gedrückt halten und gleichzeitig das Werkzeug mit der Maus bewegen. Bei einigen Werkzeugen wählen Sie diese Funktionen in der Optionsleiste.

Als Nächstes wählen Sie erneut den Scheinwerfer. Diesmal benutzen Sie eine Tastenkombination, mit der Sie die elliptische Auswahl so einschränken, dass Sie statt von außen nach innen vom Mittelpunkt aus einen perfekten Kreis ziehen.

1 Das Auswahlellipse-Werkzeug (◌) ist im Werkzeugbedienfeld noch gewählt. Heben Sie die aktuelle Auswahl mit einer der folgenden Aktionen auf:

- Klicken Sie irgendwo im Bildfenster außerhalb des gewählten Bereiches.
- Wählen Sie **Auswahl: Auswahl aufheben**.
- Benutzen Sie den Tastaturbefehl Strg+D (Windows) bzw. Befehl+D (Mac OS).

2 Setzen Sie den Zeiger auf die Mitte des Scheinwerfers.

3 Halten Sie Alt+Umschalt (Windows) bzw. Wahl+Umschalt (Mac OS) gedrückt und ziehen Sie von der Mitte nach außen, bis der Kreis den Scheinwerfer umschließt. Die gedrückte Umschalttaste sorgt dafür, dass Sie einen Kreis und keine Ellipse erhalten.

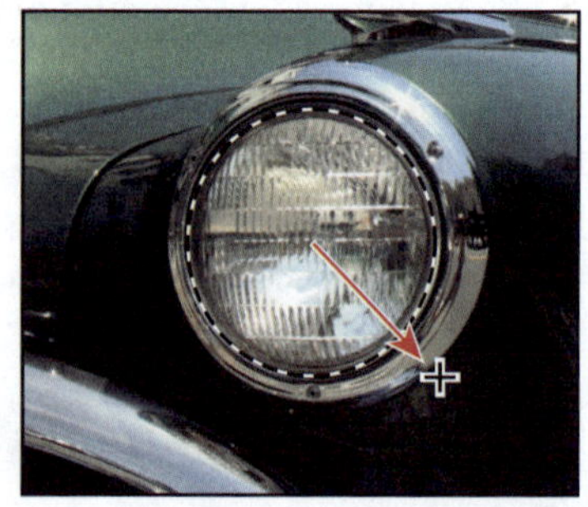

4 Lassen Sie erst die Maustaste und dann die Tastaturtasten los.

Sollte Ihnen der Kreis noch nicht zusagen, lässt er sich verschieben: Platzieren Sie den Zeiger im Kreis und ziehen Sie. Oder klicken Sie außerhalb der Auswahl, um sie abzuwählen, und ziehen Sie eine neue Auswahl.

5 Wählen Sie das Zoom-Werkzeug und klicken Sie in der Optionsleiste auf die Schaltfläche »Ganzes Bild«, um das komplette Bild anzuzeigen.

Die Auswahl ist weiterhin aktiviert, selbst nachdem Sie das Zoom-Werkzeug benutzt haben.

Einen ausgewählten Bereich ändern

Um den gewählten Scheinwerfer mit einem Spotlight zu versehen, müssen Sie das restliche Bild abdunkeln (also nicht den Bereich innerhalb der aktuellen Auswahl). Damit der Bereich innerhalb der Auswahl vor Änderungen geschützt ist, kehren Sie die Auswahl einfach um, das heißt, Sie aktivieren jetzt das restliche Bild und schützen den Scheinwerfer vor Änderungen.

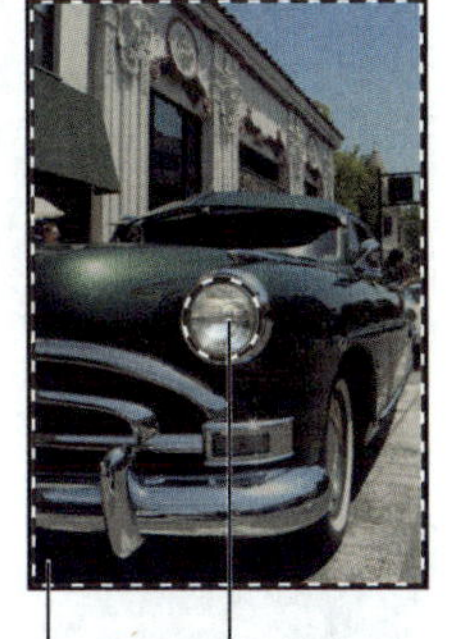

Gewählter, editierbarer Bereich — Nicht gewählter, geschützter Bereich

1 Wählen Sie **Auswahl: Auswahl umkehren**.

Die Auswahlbegrenzung um den Scheinwerfer sieht zwar so aus wie vorher, Sie können jedoch eine ähnliche Begrenzung an den Bildrändern erkennen. Das übrige Bild ist jetzt gewählt und lässt sich somit bearbeiten. Der Bereich innerhalb des Kreises ist dagegen nicht mehr gewählt und lässt sich auch so lange nicht ändern, wie die Auswahl aktiviert ist.

2 Klicken Sie auf das Gradationskurven-Symbol im Korrekturenbedienfeld für eine Gradationskurven-Einstellungsebene. Das Bedienfeld »Gradationskurven« öffnet sich im Einstellungenbedienfeld.

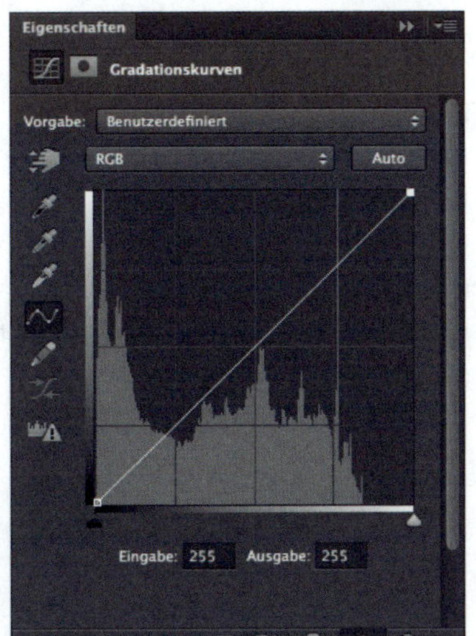

Hinweis: Sollten Sie versehentlich eine oder beide Tastaturtasten vorzeitig losgelassen haben, zeigt das Werkzeug wieder sein normales Verhalten (nicht eingeschränkt und vom Rand aus zeichnen). Wenn Sie jedoch die Maustaste noch gedrückt haben, brauchen Sie nur die Tasten erneut zu drücken, um wieder die ursprüngliche Auswahl zu erhalten. Sollten Sie jedoch auch die Maustaste gelöst haben, starten Sie einfach wieder mit Schritt 1.

Tipp: Den entsprechenden Tastaturbefehl finden Sie im Menü »Auswahl« beim Befehl »Auswahl umkehren«: Strg+Umschalt+I (Windows) bzw. Befehl+Umschalt+I (Mac OS).

3 Ziehen Sie im Eigenschaftenbedienfeld den Steuerungspunkt in der oberen rechten Ecke des Rasterfeldes gerade nach links, bis der Wert im Feld »Eingabe« etwa **204** beträgt. (Der Wert 255 im Feld »Ausgabe« wird unverändert beibehalten. Falls keine Eingabe- und Ausgabewerte zu sehen sind, ziehen Sie das Dreieck in der unteren rechten Ecke des Eigenschaftenbedienfelds, um das Bedienfeld entsprechend zu vergrößern.

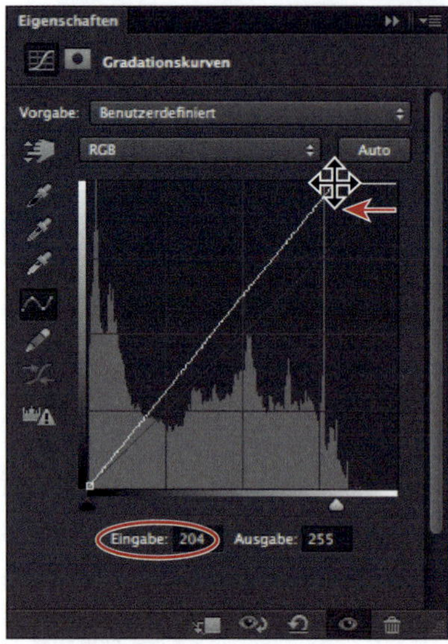

Durch das Ziehen hellen Sie die Lichter im gewählten Bildbereich auf.

4 Ziehen Sie für den Eingabewert so lange nach oben und unten, bis Ihnen das Ergebnis zusagt.

5 Prüfen Sie im Ebenenbedienfeld die Einstellungsebene »Gradationskurven«. (Ist das Ebenenbedienfeld nicht geöffnet, klicken Sie auf das entsprechende Register oder wählen Sie **Fenster: Ebenen**.)

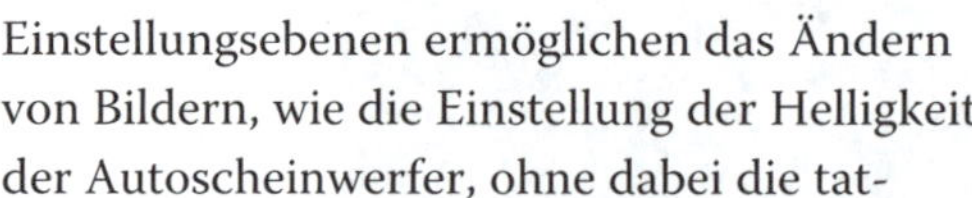

Einstellungsebenen ermöglichen das Ändern von Bildern, wie die Einstellung der Helligkeit der Autoscheinwerfer, ohne dabei die tatsächlich vorhandenen Pixel zu verändern. Da Sie mit einer Einstellungsebene arbeiten, können Sie jederzeit auf das Originalbild zurückgreifen, indem Sie die Einstellungsebene ausblenden oder löschen. Außerdem können Sie eine Einstellungsebene jederzeit bearbeiten. Mehr über Einstellungsebenen erfahren Sie in diversen Lektionen in diesem Buch.

6 Führen Sie einen der folgenden Schritte aus:

- Wenn Sie die Änderungen speichern wollen, wählen Sie **Datei: Speichern** und dann **Datei: Schließen**.

- Wollen Sie die ursprüngliche Dateiversion erhalten, wählen Sie **Datei: Schließen** und klicken Sie anschließend im Meldungsfenster auf »Nein« bzw. »Nicht speichern«.
- Wenn Sie beides wollen, wählen Sie **Datei: Speichern unter**. Benennen Sie entweder die Datei um oder speichern Sie sie in einem anderen Ordner auf Ihrer Festplatte. Klicken Sie auf OK und wählen Sie **Datei: Schließen**.

Sie brauchen die Auswahl nicht aufzuheben, da dies automatisch mit dem Speichern der Datei geschieht.

Glückwunsch! Sie haben gerade Ihr erstes Photoshop-Projekt beendet. Es handelt sich bei der Gradationskurven-Einstellungsebene um eine fortgeschrittenere Methode für Bildänderungen, die sich aber dennoch einfach anwenden lässt. Natürlich erfahren Sie in den anderen Lektionen noch viel mehr über Einstellungen und Änderungen von Bildern. Speziell in den Lektionen 2 und 6 finden Sie Techniken, die mehr oder weniger denen der klassischen Dunkelkammer entsprechen, wie Belichtungseinstellung, Retusche und Farbkorrektur.

Mit der Optionsleiste und Bedienfeldern arbeiten

Sie konnten bereits Erfahrungen mit der Optionsleiste sammeln. Sie haben nach der Wahl des Zoom-Werkzeugs im vorherigen Projekt festgestellt, dass sich über die Optionsleiste die Ansicht des aktuellen Bildfensters ändern lässt. Sie erfahren jetzt mehr über die Werkzeugeigenschaften in der Optionsleiste und über die Verwendung von Bedienfeldern und Bedienfeldmenüs.

Vorschau und Öffnen einer weiteren Datei

Bei der nächsten Übung handelt es sich um eine Werbepostkarte für ein Gemeinschaftsprojekt. Sehen Sie sich zuerst die fertige Datei an, damit Sie wissen, was auf Sie zukommt.

1 Klicken Sie unten im Programmfenster auf die Schaltfläche »Mini Bridge«, um das entsprechende Bedienfeld zu öffnen.

Sie können auf viele Funktionen von Adobe Bridge zugreifen, ohne dazu Photoshop verlassen zu müssen. Das Bedienfeld »Mini Bridge« ermöglicht Ihnen, während der Arbeit in Photoshop bestimmte Dateien zu suchen, zu wählen, zu öffnen und zu importieren.

2 Wählen Sie im Einblendmenü links im Bedienfeld die Option »Favoriten«. Klicken Sie auf den Ordner *Lektionen* und dann auf den Ordner *Lektion01*.

Zoomen und Scrollen mit dem Navigatorbedienfeld

Das Navigatorbedienfeld ist eine weitere schnelle Methode zum Ändern der Vergrößerungsstufe, besonders wenn der genaue Prozentwert unwichtig ist. Außerdem ermöglicht das Navigatorbedienfeld ein schnelles Scrollen im Bild, da die Miniatur das komplette Bild zeigt und Sie in ihm den im Bildfenster anzuzeigenden Bildteil bestimmen. Wählen Sie »Fenster: Navigator«, um das Navigatorbedienfeld zu öffnen.

Sobald Sie im Navigatorbedienfeld den Regler unter der Miniatur nach rechts ziehen, vergrößern Sie das Bild. Ziehen Sie nach links, verkleinert sich die Ansicht im Bildfenster.

Das rote Rechteck (Ansichtsrahmen) repräsentiert den Bildbereich, der im Bildfenster erscheint. Wenn Sie so weit einzoomen, dass im Bildfenster nur noch ein Teil des Bildes zu sehen ist, können Sie den Ansichtsrahmen über die Miniatur ziehen, um andere Bildbereiche anzuzeigen. Auf diese Weise arbeiten Sie besonders bei hohen Vergrößerungsgraden immer im gewünschten Bildbereich.

3 Wählen Sie im Inhalt-Bereich die Datei *01B_End.psd* drücken Sie die Leertaste für die volle Bildschirmansicht des Bilds.

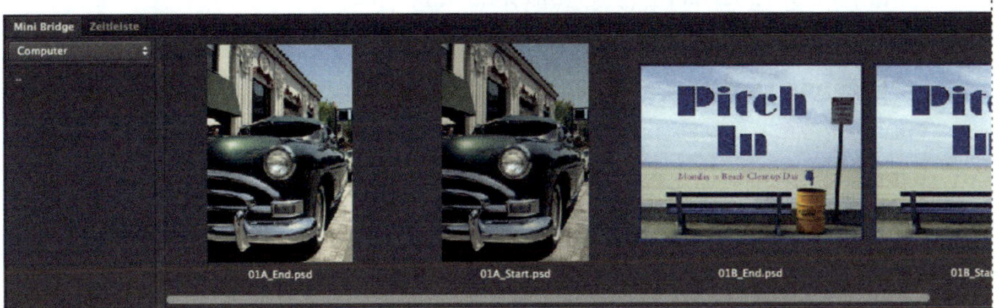

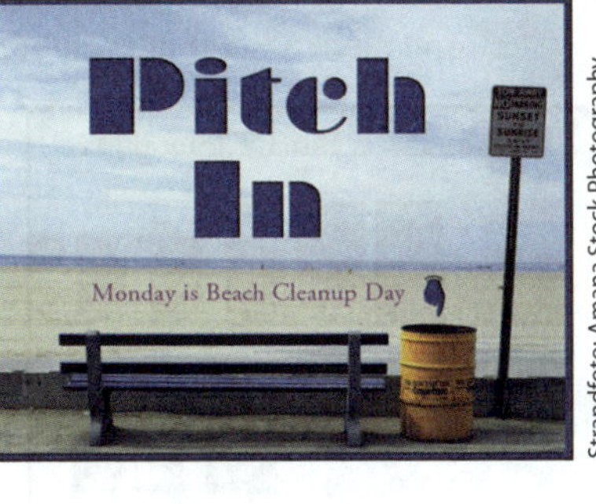

Strandfoto: Amana Stock Photography

Prüfen Sie das Bild und beachten Sie den Text, der sich unten im Bild auf dem Sandstrand befindet.

4 Drücken Sie erneut die Leertaste, um wieder die Ansicht mit den Miniaturen zu erhalten.

5 Doppelklicken Sie auf die Miniatur *01B_Start.psd* im Inhalt-Bereich, um die Datei in Photoshop zu öffnen.

6 Doppelklicken Sie auf das Register *Mini Bridge*, um das entsprechende Bedienfeld wieder zu schließen.

Werkzeugeigenschaften in der Optionsleiste einstellen

Die Datei *01B_Start.psd* ist in Photoshop geöffnet. Sie wählen jetzt die Eigenschaften für den Text und tippen ihn anschließend ein.

1 Wählen Sie im Werkzeugbedienfeld das horizontale Text-Werkzeug (T).

Die Schaltflächen und das Menü in der Optionsleiste beziehen sich jetzt auf das Text-Werkzeug.

2 Wählen Sie in der Optionsleiste aus dem ersten Popup-Menü die Schriftart bzw. Schriftfamilie. (Wir haben Garamond verwendet, Sie können aber auch eine andere Schriftart wählen.)

3 Wählen Sie den Schriftgrad (die Schriftgröße) **38 Pt**.

Tipp: Bewegen Sie den Mauszeiger über den Titel eines Schiebereglers in der Optionsleiste, in Bedienfeldern und Dialogfeldern. Wenn er sich in einen Zeigefinger verwandelt, ziehen Sie den Doppelpfeil-Schieberegler nach rechts oder links für höhere bzw. niedrigere Werte. Das Ziehen mit gedrückter Alt- (Windows) bzw. Wahltaste (Mac OS) ändert die Werte in kleineren und das Ziehen mit gedrückter Umschalttaste in größeren Schritten.

Die Größe geben Sie im Popup-Menü direkt in das Textfeld ein und drücken die Eingabetaste, oder Sie ziehen (scrubben) mit gedrückter Maustaste in der Optionsleiste über dem Textsymbol nach rechts.

4 Klicken Sie links im Bild und tippen Sie den Text **Monday is Beach Cleanup Day** ein.

Der Text erscheint in der Schriftart und Schriftgröße, die Sie zuvor gewählt haben.

Hinweis: Wählen Sie das Verschieben-Werkzeug nicht mit der V-Taste, da Sie sich im Texteingabe-Modus befinden und nur den Buchstaben V ins Bildfenster eingeben würden.

5 Wählen Sie mit der Maus im Werkzeugbedienfeld das Verschieben-Werkzeug (▸✣) – das erste Werkzeug ganz oben.

6 Setzen Sie den Zeiger des Verschieben-Werkzeugs über den eingegebenen Text und ziehen Sie ihn an die Position wie in der folgenden Abbildung.

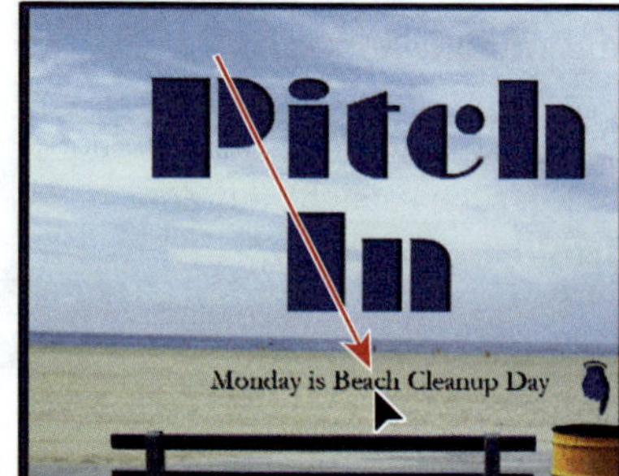

Bedienfelder und Bedienfeldmenüs

Die Textfarbe in Ihrem Bild entspricht der Farbe im Feld »Vordergrundfarbe« im Werkzeugbedienfeld. Die standardmäßige Farbe ist Schwarz. Allerdings war der Text in der fertigen Beispieldatei dunkelblau eingefärbt, was gut zum Gesamtbild passte. Sie ändern jetzt die Textfarbe, indem Sie erst den Text und dann eine andere Farbe wählen.

1 Wählen Sie im Werkzeugbedienfeld das horizontale Text-Werkzeug (**T**).

2 Ziehen Sie das Text-Werkzeug über den Text, um alle Wörter zu wählen.

3 Klicken Sie in der Bedienfeldgruppe »Farbe« auf das Register »Farbfelder«, um dieses Bedienfeld zu aktivieren.

Hinweis: Sobald Sie den Zeiger auf das Farbfeld bewegen, ändert er sich in eine Pipette. Setzen Sie die Spitze der Pipette in das gewünschte Farbfeld und klicken Sie, um die Farbe zu wählen bzw. aufzunehmen.

4 Wählen Sie ein Farbfeld.

Diese Farbe wird an drei verschiedenen Stellen gezeigt: als Vordergrundfarbe im Werkzeugbedienfeld, im Text-Farbfeld in der Optionsleiste und im Text, den Sie im Bildfenster eingegeben haben. (Wählen Sie ein anderes Werkzeug im Werkzeugbedienfeld, um den Text abzuwählen und die zugewiesene Farbe zu sehen.)

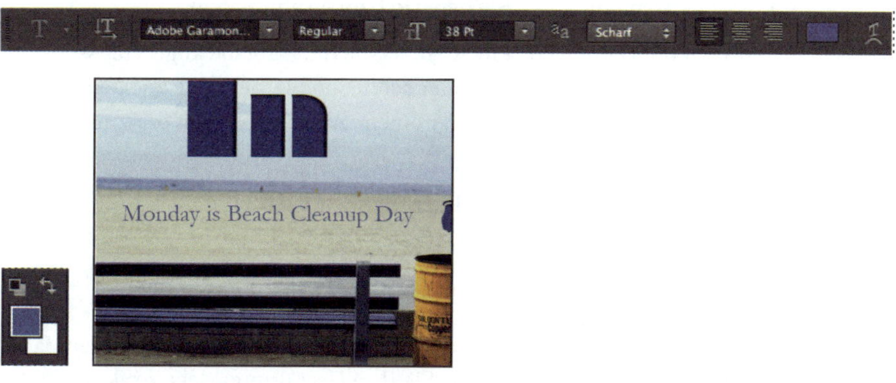

So einfach lässt sich eine andere Farbe wählen, obwohl es noch viele andere Methoden in Photoshop gibt. Allerdings verwenden Sie eine bestimmte Farbe für dieses Projekt und diese lässt sich schneller finden, wenn Sie die Darstellung des Farbfelderbedienfelds ändern.

5 Wählen Sie ein anderes Werkzeug im Werkzeugbedienfeld, beispielsweise das Verschieben-Werkzeug (▸✥), um das horizontale Text-Werkzeug abzuwählen. Klicken Sie dann auf die Menü-Schaltfläche (▾≡) im Farbfelderbedienfeld, um das Bedienfeldmenü zu öffnen, und wählen Sie den Befehl »Kleine Liste«.

6 Wählen Sie das (horizontale) Text-Werkzeug und dann erneut den Text (siehe Schritte 1 und 2).

7 Scrollen Sie im Farbfelderbedienfeld nach unten, um das Farbfeld *Pastellviolettmagenta* anzuzeigen. Wählen Sie dieses Farbfeld.

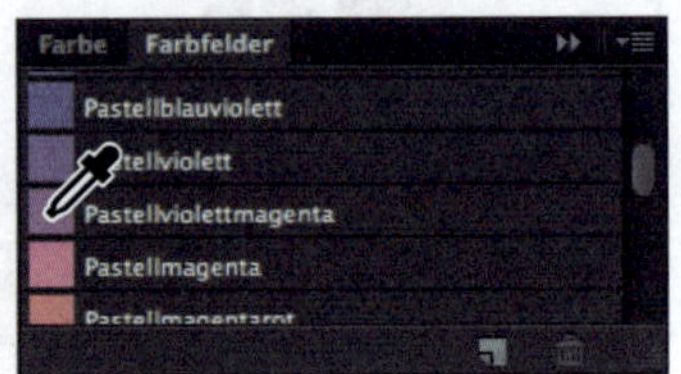

Der Text erscheint in der helleren, violetten Farbe.

8 Wählen Sie das Hand-Werkzeug(✋), um den Text abzuwählen. Klicken Sie anschließend im Werkzeugbedienfeld auf das Symbol »Standardfarben für Vordergrund und Hintergrund«, um Schwarz als aktive Vordergrundfarbe einzustellen.

Ein Wiederherstellen der standardmäßigen Vorder- und Hintergrundfarben ändert die Textfarbe nicht, da Sie den Text abgewählt haben.

9 Sie können die Datei jetzt schließen, da Sie die Aufgabe abgeschlossen haben. Speichern Sie die Datei oder schließen Sie sie, ohne zu speichern. Oder speichern Sie die Datei unter einem anderen Namen bzw. an einem anderen Ort.

Damit haben Sie ein weiteres Projekt erfolgreich bearbeitet.

Aktionen in Photoshop widerrufen

Natürlich machen Sie nie Fehler. Und Sie klicken schon gar nicht auf ein falsches Element. Sie wissen genau, wie Sie Ihre Gestaltungsideen exakt umsetzen, wie Sie es sich vorgestellt haben – ach, wenn es doch immer so wäre!

Deshalb bietet Ihnen Photoshop die Möglichkeit, jederzeit zurückzugehen, Aktionen zu widerrufen und stattdessen andere Optionen auszuprobieren. Das nächste Projekt bietet Ihnen die Gelegenheit, frei zu experimentieren und dann den jeweiligen Prozess rückgängig zu machen.

In diesem Projekt lernen Sie außerdem erste Ebenentechniken kennen, die zu den grundlegenden und äußerst mächtigen Funktionen in Photoshop gehören. Es gibt die unterschiedlichsten Arten von Photoshop-Ebenen, von denen einige Bilder, Text oder Farbflächen enthalten und andere nur mit den darüber befindlichen Ebenen interagieren. Die Datei für dieses Projekt enthält beide dieser Ebenenarten. Um das Projekt erfolgreich abzuschließen, sind noch keine Vorkenntnisse über Ebenen und Ebenentechniken erforderlich. Mehr über Ebenen erfahren Sie in Lektion 4, »Ebenen«, und in Lektion 9, »Fortgeschrittene Ebenentechniken«.

Eine einzelne Aktion widerrufen

Selbst Computeranfänger eignen sich schnell den Widerrufen- bzw. Rückgängig-Befehl an. Wie immer bei einem neuen Projekt sehen Sie sich am besten zuerst das Endergebnis an.

1 Klicken Sie auf das Register *Mini Bridge*, um wieder das Mini-Bridge-Bedienfeld zu öffnen. Es zeigt den Inhalt des Ordners *Lektion01*.

2 Beachten Sie die Miniaturen der Dateien *01C_End.psd* und *01C_Start.psd*. Die Krawatte ist in der Startdatei einfarbig und in der Enddatei gemustert.

3 Doppelklicken Sie im INHALT-Fenster auf die Miniatur der Datei *01C_Start.psd*, um die Datei in Photoshop zu öffnen.

4 Doppelklicken Sie auf das Register *Mini Bridge*, um das entsprechende Bedienfeld zu schließen.

5 Wählen Sie im Ebenenbedienfeld die Ebene *Krawatte*.

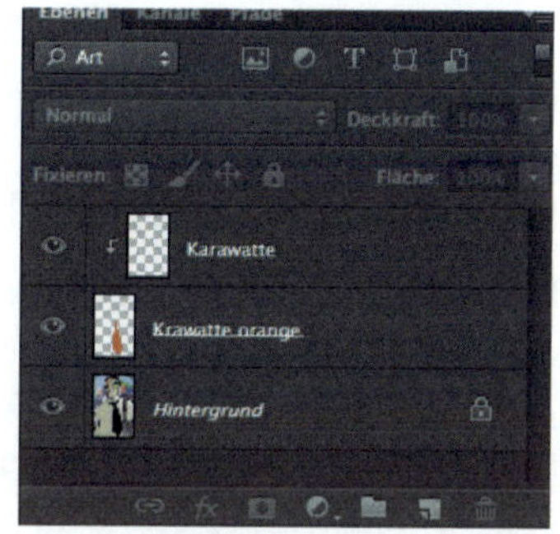

Beachten Sie den Pfeil in der Ebene *Kawatte* im Ebenenbedienfeld. Bei der Ebene *Krawatte* handelt es sich um eine einfache *Beschneidungsmaske*, die ähnlich wie eine Auswahl funktioniert, das heißt, der bearbeitbare Bildbereich wird eingeschränkt. Die Maske ermöglicht Ihnen, die Krawatte mit einem Muster zu bemalen, ohne dabei das restliche Bild zu verändern. Die Ebene *Krawatte* ist gewählt, da sie in diesem Projekt geändert werden soll.

6 Wählen Sie im Werkzeugbedienfeld das Pinsel-Werkzeug (🖌) oder drücken Sie einfach den Tastaturbefehl B für dieses Werkzeug.

7 Klicken Sie in der Optionsleiste oben links auf das Symbol rechts neben »Pinsel«, um das Pinselbedienfeld zu öffnen. Scrollen

Sie in der Pinselliste nach unten und wählen Sie den Pinsel *Weich, rund, Druck, Größe* mit der Größe *65 Pixel*. (Der Name erscheint als QuickInfo, sobald Sie den Zeiger etwas länger über einer Pinselspitze positionieren.)

Wenn Sie einen anderen Pinsel ausprobieren möchten, ist das in Ordnung. Wählen Sie jedoch für die aktuelle Aufgabe einen Pinsel in einem Bereich zwischen 45 und 75 Pixel – vorzugsweise bei 65 Pixel.

8 Setzen Sie den Zeiger auf das Bild; dadurch erscheint er als Kreis mit dem gewählten Durchmesser. Malen Sie dann einen Streifen irgendwo auf der orangefarbenen Krawatte. Aufgrund der Ebenenmaske brauchen Sie sich keine Sorgen zu machen, dass Sie den Streifen auch außerhalb der Krawatte malen.

Der Streifen ist zwar schon ganz schön, doch Punkte würden das Design noch interessanter machen. Sie müssen also den Streifen wieder entfernen.

● **Hinweis:** Mehr über Beschneidungspfade erfahren Sie in den Lektion 6, »Masken und Kanäle« und 7 »Typodesign«.

9 Wählen Sie **Bearbeiten: Rückgängig: Pinsel-Werkzeug** oder drücken Sie Strg+Z (Windows) bzw. Befehl+Z (Mac OS), um die Aktion mit dem Pinsel-Werkzeug rückgängig zu machen.

Die Krawatte ist wieder durchgehend orange und ohne Streifen.

Mehrere Aktionen rückgängig machen

Der Rückgängig-Befehl in Photoshop widerruft nur einen Schritt. Das ist durchaus sinnvoll, da Photoshop-Dateien sehr groß sein können und ein Zwischenspeichern vieler Rückgängig-Schritte äußerst speicherintensiv ist. Und das wiederum verringert die Systemleistung bzw. Verarbeitungsgeschwindigkeit von Photoshop. Dennoch lassen sich mit dem Protokollbedienfeld mehrere Aktionen rückgängig machen.

1 Klicken Sie mit dem Pinsel-Werkzeug bei unveränderten Pinseleinstellungen einmal auf die (nicht mehr gestreifte) orange Krawatte, um einen weichen Punkt zu malen.

2 Klicken Sie weiter auf der Krawatte, um zusätzliche Punkte zu setzen.

3 Wählen Sie **Fenster: Protokoll**, um das Protokollbedienfeld zu öffnen. Ziehen Sie eine Ecke des Protokollbedienfelds, damit mehr Schritte angezeigt werden.

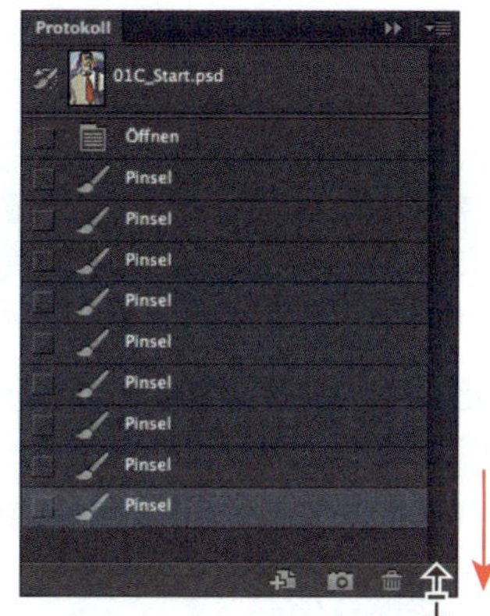

Das Protokollbedienfeld zeichnet die im Bild ausgeführten Aktionen auf. Der aktuelle Status ist unten in der Liste gewählt.

4 Klicken Sie im Protokollbedienfeld auf eine der älteren Aktionen und schauen Sie sich an, was dadurch im Bildfenster ausgelöst wird: Mehrere frühere Aktionen werden widerrufen.

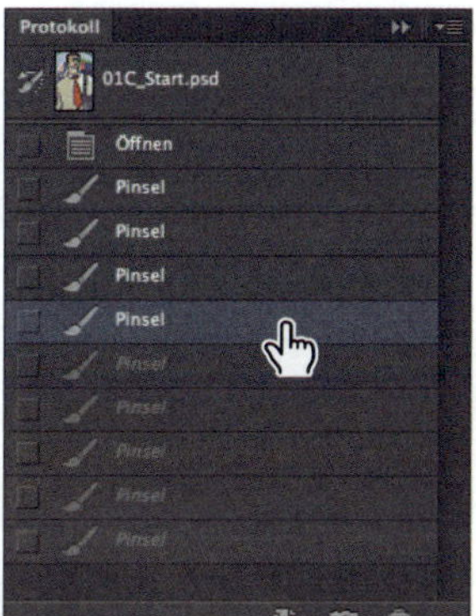

5 Malen Sie im Bildfenster auf der Krawatte einen neuen Punkt mit dem Pinsel-Werkzeug.

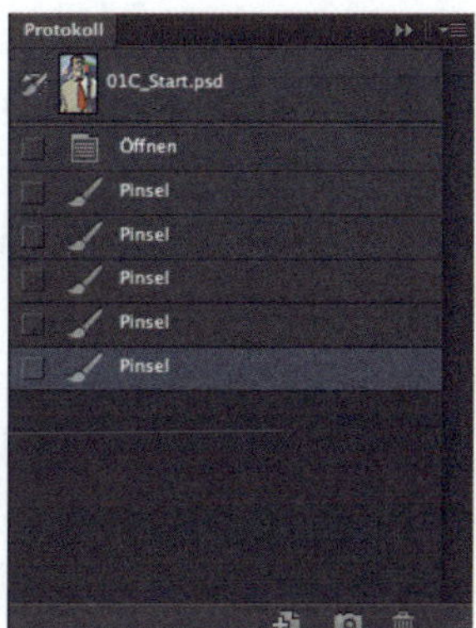

Sie sehen, dass im Protokollbedienfeld die abgeblendeten Aktionen nach dem gewählten Protokollzustand entfernt wurden und ein neuer Zustand hinzugefügt wurde.

6 Wählen Sie **Bearbeiten: Rückgängig: Pinsel-Werkzeug** oder drücken Sie Strg+Z (Windows) bzw. Befehl+Z (Mac OS), um den in Schritt 5 gemalten Punkt rückgängig zu machen.

Die Protokollbedienfeld zeigt jetzt die frühere Liste mit den abgeblendeten Optionen.

7 Wählen Sie den Zustand ganz unten im Protokollbedienfeld.

Das Bild ist jetzt wieder in dem Zustand, den es nach Schritt 2 hatte.

Das Photoshop-Protokollbedienfeld enthält standardmäßig nur die letzten 20 Aktionen. Auch das ist ein Kompromiss zwischen flexibler Arbeitsweise und Programmleistung. Sie können die Anzahl der Zustände im Protokollbedienfeld ändern, wenn Sie **Bearbeiten: Voreinstellungen: Leistung** (Windows) bzw. **Photoshop: Voreinstellungen: Leistung** (Mac OS) wählen und im Feld »Protokollobjekte« einen anderen Wert eingeben.

Kontextmenüs benutzen

Kontextmenüs sind kurze Menüs für bestimmte Elemente im Arbeitsbereich. Diese Menüs werden manchmal auch als »Rechts-Klick«- oder »Kurz«-Menüs bezeichnet. Die Befehle von Kontextmenüs sind zwar normalerweise auch in anderen Bereichen der Bedienerschnittstelle verfügbar, Sie sparen durch die Kontextmenüs allerdings viel Zeit.

1 Das Pinsel-Werkzeug (✓) ist im Werkzeugbedienfeld gewählt.

2 Klicken Sie im Bildfenster mit der rechten Maustaste irgendwo im Bild, um das Kontextmenü für das Pinsel-Werkzeug zu öffnen.

Kontextmenüs variieren natürlich je nach Inhalt – Sie sehen also vielleicht ein Menü mit Befehlen oder aber Optionen, die ähnlich einem Bedienfeld angeordnet sind, wie es hier der Fall ist.

3 Wählen Sie einen feineren Pinsel, wie beispielsweise *Rund hart*, und ändern Sie die Größe in *9 Pixel*. Scrollen Sie im Kontextmenü, um den passenden Pinsel zu finden.

4 Malen Sie jetzt im Bildfenster kleinere Punkte auf die Krawatte.

Hinweis: Das Klicken an beliebiger Stelle im Arbeitsbereich schließt das Kontextmenü. Falls sich die Krawatte hinter dem Kontextmenü für die Pinsel befindet, klicken Sie in einem anderen Bereich oder doppelklicken Sie auf Ihre Auswahl im Kontextmenü, um es zu schließen.

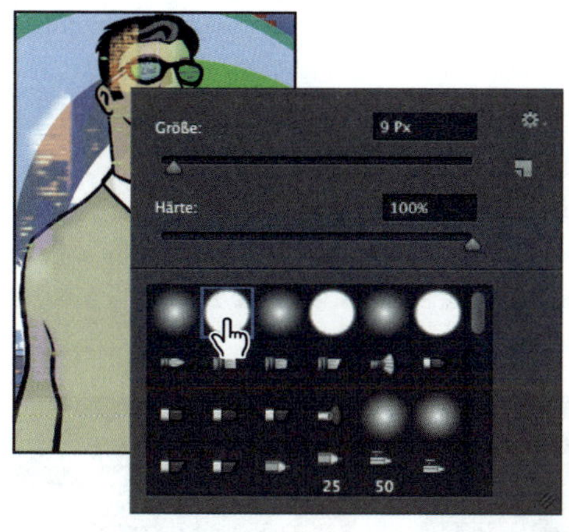

5 Wenn Sie mögen, verwenden Sie nun den Rückgängig-Befehl und das Protokollbedienfeld, um durch Ihre Malaktionen zu gehen und eventuelle Fehler zu korrigieren oder andere Pinsel einzustellen.

6 Wenn Sie die Änderungen an Ihrem Krawattendesign beendet haben, wählen Sie **Datei: Speichern**, um Ihre Ergebnisse zu speichern. Oder wählen Sie **Datei: Speichern unter**, wenn Sie die Datei unter einem anderen Namen oder an einem anderen Ort speichern wollen. Ansonsten schließen Sie die Datei, ohne zu speichern.

Sie sollten Sie sich auf die Schulter klopfen – Sie haben ein weiteres Projekt abgeschlossen.

Mehr über Bedienfelder und Bedienfeldpositionen

Die zahlreichen Bedienfelder in Photoshop sind vielseitig und mächtig. Allerdings arbeiten Sie kaum an Objekten, bei denen Sie alle Bedienfelder gleichzeitig benötigen. Deshalb sind sie gruppiert und in der standardmäßigen Voreinstellung teilweise auch noch nicht geöffnet.

Die vollständige Auflistung der Bedienfelder finden Sie im *Fenster*-Menü. Kleine Häkchen neben den Bedienfeldnamen weisen darauf hin, dass die entsprechenden Bedienfelder geöffnet und in den Bedienfeldgruppen ganz vorne zu sehen sind. Sie können ein Bedienfeld öffnen oder schließen, indem Sie im *Fenster*-Menü seinen Namen wählen.

Durch Drücken der Tabulator-Taste lassen sich alle Bedienfelder auf einmal ausblenden, auch die Optionsleiste und das Werkzeugbedienfeld. Um die Bedienfelder wieder anzuzeigen, drücken Sie erneut die Tabulator-Taste.

Sie haben bereits den Bedienfeldraum benutzt, als Sie die Ebenen- und Farbfelderbedienfelder geöffnet hatten. Sie können Bedienfelder sowohl in den Bedienfeldraum hinein- als auch wieder herausziehen. Das ist besonders

Hinweis: Sie erkennen ausgeblendete Bedienfelder an dem dünnen, halbtransparenten Streifen am Dokumentrand. Sobald Sie den Mauszeiger auf den Streifen bewegen, zeigt Photoshop den Inhalt an.

nützlich bei umfangreichen Bedienfeldern oder solchen, die Sie nur gelegentlich nutzen, aber dennoch im Zugriff haben wollen.

Um Bedienfelder anzuordnen, gibt es noch folgende Optionen:

- Um eine komplette Bedienfeldgruppe zu verschieben, ziehen Sie die Titelleiste an eine andere Stelle des Arbeitsbereichs.
- Um ein Bedienfeld in eine andere Gruppe zu verschieben, ziehen Sie sein Register in die gewünschte Gruppe. Sobald hier eine blaue Hervorhebung erscheint, lassen Sie die Maustaste los.

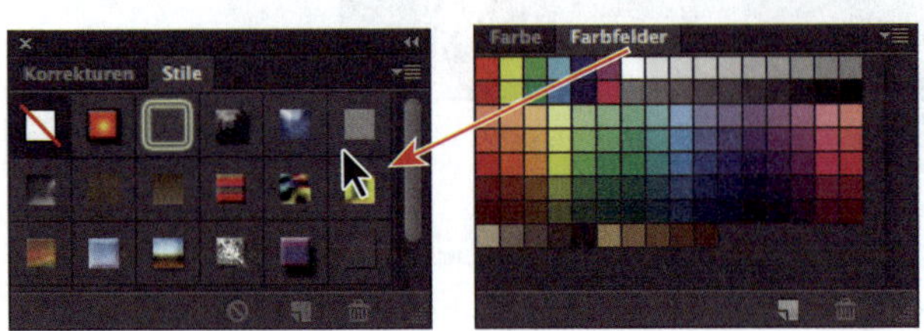

- Um ein Bedienfeld oder eine Bedienfeldgruppe anzudocken, ziehen Sie die Titelleiste oder das Bedienfeldregister nach oben in den Bedienfeldraum.

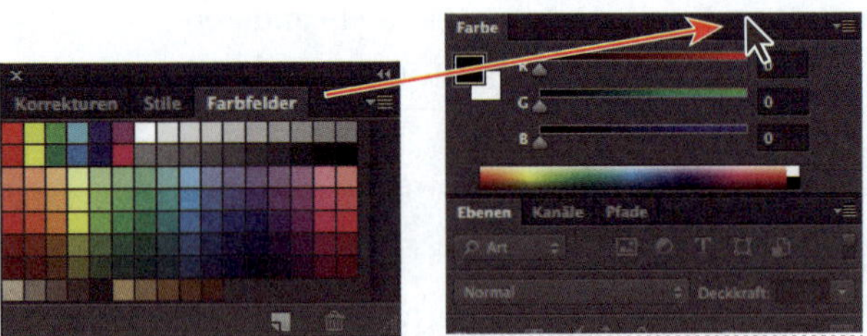

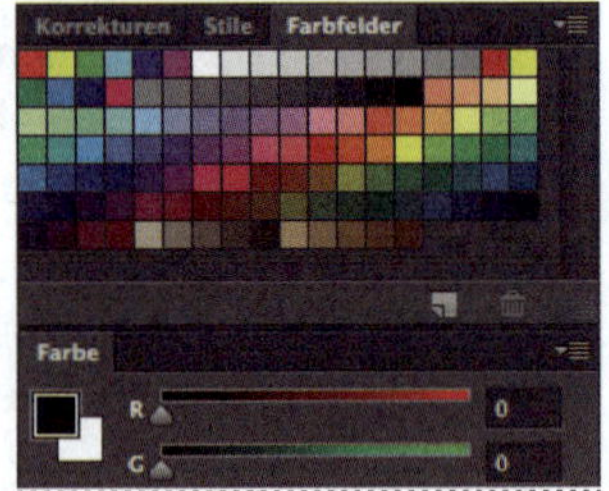

- Um ein Bedienfeld oder eine Bedienfeldgruppe zu lösen, damit sie schweben, ziehen Sie die Titelleiste oder das Bedienfeldregister aus dem Bedienfeldraum.

Bedienfelder erweitern und reduzieren

Sie können Bedienfelder größenmäßig so verändern, dass mehr oder weniger von ihren Optionen zu sehen ist. Dazu ziehen oder klicken Sie und schalten so zwischen den vorgegebenen Größen um:

- Um Bedienfelder auf Symbole zu reduzieren, klicken Sie auf den jeweiligen Doppelpfeil in der Titelleiste des Bedienfeldraums oder der Bedienfeldgruppe. Um ein Bedienfeld zu erweitern, klicken Sie auf das dazugehörige Symbol oder den Doppelpfeil.

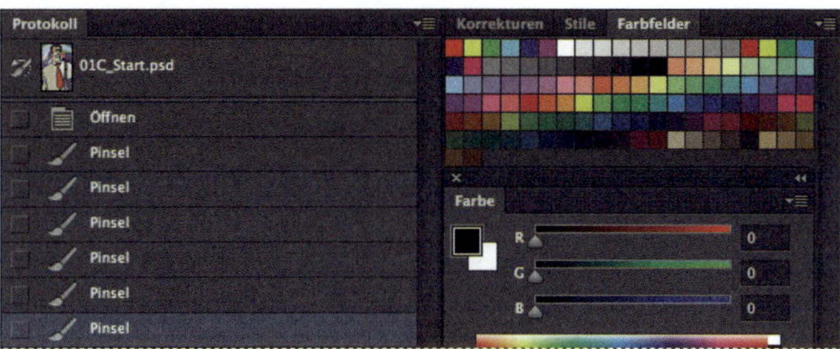

- Um die Höhe eines Bedienfelds zu ändern, ziehen Sie an der unteren rechten Ecke.
- Um die Breite des Docks zu ändern, setzen Sie den Zeiger auf seine linke Kante. Sobald dann ein Doppelpfeil zu sehen ist, ziehen Sie nach links oder rechts, um die Breite zu ändern.
- Um die Größe eines schwebenden Bedienfelds zu ändern, setzen Sie den Zeiger über seine rechte, linke oder untere Kante. Sobald ein Doppelpfeil zu sehen ist, ziehen Sie die Kante nach innen oder außen. Sie können auch die untere rechte Kante nach innen oder außen ziehen.
- Um eine Bedienfeldgruppe nur auf die Bedienfeldraum-Titelleiste und die Register zu reduzieren, doppelklicken Sie auf ein Bedienfeldregister oder in der Titelleiste des Bedienfelds. Ein erneutes Doppelklicken stellt die erweiterte Ansicht wieder her. Das Bedienfeldmenü lässt sich auch bei reduziertem Bedienfeld öffnen.

Hinweis: Die Größe folgender Bedienfelder ist fest: Farbe, Zeichen und Absatz.

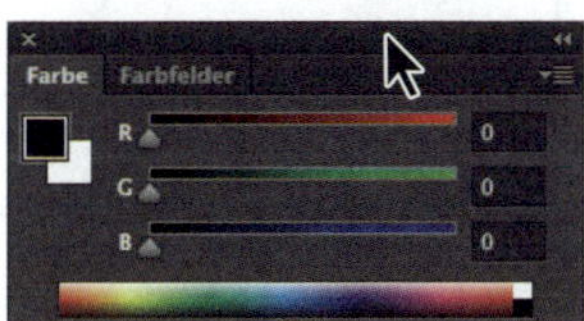

Beachten Sie, dass die Register für die Bedienfelder in den Bedienfeldgruppen und die Schaltfläche für das Bedienfeldmenü auch nach dem Reduzieren eines Bedienfelds weiterhin zu sehen sind.

Spezielle Hinweise zum Werkzeugbedienfeld und der Optionsleiste

Das Werkzeugbedienfeld und die Optionsleiste haben einige Eigenschaften mit anderen Bedienfeldern gemeinsam:

- Das Werkzeugbedienfeld lässt sich über die Titelleiste an eine andere Stelle im Arbeitsbereich bewegen. Die Optionsleiste bewegen Sie über die senkrechte Leiste ganz links.
- Werkzeugbedienfeld und Optionsleiste lassen sich ausblenden.

Allerdings sind nicht alle Funktionen anderer Bedienfelder verfügbar oder sie treffen für das Werkzeugbedienfeld bzw. die Optionsleiste nicht zu:

- Werkzeugbedienfeld und Optionsleiste lassen sich nicht mit anderen Bedienfeldern gruppieren.
- Die Größe des Werkzeugbedienfelds und der Optionsleiste ist fest.
- Werkzeugbedienfeld und Optionsleiste lassen sich im Bedienfeldraum nicht andocken.
- Werkzeugbedienfeld und Optionsleiste haben keine Bedienfeldmenüs.

Den Arbeitsbereich anpassen

Hinweis: Wenn Sie die Datei *01C_Start.psd* am Ende der vorherigen Übung geschlossen haben, öffnen Sie sie jetzt wieder – oder irgendeine andere Bilddatei – für die folgende Übung.

Photoshop bietet viele Möglichkeiten für die Steuerung von Anzeige und Position der Optionsleiste und der vielen Bedienfelder. Allerdings ist das Ziehen und Neupositionieren der Bedienfelder auf dem Bildschirm manchmal recht zeitaufwendig, besonders wenn ihre Anzahl und Position je nach Projekt unterschiedlich sein sollen. Deshalb lässt sich in Photoshop der Arbeitsbereich individuell anpassen, das heißt, Sie bestimmen, welche Bedienfelder, Werkzeuge und Menüs für die jeweilige Aufgabe verfügbar sein sollen. Oder Sie benutzen für bestimmte Arbeiten die bereits vorkonfigurierten Photoshop-Arbeitsbereiche, wie beispielsweise »Design«, »Fotografie«, »Malen« usw. Lassen Sie uns jetzt diese Möglichkeiten ausprobieren.

1 Wählen Sie **Fenster: Arbeitsbereich: Malen**, um den Arbeitsbereich »Malen« zu aktivieren.

Sie haben beim Öffnen, Schließen und Bewegen von Bedienfeldern festgestellt, dass Photoshop einige Bedienfelder schließt, andere öffnet und an der rechten Begrenzung des Arbeitsbereichs ausrichtet.

2 Wählen Sie **Fenster: Arbeitsbereich: Fotografie**. Im Dock sind jetzt andere Bedienfelder geöffnet.

3 Klicken Sie oben rechts in der Optionsleiste aus dem Arbeitsbereich-Menü die Option »Grundelemente«. Photoshop zeigt wieder den standardmäßigen Arbeitsbereich an. Um den Originalzustand für den Grundelemente-Arbeitsbereich wiederherzustellen, wählen Sie im Arbeitsbereich-Menü die Option »Grundelemente zurücks.«.

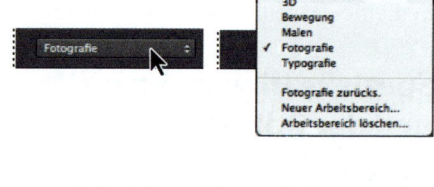

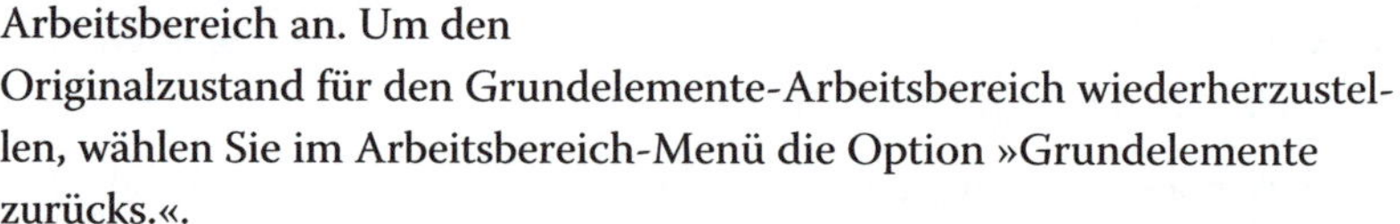

Arbeitsbereiche lassen sich also im Menü »Fenster« oder im Popup-Menü rechts in der Optionsleiste wählen.

Sollten diese Voreinstellungen nicht für Sie geeignet sein, können Sie den Arbeitsbereich noch weiter individuell anpassen. Nehmen wir beispielsweise an, Sie arbeiten mehr mit Webdesign und weniger mit digitalem Video. Sie können festlegen, welche Menüelemente im Arbeitsbereich angezeigt werden sollen.

4 Klicken Sie auf das Menü »Ansicht« und ziehen Sie nach unten auf »Pixel-Seitenverhältnis«, um die Untermenüs für diesen Befehl anzuzeigen.

Hinweis: Die Wahl des Grundelemente-Arbeitsbereichs ändert die Zusammenstellung der Bedienfelder, stellt aber nicht die Standardeinstellung der Menüs wieder her. Sie stellen auf die Standardeinstellungen zurück, wenn Sie in den meisten der folgenden Lektion mit der Arbeit beginnen.

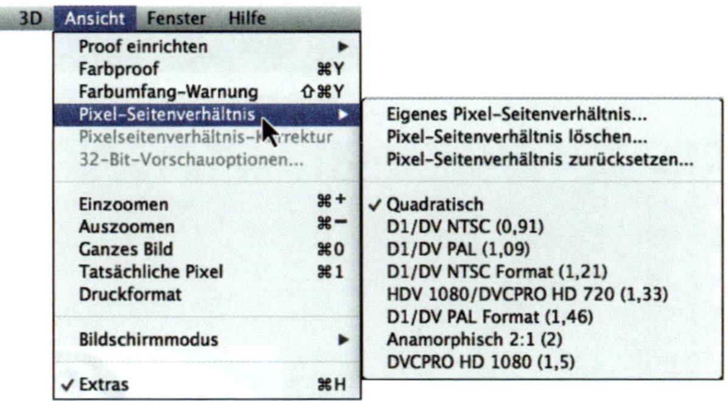

Die Befehle dieses Menüs stehen für verschiedene Videoformate, die für Arbeiten im Druck- und Webbereich kaum notwendig sind.

5 Wählen Sie **Fenster: Arbeitsbereich: Tastaturbefehle und Menüs**.

Das Dialogfeld »Tastaturbefehle und Menüs« ermöglicht das Ein- und Ausblenden von Programm- und Bedienfeldmenü-Befehlen sowie das Erstellen eigener Tastaturbefehle für Menüs, Bedienfelder und Werkzeuge. Blenden Sie beispielsweise selten benötigte Befehle aus oder heben Sie häufig benutzte Befehle hervor.

6 Klicken Sie auf das Menüs-Register im Dialogfeld »Tastaturbefehle und Menüs« und wählen Sie wenn nötig aus dem Popup-Menü »Menü für« die Option »Anwendungsmenüs«.

7 Zeigen Sie die Befehle im »Ansicht«-Menü an, indem Sie in der Liste auf den Pfeil links neben dem Bild klicken.

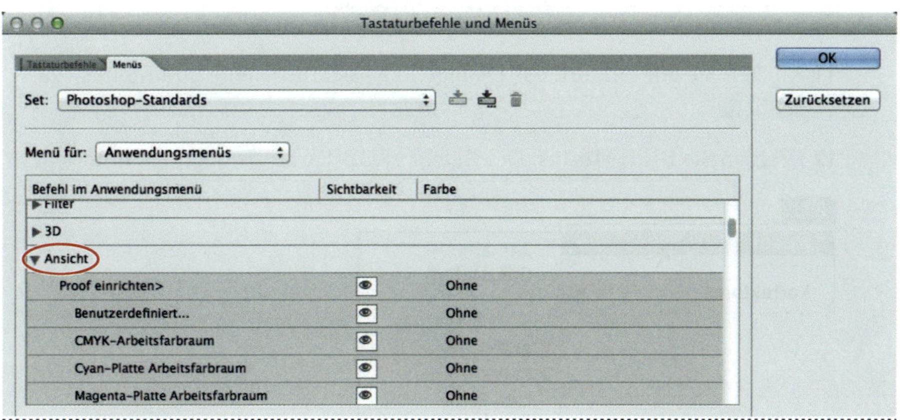

Das Dialogfeld »Tastaturbefehle und Menüs« zeigt jetzt alle Befehle und Unterbefehle des Ansicht-Menüs an.

8 Scrollen Sie nach unten bis zu »Pixel-Seitenverhältnis« und klicken Sie auf das Augensymbol, um die Anzeige aller DV- und Videoformate auszuschalten. Es gibt insgesamt sieben Formate von *D1/DV NTSC (0.91)* bis *DVCPRO HD 1080 (1.5)*. Photoshop entfernt sie für die Menüs dieses Arbeitsbereichs.

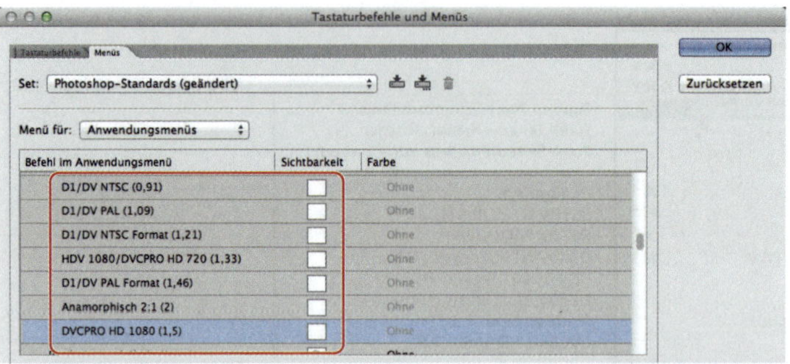

9 Erweitern Sie nun die Befehle des Bild-Menüs.

10 Scrollen Sie jetzt nach oben bis zum Befehl **Bild: Modus: RGB-Farbe**. Klicken Sie in der Farbe-Spalte auf »Ohne« und wählen Sie im Popup-Menü die Farbe Rot. Photoshop hebt diesen Befehl jetzt rot hervor.

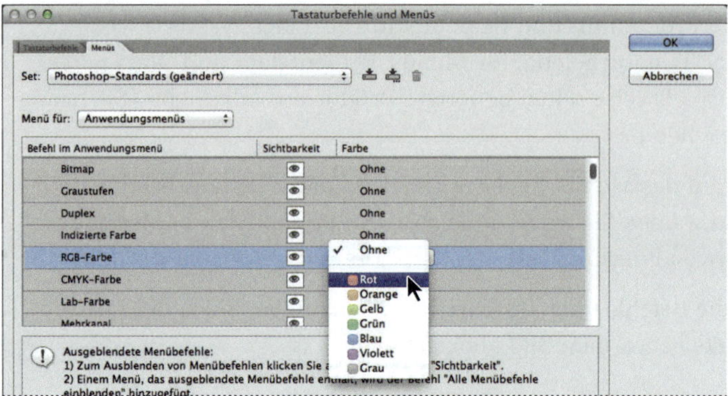

11 Klicken Sie auf OK, um das Dialogfeld »Tastaturbefehle und Menüs« zu schließen.

12 Wählen Sie **Bild: Modus**. Der Befehl »RGB-Farbe« ist jetzt rot unterlegt.

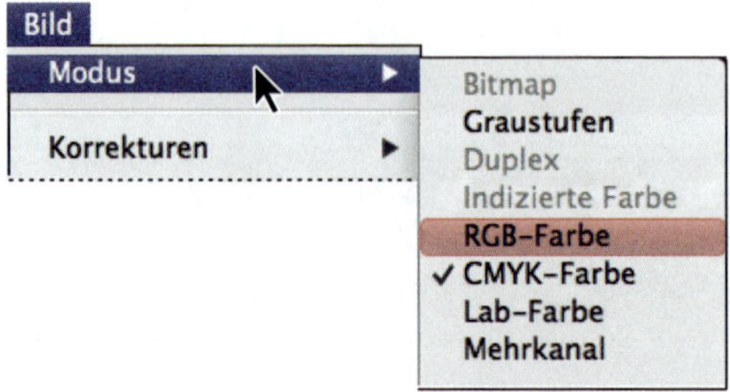

13 Wählen Sie **Ansicht: Pixel-Seitenverhältnis** – die DV- und Videoformate sind in diesem Menü nicht mehr verfügbar. Der folgende Screenshot ist nicht sichtbar, solange das Pixel-Seitenverhältnis deaktiviert ist.

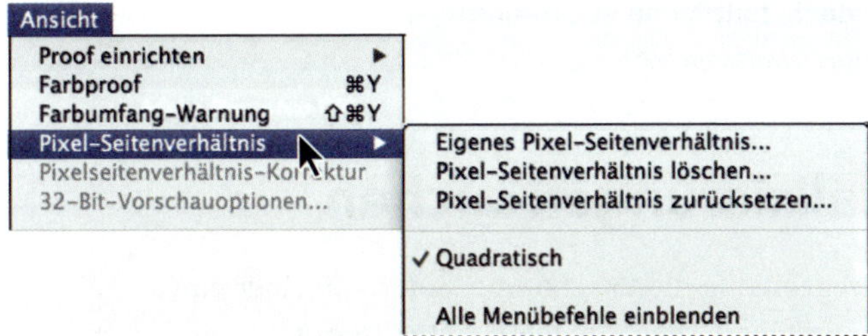

14 Der Arbeitsbereich lässt sich mit dem Befehl **Fenster: Arbeitsbereich: Neuer Arbeitsbereich** speichern. Geben Sie ihm im Dialogfeld »Neuer Arbeitsbereich« einen Namen. Achten Sie darauf, dass die Optionen »Bedienfelderpositionen«, »Tastaturbefehle« und »Menüs« aktiviert sind. Klicken Sie auf »Speichern«.

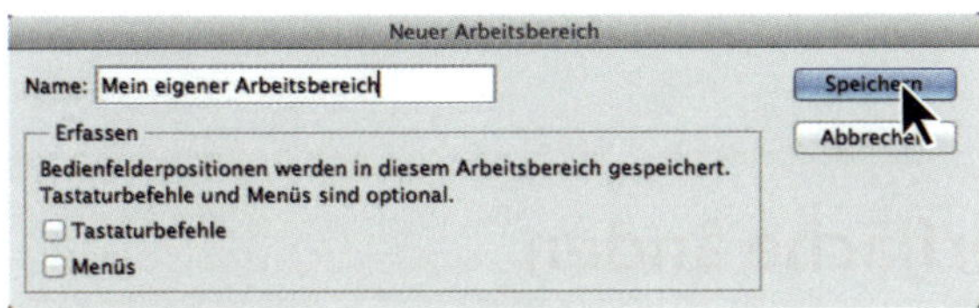

Der gespeicherte Arbeitsbereich erscheint im Menü **Fenster: Arbeitsbereich** und im Popup-Menü oben rechts in der Anwendungsleiste.

Richten Sie jetzt aber wieder den standardmäßigen Arbeitsplatz ein.

15 Wählen Sie aus dem Popup-Menü oben rechts in der Anwendungsleiste die Option »Grundelemente«. Speichern Sie im zweiten Fenster nicht die Änderungen im aktuellen Arbeitsbereich.

Glückwunsch, Sie haben Lektion 1 erfolgreich beendet.

Da Sie sich nun mit den Grundlagen des Arbeitsbereichs von Photoshop gemacht haben, sollten Sie sich mit dem Erstellen und Bearbeiten von Bildern beschäftigen. Wenn Sie erst einmal die Grundlagen kennen, arbeiten Sie die Lektionen in *Adobe Photoshop CS6 Classroom in a Book* entweder nacheinander durch oder Sie starten mit den Lektionen, deren Inhalt Sie am meisten interessiert.

Die Photoshop-Hilfe

Vollständige Informationen über das Arbeiten mit Bedienfeldern, Werkzeugen sowie über bestimmte Programmeigenschaften finden Sie auf der Adobe-Website. Wählen Sie **Hilfe: Photoshop-Hilfe**. Anschließend sind Sie mit der *Adobe Community-Hilfe* verbunden, wo Sie in der Photoshop-Hilfe, in Support-Dokumenten und anderen für Photoshop-Benutzer relevanten

Websites suchen können. Sie können die Suche auch nur auf die Adobe-Hilfe und Support-Dokumente begrenzen.

Um auf Tipps, Arbeitstechniken und aktuelle Produktinformationen zuzugreifen, klicken Sie auf die Schaltfläche »Community-Hilfe« auf der Website *www.adobe.com/de/support/photoshop/*.

● **Hinweis:** Um die Voreinstellungen für zukünftige Aktualisierungen festzulegen, klicken Sie im Adobe Updater auf »Voreinstellungen«. Wählen Sie, wie häufig nach Aktualisierungen gesucht und ob der Updater diese automatisch laden soll. Klicken Sie auf OK, um die neuen Einstellungen zu übernehmen.

Nach Aktualisierungen suchen

Adobe aktualisiert regelmäßig die Programme. Sofern Sie über eine Internetverbindung verfügen, laden Sie diese Aktualisierungen einfach mit dem *Adobe Updater* herunter.

1 Wählen Sie in Photoshop den Befehl **Hilfe: Aktualisierungen**. Der Adobe Updater prüft automatisch, ob Updates für die bei Ihnen installierten Adobe-Programme verfügbar sind.

2 Wählen Sie im Dialogfeld »Adobe Updater« die zu installierenden Updates.

Benutzeroberfläche änden

Standardmäßig sind Fenster, Bedienfelder und Hintergrund in Photoshop CS6 dunkel – eine hellere Benutzeroberfläche wählen Sie in den Photoshop-Voreinstellungen.

So ändern Sie:

1 Wählen Sie **Bearbeiten: Voreinstellungen: Benutzeroberfläche** (Windows) bzw. **Photoshop: Voreinstellungen: Benutzeroberfläche** (Mac OS).

2 Wählen Sie ein anderes Erscheinungsbild bzw. eine andere Farbe und nehmen Sie weitere Änderungen vor.

Wenn Sie ein anderes Erscheinungsbild wählen, sehen Sie sofort die Veränderung. Sie können auch eigene Farben für bestimmte Bildschirmmodi bestimmen und andere Optionen für die Benutzeroberfläche wählen.

3 Klicken Sie auf OK, sobald Ihnen die Änderungen zusagen.

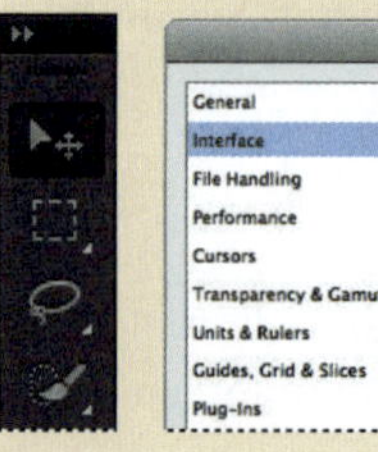

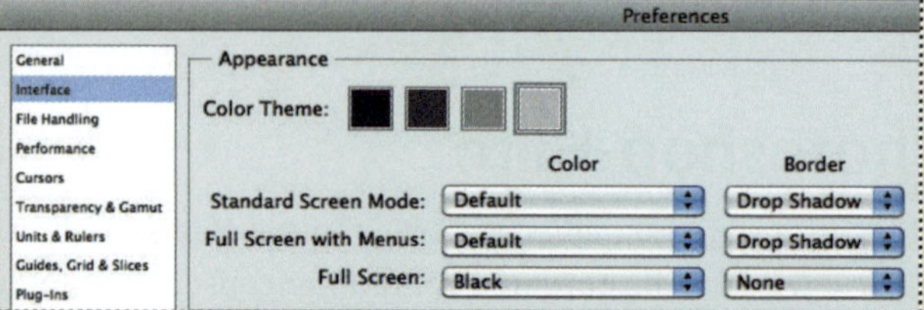

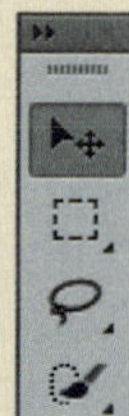

Übersicht

Photoshop CS6 Werkzeugbedienfeld

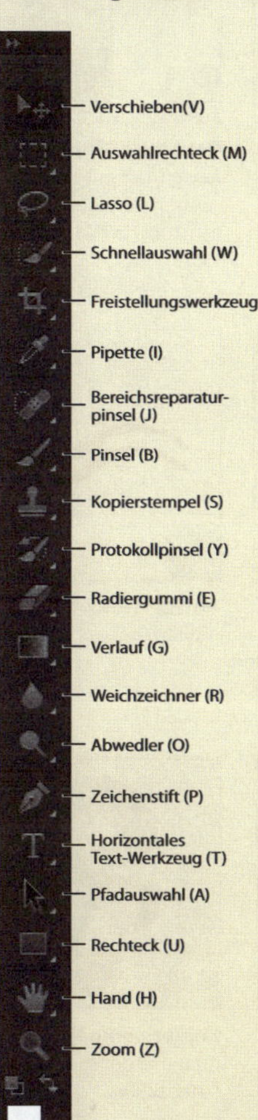

Verschieben-Werkzeug für das Verschieben von Auswahlbereichen, Ebenen und Hilfslinien

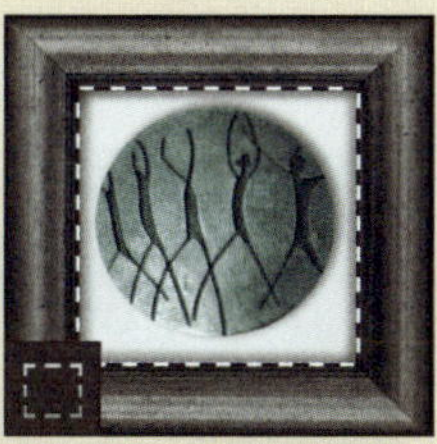

Auswahl-Werkzeuge für rechteckige, elliptische einzeilige und einspaltige Auswahlbereiche

Lasso-Werkzeug für frei gezeichnete Auswahlbereiche

Schnellauswahl-Werkzeug für schnelles »Malen« einer Auswahl mit einstellbarer Pinselpitze und -härte

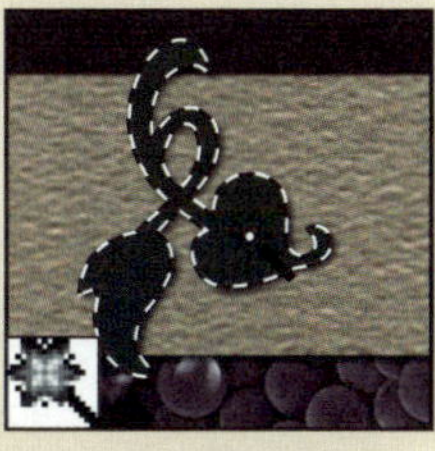

Zauberstab-Werkzeug für die Auswahl ähnlicher Farbbereiche

Freistellungswerkzeug für das Beschneiden, Ausrichten und Ändern der Perspektive von Bildern

Pipette-Werkzeug nimmt Farben in einem Bild auf.

3D-Material-Pipette lädt in einem 3D-Objekt gewähltes Material.

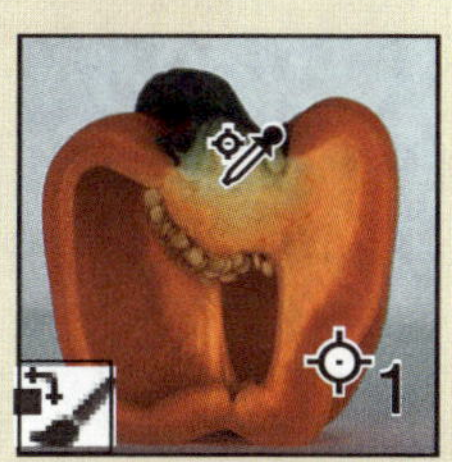

Farbaufnahme-Werkzeug nimmt bis zu vier Farbbereiche im Bild auf.

Linealwerkzeug berechnet Abstände, Positionen und Winkel.

Anmerkungen-Werkzeug für Textanmerkungen zu einem Bild

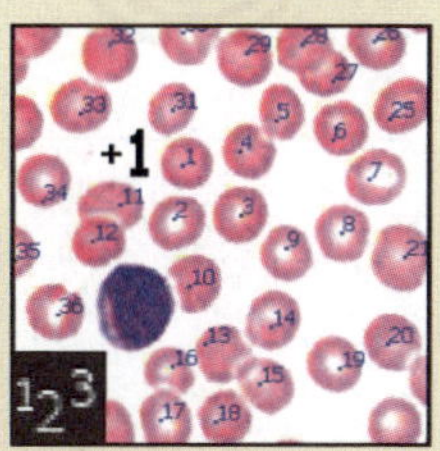

Zählungswerkzeug zählt Objekte in einem Bild auf.

Übersicht Werkzeugbedienfeld (Fortsetzung)

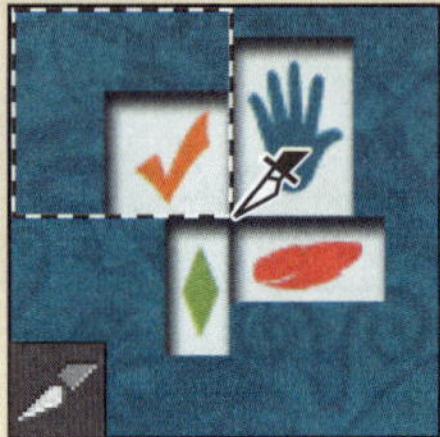

Slice-Werkzeug für das Erstellen von Slices

Slice-Auswahlwerkzeug für die Auswahl von Slices

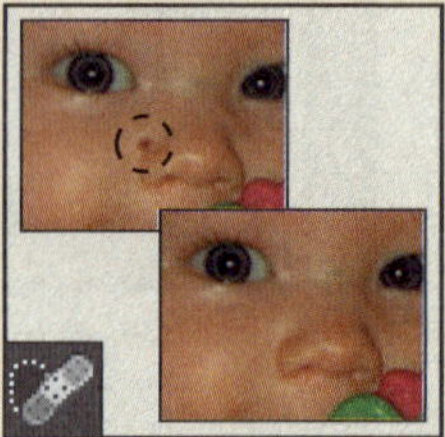

Bereichsreparatur-Pinsel-Werkzeug entfernt schnell fehlerhafte Stellen und Objekte in Fotos mit gleichmäßigem Hintergrund.

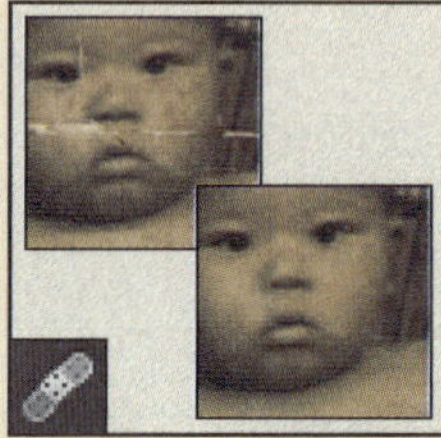

Reparatur-Pinsel-Werkzeug malt mit aufgenommenen Bereichen oder Mustern, um Makel zu beheben.

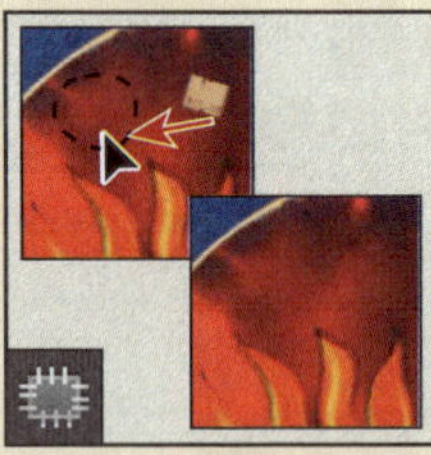

Ausbessern-Werkzeug korrigiert Störungen mit einer aufgenommenen Farbe oder einem Muster.

Inhaltsbasiert verschieben-Werkzeug ändert und vermischt Pixel passend für ein bewegtes Objekt.

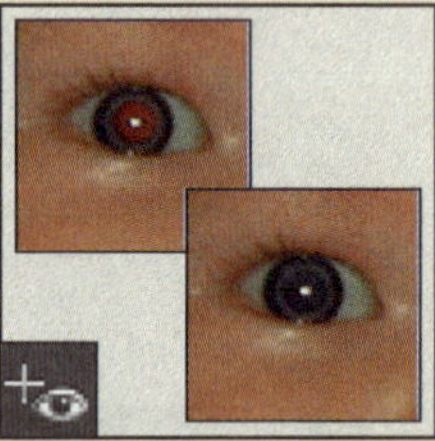

Rote-Augen-Werkzeug entfernt durch Blitzlicht verursachte rote Reflexionen mit einem Klick.

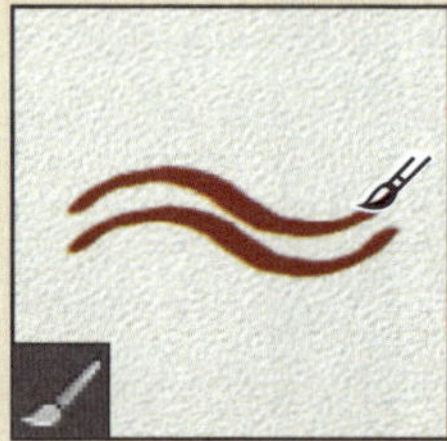

Pinsel-Werkzeug für Malstriche

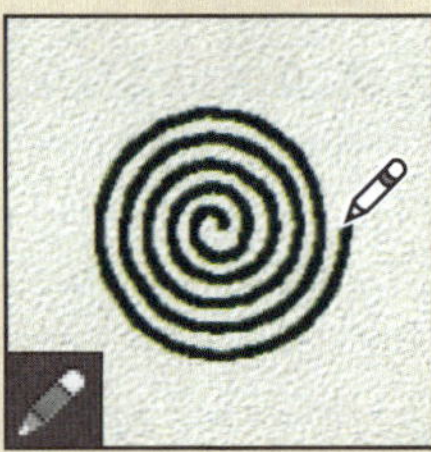

Buntstift-Werkzeug für hartkantige, frei gezeichnete Linien

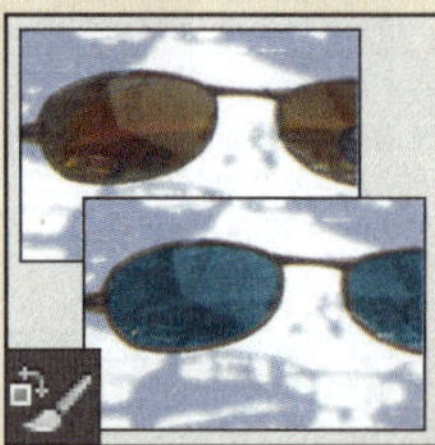

Farbe-ersetzen-Werkzeug ersetzt eine Farbe durch eime andere.

Mischpinsel-Werkzeug mischt aufgenommene Farbe mit einer vorhandenen Farbe.

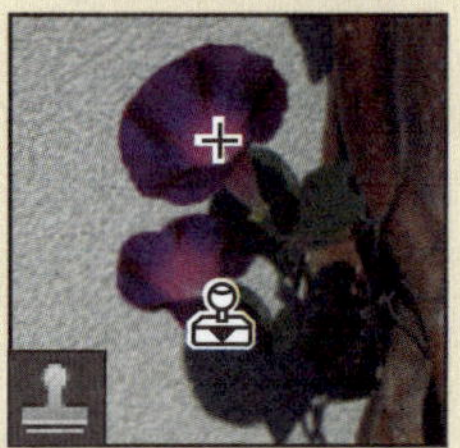

Kopierstempel-Werkzeug malt mit der Aufnahme eines Bildes.

Musterstempel-Werkzeug zum Malen mit einer Auswahl als Muster

Protokollpinsel-Werkzeug malt mit gewähltem Zustand oder Schnappschuss im aktuellen Bildfenster.

Kunstprotokoll-Pinsel-Werkzeug malt mit stilisierten Strichen und simuliert Kunststile auf Basis eines gewählten Zustands oder Schnappschusses.

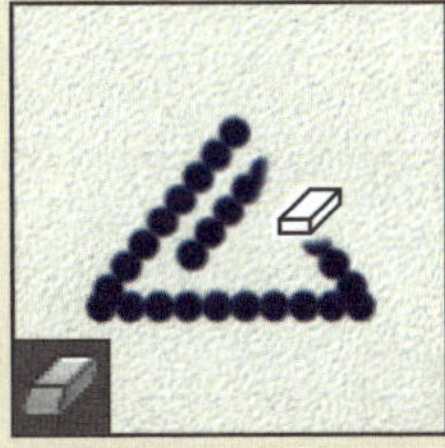

Radiergummi-Werkzeug löscht Pixel und bringt Bildteile wieder in einen zuvor gespeicherten Zustand zurück.

Hintergrund-Radiergummi-Werkzeug macht Bereiche durch Ziehen transparent.

Magischer-Radiergummi-Werkzeug radiert ähnliche Pixel und wandelt diese in transparente Pixel um.

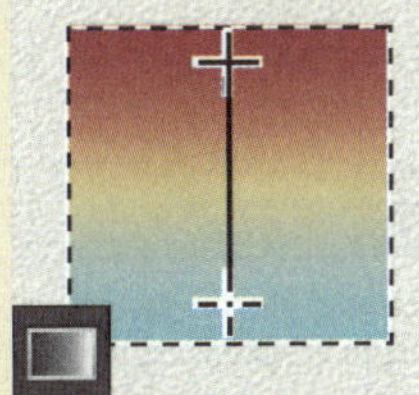

Verlaufswerkzeug für geradlinige, radiale, winklige, reflektierte und rautenförmige Farbverläufe

Füllwerkzeug füllt ähnliche Farbbereiche mit der Vordergrundfarbe.

3D-Materialfüllung weist das mit der 3D-Material-Pipette geladene Material dem Zielbereich eines 3D-Objekts zu.

Weichzeichner-Werkzeug zeichnet Kanten in einem Bild weich.

Scharfzeichner-Werkzeug zeichnet Kanten in einem Bild scharf.

Wischfinger-Werkzeug verwischt Pixel in einem Bild.

Übersicht Werkzeugbedienfeld (Fortsetzung)

Abwedler-Werkzeug hellt Bildbereiche auf.

Nachbelichter-Werkzeug dunkelt Bildbereiche ab.

Schwamm-Werkzeug verändert die Farbsättigung eines Bereiches.

Zeichenstift-Werkzeuge zeichnen weichkantige Pfade.

Text-Werkzeuge erstellen Text in einem Bild.

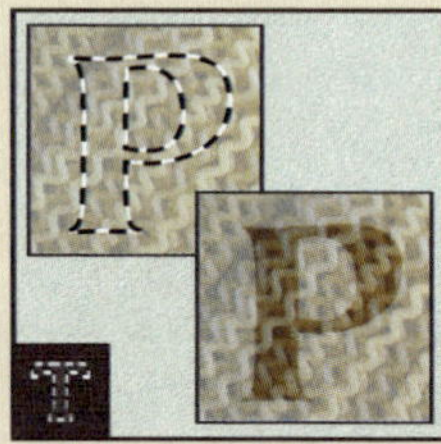

Textmaskierungswerkzeuge erstellen eine Auswahl in Form von Text.

Pfadauswahl-Werkzeuge erstellen Form- oder Segment-Auswahlen mit Ankerpunkten, Grifflinien und Griffpunkten.

Form- und Linienzeichner-Werkzeuge zeichnen Formen und Linien in einer normalen oder Form-Ebene.

Eigene-Form-Werkzeug erstellt benutzerdefinierte Formen aus einer Liste mit eigenen Formen.

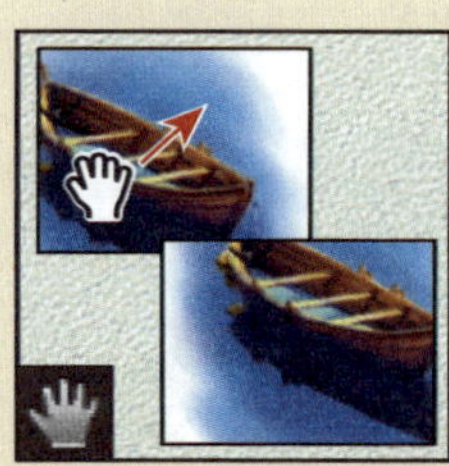

Hand-Werkzeug bewegt ein Bild in seinem Fenster.

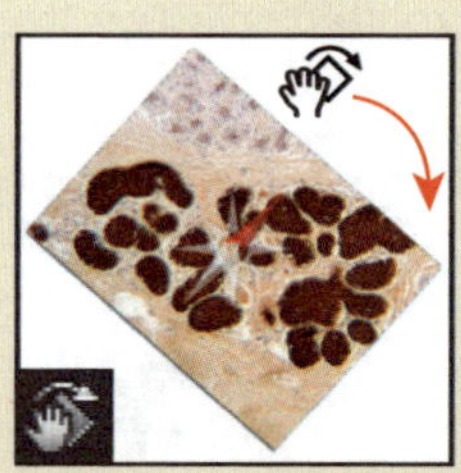

Ansichtdrehung-Werkzeug dreht ohne Änderung des Bildes die Arbeitsfläche.

Zoom-Werkzeug vergrößert und verkleinert die Bildansicht.

Fragen

1 Beschreiben Sie zwei Bildarten, die sich in Photoshop öffnen lassen.

2 Wie öffnen Sie Bilddateien mit der Adobe Bridge?

3 Wie wählen Sie Werkzeuge in Photoshop?

4 Beschreiben Sie zwei Möglichkeiten, um die Ansicht eines Bildes zu ändern.

5 Nennen Sie zwei Möglichkeiten, mehr Informationen über Photoshop zu erhalten.

Antworten

1 Zu den Bildarten gehören selbst erzeugte und importierte Bilder. Sie erstellen eigene Bilder direkt in Adobe Photoshop oder scannen Fotos, Dias oder andere Bilder, entnehmen ein Bild aus einem Videofilm oder importieren Bildmaterial, das in einem Illustrationsprogramm erstellt oder mit der Digitalkamera aufgenommen wurde.

2 Wählen Sie in Photoshop den Befehl **Datei: In Bridge suchen**, um zum Dateibrowser zu wechseln. Suchen Sie die Bilddatei, die Sie öffnen möchten, und doppelklicken Sie im Bedienfeld auf die Miniatur, um die Datei in Photoshop zu öffnen.

3 Um ein Werkzeug zu wählen, klicken Sie entweder im Werkzeugbedienfeld auf das Werkzeug oder wählen über die Tastatur seinen Kurzbefehl. Ein gewähltes Werkzeug ist so lange aktiv, bis Sie ein anderes wählen. Um ein verborgenes Werkzeug zu wählen, benutzen Sie entweder einen Tastaturbefehl oder halten die Maustaste auf dem Werkzeug im Werkzeugbedienfeld gedrückt, um ein Einblendmenü mit den verborgenen Werkzeugen zu öffnen.

4 Sie wählen Befehle aus dem Ansicht-Menü, um ein Bild zu vergrößern bzw. zu verkleinern oder es an die Bildschirmgröße anzupassen. Sie können aber auch die Zoom-Werkzeuge verwenden und in einem Bild klicken oder ziehen, um die Ansicht zu vergrößern oder zu verkleinern. Zusätzlich verändern Sie mit Kurzbefehlen und im Navigatorbedienfeld die Bildanzeige.

5 Die Photoshop-Hilfe umfasst ausführliche Informationen über Photoshop sowie die komplette Liste der Tastaturbefehle, auf bestimmte Aufgaben bezogene Themen und Abbildungen. Photoshop enthält außerdem einen Link zur Adobe-Website für weitere Informationen und Tipps zum Thema Photoshop.

2 FOTOS KORRIGIEREN

Überblick

In dieser Lektion lernen Sie Folgendes:

- Auflösung und Bildgröße
- Ein Bild in Camera Raw öffnen und bearbeiten
- Tonwerte eines Bildes korrigieren
- Bild in Photoshop ausrichten und freistellen
- Eine Farbe mit dem Farbe-ersetzen-Werkzeug übermalen
- Farbton und Sättigung bestimmter Bildbereiche mit dem Schwamm-Werkzeug ändern
- Mit dem Kopierstempel-Werkzeug unerwünschte Bildteile entfernen
- Mit dem Bereichsreparatur-Pinsel-Werkzeug Bildteile reparieren
- Schönheitsfehler inhaltssensitiv beheben
- Den Filter »Unscharf maskieren« anwenden, um den Retuschierprozess abzuschließen
- Bilddateien in einem Format für ein Layout-Programm speichern

Für diese Lektion benötigen Sie etwa eine Stunde. Falls erforderlich, löschen Sie den auf Ihrer Festplatte vorhandenen Lektionsordner aus der vorherigen Lektion und kopieren stattdessen den Ordner *Lektion02* auf die Festplatte. Wenn Sie die Startdateien wiederherstellen wollen, kopieren Sie diese einfach von der Buch-DVD erneut auf Ihre Festplatte.

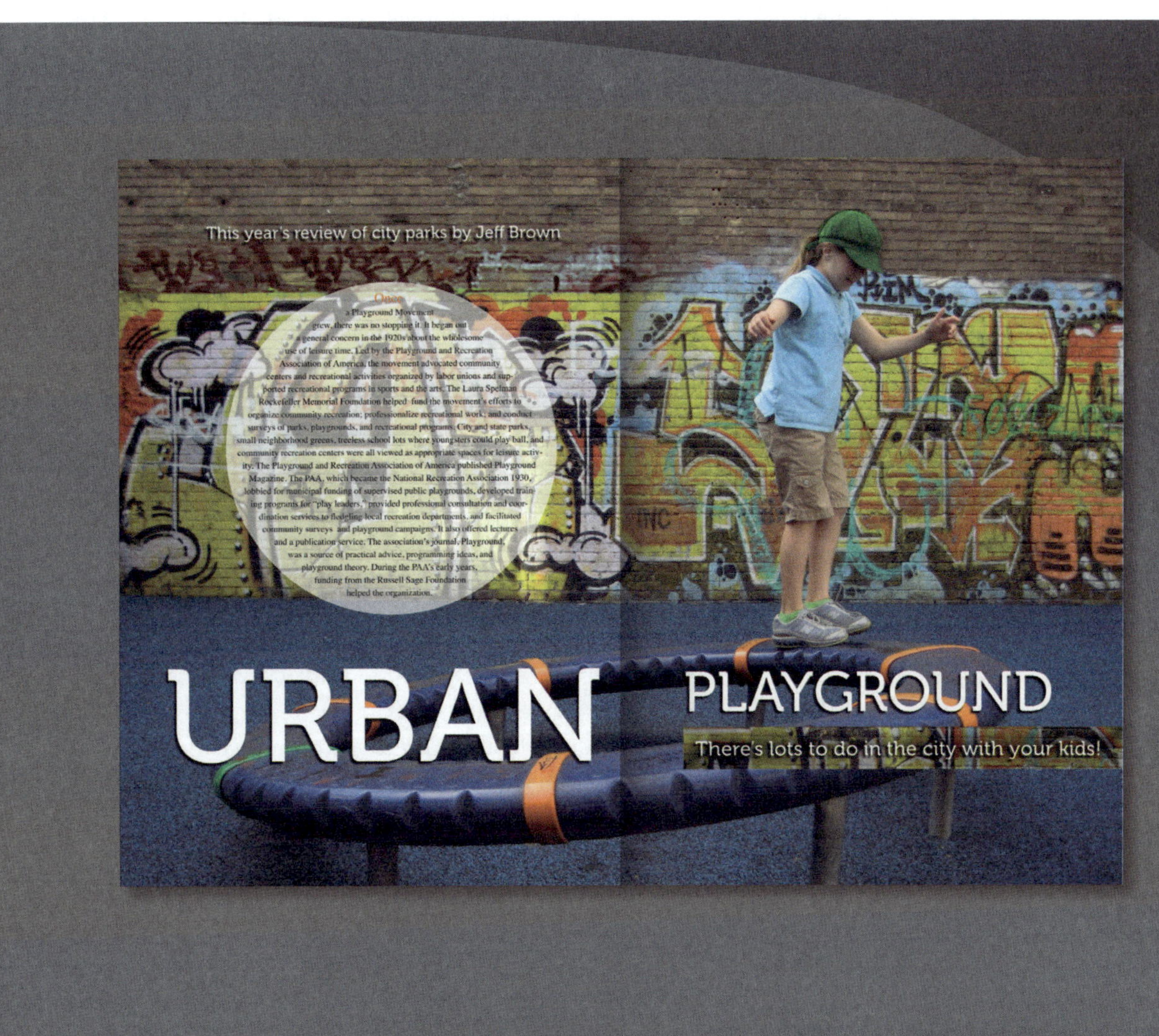

This year's review of city parks by Jeff Brown

Once a Playground Movement grew, there was no stopping it. It began out a general concern in the 1920s about the wholesome use of leisure time. Led by the Playground and Recreation Association of America, the movement advocated community centers and recreational activities organized by labor unions and supported recreational programs in sports and the arts. The Laura Spelman Rockefeller Memorial Foundation helped fund the movement's efforts to organize community recreation; professionalize recreational work; and conduct surveys of parks, playgrounds, and recreational programs. City and state parks, small neighborhood greens, treeless school lots where youngsters could play ball, and community recreation centers were all viewed as appropriate spaces for leisure activity. The Playground and Recreation Association of America published Playground Magazine. The PAA, which became the National Recreation Association 1930, lobbied for municipal funding of supervised public playgrounds, developed training programs for "play leaders," provided professional consultation and coordination services to fledgling local recreation departments, and facilitated community surveys and playground campaigns. It also offered lectures and a publication service. The association's journal, Playground, was a source of practical advice, programming ideas, and playground theory. During the PAA's early years, funding from the Russell Sage Foundation helped the organization.

URBAN PLAYGROUND

There's lots to do in the city with your kids!

Adobe Photoshop bietet Ihnen eine Vielzahl von Werkzeugen und Befehlen, um Fotos zu optimieren. Sie erfahren jetzt, wie Sie ein für den Druck vorgesehenes Foto importieren, in der Größe ändern und retuschieren. Diese Arbeitsschritte lassen sich auch auf Web-Bilder anwenden.

Arbeitsablauf beim Retuschieren

Der Aufwand für die Retusche hängt vom jeweiligen Bild ab und davon, was Sie mit ihm beabsichtigen. Für viele Bilder reichen wenige Klicks in Adobe Camera Raw aus, ein Programm, das zusammen mit Adobe Photoshop installiert ist. Bei anderen Bildern könnten Sie mit Camera Raw beginnen und z. B. den Weißpunkt bestimmen. Anschließend arbeiten Sie in Photoshop, um z. B. bestimmte Bildbereiche mit einem Filter zu bearbeiten.

Grundlegende Schritte

Das Retuschieren erfordert meist diese allgemeinen Schritte:

- Das Bild oder den Scan duplizieren (Arbeiten Sie immer mit einer Kopie der Bilddatei, damit Sie jederzeit wieder auf das Original zugreifen können.)
- Prüfen, ob die Qualität der gescannten Vorlage gut und die Auflösung für den Verwendungszweck des Bildes geeignet ist
- Das Bild auf die endgültige Größe und Orientierung beschneiden
- Scans beschädigter Fotos reparieren (wie Knicke, Staub oder Flecken)
- Den Kontrast bzw. Tonwertumfang des Bildes anpassen
- Vorhandene Farbstiche entfernen
- Farben und Tonwerte in bestimmten Bildbereichen korrigieren, um Lichter, Mitteltöne und Tiefen hervorzuheben sowie Farben zu sättigen
- Die Bildschärfe erhöhen

Hinweis: Sie haben in Lektion 1 mit einer Einstellungsebene gearbeitet und konnten deshalb viel flexibler mit den verschiedenen Korrekturmöglichkeiten experimentieren. Das Originalbild bleibt bei der Verwendung von Einstellungsebenen „zerstörungsfrei" erhalten.

Sie sollten sich angewöhnen, die Arbeitsschritte in der oben beschriebenen Reihenfolge durchzuführen. Es wäre sonst durchaus möglich, dass die Ergebnisse eines Schrittes ungewollte Änderungen im Bild nach sich ziehen. Sie müssten dann zumindest einen Teil Ihrer Arbeit wiederholen.

Verwendungszweck des Bildes

Welche Retuschiertechniken Sie auf ein Bild anwenden, hängt teilweise von seinem späteren Gebrauch ab. Ob es nun für den Schwarz-Weiß-Druck auf Zeitungspapier oder den Einsatz auf farbigen Internet-Seiten bestimmt ist – der Verwendungszweck beeinflusst alles, von der Auflösung des ursprünglichen Scan-Vorgangs bis hin zur Art der Farb- und Tonwertkorrektur. Photoshop unterstützt den CMYK-Farbmodus für die Aufbereitung eines Bildes, das mit Prozessfarben gedruckt werden soll, und zusätzlich stehen der RGB-Modus sowie andere Farbmodi für das Web und mobile Geräte zur Verfügung.

Um einen Retuschierablauf vom Anfang bis zum Ende zu verdeutlichen, führen wir Sie in dieser Lektion schrittweise durch den Korrekturprozess für ein Foto, das für den Vierfarbdruck bestimmt ist.

Weitere Informationen über den CMYK- und den RGB-Farbmodus finden Sie in Lektion 14, »Mit konsistenten Farben produzieren und drucken«.

Auflösung und Bildgröße

Als Erstes prüfen Sie beim Retuschieren eines Fotos in Photoshop, ob das Bild die korrekte Auflösung hat. Der Begriff *Auflösung* bezieht sich auf die Anzahl der kleinen, als *Pixel* bezeichneten Quadrate, die jeweils eine bestimmte Farbe bzw. einen Tonwert aufweisen und so das Bild beschreiben. Die Auflösung ergibt sich durch die *Bildmaße* oder die Anzahl der Pixel in Breite und Höhe des Bildes.

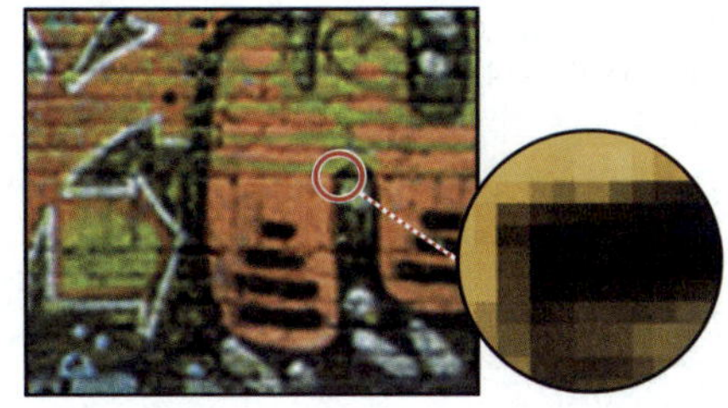
Pixel in einem Foto

In der Computer-Grafik ist zwischen verschiedenen Auflösungsarten zu unterscheiden:

Die Anzahl der Pixel pro Maßeinheit in einem Bild wird als *Bildauflösung* bezeichnet und in Pixel pro Zoll (pixel per inch – ppi) oder Dots per Inch (dpi) angegeben. Ein Bild mit hoher Auflösung weist mehr Pixel und daher einen größeren Dateiumfang auf als ein Bild mit denselben Maßen, aber mit niedrigerer Auflösung. Bilder in Photoshop variieren von einer hohen Auflösung (300 ppi oder mehr) bis zu einer niedrigen Auflösung (72 ppi oder 96 ppi).

Die Anzahl der Pixel pro Maßeinheit auf einem Monitor wird *Monitorauflösung* genannt und meist in Pixel pro Zoll (ppi) angegeben. Photoshop übersetzt Bildpixel direkt in Monitorpixel. Ist die Auflösung des Bildes höher als die des Monitors, erscheint das Bild auf dem Bildschirm größer als in den Druckmaßen angegeben. Wenn Sie beispielsweise ein Bild mit einer Größe von 3 x 3 cm und 144 ppi auf einem Monitor mit 72 ppi anzeigen, nimmt es einen 6 x 6 cm großen Bereich auf dem Bildschirm ein.

10 x 15 cm bei 72 ppi; Dateigröße 364,5 KB

100%-Ansicht auf dem Bildschirm

10 x 15 cm bei 200 ppi; Dateigröße 2,75 MB

100%-Ansicht auf dem Bildschirm

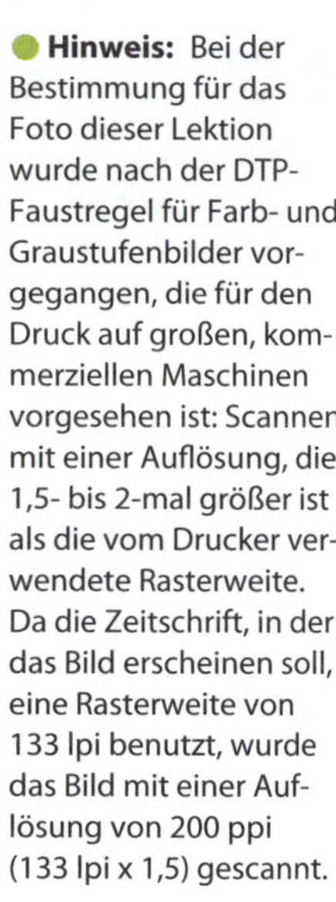

Hinweis: Sie sollten für die Arbeit auf dem Bildschirm unbedingt wissen, was »100%-Ansicht« bedeutet. Bei 100 % entspricht ein Bildpixel einem Bildschirmpixel. Solange die Bildauflösung nicht ganz exakt der Auflösung des Bildschirms entspricht, ist die Bildgröße (z. B. in Zentimeter) auf dem Bildschirm größer oder kleiner als die Bildgröße im Druck.

Hinweis: Bei der Bestimmung für das Foto dieser Lektion wurde nach der DTP-Faustregel für Farb- und Graustufenbilder vorgegangen, die für den Druck auf großen, kommerziellen Maschinen vorgesehen ist: Scannen mit einer Auflösung, die 1,5- bis 2-mal größer ist als die vom Drucker verwendete Rasterweite. Da die Zeitschrift, in der das Bild erscheinen soll, eine Rasterweite von 133 lpi benutzt, wurde das Bild mit einer Auflösung von 200 ppi (133 lpi x 1,5) gescannt.

Die Anzahl der von einem Belichter oder Laserdrucker produzierten Farbpunkte pro Zoll ist die Druck- bzw. Ausgabeauflösung. Die Ausgabeauflösung ist dpi (Dots per Zoll bzw. Inch). Natürlich erzeugen hochauflösende Drucker in Kombination mit hochauflösenden Bildern generell eine bessere Qualität. Die richtige Auflösung für ein gedrucktes Bild ergibt sich aus der Druckauflösung und der Rasterfrequenz (oder Linien pro Zoll [lpi]) des Halbtonrasters für die Reproduktion von Bildern, da ein Belichter zeilenweise belichtet.

Je höher die Bildauflösung, desto größer die Datei – und das heißt z. B. auch längere Download-Zeiten im Internet.

Weitere Informationen zu Auflösung und Bildgröße finden Sie in der *Adobe Photoshop-Hilfe*.

Vorbereitungen

Das Bild für diese Lektion ist ein gescanntes Foto. Sie bereiten es in diesem Szenario für ein Adobe InDesign-Zeitschriftenlayout auf. Die endgültige Bildgröße im Layout beträgt 5,0 mal 7,6 cm.

Sie beginnen diese Lektion, indem Sie das gescannte und noch unbearbeitete Foto mit dem fertigen Bild vergleichen.

1 Starten Sie Adobe Bridge CS6 mit dem Befehl **Start: Alle Programme: Adobe Bridge CS6** (Windows) oder doppelklicken Sie auf das Programmsymbol »Adobe Bridge CS6« im Programmordner (Mac OS).

2 Doppelklicken Sie im FAVORITEN-Fenster in Adobe Bridge auf den Ordner *Lektionen*. Doppelklicken Sie anschließend im INHALT-Fenster auf den Ordner *Lektion02*, um seinen Inhalt anzuzeigen.

3 Vergleichen Sie die Dateien *02Start.psd* und *02End.psd*. Um die Miniaturen im INHALT-Fenster zu vergrößern, ziehen Sie den Miniaturgrößen-Regler unten rechts im Bridge-Fenster nach rechts

Das Bild in der Datei *02Start.psd* ist verdreht, seine Farben sind ziemlich dumpf und es hat einen Rotstich. Außerdem sind die Bildmaße größer als für die Zeitschrift benötigt. Sie verbessern jetzt die vorhandene Bildqualität und beginnen mit der Farbe und dem Tonwert für das Bild.

4 Wählen Sie die Miniatur *02Start.psd* und dann **Datei: In Camera Raw öffnen**.

Das Bild öffnet sich in Camera Raw. Während Sie nun das Bild ändern, speichert Camera Raw diese Änderungen in einer separaten Datei, die mit der Original-Bilddatei verbunden ist. Sie können bei der Arbeit in Camera Raw jederzeit auf das (unangetastete) Original zurückgreifen.

Farben in Camera Raw einstellen

Sie entfernen zuerst den Farbstich und optimieren dann Farbe und Tonwerte im Bild.

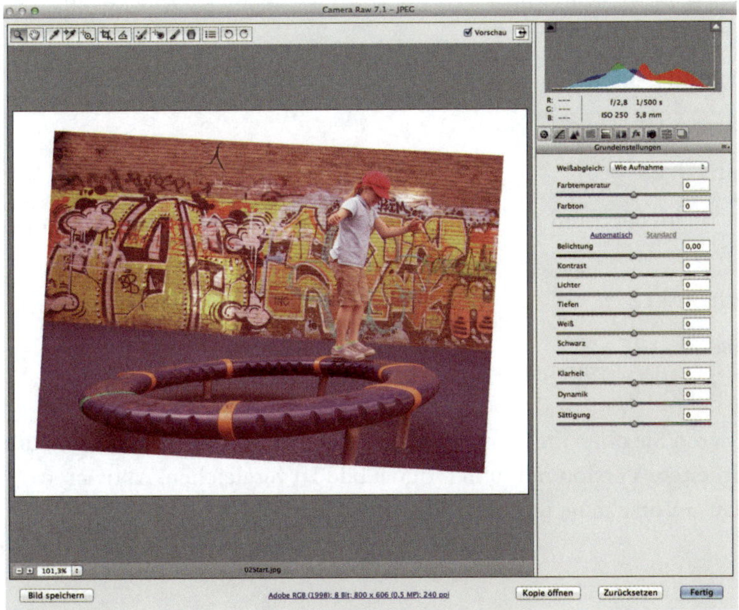

1 Wählen Sie oben im Dialogfeld das Weißabgleich-Werkzeug (✗).

Das Einstellen des Weißabgleichs ändert die Farbe im Bild. Wählen Sie für einen genauen Weißabgleich einen weißen oder grauen Bildbereich.

2 Klicken Sie in einem weißen Bereich des Graffiti. Der Farbton des Bilds ändert sich dramatisch.

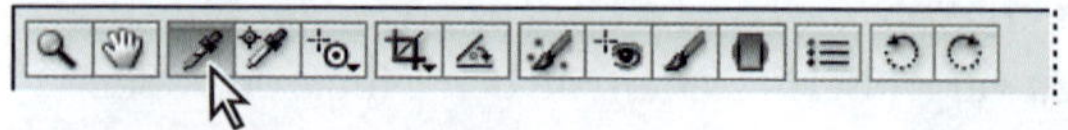

3 Klicken Sie im weißen Schuh des Mädchens – wieder ändert sich der Farbton.

Bei einigen Bildern reicht allein die Einstellung des Weißabgleichs schon aus, um einen Farbstich zu entfernen und den Farbton zu korrigieren – der Weißabgleich ist stets eine gute Ausgangsbasis. Sie verwenden die Einstellungen im Grundeinstellungenbedienfeld für die Feineinstellung des Farbtons.

4 Ändern Sie im Grundeinstellungenbedienfeld den Temperatur-Regler auf **-53** und den Farbton-Regler auf **-54**.

5 Ändern Sie im nächsten Abschnitt des Grundeinstellungenbedienfelds folgende Werte:

- Belichtung: **0,50**
- Schwarz: **18**
- Kontrast: **23**

6 Ändern Sie im nächsten Abschnitt des Grundeinstellungenbedienfelds folgende Werte:

- Klarheit: **+12**
- Dynamik: **+25**
- Sättigung: **+5**

7 Deaktivieren Sie oben im Camera Raw-Fenster die Option »Vorschau«, um die bearbeitete Version mit dem Originalbild zu vergleichen. Aktivieren Sie erneut »Vorschau«, um die Änderungen anzuzeigen.

Mit Vorschau

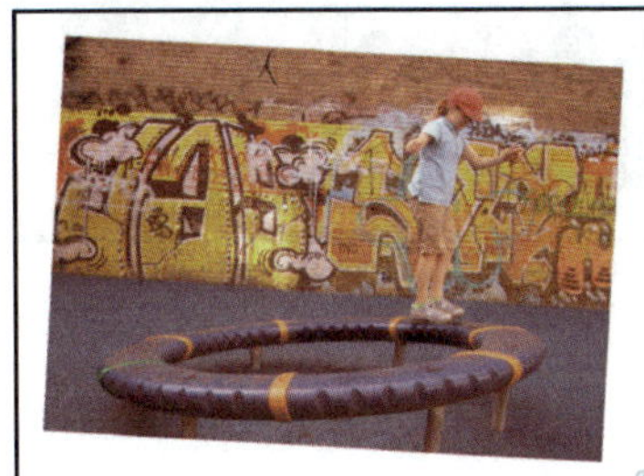
Ohne Vorschau

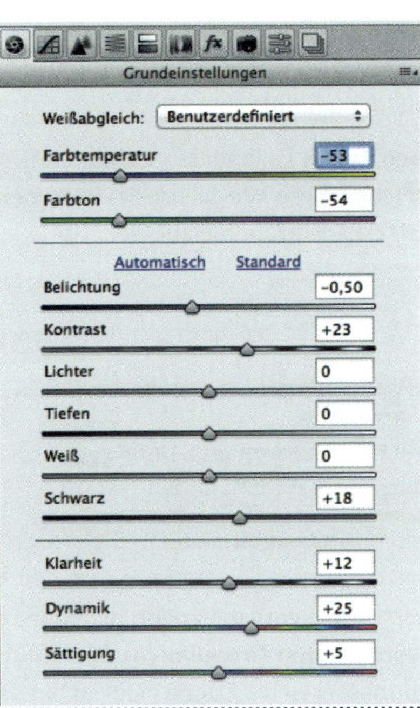

Sie können jetzt das Bild in Photoshop übernehmen und mit der Retusche weitermachen.

8 Klicken Sie unten im Camera Raw-Fenster auf »Bild öffnen«, um das Bild in Photoshop zu öffnen.

9 Wählen Sie in Photoshop den Befehl **Datei: Speichern unter**, benennen Sie die Datei mit **02Arbeit.psd** und klicken Sie auf »Speichern«, um das Bild im Ordner *Lektion02* zu speichern.

Wenn Sie ein Bild mit permanenten Korrekturen versehen möchten, sollten Sie mit einer Kopie und nicht mit dem Original arbeiten. Sollte also eine Korrektur völlig misslingen, können Sie noch mit einer unbearbeiteten Kopie des Originalbildes neu beginnen.

Bild in Photoshop ausrichten und beschneiden

Sie verwenden das Freistellungswerkzeug, um ein Foto so auszurichten, zu beschneiden und zu skalieren, dass es in den dafür vorgesehenen Platz im Layout passt. Sie beschneiden ein Bild mit dem Freistellungswerkzeug oder mit dem Befehl »Freistellen«. Das Freistellen ist standardmäßig zerstörungsfrei – Sie können die ursprünglichen Pixel jederzeit wiederherstellen.

1 Wählen Sie im Werkzeugbedienfeld das Freistellungswerkzeug (⌗).

2 Wählen Sie links in der Optionsleiste aus dem Menü »Freistellungsvorgabe« die Option »Größe und Auflösung«. (Standard ist die Option »Uneingeschränkt«.)

3 Geben Sie im Dialogfeld »Größe und Auflösung des freigestellten Bereichs« diese Werte ein: Breite **8,9** cm, Höhe **6,3** cm und Auflösung **200** Pixel/Zoll. Klicken Sie auf OK.

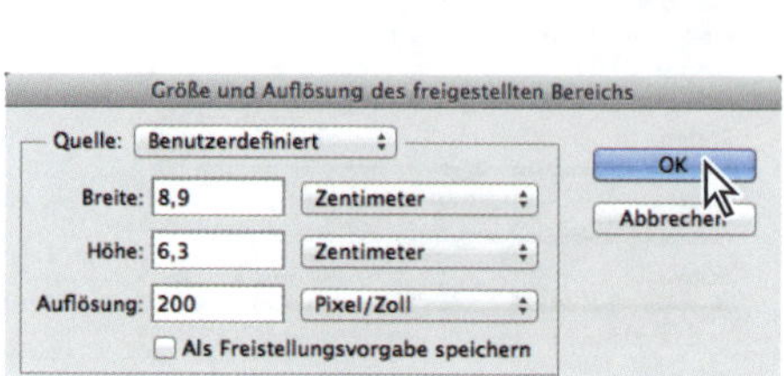

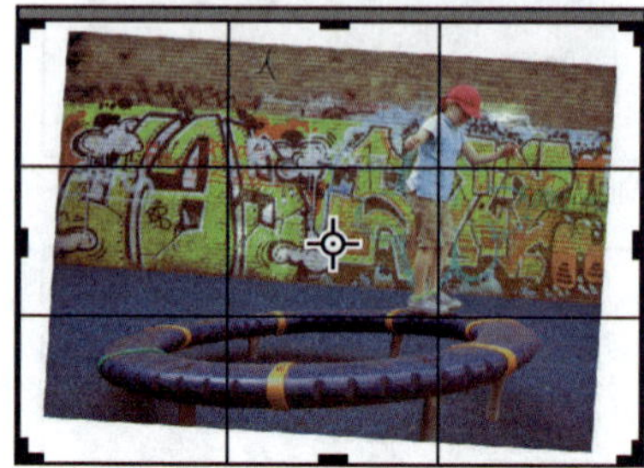

Die Freistellungsvorgabe ändert sich entsprechend und es erscheint ein Freistellungsraster. Ein *Cropping shield* liegt über dem Bereich außerhalb des Freistellungsbereichs. Zuerst richten Sie das Bild aus.

4 Klicken Sie in der Optionsleiste auf die Schaltfläche »Gerade ausrichten«. Der Zeiger ändert sich in das entsprechende Werkzeug.

5 Klicken Sie in der oberen linken Ecke des Fotos und ziehen Sie eine Gerade entlang dem oberen Bildrand.

Photoshop richtet das Bild gerade aus, so dass die gerade gezeichnete Linie parallel zur oberen Bildkante verläuft. Es funktionieren aber auch Linien, die entweder die vertikale oder horizontale Bildachse definieren.

Sie beschneiden jetzt den weißen Rand und skalieren das Bild.

6 Ziehen Sie die Ecken des Freistellungsrahmens in die Ecken des Fotos, so dass kein Weiß zu sehen ist. Sie könnten auch die Pfeiltasten drücken,

um das Foto in 1-Pixel-Schritten im Freistellungsrahmen nach oben oder unten zu verschieben.

7 Drücken Sie die Eingabetaste. Das Bild ist damit beschnitten und füllt das Bildfenster entsprechend Ihren Angaben für Ausrichtung, Größe und Beschnitt.

8 Um die Bildmaße anzuzeigen, wählen Sie im Popup-Menü unten links im Programmfenster die Option »Dokumentmaße«.

9 Wählen Sie **Datei: Speichern**. Klicken Sie auf OK, wenn das Dialogfeld mit den Photoshop-Formatoptionen erscheint.

Tipp: Wählen Sie »Bild: Zuschneiden«, um basierend auf der Transparenz oder Kantenfarbe einen Randbereich des Bildes zu entfernen.

Video: Das Video »Schwarzweiß-Umwandlung« auf der Buch-DVD zeigt mehr zum Thema. Weitere Informationen finden Sie unter »Den Ordner Video-Training installieren« auf Seite 13.

Farben in einem Bild ersetzen

Übermalen Sie mit dem Farbe-ersetzen-Werkzeug eine Farbe mit einer anderen. Wenn Sie mit dem Farbe-ersetzen-Werkzeug mit dem Malen beginnen, analysiert das Werkzeug die ersten Pixel, die Sie übermalen. Da nur Pixel mit ähnlicher Farbe ersetzt werden, müssen Sie beim Malen nicht besonders genau sein. Sie können in den Einstellungen wählen, ob das Werkzeug benachbarte oder nicht aufeinanderfolgende Farben ersetzt und welche Farbdifferenz es akzeptiert.

Sie ändern mit dem Farbe-ersetzen-Werkzeug die Farbe der Kappe im Bild mit dem Spielplatz.

1 Vergrößern Sie das Bild, damit Sie die Kappe gut sehen können.

2 Wählen Sie im Werkzeugbedienfeld das Farbe-ersetzen-Werkzeug (), das unter dem Pinsel-Werkzeug () verborgen ist.

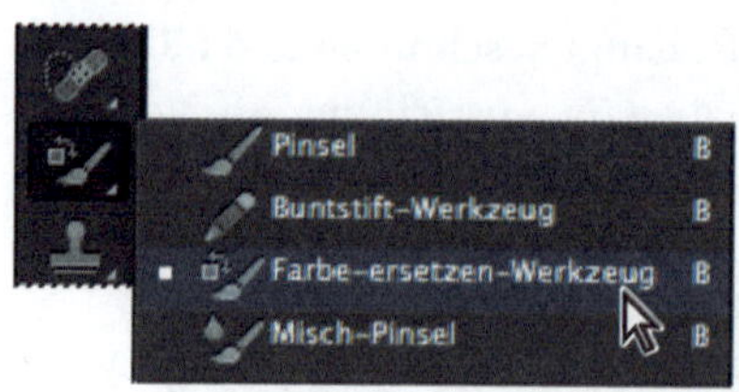

3 Klicken Sie im Werkzeugbedienfeld im Feld »Vordergrundfarbe einstellen«. Wählen Sie im Farbwähler (Vordergrundfarbe) ein Grün. Wir haben eine RGB-Farbe mit den Werten R=49, G=184 und B=6 gewählt.

Sie übermalen die rote Kappe mit der Vordergrundfarbe.

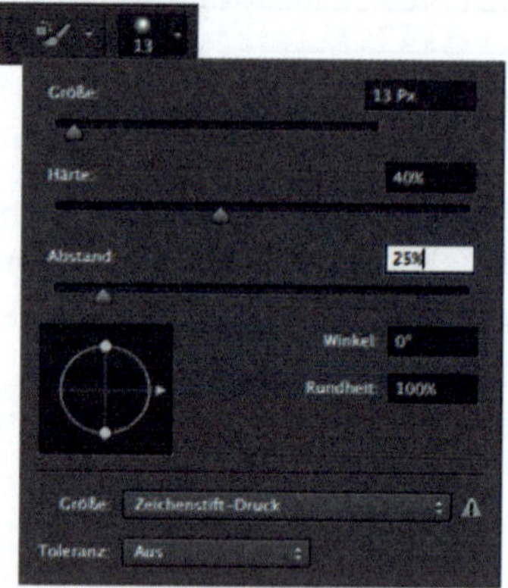

4 Öffnen Sie in der Optionsleiste das Popup-Pinselbedienfeld, um die Pinseloptionen anzuzeigen.

5 Stellen Sie die Größe auf **15** Pixel, die Härte auf **40%** und den Abstand auf **25% ein**. Wählen Sie in den Menüs »Größe« und »Toleranz« jeweils die Option »Aus«.

6 Wählen Sie in der Optionsleiste im Popup-Menü »Modus« die Option »Farbton«. Klicken Sie dann rechts neben »Farbton« auf die Schaltfläche »Aufnahme: Kontinuierlich« (). Wählen Sie im Popup-Menü »Grenzen« die Option »Konturen finden« und stellen Sie die *Toleranz* auf **32%** ein. Die Option »Glätten« ist aktiviert.

7 Beginnen Sie mit dem Malen in der Mitte der Kappe und ziehen Sie dann nach außen zu den Rändern.

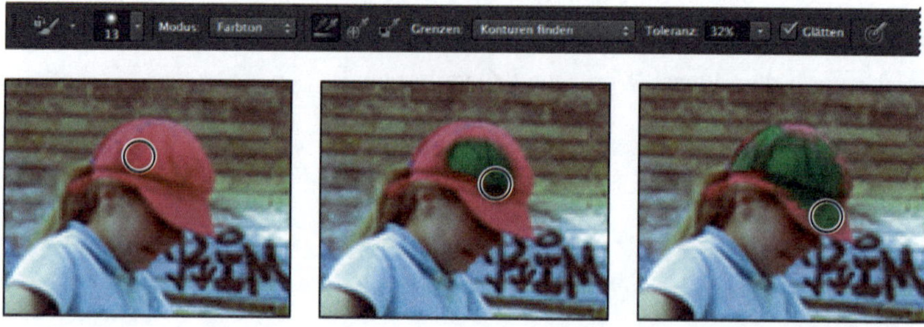

8 Wählen Sie eventuell einen kleineren Pinsel und setzen Sie mit dem Malen nach außen zu den Rändern fort. Sie können die Ansicht auch vergrößern.

9 Speichern Sie die Datei, sobald die Kappe grün eingefärbt ist.

Sättigung mit dem Schwamm-Werkzeug anpassen

Wenn Sie die Sättigung einer Farbe ändern, wirkt sich das auf deren Reinheit bzw. Grauanteil aus. Das Schwamm-Werkzeug bietet sich an, wenn die Farbsättigung bestimmter Bildbereiche fein eingestellt werden soll. Sie verstärken jetzt die Farbe des Graffiti.

1 Verkleinern Sie das Bild oder rollen Sie, um das Graffiti anzuzeigen.

2 Wählen Sie das Schwamm-Werkzeug (), das unter dem Abwedler-Werkzeug ()verborgen ist.

3 Nehmen Sie in der Optionsleiste die folgenden Einstellungen vor:

- Stellen Sie im Popup-Menü »Pinsel« die Größe auf **150** Pixel und die Härte auf **0%** ein.
- Wählen Sie aus dem Popup-Menü »Modus« die Option »Sättigung erhöhen«.
- Stellen Sie unter »Fluss« den Wert **40%** ein, um die Intensität des Sättigungseffekts einzustellen.

4 Wischen Sie mit dem Schwamm-Werkzeug über das Graffiti, um die Farbe stärker zu sättigen. Je häufiger Sie über einen Bereich ziehen, desto stärker wird die Farbsättigung – übersättigen Sie das Graffiti aber nicht.

5 Wählen Sie das Verschieben-Werkzeug (▸✛) und prüfen Sie, ob an einigen Stellen nicht zu stark gesättigt wurde.

6 Speichern Sie Ihre Arbeit.

Mit dem Kopierstempel-Werkzeug reparieren

Das Kopierstempel-Werkzeug verwendet Pixel eines Bildbereichs, um damit die Pixel in einem anderen Bildbereich zu ersetzen. Sie können mit diesem Werkzeug nicht nur unerwünschte Bildobjekte entfernen, sondern auch fehlende Bereiche in Bildern ausfüllen, die Sie von beschädigten Originalen gescannt haben.

Zuerst füllen Sie einen hellen weißen Bereich der Mauer, eine Überstrahlung, mit kopierten Ziegeln aus einem anderen Bildbereich.

1 Wählen Sie im Werkzeugbedienfeld das Kopierstempel-Werkzeug (⊥).

2 Öffnen Sie in der Optionsleiste das Pinsel-Popup-Bedienfeld und stellen Sie die *Größe* auf **21** und die *Härte* auf **0%** ein. Die Option »Ausger. Aufnehm.« (Ausgerichtet aufnehmen) ist in der Optionsleiste aktiviert.

3 Wählen Sie **Fenster: Kopierquelle**, um das Kopierquellebedienfeld zu öffnen. Sie verfügen in diesem Bedienfeld über eine bessere Kontrolle des kopierten Bereichs (hier die Mauerziegel).

4 Im Kopierquellebedienfeld sind die Optionen »Überlagerung anzeigen« und »Beschränkt« gewählt. Die »Deckkraft« beträgt **100** %. Die Option »Überlagerung anzeigen« zeigt in der Pinselspitze das, was Sie kopieren.

5 Bewegen Sie das Kopierstempel-Werkzeug über die dunkleren Ziegel rechts neben dem hellen Lichtfleck auf der Mauer. (Eventuell müssen Sie für eine bessere Ansicht den Bereich vergrößern.)

6 Drücken Sie dann die Alt- (Windows) bzw. Wahltaste (Mac OS) – der Zeiger wird zum Fadenkreuz – und klicken Sie, um diesen Teil des Bildes aufzunehmen.

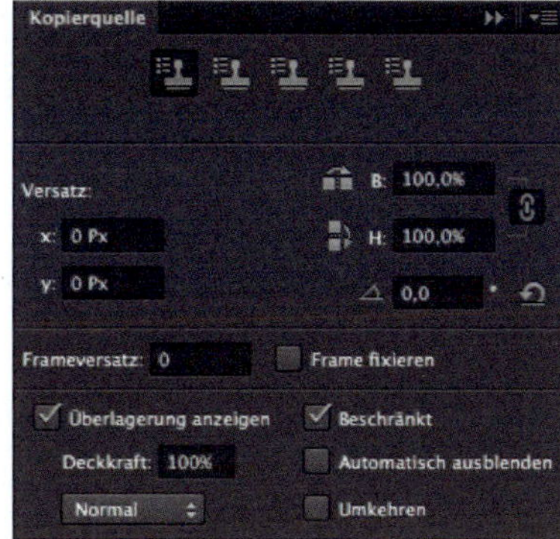

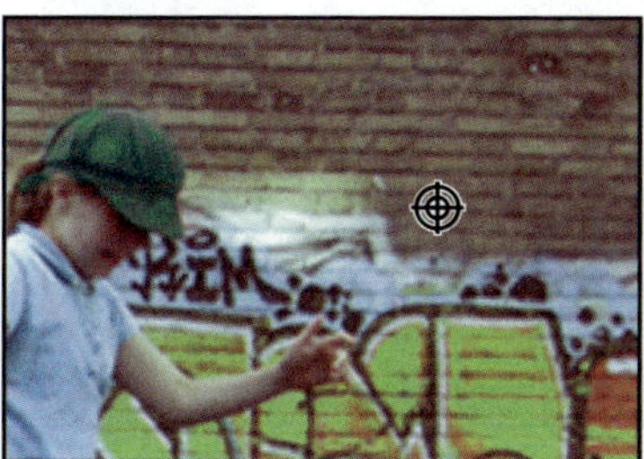

7 Beginnen Sie in dem Bereich rechts neben der Kappe und ziehen Sie das Kopierstempel-Werkzeug nach rechts über den Lichtfleck auf den Ziegeln. Die aktivierte Überlagerung zeigt Ihnen, was Sie an dieser Stelle kopieren. Das ist besonders hilfreich, um die Ziegel weiterhin in einer Reihe anzuordnen.

8 Lassen Sie die Maustaste los. Setzen Sie den Zeiger in einen anderen Bereich des Lichtflecks und ziehen Sie erneut.

Hinweis: Ist die Option »Ausger. Aufnehm.« deaktiviert und malen Sie mehrere Striche, nehmen Sie immer vom gleichen Aufnahmeort auf, unabhängig von der Stelle, wo Sie den Mauszeiger platzieren.

Sie wählen bei jedem Klicken mit dem Kopierstempel-Werkzeug einen neuen Quellpunkt mit der gleichen räumlichen Abhängigkeit zum Werkzeug (Dimension und Richtung) wie beim ersten Malstrich. Wenn Sie also weiter rechts malen, werden Ziegel aufgenommen, die sich weiter rechts neben dem ursprünglichen Quellpunkt befinden. Der Grund dafür ist die aktivierte Ausrichten-Option in der Optionsleiste.

9 Kopieren Sie weiter die Ziegel, bis der Lichtfleck vollständig mit Mauerwerk gefüllt ist.

Damit die Ziegel zum restlichen Bild passen, können Sie den kopierten Bereich einstellen, indem Sie (wie in Schritt 6) einen neuen Aufnahmeort wählen und erneut kopieren. Sie könnten aber auch versuchen, mit deaktivierter Option »Ausger.« zu kopieren.

10 Wenn Ihnen die Mauer zusagt, schließen Sie das Kopierquellebedienfeld und wählen Sie **Datei: Speichern**.

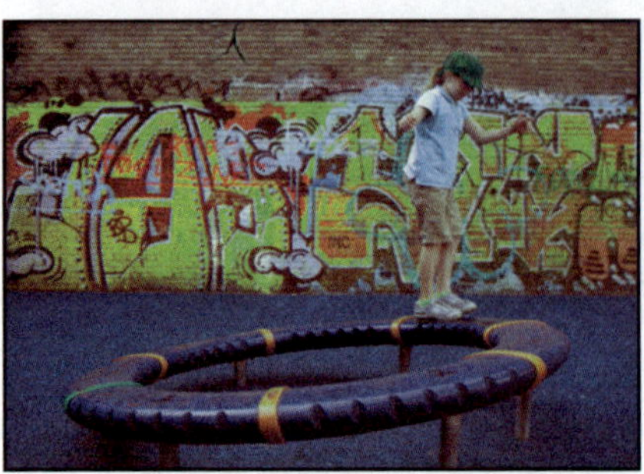

Mit dem Bereichsreparatur-Pinsel-Werkzeug arbeiten

Als Nächstes müssen Sie einige dunkle Mauerflecken entfernen. Sie könnten dazu das Kopierstempel-Werkzeug (⊥) nehmen, aber diesmal setzen Sie eine andere Technik ein. Sie übermalen mit dem Bereichsreparatur-Pinsel-Werkzeug die Mauer.

Hinweis: Das Bereichsreparatur-Pinsel-Werkzeug ähnelt dem Reparatur-Pinsel-Werkzeug mit der Ausnahme, dass es vor der Retusche bestimmte Pixel aufnehmen muss.

Das Bereichsreparatur-Pinsel-Werkzeug entfernt schnell Schönheitsfehler und andere unerwünschte Effekte aus Ihren Fotos. Das Werkzeug funktioniert ähnlich wie der Reparatur-Pinsel: Pixel aus einem Bild oder Muster werden aufgenommen und ihre Struktur, Beleuchtung, Transparenz und Schattierung werden mit den zu reparierenden Pixeln abgeglichen. Anders als beim Reparatur-Pinsel müssen Sie beim Bereichsreparatur-Pinsel keinen Aufnahmepunkt festlegen. Er nimmt automatisch Pixel aus der Umgebung des retuschierten Bereichs auf.

Das Bereichsreparatur-Pinsel-Werkzeug eignet sich ideal für die Retusche von Hautunreinheiten in Porträts, funktioniert aber auch gut im vorliegenden Bild mit dem dunklen Mauerbereich, Grund: Die Mauer hat eine gleichförmige Struktur rechts neben den dunklen Bereichen.

1 Vergrößern oder rollen Sie, um die dunklen Bereiche oben links im Bild anzuzeigen.

2 Wählen Sie im Werkzeugbedienfeld das Bereichsreparatur-Pinsel-Werkzeug ().

3 Öffnen Sie in der Optionsleiste das Popup-Pinselbedienfeld und wählen Sie die Härte **100 %** für einen Pinsel mit einem Durchmesser von **40** Px.

4 Ziehen Sie mit dem Bereichsreparatur-Pinsel-Werkzeug im Bildfenster von links nach rechts über die dunklen Flecken in der oberen rechten Bildecke. Malen Sie mit einem langen oder mehreren kurzen Strichen so lange, bis Ihnen das Ergebnis zusagt. Der Strich ist während des Ziehens dunkelgrau, hat aber nach dem Loslassen der Maustaste den übermalten Bereich repariert.

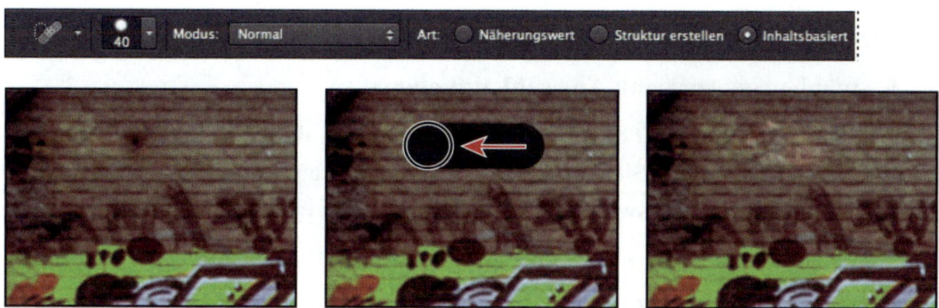

5 Wählen Sie **Datei: Speichern**.

Inhaltssensitives Füllen

Das inhaltssensitive Füllen geht mit dem Retuschieren noch einige Schritte weiter: Photoshop füllt eine Auswahl nahtlos mit ähnlichen benachbarten Bildbereichen. Das inhaltssensitive Füllen funktioniert anders als der Kopierstempel, mit dem Sie Teile eines Bilds in einen anderen Bereich des Bilds kopieren – das inhaltssensitive Füllen hat etwas mit Magie zu tun. Sie füllen eine Auswahl mit Bildbereichen, deren Inhalt den benachbarten Bereichen ähnelt – so, als habe das gewählte Objekt nie existiert. Das probieren Sie nun selbst aus, indem Sie die Steinmauer retuschieren. Sie entfernen den großen Riss und die dunklen Bereiche links. Da die Farbe, Struktur und Beleuchtung der Mauer variieren, wäre die Verwendung des Kopierstempel-Werkzeugs für diese Aufgabe eine echte Herausforderung. Mit dem inhaltssensitiven Füllen wird dieser Vorgang dagegen zum Kinderspiel.

1 Wählen Sie im Werkzeugbedienfeld das Ausbessern-Werkzeug (), das unter dem Bereichsreparatur-Pinsel () verborgen ist.

2 Danach wählen Sie in der Optionsleiste im Menü »Ausbessern« die Option »Inhaltsbasiert«. Achten Sie darauf, dass im Menü »Anpassung« die Option »Mittel« gewählt und »Alle Ebenen aufnehmen« aktiviert ist.

3 Ziehen Sie mit dem Ausbessern-Werkzeug um den Riss in der Wand, um diesen zu wählen.

4 Klicken Sie im gerade gewählten Bereich und ziehen Sie ihn nach rechts.

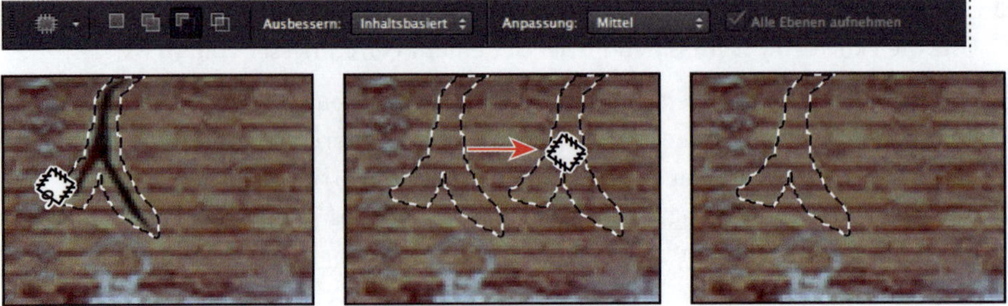

Die Auswahl ändert sich und enthält nun den Umgebungsbereich.

5 Wählen Sie **Auswahl: Auswahl aufheben**.

6 Wählen Sie jetzt mit dem Ausbessern-Werkzeug den dunkleren Bereich am linken Mauerrand. Sie können aus dem Foto herausziehen und damit sicherstellen, dass die Auswahl auch den äußersten Bildrand enthält.

7 Ziehen Sie den gewählten Bereich nach rechts.

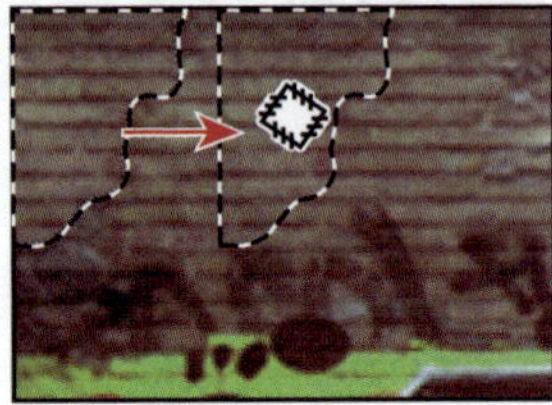

8 Wählen Sie **Auswahl: Auswahl aufheben**.

Den Filter »Unscharf maskieren« zuweisen

Im letzten Schritt beim Retuschieren eines Fotos wenden Sie den Filter »Unscharf maskieren« an. Der Filter korrigiert den Kantenkontrast und lässt das Bild schärfer aussehen.

1 Wählen Sie **Filter: Scharfzeichnungsfilter: Unscharf maskieren**.

2 Überzeugen Sie sich, dass im Dialogfeld »Unscharf maskieren« das Kontrollkästchen »Vorschau« aktiviert ist, damit Sie das Ergebnis im Bildfenster sehen können.

Um einen besseren Überblick zu erhalten, positionieren Sie den Zeiger im Vorschaufenster und zeigen durch Ziehen verschiedene Teile des Bildes an. Außerdem lässt sich mit den Plus- und Minus-Schaltflächen unterhalb des Vorschaufensters die Darstellungsgröße des Bildes im Vorschaufenster ändern.

3 Ziehen Sie den Stärke-Regler, bis das Bild die gewünschte Schärfe hat (wir haben mit 70 % gearbeitet).

4 Ziehen Sie den Radius-Regler, um die Anzahl der Pixel zu bestimmen, die die Kantenpixel umgeben und die scharfgezeichnet werden sollen. Je höher die Auflösung, desto größer sollte der Radius sein. (Wir haben den voreingestellten Wert 1,0 Pixel benutzt.)

5 (Optional) Bestimmen Sie mit dem Schwellenwert-Regler, wie unterschiedlich die Helligkeit zwischen zwei Pixeln sein muss, bevor Photoshop sie als Kantenpixel betrachtet und mit dem Filter »Unscharf maskieren« scharfzeichnet. Der standardmäßige Schwellenwert 0 zeichnet alle Pixel des Bildes scharf. Probieren Sie einen anderen Wert wie 2 oder 3 aus.

6 Klicken Sie auf OK, um den Filter »Unscharf maskieren« zuzuweisen.

7 Wählen Sie **Datei: Speichern**.

▶ **Tipp:** Schalten Sie beim Ausprobieren der verschiedenen Einstellungen die Vorschau ein und aus, um die Änderungen im Bildfenster zu beurteilen. Oder klicken Sie im Bild innerhalb des Dialogfensters, um den Filter aus- und wieder einzuschalten. Bei einem großen Bild bietet sich eher die Anzeige im Dialogfenster an, da nur ein kleiner Bildbereich aktualisiert werden muss.

Unscharf maskieren

Unscharf maskieren oder USM ist ein fotografisches Maskierungsverfahren der traditionellen Reprotechnik zum Scharfzeichnen von Bildkanten. Mit dem Filter »Unscharf maskieren« wird eine beim Fotografieren, Scannen, Neuberechnen oder Drucken auftretende Unschärfe korrigiert. Er ist nützlich bei Bildern, die gedruckt und online bereitgestellt werden sollen.

Mit dem Filter »Unscharf maskieren« werden Pixel gesucht, die sich um einen von Ihnen angegebenen Wert von den benachbarten Pixeln unterscheiden, und ihr Kontrast um einen bestimmten Wert erhöht. Außerdem legen Sie den Radius des Bereichs fest, mit dem jedes Pixel verglichen wird.

Die Effekte des Filters »Unscharf maskieren« sind auf dem Bildschirm wesentlich deutlicher als bei einer hochauflösenden Ausgabe. Wenn das Bild gedruckt werden soll, experimentieren Sie mit verschiedenen Einstellungen, um die beste Einstellung dafür zu ermitteln.

Bild für den Vierfarbdruck speichern

Bevor Sie eine Photoshop-Datei für eine vierfarbige Publikation speichern, müssen Sie das Bild in den CMYK-Farbmodus umwandeln, um es mit den vier Prozessfarben korrekt zu drucken. Sie ändern mit dem Modus-Befehl den Farbmodus.

Vollständige Informationen über die Farbmodi finden Sie in der Photoshop-Hilfe.

1 Wählen Sie **Datei: Speichern unter** und speichern Sie die Datei mit der Bezeichnung **02_CMYK.psd**. Klicken Sie auf OK, sofern das Dialogfeld mit den Photoshop-Format-Optionen geöffnet wird.

Speichern Sie am besten eine Kopie Ihrer Originaldatei und ändern Sie erst dann den Farbmodus. Auf diese Weise können Sie auch später jederzeit wieder auf das Original zurückgreifen.

2 Wählen Sie **Bild: Modus: CMYK-Farbe** und klicken Sie im folgenden Dialogfeld mit einer Farbprofil-Warnung auf OK.

Soll das Bild tatsächlich gedruckt werden, müssen Sie dagegen das verwendete CMYK-Profil angeben. Ausführliche Informationen zum Farbmanagement finden Sie in Lektion 14, »Mit konsistenten Farben produzieren und drucken«.

▶ **Tipp:** Die meisten Bilder enthalten mehr als nur eine Ebene. Wählen Sie **Ebene: Sichtbare auf eine Ebene reduzieren**, bevor Sie den Farbmodus ändern. Auf diese Weise stellen Sie sicher, dass die vorgenommenen Änderungen im CMYK-Bild enthalten sind.

3 Wenn Sie mit Adobe InDesign Ihre Publikation erstellen, übergehen Sie die weiteren Schritte und wählen Sie **Datei: Speichern**. InDesign kann Photoshop -Dateien (PSD) importieren, weshalb das Bild nicht erst in das TIFF-Format konvertiert werden muss.

   Ansonsten wählen Sie **Datei: Speichern unter**, setzen Sie mit Schritt 4 fort und speichern Sie das Foto als TIFF-Datei.

TIFF-Optionen
Bildkomprimierung
OHNE
LZW
ZIP
JPEG
Qualität: Maximal
Kleine Datei Große Datei
Pixelanordnung
Interleaved (RGBRGB)
Pro Kanal (RRGGBB)
Bytereihenfolge
IBM PC
Macintosh
Mit Bildpyramide
Transparenz speichern
Ebenenkomprimierung
RLE (schnellere Speicherung, größere Dateien)
ZIP (langsameres Speichern, kleinere Dateien)
Ebenen verwerfen und eine Kopie speichern
OK
Abbrechen

4 Wählen Sie im Dialogfeld »Speichern unter« unter »Format« die Option »TIFF«.

5 Klicken Sie auf »Speichern«.

6 Wählen Sie im Dialogfeld »TIFF-Optionen« das korrekte Format (Bytereihenfolge) für das entsprechende System und klicken Sie auf OK.

Das retuschierte Bild ist damit gespeichert und lässt sich jederzeit in einem Seitenlayoutprogramm platzieren.

Weitere Informationen über Dateiformate finden Sie in der Photoshop-Hilfe.

Sie können in einem Layout-Programm wie Adobe InDesign Photoshop-Bilder mit anderen Elementen kombinieren.

Extra

Sie können großartige Ergebnisse erzielen, wenn Sie ein Farbbild in Schwarzweiß (mit oder ohne Tönung) in Photoshop oder in Camera Raw umwandeln.

In Photoshop:

1 Wählen Sie **Datei: Öffnen** und öffnen Sie die Datei *Fahrrad.jpg* im Ordner *Lektion02*.

2 Öffnet sich die Datei in Camera Raw, klicken Sie auf »Bild öffnen«, um die Datei in Photoshop zu öffnen.

3 Klicken Sie im Korrekturenbedienfeld auf das Symbol »Schwarzweiß«, um eine Schwarzweiß-Einstellungsebene hinzuzufügen.

4 Ändern Sie mit den Farbreglern die Sättigung der Farbkanäle. Experimentieren Sie außerdem mit den Optionen im Menü »Voreinstellungen«, beispielsweise mit *Dunkler* oder *Infrarot*. Oder wählen Sie das Werkzeug oben links im Korrekturenbedienfeld und ziehen Sie es über das Bild, um die Farben im jeweiligen Bereich einzustellen. (Wir haben das Fahrrad dunkler und die Hintergrundbereiche etwas heller gemacht.)

5 Wenn Sie das Foto färben möchten, aktivieren Sie die Option »Farbton«. Klicken Sie anschließend auf das Farbfeld und wählen Sie einen Farbton (wir haben R=227, G=209 und B=198 eingestellt).

In Camera Raw:

1 Wählen Sie in Adobe Bridge die Datei *Fahrrad.jpg* und dann **Datei: In Camera Raw öffnen**.

2 Klicken Sie in Camera Raw auf das Register *HSL/Graustufen*.

3 Aktivieren Sie die Option »In Graustufen konvertieren« und experimentieren Sie dann mit den Reglern (auch in den Grundeinstellungen), um die Tonwerte zu ändern.

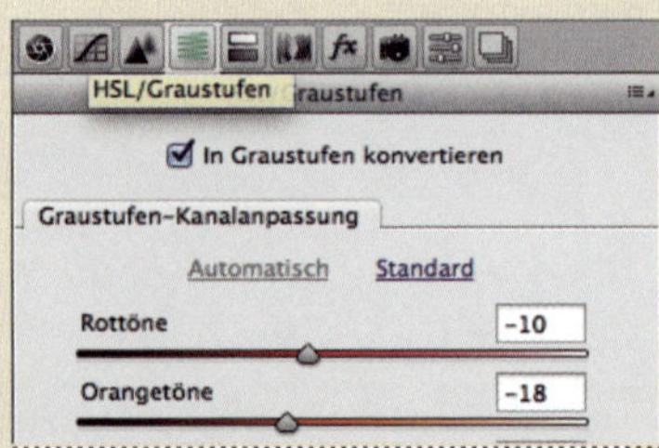

Fragen

1 Was verstehen Sie unter *Auflösung*?

2 Wie setzt man das Freistellungswerkzeug bei der Retusche ein?

3 Wie stellen Sie Farbe und Ton eines Bilds in Camera Raw ein?

4 Mit welchen Werkzeugen lässt sich ein Bild reparieren?

5 Wann wenden Sie den Filter »Unscharf maskieren« auf ein Foto an?

Antworten

1 Der Begriff *Auflösung* bezieht sich auf die Anzahl der Pixel, die ein Bild beschreiben und für die Details verantwortlich sind. Es gibt drei Arten von Auflösungen: *Bild- und Eingabeauflösung*, gemessen in Pixel pro Zoll (ppi), *Ausgabeauflösung*, gemessen in Punkten pro Zoll (dpi), und *Druck-* bzw. *Belichterauflösung*, gemessen in Linien pro Zoll (lpi)

2 Mit dem Freistellungswerkzeug beschneiden und skalieren Sie ein Bild und richten es gerade aus.

3 Sie korrigieren mit dem Weißabgleich-Werkzeug die Farbtemperatur. Die Feinabstimmung von Farbe und Ton erfolgt mit den Reglern im Grundeinstellungen-Fenster.

4 Sie können mit dem Reparatur-Pinsel-Werkzeug, Bereichsreparatur-Pinsel-Werkzeug, dem Kopierstempel-Werkzeug sowie dem inhaltssensitiven Füllen unerwünschte Bildteile durch andere Bereiche im Bild ersetzen. Das Kopierstempel-Werkzeug kopiert exakt den Quellbereich, während das Reparatur-Pinsel-Werkzeug und das Ausbessern-Werkzeug den zu reparierenden Bereich mit den Umgebungspixeln vermischen. Das Bereichsreparatur-Pinsel-Werkzeug benötigt keinen Quellbereich, da es Bereiche so ausbessert, dass sie mit den Umgebungspixeln übereinstimmen. Das inhaltssensitive Füllen ersetzt eine Auswahl mit Inhalt, der mit den benachbarten Bereichen übereinstimmt.

5 Der Filter »Unscharf maskieren« passt den Kontrast der Kantendetails an und vermittelt dadurch den Eindruck zusätzlicher Bildschärfe.

3 AUSWAHLBEREICHE

Überblick

In dieser Lektion lernen Sie Folgendes:

- Bildteile mit Hilfe verschiedener Werkzeuge auswählen
- Position einer Auswahlbegrenzung korrigieren
- Auswahl bewegen und duplizieren
- Zeitsparende Tastatur-Maus-Kombinationen verwenden
- Auswahl aufheben
- Bewegung einer Auswahl einschränken
- Einen ausgewählten Bereich mit den Pfeiltasten positionieren
- Auswahl erweitern und reduzieren
- Auswahl drehen
- Mehrere Auswahlwerkzeuge für komplexe Auswahl verwenden
- Pixel innerhalb einer Auswahl löschen

Sie benötigen für diese Lektion etwa eine Stunde. Falls erforderlich, löschen Sie den auf Ihrer Festplatte vorhandenen Lektionsordner aus der vorherigen Lektion und kopieren stattdessen den Ordner *Lektion03* auf die Festplatte. Während dieser Lektion überschreiben Sie die Startdateien. Wenn Sie die Startdateien wiederherstellen wollen, kopieren Sie sie von der Buch-DVD erneut auf Ihre Festplatte.

Das Auswählen von Bildbereichen ist für die Arbeit in Adobe Photoshop äußerst wichtig. Es kann jeweils nur der gewählte Bereich bearbeitet werden. Bereiche außerhalb der Auswahl sind vor Änderungen geschützt.

Auswählen und Auswahlwerkzeuge

Hinweis: Informationen zur Auswahl von Vektorbereichen mit dem Zeichenstift-Werkzeug finden Sie in Lektion 8, »Mit Vektoren zeichnen«.

Einen Bildbereich auswählen und ändern ist ein Prozess, der aus zwei Schritten besteht. In Photoshop wählen Sie erst die Bildteile, die Sie mit einem der Auswahlwerkzeuge ändern wollen. Anschließend können Sie für die Änderungen ein anderes Werkzeug, einen Filter oder eine Funktion verwenden, um z.B. gewählte Pixel an eine andere Stelle zu verschieben oder um einen Filter auf den gewählten Bereich anzuwenden. Sie können eine Auswahl nach Größe, Form oder Farbe vornehmen. Eine Auswahl beschränkt Änderungen auf die gewählten Bereiche – alles außerhalb bleibt unbeeinflusst.

Das beste Auswahlwerkzeug für einen bestimmten Bereich wird häufig von den Eigenschaften des Bereichs bestimmt, wie seine Form oder Farbe. Es gibt vier Auswahl-Kategorien:

Geometrische Auswahl Das *Auswahlrechteck-Werkzeug* (⬚) ermöglicht die Auswahl eines rechteckigen Bereichs in einem Bild. Das *Auswahlellipse-Werkzeug* (◌), verborgen unter dem Auswahlrechteck-Werkzeug, dient der Auswahl elliptischer Bereiche. Mit den Auswahlwerkzeugen *Einzelne Zeile* (┅) und *Einzelne Spalte* (┇) wählen Sie eine ein Pixel hohe Zeile bzw. eine ein Pixel breite Spalte.

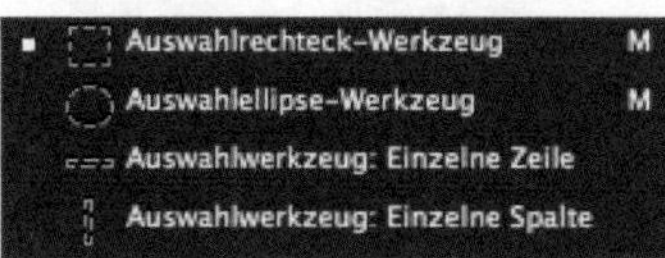

Freihändige Auswahl Mit dem *Lasso-Werkzeug* (ᑭ) zeichnen Sie eine Auswahllinie frei um einen Bereich. Beim *Polygon-Lasso-Werkzeug* (ᑭ) setzt sich die freihändige Auswahl aus geraden Linien zusammen. Das *Magnetisches-Lasso-Werkzeug* (ᑭ) funktioniert in etwa wie eine Kombination der beiden anderen Lasso-Werkzeuge. Es bietet sich besonders dann an, wenn zwischen dem Auswahlbereich und seiner Umgebung ein guter Kontrast vorhanden ist.

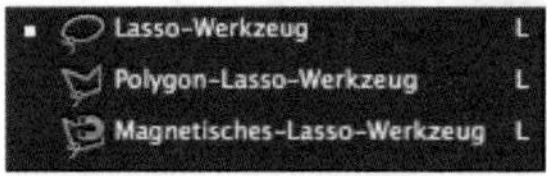

Kantenorientierte Auswahl Das *Schnellauswahlwerkzeug* (✐) »malt« eine Auswahl, indem es automatisch Kanten im Bild findet und sie nachverfolgt.

Farborientierte Auswahl Mit dem *Zauberstab-Werkzeug* (✱) wählen Sie Bildbereiche nach Farben, das heißt, Photoshop bezieht bei aktiver Option »Benachbart« alle angrenzenden Pixel mit ähnlichem Farbton in die Auswahl ein. Dieses Werkzeug bietet sich für die Auswahl komplexerer Formen eines bestimmten Farbbereichs an.

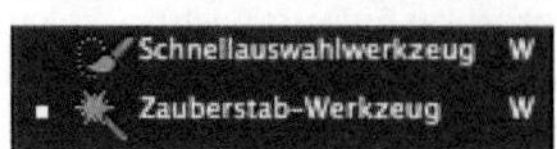

Vorbereitungen

Öffnen Sie erst das fertige Bild aus dieser Lektion, um eine Vorstellung von dem zu erhalten, was Sie anschließend mit den Auswahlwerkzeugen in Photoshop selbst erstellen.

1 Starten Sie Photoshop und halten Sie sofort danach Strg+Alt+Umschalt (Windows) bzw. Befehl+Wahl+Umschalt (Mac OS) gedrückt, um die standardmäßigen Voreinstellungen zu erhalten. (Siehe »Die Standardeinstellungen wiederherstellen« auf Seite 13.)

2 Klicken Sie im Meldungsfenster zur Bestätigung auf »Ja«, um die Datei mit den Adobe Photoshop-Einstellungen zu löschen.

3 Wählen Sie **Datei: In Bridge suchen**, um Adobe Bridge zu öffnen.

4 Doppelklicken Sie oben links im FAVORITEN-Fenster auf den Ordner *Lektionen*. Doppelklicken Sie anschließend im INHALT-Fenster auf den Ordner *Lektion03*, um dessen Inhalt anzuzeigen.

5 Sehen Sie sich die Datei *03End.psd* an. Um die Miniaturen im INHALT-Fenster zu vergrößern, ziehen Sie den Miniaturgrößen-Regler unten rechts im Bridge-Fenster nach rechts.

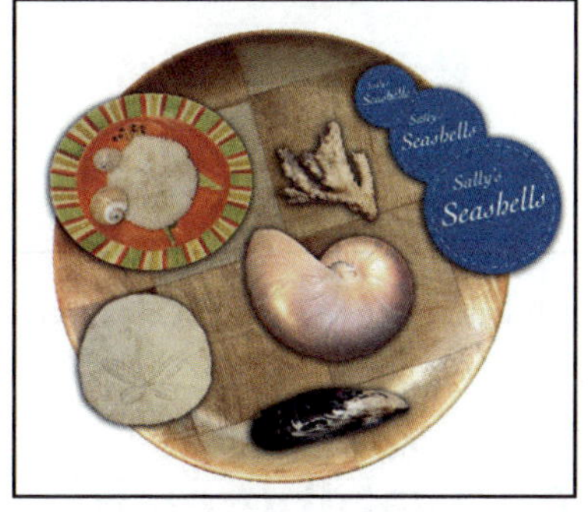

Das Objekt besteht aus einer Collage mit Objekten: einer Koralle, einer Dollar-Münze aus Sand, einer Miesmuschel, einem Nautilus, einer Schale mit kleinen Muscheln, einer Holzplatte und dem Logo *Sally's Seashells*. In dieser Lektion ordnen Sie die einzelnen Objekte (in der Datei *03Start.psd* zusammen als einzelne Seite gescannt) neu an. Die Anordnung dieser Objekte liegt bei Ihnen und Ihrem gestalterischen Empfinden und muss nicht exakt mit dem Beispiel im Buch übereinstimmen. Es gibt also keine falsche oder richtige Anordnung.

6 Doppelklicken Sie auf die Miniatur *03Start.psd*, um die Bilddatei in Photoshop zu öffnen.

7 Wählen Sie **Datei: Speichern unter**, benennen Sie die Datei mit **03Arbeit.psd** und klicken Sie auf »Speichern«. Auf diese Weise brauchen Sie keine Sorge zu haben, versehentlich die Originaldatei zu überschreiben.

Mit dem Schnellauswahlwerkzeug wählen

Das Schnellauswahlwerkzeug ist eine der simpelsten Möglichkeiten für eine Auswahl. Sie malen einfach in einem Bildbereich und das Werkzeug findet automatisch die Kanten. Sobald Sie die anfängliche Auswahl vorgenommen haben, können Sie beliebig Bereiche hinzufügen oder abziehen.

Der Sand-Dollar in der Datei *03Arbeit.psd* eignet sich wegen der klar definierten Kanten besonders gut für das Schnellauswahlwerkzeug. Sie werden nur den Sand-Dollar wählen und nicht den Schatten oder Hintergrund.

1 Wählen Sie im Werkzeugbedienfeld das Zoom-Werkzeug und vergrößern Sie so, dass der Sand-Dollar gut zu erkennen ist.

2 Wählen Sie im Werkzeugbedienfeld das Schnellauswahlwerkzeug ().

3 Klicken Sie in einem cremefarbigen Bereich in der Nähe des Rands vom Sand-Dollar. Das Schnellauswahlwerkzeug erkennt automatisch den kompletten Rand und wählt den Sand-Dollar.

Lassen Sie die Auswahl bestehen, um sie in der nächsten Übung benutzen zu können.

Auswahlbereich bewegen

Wenn Sie einen Bildbereich gewählt haben, lassen sich nur noch die Pixel in dieser Auswahl ändern. Die restlichen Bildteile bleiben unverändert erhalten.

Wenn Sie den gewählten Bildbereich innerhalb der Komposition verschieben wollen, verwenden Sie das Verschieben-Werkzeug. In einem Bild mit nur einer Ebene (wie in dem vorliegenden Bild) ersetzen die verschobenen Pixel die Pixel darunter. Diese Änderung wird erst dann permanent, wenn Sie die bewegten Pixel abwählen, d.h. die Auswahl aufheben. Sie können also mit der verschobenen Auswahl experimentieren, bevor Sie sich endgültig für die richtige Stelle entscheiden.

1 Falls der Sand-Dollar nicht mehr gewählt ist, müssen Sie die Auswahl erneut vornehmen.

2 Verkleinern Sie die Ansicht, um das Brett und den Sand-Dollar anzuzeigen.

3 Wählen Sie das Verschieben-Werkzeug (▸✥). Der Sand-Dollar ist weiterhin gewählt.

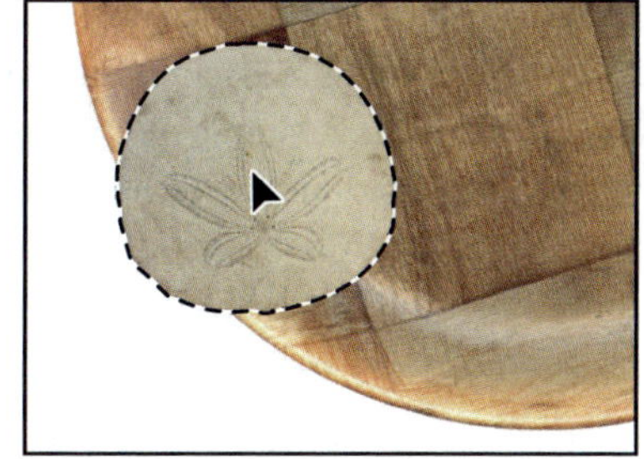

4 Ziehen Sie die Auswahl (den Sand-Dollar) so in den unteren linken Bereich der Collage, dass der Sand-Dollar etwas über den linken Rand der Holzplatte hinausgeht.

5 Wählen Sie **Auswahl: Auswahl aufheben** und dann **Datei: Speichern**.

In Photoshop ist es relativ schwierig, eine Auswahl versehentlich aufzuheben. So lange kein Auswahlwerkzeug aktiviert ist, hebt ein Klicken im Bildfenster die Auswahl nicht auf. Um bewusst abzuwählen bzw. eine Auswahl aufzuheben, verwenden Sie eine dieser drei Methoden: Wählen Sie »Auswahl: Auswahl aufheben«, drücken Sie Strg+D (Windows) bzw. Befehl+D (Mac OS) oder klicken Sie mit einem Auswahlwerkzeug außerhalb einer vorhandenen Auswahl, um mit einer anderen Auswahl zu beginnen.

Julieanne Kost, Adobe Photoshop-Expertin

Tipps von der Photoshop-Expertin

Raffiniertes zum Verschieben-Werkzeug

Wenn Sie Objekte in einer Datei mit mehreren Ebenen mit dem Verschieben-Werkzeug (V) bewegen und zwischendurch eine der Ebenen wählen möchten, versuchen Sie Folgendes: Setzen Sie das Verschieben-Werkzeug auf einen Bildbereich und klicken Sie mit der rechten Maustaste (Windows) bzw. mit gedrückter Control-Taste (Mac OS). Die Ebenen unter dem Zeiger erscheinen im Kontextmenü. Wählen Sie die Ebene, die Sie aktivieren möchten.

Auswahlbereiche manipulieren

Sie können Auswahlbereiche bereits während des Erstellens neu positionieren, bewegen und sogar duplizieren. In diesem Abschnitt erfahren Sie, wie Sie eine Auswahl manipulieren. Auch wenn die meisten dieser Methoden mit jeder Auswahl funktionieren, benutzen Sie hier das Auswahlellipse-Werkzeug für ovale oder kreisrunde Auswahlbereiche.

Sie lernen außerdem Tastaturbefehle kennen, um Zeit (und unnötige Armbewegungen) zu sparen.

Auswahlbegrenzung während des Erstellens neu positionieren

Die Auswahl von elliptischen und runden Bereichen ist nicht immer einfach. Wo soll mit dem Ziehen begonnen werden? Manchmal lässt sich eine Auswahl auch nicht zentrieren, weil das Seitenverhältnis (Höhe zu Breite) nicht passt. Sie machen sich jetzt mit Techniken zur Lösung dieser Probleme vertraut und lernen auch zwei wichtige Tastatur-Maus-Kombinationen kennen, mit denen Sie die Arbeit in Photoshop erheblich vereinfachen.

Befolgen Sie die Anweisungen – besonders was den Umgang mit der Maustaste und das Drücken bestimmter Tasten auf der Tastatur anbelangt. Falls Sie die Maustaste versehentlich zum falschen Zeitpunkt loslassen, beginnen Sie einfach von vorne mit Schritt 1.

1 Wählen Sie das Zoom-Werkzeug (🔍) und klicken Sie auf die Schale mit den Muscheln rechts im Bildfenster. Vergrößern Sie auf mindestens 100 % (arbeiten Sie mit 200 %, sofern die Bildschirmgröße das zulässt).

2 Wählen Sie das Auswahlellipse-Werkzeug (◌), das unter dem Auswahlrechteck-Werkzeug (⬚) verborgen ist.

3 Ziehen Sie diagonal über die Muschelschale für eine Auswahl. *Lassen Sie die Maustaste nicht los.* Es ist kein Problem, wenn die Auswahlbegrenzung mit der Form der Schale noch nicht deckungsgleich ist.

Falls Sie die Maustaste versehentlich loslassen, zeichnen Sie eine neue Auswahl. In den meisten Fällen ersetzt eine neue Auswahl die vorherige.

4 Halten Sie die Maustaste weiterhin gedrückt. Drücken Sie zusätzlich die Leertaste und ziehen Sie die Auswahl an die neue Position. Die Begrenzung verschiebt sich nun entsprechend. Richten Sie die Auswahl am Schalenrand aus.

Hinweis: Die Muschelschale muss nicht hundertprozentig gewählt sein. Achten Sie aber darauf, dass die Form Ihrer Auswahl mit den Proportionen der Schale übereinstimmt und sich die Muscheln innerhalb der Auswahl befinden.

5 Lassen Sie die Leertaste los (nicht aber die Maustaste) und ziehen Sie weiter. Versuchen Sie, Größe und Form der Auswahl möglichst genau mit der ovalen Schale in Übereinstimmung zu bringen. Eventuell müssen Sie die Leertaste drücken und ziehen, um den Auswahlrahmen genau über die Muschelschale zu bringen.

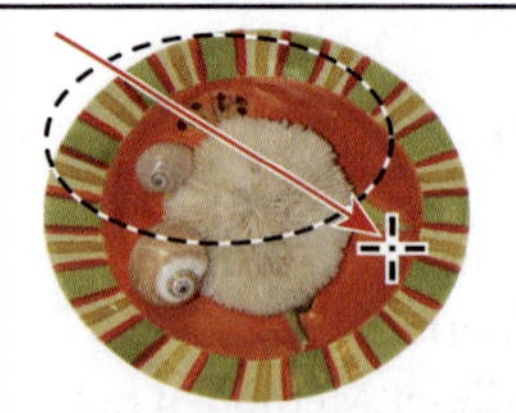

Ziehen einer Auswahl

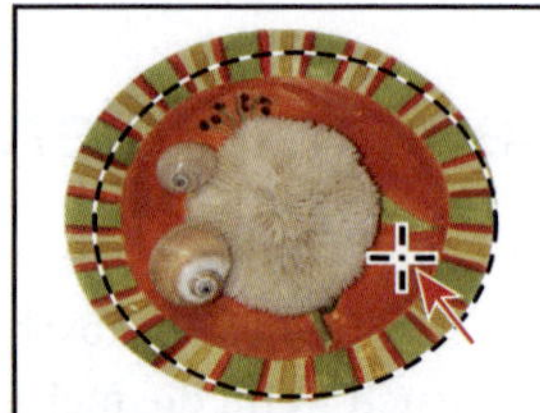

Mit Leertaste bewegen

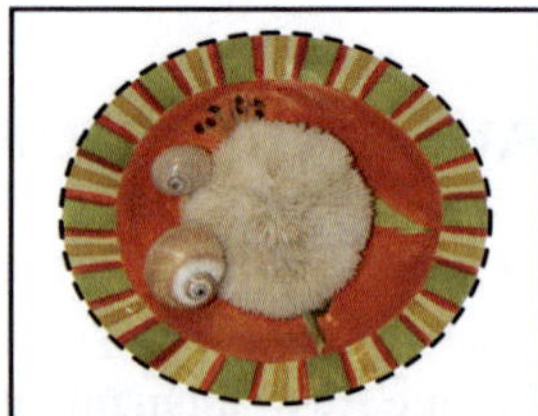

Auswahl fertigstellen

6 Wenn die Auswahlbegrenzung die korrekte Position und Größe hat, lassen Sie die Maustaste los.

7 Wählen Sie **Ansicht: Auszoomen** oder benutzen Sie den Regler im Navigatorbedienfeld, um das komplette Bild anzuzeigen.

Lassen Sie das Auswahlellipse-Werkzeug und die Auswahl für die nächste Übung aktiviert.

Gewählte Pixel mit einem Tastaturbefehl verschieben

Als Nächstes verschieben Sie die Muschelschale mit einem Tastaturbefehl auf der Holzplatte. Sie aktivieren mit dem Kurzbefehl vorübergehend das Verschieben-Werkzeug, ohne es im Werkzeugbedienfeld wählen zu müssen.

1 Falls die Muschelschale nicht mehr gewählt ist, wiederholen Sie die vorherige Übung, um sie erneut zu wählen.

2 Das Auswahlellipse-Werkzeug (◌) ist im Werkzeugbedienfeld gewählt. Halten Sie die Strg- (Windows) bzw. Befehlstaste (Mac OS) gedrückt und positionieren Sie den Zeiger innerhalb der Auswahl. Neben dem Zeiger erscheint eine Schere (▸✂), woran Sie erkennen, dass Photoshop die Auswahl aus der aktuellen Position ausschneidet.

3 Ziehen Sie die Muschelschale so auf die Holzplatte, dass die Schale etwas über den linken Rand hinausragt. (Sie arbeiten jetzt mit einer anderen Technik, um die Muschelschale auf die exakte Position zu bringen.)

4 Lassen Sie die Maustaste los, ohne die Muschelschale abzuwählen.

Mit den Pfeiltasten bewegen

Mit den Pfeiltasten können Sie kleinste Änderungen an der Position einer Auswahl vornehmen, das heißt, die Auswahl lässt sich in Schritten von einem Pixel bzw. zehn Pixel verschieben.

Ist ein Auswahlwerkzeug im Werkzeugbedienfeld aktiviert, bewegen die Pfeiltasten die Auswahlbegrenzung, nicht aber deren Inhalt. Wenn das Verschieben-Werkzeug aktiviert ist, bewegen die Pfeiltasten die Auswahlbegrenzung und deren Inhalt.

Sie bewegen jetzt mit den Pfeiltasten die Muschelschale. Die Schale ist noch gewählt.

1 Wählen Sie im Werkzeugbedienfeld das Verschieben-Werkzeug und drücken Sie einige Male die Pfeil-nach-oben-Taste (⇧) , um die Schale nach oben zu verschieben.

Bei jedem Drücken der Pfeiltaste verschiebt sich die Schale um ein Pixel. Üben Sie auch mit den anderen Pfeiltasten, um deren Auswirkungen auf die Auswahl kennenzulernen.

2 Halten Sie die Umschalttaste gedrückt und betätigen Sie eine Pfeiltaste.

Die Auswahl verschiebt sich jetzt in Schritten von zehn Pixel.

Hinweis: Wenn Sie die Strg- (Windows) bzw. Befehlstaste (Mac OS) drücken, um zwischendurch das Verschieben-Werkzeug zu wählen, brauchen Sie zum Ziehen die Taste nicht gedrückt zu halten. Das Verschieben-Werkzeug bleibt aktiviert, selbst wenn Sie die Maustaste loslassen. Photoshop geht zum vorher gewählten Werkzeug zurück, sobald Sie außerhalb der Auswahl klicken oder den Befehl »Auswahl aufheben« wählen.

Manchmal stört die Begrenzung um einen ausgewählten Bereich bei der Arbeit. Deshalb lässt sich die Auswahlbegrenzung zeitweise ausblenden, ohne dass Photoshop die Auswahl dabei aufhebt. Wenn Sie Ihre Änderungen durchgeführt haben, blenden Sie die Auswahlbegrenzung wieder ein.

3 Wählen Sie **Ansicht: Einblenden: Auswahlkanten** oder **Ansicht: Extras** – das Häkchen verschwindet und die Funktion ist abgewählt bzw. deaktiviert.

Die Auswahlbegrenzung um die Muschelschale verschwindet.

4 Drücken Sie die Pfeiltasten so lange, bis die Schale an der gewünschten Position ist. Wählen Sie dann **Ansicht: Einblenden: Auswahlkanten** oder **Ansicht: Extras**, um die Auswahlbegrenzung wieder einzublenden.

Auswahlkanten ausgeblendet

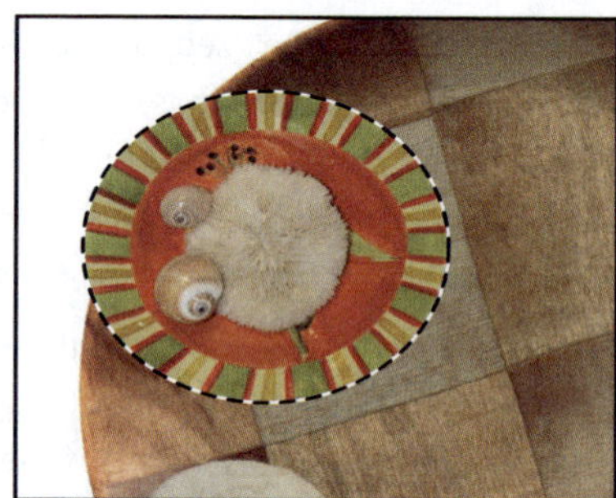

Auswahlkanten eingeblendet

5 Wählen Sie **Auswahl: Auswahl aufheben** oder drücken Sie Strg+D (Windows) bzw. Befehl+D (Mac OS).

6 Wählen Sie **Datei: Speichern**.

Vom Mittelpunkt aus wählen

Bei elliptischen oder rechteckigen Auswahlen ist es manchmal einfacher, die Auswahl vom Objektmittelpunkt aus aufzuziehen. Mit dieser Methode wählen Sie das Logo.

1 Wählen Sie das Zoom-Werkzeug (🔍)und klicken Sie auf das Logo für eine 300%-Vergrößerung. Die Grafik *Sally's Seashells* sollte das Bildfenster komplett ausfüllen.

2 Wählen Sie im Werkzeugbedienfeld das Auswahlellipse-Werkzeug (◌).

3 Positionieren Sie den Zeiger auf die Mitte der Grafik *Sally's Seashells*.

4 Klicken Sie und beginnen Sie mit dem Ziehen. Drücken Sie dann bei gedrückter Maustaste die Alt- (Windows) bzw. Wahltaste (Mac OS) und ziehen Sie die Auswahl bis zum äußeren Rand der Grafik *Sally's Seashells*.

Der Ausgangspunkt ist gleichzeitig der Mittelpunkt der Auswahl.

▶ **Tipp:** Um wirklich einen Kreis zu erhalten, ziehen Sie mit gedrückter Umschalttaste. Wenn Sie die Umschalttaste zusammen mit dem Auswahlrechteck-Werkzeug drücken, zeichnen Sie ein Quadrat.

5 Die Grafik *Sally's Seashells* ist gewählt. Lassen Sie erst die Maustaste und dann die Alt- (Windows) bzw. Wahltaste (Mac OS) los – und die Umschalttaste, sofern Sie sie benutzt haben. Heben Sie die Auswahl noch nicht auf.

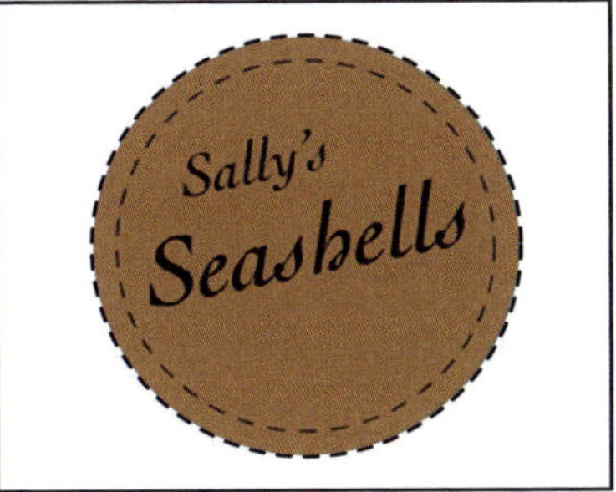

6 Eventuell müssen Sie die Auswahlbegrenzung noch mit einer der bereits bekannten Methoden angleichen. Falls Sie die Alt- (Windows) bzw. Wahltaste (Mac OS) versehentlich vor der Maustaste loslassen, müssen Sie die Grafik *Sally's Seashells* erneut wählen.

Pixel in einer Auswahl verschieben und ändern

Sie verschieben nun die Grafik *Sally's Seashells* in die obere rechte Ecke der Holzplatte. Danach ändern Sie noch ihre Farbe.

Die Grafik *Sally's Seashells* ist noch gewählt. Ansonsten wählen Sie sie erneut (siehe vorherige Übung).

1 Wählen Sie **Ansicht: Ganzes Bild**, damit das Bild das Bildfenster füllt.

2 Wählen Sie im Werkzeugbedienfeld das Verschieben-Werkzeug (▸✥).

3 Positionieren Sie den Zeiger innerhalb der Auswahl für die Grafik *Sally's Seashells*. Der Zeiger erscheint als Pfeil mit Schere (▸✂). Photoshop schneidet beim Ziehen die Auswahl aus der alten Position und versetzt sie an die neue Position.

4 Ziehen Sie die Grafik Sally's Seashells auf die obere rechte Ecke der Platte. Wenn Sie die Position nach dem Ziehen ändern wollen, ziehen Sie ganz einfach neu. Während des gesamten Vorgangs bleibt die Grafik *Sally's Seashells* gewählt.

5 Wählen Sie **Bild: Korrekturen: Umkehren**.

Video: Das Video »Schnittmasken« auf der Buch-DVD zeigt mehr zum Thema. Weitere Informationen finden Sie unter »Den Ordner Video-Training installieren« auf Seite 17.

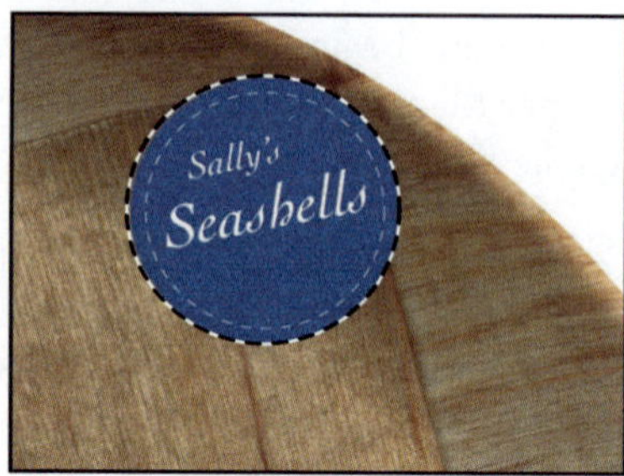

Die Farben der Grafik *Sally's Seashells* entsprechen jetzt einem Farbnegativ des Originals

6 Die Grafik Sally's Seashells bleibt gewählt. Speichern Sie Ihre Arbeit.

Gleichzeitig verschieben und duplizieren

Eine Auswahl lässt sich gleichzeitig verschieben und duplizieren. Sie erstellen nun eine Kopie der Grafik *Sally's Seashells* – die Grafik ist gewählt.

1 Klicken Sie, wenn nötig, im Werkzeugbedienfeld auf das Verschieben-Werkzeug (▸✣), halten Sie die Alt- (Windows) bzw. Wahltaste (Mac OS) gedrückt und positionieren Sie den Zeiger innerhalb der Auswahl. Der Zeiger erscheint als Doppelpfeil, woran Sie erkennen, dass Photoshop beim Bewegen der Auswahl eine Kopie erstellt.

2 Halten Sie die Alt- bzw. Wahltaste weiterhin gedrückt und ziehen Sie die Kopie der Grafik nach unten und nach rechts. Die Kopie der Grafik darf auch teilweise über der Originalgrafik liegen. Lassen Sie die Maustaste und die Alt- bzw. Wahltaste los – die Kopie der Grafik bleibt gewählt.

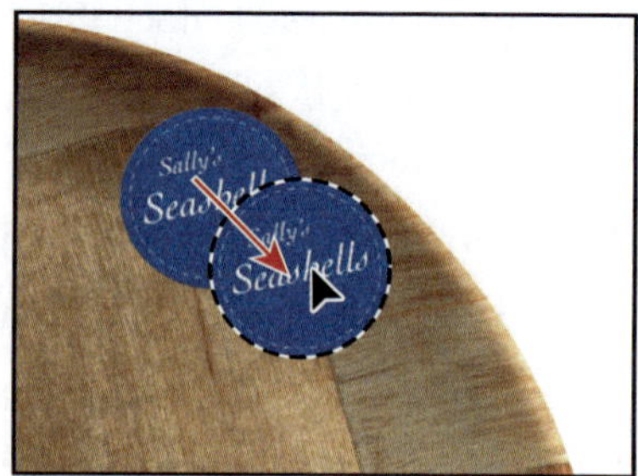

3 Wählen Sie **Bearbeiten: Transformieren: Skalieren** – um die Auswahl erscheint ein Begrenzungsrahmen.

4 Halten Sie die Umschalttaste gedrückt und ziehen Sie einen Eckpunkt, um die Grafik 50 % größer als das Original zu machen. Drücken Sie die Eingabetaste, um die Transformation zu bestätigen.

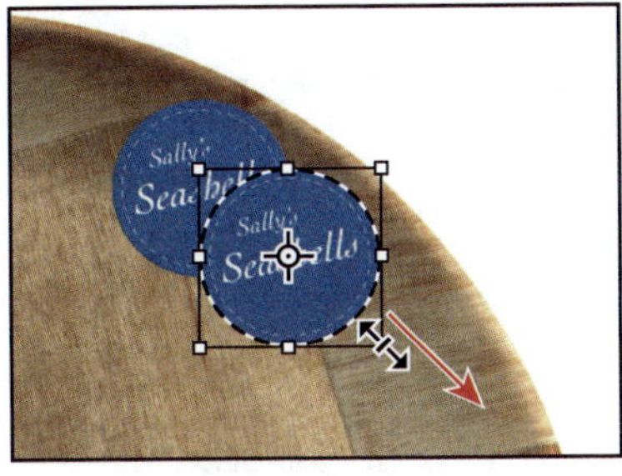

Die Auswahl hat sich an die neue Größe der duplizierten Grafik angepasst, die weiterhin gewählt ist. Die gedrückte Umschalttaste erhält die Proportionen, weshalb die vergrößerte Grafik nicht eingeschränkt wird.

5 Halten Sie die Umschalt+Alt-Taste (Windows) bzw. Umschalt+Wahltaste (Mac OS) gedrückt und ziehen Sie eine neue Kopie der zweiten Grafik *Sally's Seashells* nach unten und nach rechts.

Wenn Sie eine Auswahl mit gedrückter Umschalttaste verschieben, beschränken Sie die Bewegung horizontal oder vertikal auf 45°-Schritte.

6 Wiederholen Sie die Schritte 3 und 4 für die Grafik *Sally's Seashells* – mit der doppelten Größe wie die erste Grafik.

7 Gefällt Ihnen die Größe und Position der dritten Grafik *Sally's Seashells*, drücken Sie die Eingabetaste, um die Skalierung zu bestätigen. Wählen Sie **Auswahl: Auswahl aufheben** und dann **Datei: Speichern**.

▶ **Tipp:** Wählen Sie »Bearbeiten: Transformieren: Erneut«, um das Logo zu duplizieren und doppelt so groß wie die letzte Transformation zu machen.

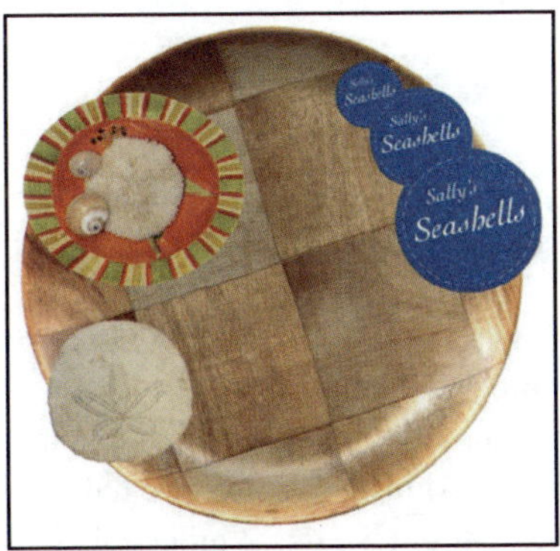

Informationen über die Arbeit mit dem Mittelpunkt in Transformationen finden Sie unter »Platzieren oder Verschieben des Referenzpunkts für eine Transformation« in der Photoshop-Hilfe.

Eine Auswahl oder Ebenen kopieren

Mit dem Verschieben-Werkzeug kopieren Sie eine Auswahl, wenn Sie sie innerhalb oder zwischen Bildern ziehen. Sie können sie auch mit den Befehlen »Kopieren«, »Auf eine Ebene reduziert kopieren«, »Ausschneiden« und »Einfügen« kopieren und verschieben. Beim Ziehen mit dem Verschieben-Werkzeug sparen Sie Speicherplatz, da die Zwischenablage im Gegensatz zu den einzelnen Befehlen nicht verwendet wird.

Photoshop verfügt über mehrere Kopieren- und Einfügen-Befehle:

- Mit dem Befehl »Kopieren« wird der ausgewählte Bereich in die aktive Ebene kopiert.
- Mit dem Befehl »Auf eine Ebene reduziert kopieren« wird eine reduzierte Kopie aller im gewählten Bereich sichtbaren Ebenen erstellt.
- Mit dem Befehl »Einfügen« wird eine ausgeschnittene oder kopierte Auswahl in einen anderen Teil des Bildes oder als neue Ebene in ein anderes Bild eingefügt.
- Mit dem Befehl »In die Auswahl einfügen« wird eine ausgeschnittene oder kopierte Auswahl innerhalb einer anderen Auswahl in dasselbe Bild oder ein anderes Bild eingefügt. Die Quellauswahl wird auf einer neuen Ebene eingefügt und die Auswahlbegrenzung der Zielauswahl wird in eine Ebenenmaske konvertiert.

Beachten Sie, dass die Pixelmaße der eingefügten Daten erhalten bleiben, wenn eine Auswahl oder Ebene zwischen Bildern mit unterschiedlichen Auflösungen eingefügt wird. Dies kann dazu führen, dass der eingefügte Teil in dem neuen Bild zu groß oder zu klein wirkt. Verwenden Sie vor dem Kopieren und Einfügen den Befehl »Bildgröße«, um die Auflösung der Quell- und Zielbilder anzugleichen.

Video: Das Video »Vektormasken« auf der Buch-DVD zeigt mehr zum Thema. Weitere Informationen finden Sie unter »Den Ordner Video-Training installieren« auf Seite 17.

Mit dem Zauberstab-Werkzeug wählen

Das Zauberstab-Werkzeug wählt alle Pixel einer bestimmten Farbe oder eines Farbbereichs. Das Werkzeug ist besonders erfolgreich bei der Auswahl von Bereichen mit ähnlichen Farben, die von anderen sehr unterschiedlichen Farben umgeben sind. Sobald Sie die anfängliche Auswahl vorgenommen haben, können Sie Bereiche hinzufügen oder abziehen, indem Sie das Zauberstab-Werkzeug mit einer bestimmten Tastaturkombination verwenden.

In der Optionsleiste des Zauberstab-Werkzeugs bestimmen Sie im Eingabefeld »Toleranz«, wie viele ähnliche Farbtöne Photoshop in die Auswahl einbezieht, sobald Sie auf einen bestimmten Bereich klicken. Der Standardwert ist 32. Dies bedeutet, dass das Zauberstab-Werkzeug 32 ähnliche hellere Farbtöne und 32 ähnliche dunklere Farbtöne wählt. Die ideale Toleranz hängt von den Farbbereichen und den Variationen im Bild ab.

Befindet sich ein mehrfarbiger Bereich vor einem anders gefärbten Hintergrund, ist es meist viel einfacher, den Hintergrund anstelle des Bereichs zu wählen. Sie wählen jetzt mit dem Auswahlrechteck-Werkzeug einen größeren Bereich und ziehen dann mit dem Zauberstab-Werkzeug den Hintergrund von dieser Auswahl ab.

1 Wählen Sie das Auswahlrechteck-Werkzeug (⬚), das unter dem Auswahlellipse-Werkzeug (◌) verborgen ist.

2 Ziehen Sie eine Auswahl um das Stück Koralle. Achten Sie darauf, dass die Auswahl ausreichend Weißraum um die Koralle herum enthält.

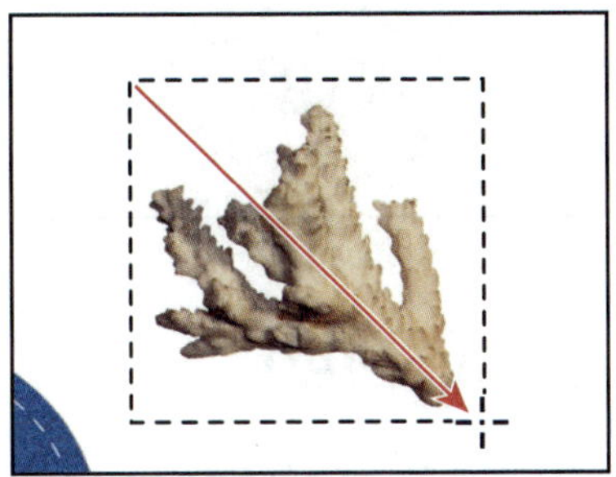

Zu diesem Zeitpunkt sind die Koralle und der weiße Hintergrundbereich gewählt. Als Nächstes ziehen Sie den weißen Bereich von der Auswahl ab, damit sich nur noch die Koralle in der Auswahl befindet.

3 Wählen Sie das Zauberstab-Werkzeug (🪄), das unter dem Schnellauswahlwerkzeug (🖌) verborgen ist.

4 Geben Sie wenn nötig in der Optionsleiste unter »Toleranz« den Wert **32** ein, um den Farbumfang für die Auswahl zu reduzieren.

5 Klicken Sie in der Optionsleiste auf die Schaltfläche »Von Auswahl subtrahieren« (◘). Neben dem Zauberstab-Werkzeug erscheint ein Minuszeichen. Alles, was Sie jetzt wählen, wird von der anfänglichen Auswahl subtrahiert.

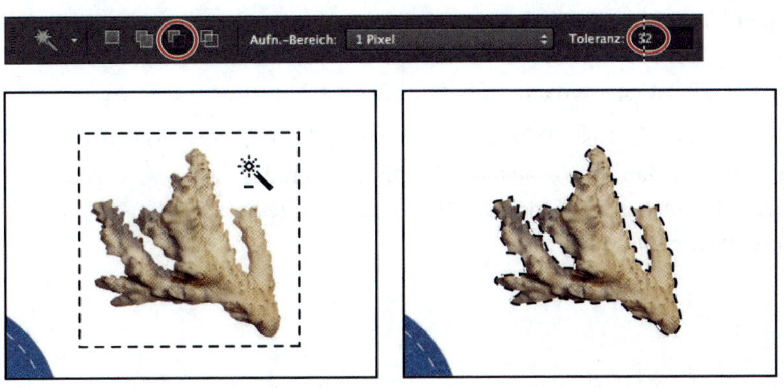

Video: Die Videos »Schnittmasken« und »Vektormasken« auf der Buch-DVD zeigen mehr zu diesem Thema. Weitere Informationen finden Sie unter »Den Ordner Video-Training installieren« auf Seite 13.

Das Zauberstab-Werkzeug hat den kompletten Hintergrund gewählt und ihn dann von der Auswahl subtrahiert. Jetzt sind alle weißen Pixel abgewählt, das heißt, nur noch die Koralle ist gewählt.

6 Wählen Sie das Verschieben-Werkzeug (▸✣) und ziehen Sie die Koralle etwas nach rechts und über der Mitte der Holzplatte.

7 Wählen Sie **Auswahl: Auswahl aufheben** und speichern Sie Ihre Arbeit.

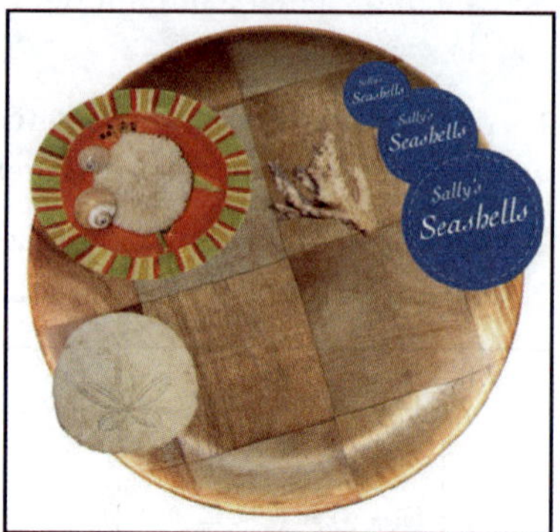

Mit den Lasso-Werkzeugen wählen

Sie verfügen in Photoshop über drei Lasso-Werkzeuge: Lasso-Werkzeug, Polygon-Lasso-Werkzeug und Magnetisches-Lasso-Werkzeug. Mit den Lasso-Werkzeugen erstellen Sie Auswahlen, die sich aus frei gezeichneten Linien und geraden Liniensegmenten zusammensetzen. Sie arbeiten mit Tastaturbefehlen, um zwischen dem Lasso-Werkzeug und dem Polygon-Lasso-Werkzeug zu wechseln. Sie wählen die Miesmuschel mit dem Lasso-Werkzeug. Der Wechsel zwischen geraden und frei gezeichneten Auswahllinien erfordert ein wenig Geschick – wenn Ihnen also beim Auswählen der Miesmuschel ein Fehler unterläuft, heben Sie die Auswahl einfach auf und fangen noch einmal von vorne an.

1 Wählen Sie das Zoom-Werkzeug (🔍) und klicken Sie auf die Miesmuschel, um diese mit 100 % anzuzeigen. Die Miesmuschel füllt das Fenster komplett aus.

2 Wählen Sie das Lasso-Werkzeug (ℓ). Beginnen Sie unten links im Bild und ziehen Sie um das abgerundete Ende der Miesmuschel. Zeichnen Sie die Form möglichst genau nach und *lassen Sie die Maustaste nicht los.*

3 Halten Sie die Alt-Taste (Windows) bzw. Wahltaste (Mac OS) gedrückt und lassen Sie dann die Maustaste los, damit sich das Lasso-Werkzeug in das Polygon-Lasso-Werkzeug (⊻) verwandelt. *Lassen Sie die Alt- bzw. Wahltaste nicht los.*

4 Klicken Sie entlang dem Ende der Miesmuschel, um Ankerpunkte zu setzen. Arbeiten Sie je nach Kontur mit längeren oder kürzeren Segmenten. Während des gesamten Vorgangs halten Sie die Alt- bzw. Wahltaste gedrückt.

Ziehen mit dem Lasso-Werkzeug

Klicken mit dem Polygon-Lasso-Werkzeug

Die Auswahlbegrenzung dehnt sich automatisch wie ein Gummiband zwischen den Ankerpunkten.

5 Wenn Sie die Spitze der Miesmuschel erreichen, lassen Sie die Maustaste weiterhin gedrückt, die Alt- bzw. Wahltaste dagegen los. Der Zeiger verwandelt sich wieder in das Lasso.

6 Ziehen Sie sorgfältig entlang der Miesmuschelspitze und lassen Sie dabei die Maustaste gedrückt.

7 Wenn Sie die Spitze der Miesmuschel nachgezeichnet haben und ihre untere Seite erreichen, drücken Sie wieder die Alt- bzw. Wahltaste, lassen dann die Maustaste los und klicken entlang der unteren Seite der Miesmuschel. Klicken Sie weiter, bis Sie wieder den Ausgangspunkt Ihrer Auswahl links im Bild erreichen.

8 Überkreuzen Sie die letzte gerade Linie mit dem Ausgangspunkt der Auswahl, wodurch die Auswahl vollständig geschlossen ist. Lassen Sie erst die Alt- bzw. Wahltaste und dann die Maustaste los. Die komplette Miesmuschel ist jetzt gewählt. Lassen Sie die Auswahl bestehen.

Auswahl drehen

Bis jetzt haben Sie gewählte Bilder verschoben und die Farben eines gewählten Bereichs umgekehrt. Es gibt aber noch viele weitere Möglichkeiten, um eine Auswahl zu bearbeiten. Sie drehen nun ein Objekt.

Achten Sie darauf, dass die Miesmuschel gewählt ist.

1 Wählen Sie **Ansicht: Ganzes Bild**, um das Bildfenster bildschirmfüllend anzuzeigen.

2 Halten Sie die Strg- (Windows) bzw. Befehlstaste (Mac OS) gedrückt und ziehen Sie die Auswahl der Miesmuschel auf den unteren Bereich des Schneidbretts. Der Zeiger ändert sich in das Symbol für das Verschieben-Werkzeug.

3 Wählen Sie **Bearbeiten: Transformieren: Drehen**. Die Miesmuschel nebst Auswahlbegrenzung erscheint jetzt in einem Begrenzungsrahmen.

4 Positionieren Sie den Zeiger außerhalb des Begrenzungsrahmens – er wird zum gebogenen Doppelpfeil (↶). Ziehen Sie, um die Miesmuschel um –15 Grad zu drehen. Photoshop zeigt den Winkel in der Optionsleiste im Feld »Drehen« an. Drücken Sie die Eingabetaste, um die Transformation zu bestätigen.

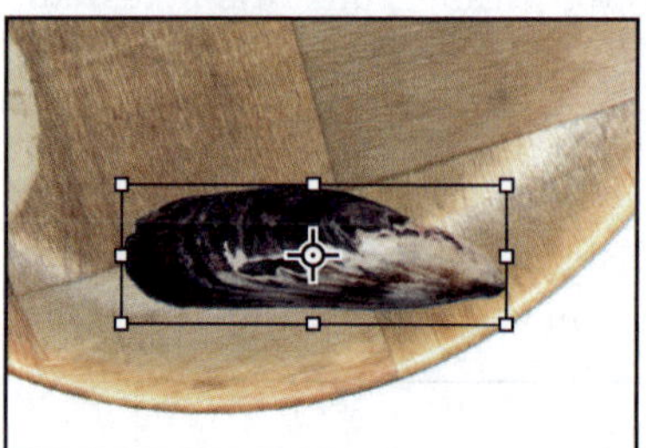

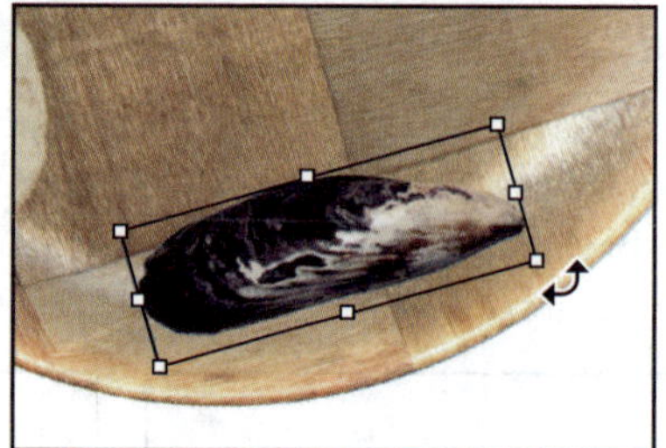

5 Eventuell müssen Sie das Verschieben-Werkzeug (▸✥) wählen und ziehen, um die Position der Miesmuschel zu ändern. Wählen Sie abschließend den Befehl **Auswahl: Auswahl aufheben**.

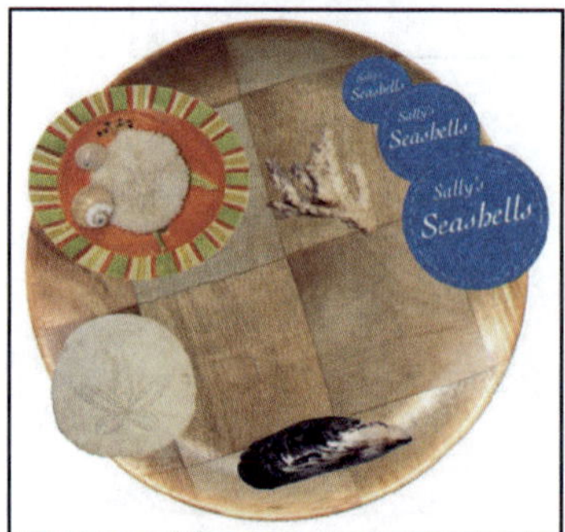

Mit dem magnetischen Lasso-Werkzeug wählen

Mit dem *Magnetisches-Lasso-Werkzeug* erstellen Sie freihändige Auswahlen von Bereichen, die sehr kontrastreich sind, sich also stark voneinander abheben. Wenn Sie mit dem magnetischen Lasso-Werkzeug eine Auswahl zeichnen, springt deren Begrenzung automatisch auf die Kante, die Sie nachziehen. Außerdem lenken Sie den Pfad des Lassos in eine bestimmte Richtung, indem Sie gelegentlich mit der Maus auf die Auswahlbegrenzung klicken, um Fixpunkte zu setzen.

Sie wählen jetzt mit dem magnetischen Lasso-Werkzeug den Nautilus und verschieben ihn auf die Mitte der Holzplatte.

1 Wählen Sie das Zoom-Werkzeug (🔍) und klicken Sie auf den Nautilus für eine Ansicht mit mindestens 100 %.

2 Wählen Sie das magnetische Lasso-Werkzeug (), das sich verborgen unter dem Lasso-Werkzeug () befindet.

3 Klicken Sie nun einmal an der linken Ecke des Nautilus und beginnen Sie, die Kontur nachzuzeichnen.

▶ **Tipp:** Zieht das Lasso-Werkzeug die Kante nicht exakt genug nach, setzen Sie durch Klicken mit der Maustaste Ihre eigenen Fixpunkte auf der Begrenzung. Die Anzahl der Fixpunkte bleibt dabei Ihnen überlassen. Wenn Sie Fixpunkte entfernen und im Pfad zurückgehen wollen, drücken Sie die Entfernen- bzw. Löschtaste und bewegen Sie die Maus zum letzten beizubehaltenden Fixpunkt zurück. Setzen Sie die Auswahl fort.

Ohne dass Sie die Maustaste drücken, rastet das Werkzeug an der Kante des Nautilus ein und fügt automatisch Fixpunkte hinzu.

4 Sobald Sie wieder die rechte Seite des Nautilus erreicht haben, doppelklicken Sie mit der Maustaste. Sie weisen das magnetische Lasso-Werkzeug damit an, zum Ausgangspunkt zurückzukehren und die Auswahl zu schließen. Oder setzen Sie das magnetische Lasso-Werkzeug auf den Ausgangspunkt und klicken Sie einmal.

5 Doppelklicken Sie auf das Hand-Werkzeug (✋), um das ganze Bild im Bildfenster anzuzeigen.

6 Wählen Sie das Verschieben-Werkzeug (▸✢)und ziehen Sie den Nautilus auf die Mitte der Holzplatte.

7 Wählen Sie **Auswahl: Auswahl aufheben** und dann **Datei: Speichern**.

Bildbereich in unterschiedliche Dateien aufteilen

Um schnell mehrere Bilder aus einem einzigen Scan zu erzeugen, arbeiten Sie mit dem Befehl **Fotos freistellen und gerade ausrichten**. Bilder mit einer eindeutig definierten Kontur und einem gleichmäßigen Hintergrund – wie die Datei *03Start.psd* – eignen sich hervorragend dafür. Öffen Sie im Ordner *Lektion03* die Datei *03Start.psd* und wählen Sie **Datei: Automatisieren: Fotos freistellen und gerade ausrichten**. Photoshop stellt jedes Bild in der Startdatei automatisch frei und erzeugt für jedes Bild eine eigene Photoshop-Datei. Schließen Sie anschließend die einzelnen Dateien ohne zu speichern.

Originalbild

Ergebnis

Bild freistellen und innerhalb einer Auswahl löschen

Nachdem die Komposition fertiggestellt ist, beschneiden Sie das Bild auf seine endgültige Größe und säubern den Hintergrund von den Spuren, die Sie bei Verschieben der Auswahlbereich zurückgelassen haben. Sie können beim Beschneiden entweder mit dem Freistellungswerkzeug oder dem Freistellen-Befehl arbeiten.

1 Wählen Sie das Freistellungswerkzeug (⌗) oder drücken Sie C, um vom aktuellen Werkzeug zum Freistellungswerkzeug zu wechseln. Photoshop erzeugt einen Freistellungsrahmen um das gesamte Bild.

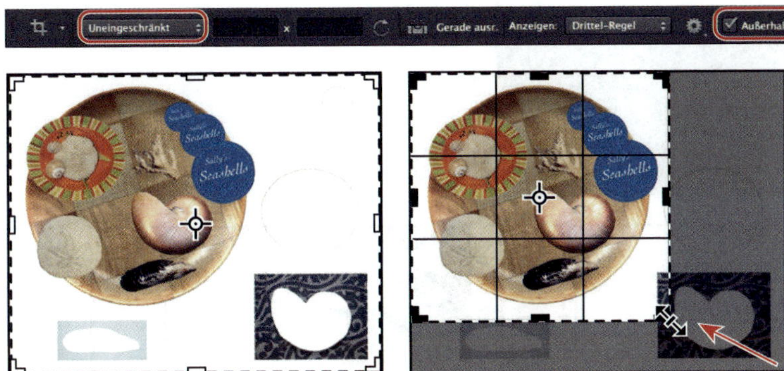

2 Wählen Sie in der Optionsleiste die Option »Uneingeschränkt« und dann »Außerhalb liegende Pixel löschen«. Sie beschneiden mit der gewählten Option »Uneingeschränkt« das Bild mit beliebigen Proportionen.

3 Ziehen Sie die Anfasser so, dass sich die Platte im hervorgehobenen Bereich befindet und Hintergründe sowie Schlagschatten von Elementen außerhalb der Platte gelöscht werden.

4 Gefällt Ihnen die Position des Freistellungsbereichs, klicken Sie in der Optionsleiste auf die Schaltfläche »Aktuellen Freistellungsvorgang bestätigen« (✓).

Das auf diese Weise freigestellte Bild enthält vielleicht noch einige Reste des Hintergrunds, von dem Sie Formen gewählt und entfernt haben – darum kümmern Sie sich nun.

5 Wenn restliche Hintergrundfarbe oder übrig gebliebene Schlagschatten in die Komposition ragen, wählen Sie diese Reste mit dem Auswahlrechteck- (⬚) oder dem Lasso-Werkzeug (ℓ). Achten Sie darauf, keine noch benötigten Bildteile auszuwählen.

6 Wählen Sie das Radiergrummi-Werkzeug (◆) und stellen Sie sicher, dass die Vorder- und Hintergrund-Farbfelder in der Werkzeugpalette auf die Standardeinstellung gesetzt sind: weißer Vordergrund und schwarzer Hintergrund.

7 Öffnen Sie in der Optionsleiste das Pinsel-Menü und stellen Sie einen **80**-Pixel-Pinsel mit **100%** Härte ein.

8 Ziehen Sie das Radiergummi-Werkzeug über den Bereich, den Sie entfernen möchten – das Werkzeug wirkt sich ausschließlich auf den gewählten Bereich aus.

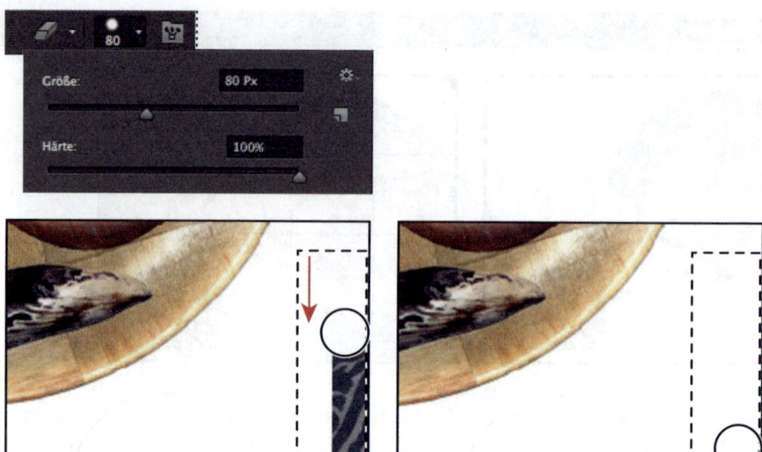

9 Wiederholen Sie die Schritte 5 bis 8, um den Hintergrund komplett zu säubern.

10 Wählen Sie **Datei: Speichern**.

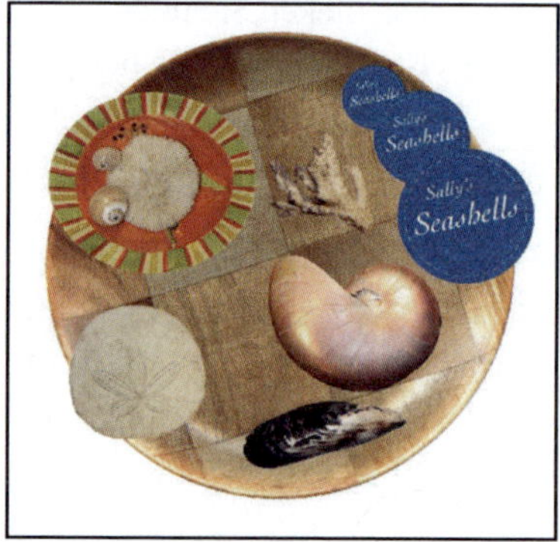

Sie haben mit verschiedenen Auswahlwerkzeugen sämtliche Muscheln platziert. Die Collage ist damit fertig!

Eine weiche Auswahlkante erstellen

Sie können harte Kanten einer Auswahl mit der Option »Glätten« oder »Weiche Kante« glätten.

Glätten Hierdurch werden unregelmäßige Kanten einer Auswahl geglättet, indem der Farbübergang zwischen Kantenpixeln und Hintergrundpixeln verwischt wird. Da sich nur die Kantenpixel ändern, bleiben alle Details erhalten. Diese Option ist nützlich, wenn eine Auswahl zum Erstellen von Composite-Bildern ausgeschnitten, kopiert oder eingefügt wird.

Die Option »Glätten« ist für die Werkzeuge Lasso, Polygon-Lasso, Magnetisches Lasso, Auswahlellipse und Zauberstab verfügbar. (Wählen Sie ein Werkzeug, um die dazugehörige Optionsleiste anzuzeigen.) Sie müssen diese Option wählen, bevor Sie die Werkzeuge verwenden. Nach dem Erstellen einer Auswahl können Sie nicht mehr glätten.

Weiche Kante Kanten werden dadurch weichgezeichnet, dass eine Übergangsgrenze zwischen der Auswahl und den umliegenden Pixeln erstellt wird. Durch das Weichzeichnen können an der Auswahlkante Details verloren gehen.

Sie können eine weiche Kante für die Werkzeuge Auswahlrechteck, Lasso, Polygon-Lasso oder magnetisches Lasso bei ihrem Verwenden definieren oder einer bereits vorhandenen Auswahl hinzufügen. Weiche-Kante-Effekte sind sichtbar, wenn Sie eine Auswahl verschieben, ausschneiden, kopieren oder füllen.

- Um »Glätten« zu verwenden, wählen Sie die Werkzeuge Lasso, Polygon-Lasso, Magnetisches Lasso, Auswahlellipse oder Zauberstab. Aktivieren Sie die Option »Glätten« in der Optionsleiste.
- Eine weiche Kante wählen Sie mit dem Lasso- oder Auswahlrechteck-Werkzeug aus. Geben Sie in der Optionsleiste unter »Weiche Kante« einen Wert zwischen 1 und 250 Pixeln ein.
- Eine weiche Kante für eine vorhandene Auswahl legen Sie mit »Auswahl: Weiche Auswahlkante« fest. Geben Sie unter »Radius« einen Wert ein und klicken Sie auf OK.

Die fertige Montage

Fragen

1 Welche Bildbereiche einer Auswahl lassen sich bearbeiten?

2 Wie erweitern oder reduzieren Sie eine Auswahl?

3 Wie verschieben Sie eine Auswahlbegrenzung, während Sie die Auswahl erzeugen?

4 Wie garantieren Sie bei der Arbeit mit dem Lasso-Werkzeug, dass die Auswahllinie an der gewünschten Stelle beginnt und endet bzw. die Auswahllinie die gewünschte Form annimmt?

5 Wie funktioniert das Schnellauswahlwerkzeug?

6 Wie bestimmt man mit dem Zauberstab-Werkzeug die zu wählenden Bildbereiche? Was bedeutet Toleranz und wie wirkt sie sich auf eine Auswahl aus?

Antworten

1 Nur der Bereich innerhalb der Auswahlbegrenzung lässt sich bearbeiten.

2 Um eine Auswahl zu erweitern, halten Sie die Umschalttaste gedrückt und ziehen oder klicken mit dem aktiven Auswahlwerkzeug in den Bereich, um den die Auswahl erweitert werden soll. Um eine Auswahl zu reduzieren, halten Sie die Alt- (Windows) bzw. Wahltaste (Mac OS) gedrückt und ziehen oder klicken mit dem aktiven Auswahlwerkzeug in den Bereich, um den die Auswahl reduziert werden soll.

3 Halten Sie die Maustaste gedrückt, drücken Sie zusätzlich die Leertaste und ziehen Sie, um die Auswahl neu zu positionieren.

4 Damit die Auswahl die gewünschte Form hat, schließen Sie sie durch Ziehen über den Ausgangspunkt ab. Wenn Sie die Auswahl an verschiedenen Punkten anfangen und beenden, zeichnet Photoshop eine gerade Linie vom Start- bis zum Ausgangspunkt der Auswahl.

5 Das Schnellauswahlwerkzeug »malt« eine Auswahl, die sich nach außen erweitert, das heißt, automatisch Bildkanten findet und diesen folgt.

6 Mit dem Zauberstab-Werkzeug lassen sich farblich verwandte Pixel in einem Bild auswählen. Mit der Toleranz bestimmen Sie, wie viele ähnliche Farbtöne Photoshop in die Auswahl einbezieht. Je größer die Toleranz, desto mehr Farbtöne sind in der Auswahl einbezogen.

4 EBENEN

Überblick

In dieser Lektion lernen Sie Folgendes:

- Bildelemente in Ebenen aufteilen
- Ebenen erstellen, ein-/ausblenden und wählen
- Ebenen anders anordnen, um die Darstellung von Motiven in einem Bild zu ändern
- Füllmethoden auf Ebenen anwenden
- Ebenen skalieren und drehen
- Verläufe auf eine Ebene anwenden
- Filter auf eine Ebene anwenden
- Text und Ebenen-Effekte zu einer Ebene hinzufügen
- Einstellungsebene hinzufügen
- Alle Ebenen auf eine einzige reduzieren und eine Kopie der Datei speichern

Für diese Lektion benötigen Sie etwa eine Stunde. Falls erforderlich, löschen Sie auf Ihrer Festplatte den Lektionsordner der vorherigen Lektion und kopieren stattdessen den Ordner *Lektion04* auf die Festplatte. Während dieser Lektion überschreiben Sie die Startdateien. Wenn Sie die Startdateien wiederherstellen wollen, kopieren Sie sie von der Buch-DVD erneut auf Ihre Festplatte.

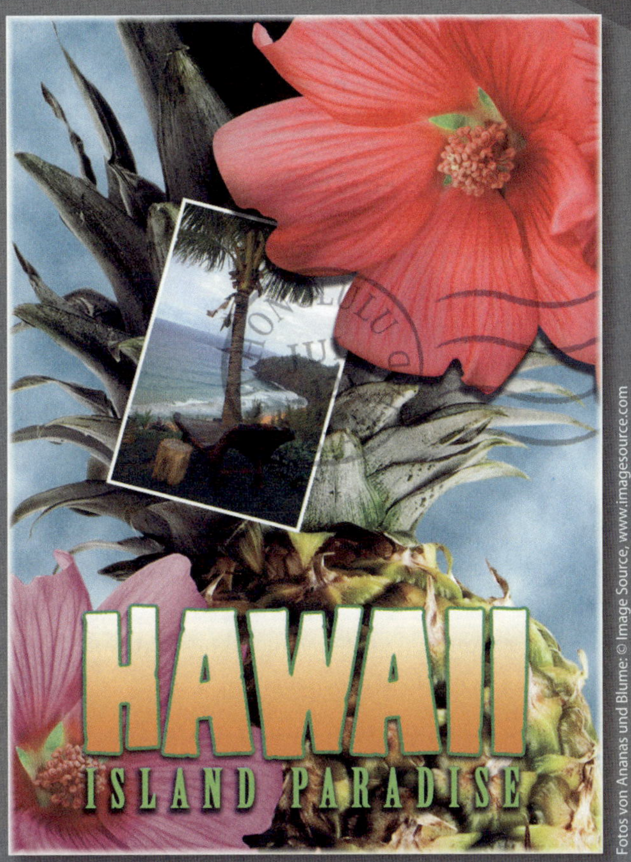

Fotos von Ananas und Blume: © Image Source, www.imagesource.com

Mit Adobe Photoshop können Sie verschiedene Teile eines Bildes auf unterschiedlichen Ebenen isolieren. Jede Ebene lässt sich separat als Einheit bearbeiten, was Ihnen unbegrenzte Flexibilität beim Zusammenstellen und Bearbeiten eines Bildes ermöglicht.

Ebenen

Jedes Bild hat in Adobe Photoshop eine oder mehrere Ebenen. Jede neue Datei wird mit einer *Hintergrundebene* erstellt, die eine Farbe oder ein Bild enthält und durch transparente Bereiche nachfolgender Ebenen durchscheint. Alle neuen Ebenen eines Bildes sind transparent, bis Sie Text oder Bildelemente (Pixel) hinzufügen.

Die Ebenen in Photoshop sind mit transparenten Folien vergleichbar, die verschiedene Teile einer Zeichnung enthalten – die einzelnen Folien lassen sich individuell bearbeiten, neu anordnen und komplett entfernen, ohne dass sich dies auf andere Folien auswirkt. Und wenn die Folien übereinandergestapelt sind, sieht man das Bild in seiner Gesamtheit.

Vorbereitungen

Öffnen Sie erst das fertige Bild aus dieser Lektion.

1 Starten Sie Photoshop und halten Sie sofort danach die Tasten Strg+Alt+Umschalt (Windows) bzw. Befehl+Wahl+Umschalt (Mac OS) gedrückt, um die standardmäßigen Voreinstellungen zu erhalten. (Siehe »Die Standardeinstellungen wiederherstellen« auf Seite 13.)

2 Klicken Sie im Meldungsfenster zur Bestätigung auf »Ja«, um die Standardeinstellungen zu übernehmen.

3 Klicken Sie unten links auf das Register »Mini Bridge«, um das Mini-Bridge-Bedienfeld zu öffnen. Falls Bridge noch nicht im Hintergrund läuft, klicken Sie auf »Bridge starten«.

4 Wählen Sie im Mini-Bridge-Bedienfeld auf dem Popup-Menü links die Option »Favoriten«.

5 Doppelklicken Sie im FAVORITEN-Fenster auf den Ordner *Lektionen*. Doppelklicken Sie dann auf den Ordner *Lektion04*.

6 Wählen Sie im INHALT-Fenster die Datei *04End.psd*. Drücken Sie die Leertaste für die Vollbildvorschau.

Die aus Ebenen zusammengesetzte Komposition zeigt eine Postkarte. Diese gestalten Sie jetzt und lernen dabei, wie Sie Ebenen erzeugen, bearbeiten und organisieren.

7 Drücken Sie erneut die Leertaste, um wieder das Mini-Bridge-Bedienfeld anzuzeigen. Doppelklicken Sie dann auf die *04Start.psd*, um sie in Photoshop zu öffnen.

8 Wählen Sie **Datei: Speichern unter**, benennen Sie die Datei mit **04Arbeit.psd** und klicken Sie auf »Speichern«. Klicken Sie auf OK, wenn das Dialogfeld mit den Photoshop-Formatoptionen erscheint.

Sie vermeiden durch das Speichern einer anderen Version der Startdatei ein versehentliches Überschreiben der Originaldatei.

Ebenenbedienfeld

Das Ebenenbedienfeld zeigt die Ebenen mit ihrem *Ebenennamen* und einer *Ebenenminiatur* der auf der Ebene vorhandenen Bilder an. Mit dem Ebenenbedienfeld können Sie Ebenen aus- und einblenden, neu positionieren, löschen, umbenennen und verschmelzen. Beim Bearbeiten aktualisiert Photoshop automatisch die Miniaturen.

1 Falls das Ebenenbedienfeld auf Ihrem Bildschirm nicht zu sehen ist, wählen Sie **Fenster: Ebenen**.

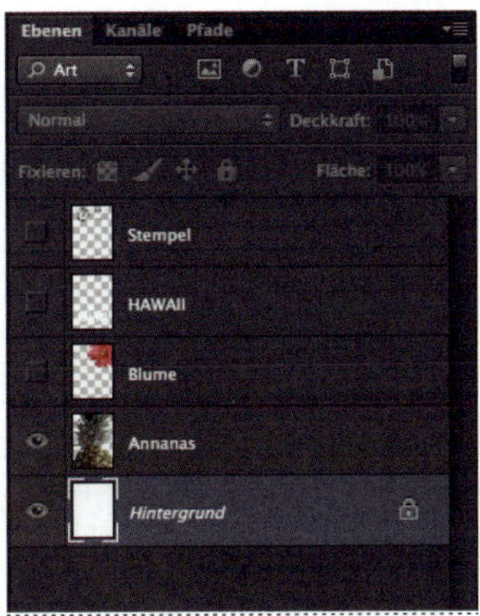

Das Ebenenbedienfeld für die Datei *04Arbeit.psd* enthält die fünf Ebenen (von oben nach unten): *Stempel*, *HAWAII*, *Blume*, *Ananas* und *Hintergrund*.

2 Klicken Sie auf die Hintergrundebene, um sie zu aktivieren (falls diese Ebene noch nicht gewählt ist). Beachten Sie die Ebenenminiaturen und die Symbole auf der Hintergrundebene:

- Das Schlosssymbol (🔒) zeigt an, dass die Hintergrundebene geschützt ist.
- Das Augensymbol (👁) zeigt an, dass die Ebene im Bildfenster zu sehen ist. Sobald Sie auf das Auge klicken, wird diese Ebene nicht mehr im Bildfenster angezeigt.

Als erste Aufgabe für dieses Projekt fügen Sie eine Strandaufnahme in die Montage der Postkarte ein. Das Bild öffnen Sie jetzt in Photoshop.

▶ **Tipp:** Verwenden Sie das Kontextmenü, um Ebenenminiaturen auszublenden oder ihre Größe zu ändern. Klicken Sie mit der rechten Maustaste (Windows) oder mit gedrückter Control-Taste (Mac OS) in einen leeren Bereich des Ebenenbedienfelds, um das Kontextmenü zu öffnen. Wählen Sie dann unter den Optionen *Keine Miniaturen*, *Kleine Miniaturen*, *Mittelgroße Miniaturen* oder *Große Miniaturen*.

3 Doppelklicken Sie im Mini Bridge-Bedienfeld im Ordner *Lektion04* auf die Datei *Beach.psd*, um sie in Photoshop zu öffnen.

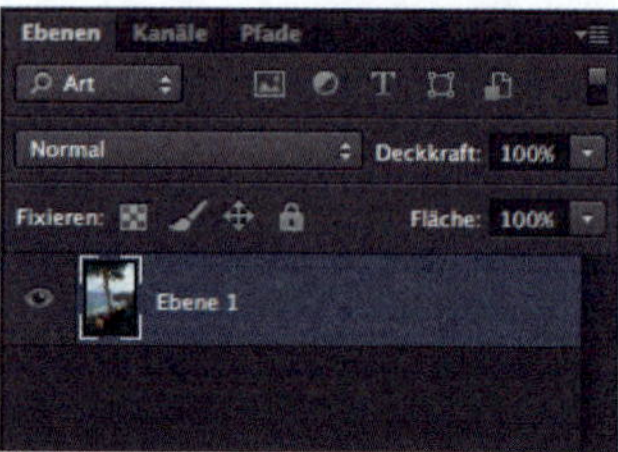

Das Ebenenbedienfeld zeigt nun die Ebeneninformationen und eine Miniatur der Datei *Beach.psd*. Beachten Sie, dass nur eine Ebene vorhanden ist: *Ebene 1* ohne Hintergrundebene. (Weitere Informationen finden Sie unten unter »Die Hintergrundebene«.)

Die Hintergrundebene

Wenn Sie ein neues Bild mit einem weißen oder farbigen Hintergrund erstellen, ist das unterste Bild im Ebenenbedienfeld der Hintergrund. Ein Bild kann immer nur einen Hintergrund haben. Die Zeichenordnung, Füllmethode und Deckkraft des Hintergrundes können Sie nicht ändern. Eine Hintergrundebene lässt sich aber in eine normale Ebene konvertieren.

Wenn Sie ein neues Bild mit transparentem Inhalt erstellen, hat es keine Hintergrundebene. Die unterste Ebene hat in diesem Fall nicht die Eigenschaften einer Hintergrundebene. Sie können die Ebene also beliebig im Ebenenbedienfeld verschieben und ihre Deckkraft und Füllmethode ändern.

So konvertieren Sie eine Hintergrundebene in eine Ebene:

1 Doppelklicken Sie im Ebenenbedienfeld auf »Hintergrund« oder wählen Sie **Ebene: Neu: Ebene aus Hintergrund**.

2 Legen Sie die gewünschten Ebenenoptionen und einen neuen Namen fest.

3 Klicken Sie auf OK.

So konvertieren Sie eine Ebene in einen Hintergrund:

1 Wählen Sie eine Ebene im Ebenenbedienfeld.

2 Wählen Sie **Ebene: Neu: Hintergrund aus Ebene**.

Ebene umbenennen und kopieren

Eine neue Ebene zu erstellen, ist so einfach wie das Ziehen einer Datei in das Bildfenster einer anderen Datei. Egal, ob Sie vom Bildfenster der Originaldatei oder von Ihrem Ebenenbedienfeld ziehen – nur die jeweils aktive Ebene erscheint in der Zieldatei.

Sie ziehen nun das Bild *Beach.psd* auf die Datei *04Arbeit.psd*. Bevor Sie beginnen, achten Sie darauf, dass die Dateien 04Arbeit.psd und *Beach.psd* geöffnet sind. Die Datei *Beach.psd* ist aktiviert.

Sie versehen als Erstes die *Ebene 1* mit einem aussagekräftigeren Namen.

1 Doppelklicken Sie im Ebenenbedienfeld auf den Namen *Ebene 1* und geben Sie *Beach* ein. Drücken Sie dann die Eingabetaste und lassen Sie die Ebene gewählt.

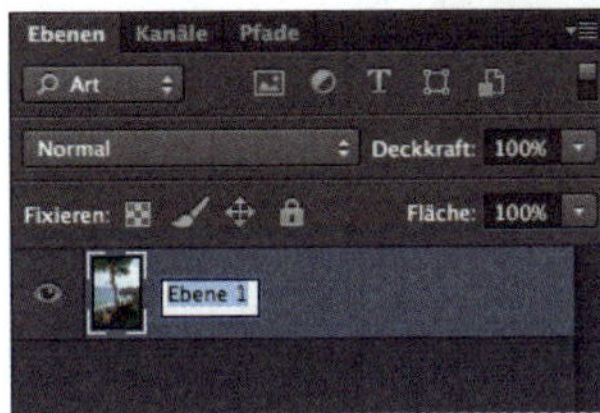

2 Wählen Sie **Fenster: Anordnen: 2 übereinander**. Photoshop zeigt beide geöffneten Bilddateien an. Wählen Sie die Datei *Beach.psd*.

3 Wählen Sie das Verschieben-Werkzeug (▶✥)und ziehen Sie das Bild *Beach.psd* auf das Bildfenster *04Arbeit.psd*.

▶ **Tipp:** Wenn Sie mit gedrückter Umschalttaste ein Bild von einer Datei in eine andere ziehen, zentriert es automatisch im Ziel-Bildfenster.

Die *Beach*-Ebene erscheint jetzt im Bildfenster der Datei *04Arbeit.psd* und im dazugehörigen Ebenenbedienfeld zwischen den Ebenen *Hintergrund* und *Ananas*. Photoshop fügt neue Ebenen immer über der gewählten Ebene ein – die Hintergrundebene hatten Sie bereits früher gewählt.

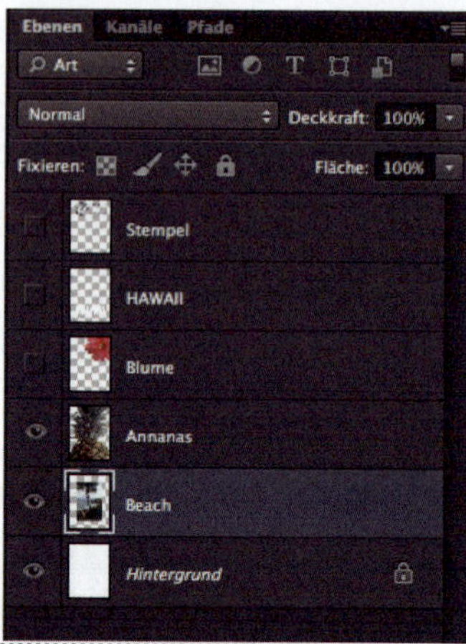

4 Schließen Sie die Datei *Beach.psd*, ohne die Änderungen zu speichern.

5 Doppelklicken Sie auf das Mini-Bridge-Register, um das Bedienfeld zu schließen.

Einzelne Ebenen anzeigen

Das Ebenenbedienfeld zeigt, dass die Datei *04Arbeit.psd* jetzt sechs Ebenen enthält. Einige der Ebenen sind eingeblendet (sichtbar), andere sind ausgeblendet (unsichtbar). Das Augensymbol (●) links neben dem Ebenennamen im Bedienfeld zeigt an, dass diese Ebene sichtbar ist.

1 Klicken Sie auf das Augensymbol (●) neben der Ananas-Ebene, um das Foto auszublenden.

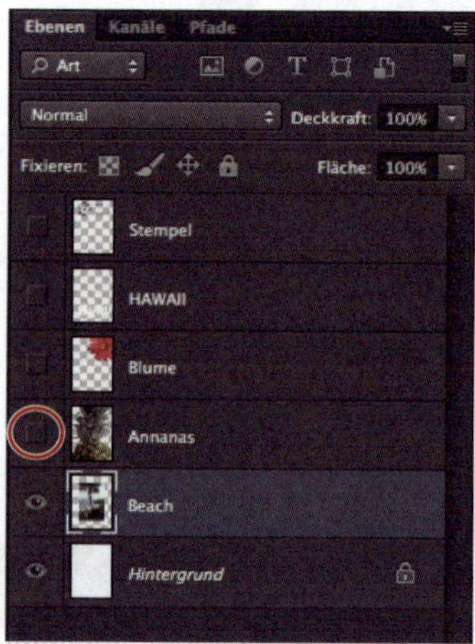

Eine Ebene lässt sich aus- oder einblenden, indem Sie auf das Augensymbol oder in seine Spalte klicken – auch als Ein-/Ausblenden-Spalte bezeichnet.

2 Klicken Sie erneut in die Ein-/Ausblenden-Spalte, um das Bild bzw. die *Ananas*-Ebene wieder anzuzeigen.

Ebene mit einem Rand versehen

Sie versehen die *Beach*-Ebene nun mit einem weißen Rand, um den Eindruck eines Fotos zu erwecken.

1 Wählen Sie die *Beach*-Ebene. (Um die Ebene zu wählen, klicken Sie auf den Ebenennamen im Ebenenbedienfeld.)

Die Ebene ist hervorgehoben, was bedeutet, dass sie aktiviert ist. Änderungen im Bildfenster wirken sich nur auf eine aktive Ebene aus.

2 Um die deckenden Bereiche auf dieser Ebene deutlicher hervorzuheben, blenden Sie alle Ebenen bis auf die *Beach*-Ebene aus. Dafür drücken Sie die Alt- (Windows) bzw. Wahltaste (Mac OS) und klicken auf das Augensymbol (●) für die *Beach*-Ebene.

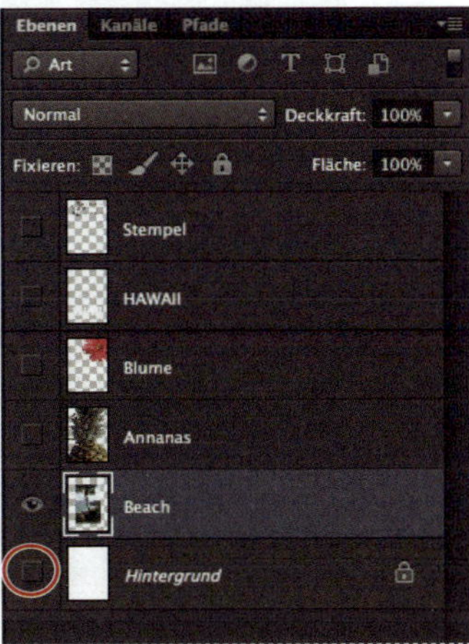

Der weiße Hintergrund und andere Objekte im Bild verschwinden und das Strandbild erscheint auf einem Schachbretthintergrund. Das Schachbrettmuster steht für die transparenten Bereiche in der aktiven Ebene.

3 Wählen Sie **Ebene: Ebenenstil: Kontur**.

Wählen Sie im Dialogfenster »Ebenenstil« die Optionen für die weiße Kontur (den Rand) des Strandbildes.

4 Nehmen Sie die folgenden Einstellungen vor:

- Größe: **5** Px
- Position: Innen
- Füllmethode: Normal
- Deckkraft: **100** %
- Farbe: Weiß (klicken Sie im Farbfeld und wählen Sie die Farbe Weiß im Farbwähler).

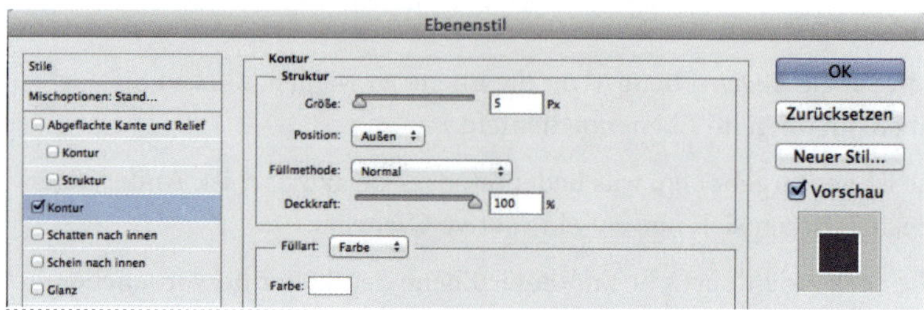

5 Klicken Sie auf OK. Das Strandfoto hat jetzt einen weißen Rand.

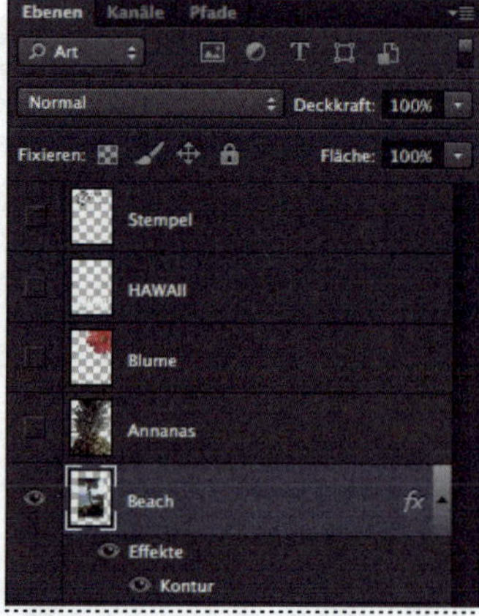

Die Anordnung von Ebenen ändern

Die Art, in der Photoshop die Ebenen eines Bildes stapelt, bezeichnet man als *Ebenen-Anordnung*. Die Anordnung der Ebenen bestimmt, was im Bild zu sehen ist. Sie können diese Anordnung verändern, um bestimmte Bildelemente vor oder hinter anderen Ebenen erscheinen zu lassen.

Als Nächstes ordnen Sie die Ebenen so um, dass Photoshop das Strandbild vor ein anderes Bild in der Datei stellt (das andere Bild ist noch ausgeblendet).

1 Zeigen Sie die Ebenen *Stempel, HAWAII, Blume, Ananas* und *Hintergrund* an, indem Sie links neben deren Namen in der Ein-/Ausblenden-Spalte klicken.

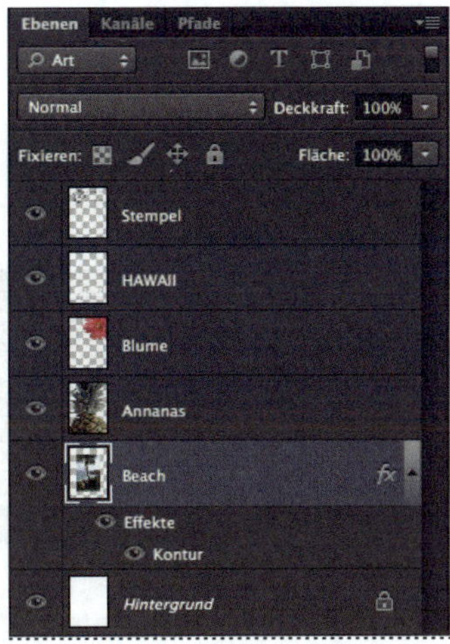

Das Strandbild ist durch die Bilder in den anderen Ebenen zum Teil verdeckt.

2 Ziehen Sie im Ebenenbedienfeld die *Beach*-Ebene so, dass sie zwischen den Ebenen *Ananas* und *Blume* positioniert ist. Achten Sie dabei auf eine dicke Linie zwischen den Ebenen im Stapel. Lassen Sie dann die Maustaste los.

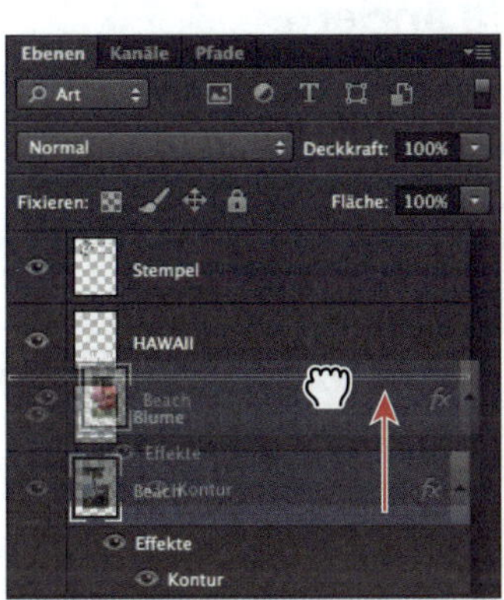

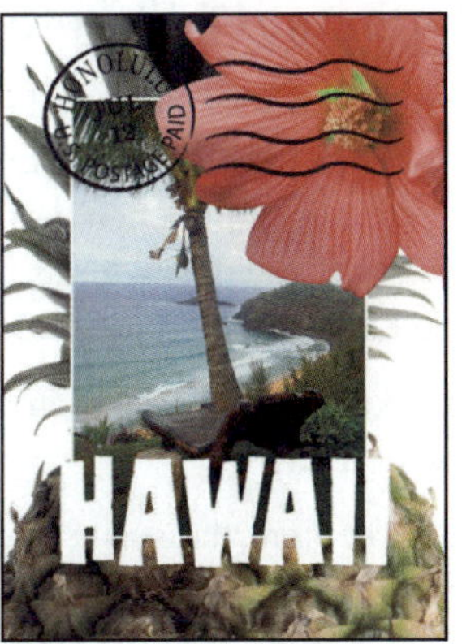

Die *Beach*-Ebene verschiebt sich im Ebenenstapel um eine Stufe nach oben und erscheint über den Bildern mit der Ananas und dem Hintergrund, aber unter der Blume und dem Text *HAWAII*.

Tipp: Sie können die Stapelfolge von Ebenen auch kontrollieren, wenn Sie die gewünschte Ebene im Ebenenbedienfeld aussuchen und dann den Befehl »Ebene: Anordnen« und unter den Optionen »In den Vordergrund«, »Schrittweise nach vorne«, »Schrittweise nach hinten« und »In den Hintergrund« wählen.

Deckkraft und Füllmethode einer Ebene ändern

Der Stempel ist deckend und lässt die Blume nicht durchscheinen. Allerdings lässt sich die Deckkraft jeder Ebene so verringern, dass andere Ebenen durchscheinen. Sie ändern die Deckkraft der Ebene *Stempel*, damit die Blume und andere Bilder durchscheinen.

1 Wählen Sie die *Stempel*-Ebene, klicken Sie dann im Ebenenbedienfeld auf den Pfeil neben dem Textfeld »Deckkraft« und ziehen Sie den Regler auf **25 %**. Oder scrubben Sie auf der Bezeichnung *Deckkraft*, um den Wert für die Deckkraft einzustellen. Alternativ geben Sie den Wert direkt in das Textfeld ein.

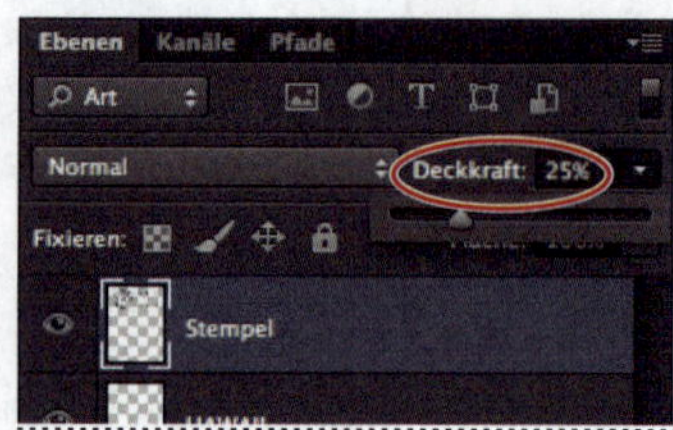

Die *Stempel*-Ebene ist nun semitransparent und Sie können den darunter liegenden Hintergrund erkennen. Beachten Sie, dass sich die Änderung der Deckkraft nur auf die Bildelemente der *Stempel*-Ebene auswirkt – die Ebenen *Ananas*, *Beach*, *Blume* und *HAWAII* haben weiterhin die volle Deckkraft.

2 Wählen Sie **Datei: Speichern**.

Ebene duplizieren und Füllmethode ändern

Sie können einer Ebene auch verschiedene Füllmethoden zuweisen. *Füllmethoden* bestimmen, wie sich im Bild die Farbpixel auf einer Ebene mit den Pixeln der darunter befindlichen Ebenen vermischen. Sie verstärken erst die Intensität in der *Ananas*-Ebene. Dann ändern Sie die Füllmethode in der *Stempel*-Ebene (beide Ebenen haben noch die Füllmethode *Normal*).

1 Klicken Sie auf die Augensymbole neben den Ebenen *HAWAII*, *Blume* und *Beach*, um sie auszublenden.

2 Klicken Sie mit der rechten Maustaste in der *Ananas*-Ebene und wählen Sie aus dem Kontextmenü die Option »Ebene duplizieren«. (Klicken Sie auf den Ebenennamen und nicht auf die Ebenenminiatur, um das richtige Kontextmenü zu erhalten.) Klicken Sie im Dialogfeld »Ebene duplizieren« auf OK.

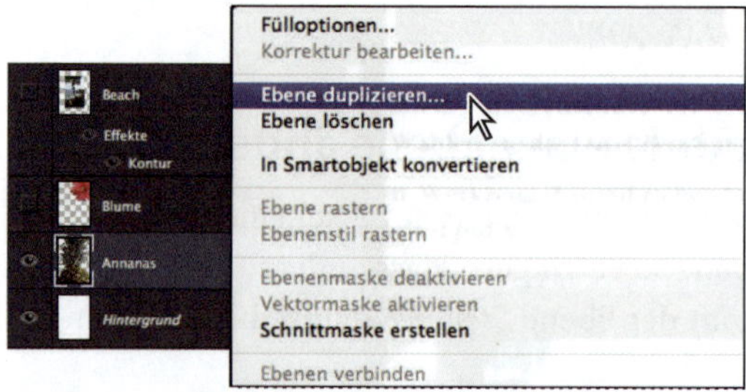

Die Ebene *Ananas Kopie* erscheint über der *Ananas*-Ebene im Ebenenbedienfeld.

Julieanne Kost, Adobe Photoshop-Expertin

Tipps von der Photoshop-Expertin

Effekte mit Füllmethoden

Überlagernde Ebenen in verschiedener Reihenfolgen oder unterschiedlicher Gruppierung ändert den Effekt. Sie können eine Füllmethode einer ganzen Ebenengruppe zuweisen und bekommen dann ein ganz anderes Ergebnis als wenn Sie die gleiche Füllmethode den einzelnen Ebenen individuell zuweisen. Wird eine Füllmethode einer Ebenengruppe zugewiesen, behandelt Photoshop die Gruppe als einzelnes auf eine Ebene reduziertes Objekt. Experimentieren Sie mit den Füllmethoden, um den gewünschten Effekt zu erzielen.

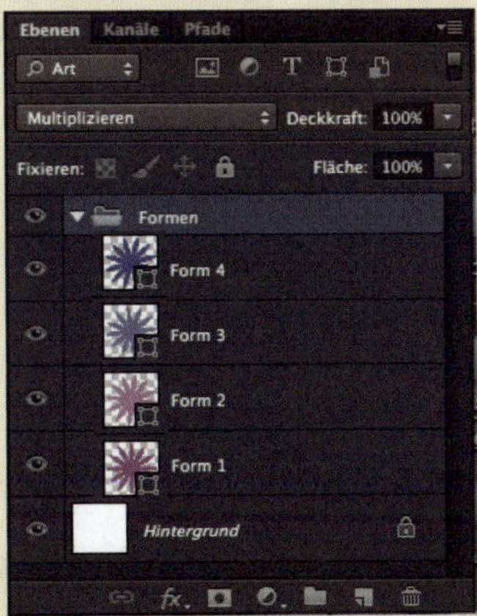

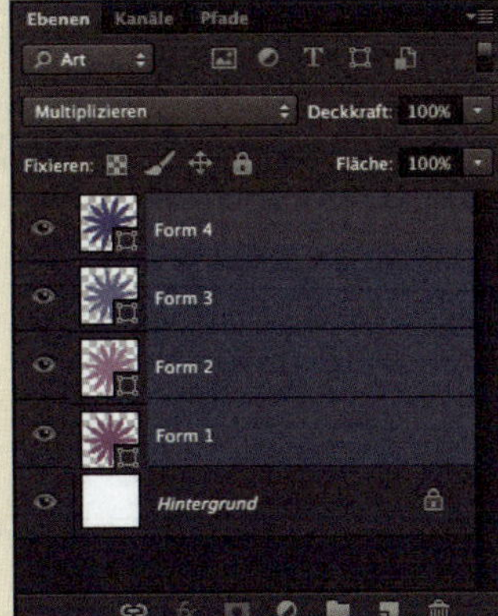

3 Die Ebene *Ananas Kopie* ist gewählt. Wählen Sie im Ebenenbedienfeld aus dem Menü »Füllmethode« die Option »Ineinanderkopieren«.

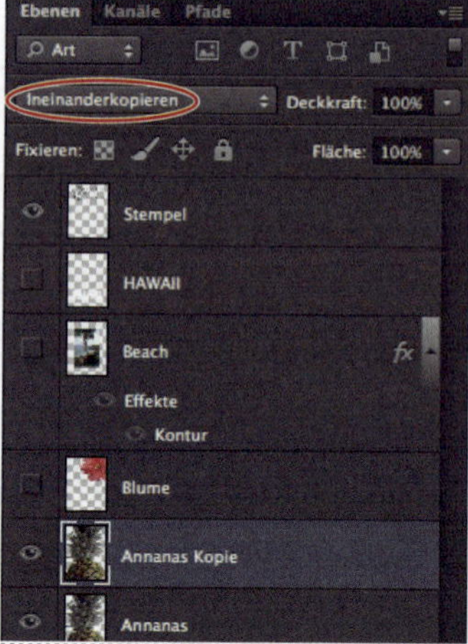

Die Füllmethode »Ineinanderkopieren« vermischt die Ebene *Ananas Kopie* mit der *Ananas*-Ebene darunter, wodurch eine farbintensivere Ananas mit tieferen Schatten und helleren Lichter entsteht.

4 Wählen Sie die *Stempel*-Ebene und dann die Füllmethode »Multiplizieren«. Photoshop multipliziert nun die Farben der unteren Ebene mit den Farben der darüber befindlichen Ebene – der Poststempel wird kräftiger.

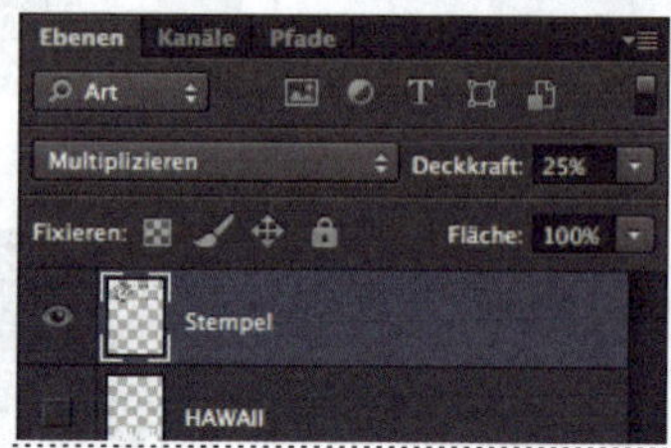

▶ **Tipp:** Mehr über Füllmethoden mit Beschreibungen und Abbildungen finden Sie in der Photoshop-Hilfe.

5 Wählen Sie **Datei: Speichern**.

Ebenen skalieren und drehen

Ebenen lassen sich skalieren und transformieren.

1 Klicken Sie in der Ein-/Ausblenden-Spalte der *Beach*-Ebene, um sie einzublenden.

2 Wählen Sie im Ebenenbedienfeld die *Beach*-Ebene und dann **Bearbeiten: Frei transformieren**. Das Strandbild ist nun mit einem Begrenzungsrahmen mit Anfassern in den Ecken und an den Seiten umgeben.

Sie ändern erst die Größe und den Winkel der Ebene.

3 Ziehen Sie einen Eckanfasser mit gedrückter Umschalttaste nach innen, um das Strandfoto auf etwa 50 % zu verkleinern. (Beobachten Sie in der Optionsleiste die Prozentangaben in den Feldern »Breite« und »Höhe«.)

4 Der Begrenzungsrahmen ist noch aktiviert. Setzen Sie den Zeiger etwas außerhalb eines Eckanfassers – der Zeiger wird zu einem gebogenen Doppelpfeil. Ziehen Sie im Uhrzeigersinn, um das Strandbild um etwa 15 Grad zu drehen. Oder geben Sie in der Optionsleiste in das Feld »Drehen« den Wert **15** ein.

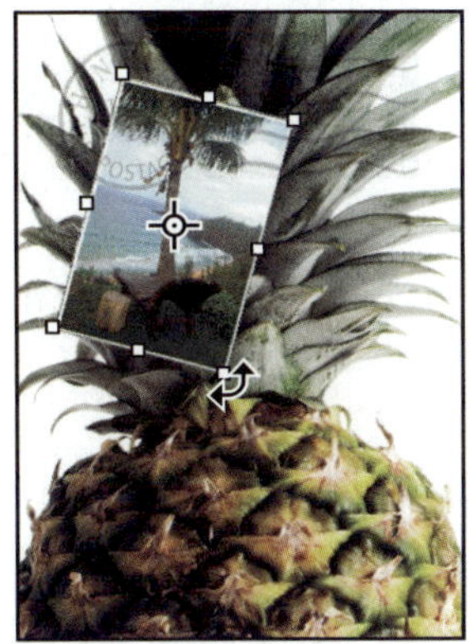

5 Klicken Sie in der Optionsleiste auf die Schaltfläche »Transformieren bestätigen« (✓).

6 Blenden Sie die *Blume*-Ebene ein. Wählen Sie das Verschieben-Werkzeug (▸✥) und ziehen Sie das Strandfoto so, dass sich die Ecke wie in der Abbildung unter der Blume befindet.

7 Wählen Sie **Datei: Speichern**.

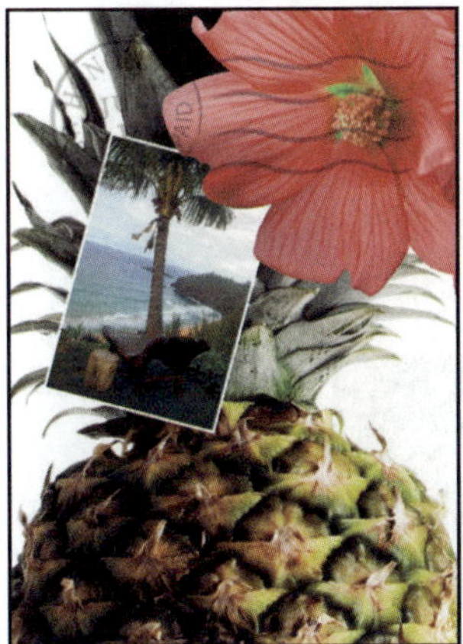

Filter für eine Grafik anwenden

Im Folgenden erstellen Sie eine neue leere Ebene. (Leere Ebenen in eine Datei einzufügen ist vergleichbar mit dem Hinzufügen leerer Transparentfolien in einem Bilderstapel.) Sie benötigen diese Ebene, um mit einem Photoshop-Filter den Himmel mit realistisch aussehenden Wolken zu versehen.

1 Wählen Sie im Ebenenbedienfeld die Hintergrundebene und klicken Sie unten auf die Schaltfläche »Neue Ebene erstellen (■).

● **Hinweis:** Eine neue Ebene lässt sich mit dem Befehl »Ebene: Neu: Ebene« oder über den Befehl »Neue Ebene« im Menü des Ebenenbedienfelds erstellen.

Eine neue Ebene mit der Bezeichnung *Ebene 1* erscheint jetzt zwischen den Ebenen *Hintergrund* und *Ananas*. Das Bildfenster ändert sich nicht, da die Ebene keinen Inhalt hat.

2 Doppelklicken Sie auf den Ebenennamen *Ebene 1*, geben Sie **Wolken** ein und drücken Sie die Eingabetaste, um die Ebene umzubenennen.

3 Klicken Sie im Werkzeugbedienfeld auf das Feld »Vordergrundfarbe einstellen«, wählen Sie im Farbwähler ein Himmelblau und klicken Sie auf OK. Wir haben eine Farbe mit diesen Werten gewählt: R = 48, G = 138 und B = 174. Die Hintergrundfarbe bleibt Weiß.

4 Die Wolken-Ebene ist noch aktiv. Wählen Sie **Filter: Renderfilter: Wolken**. Hinter dem Bild erscheinen nun ziemlich realistisch aussehende Wolken.

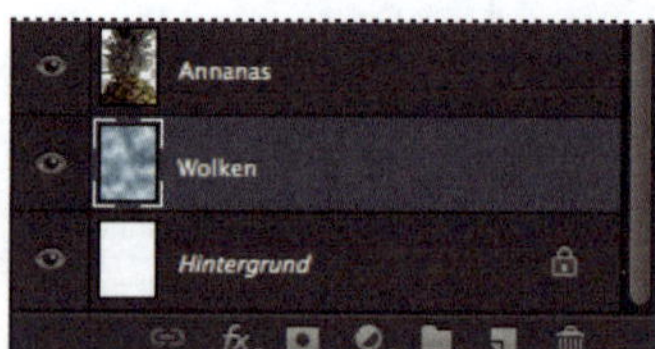

5 Wählen Sie **Datei: Speichern**.

Neue Ebene durch Ziehen hinzufügen

Sie können einem Bild eine weitere Ebene hinzufügen, indem Sie ein Bild vom Schreibtisch (Desktop), aus Adobe Bridge, aus Explorer (Windows) bzw. aus dem Finder (Mac OS) in das Bildfenster ziehen.

1 Wenn Photoshop den kompletten Bildschirm einnimmt, verringern Sie die Größe des Photoshop-Fensters:

- In Windows klicken Sie in der oberen rechten Ecke auf »Maximieren/Wiederherstellen« (▣) und ziehen Sie dann die untere rechte Ecke des Photoshop-Fensters, um es zu verkleinern.
- Unter Mac OS klicken Sie in der oberen linken Ecke des Bildfensters auf »Maximieren/Wiederherstellen« (●).

2 Wählen Sie in Photoshop im Ebenenbedienfeld die Ebene *Ananas Kopie*.

3 Navigieren Sie im Explorer (Windows) bzw. im Finder (Mac OS) zum Ordner *Lektionen*, den Sie von der Buch-DVD kopiert haben. Navigieren Sie anschließend zum Ordner *Lektion04*.

4 Wählen Sie die Datei *Flower2.psd* und ziehen Sie sie vom Explorer bzw. Finder auf Ihr Bild.

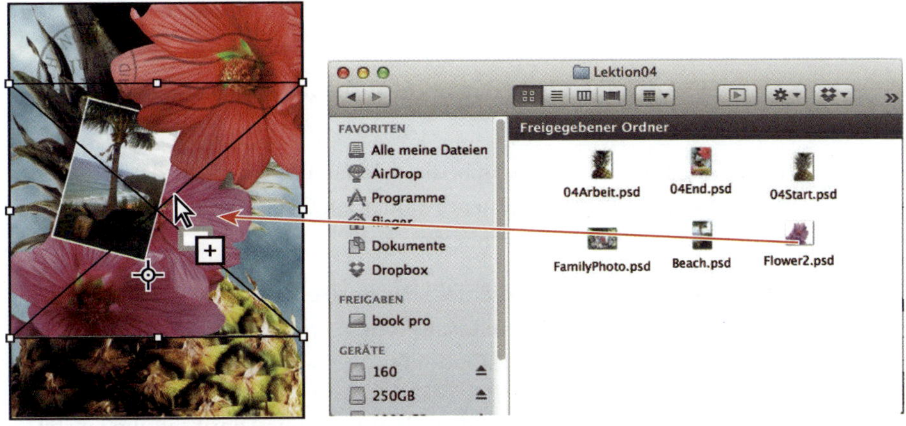

Die Ebene *Flower2* erscheint im Ebenenbedienfeld direkt über der Ebenenkopie *Ananas*. Photoshop platziert das Bild als *Smart Objekt*, also als eine Ebene, die Sie ohne permanente Änderung bearbeiten können. Sie arbeiten mit Smart Objekten in den Lektionen 5 und 8.

5 Positionieren Sie die Ebene *Flower2* so in der unteren linken Ecke der Postkarte, dass etwa die Hälfte der Blume zu sehen ist.

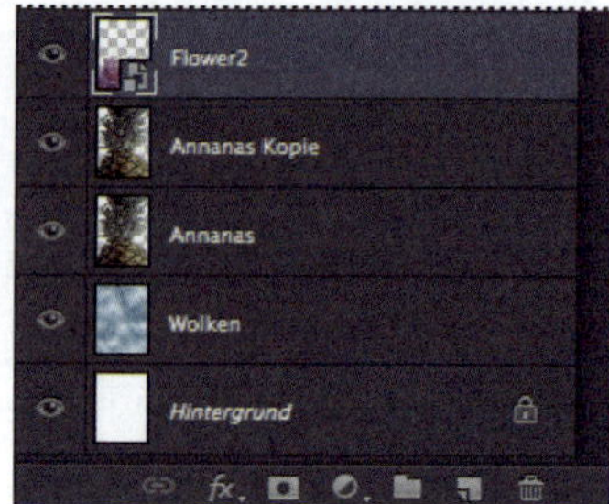

6 Klicken Sie in der Optionsleiste auf »Bestätigen« (✔), um die neue Ebene zu übernehmen.

Text hinzufügen

Sie fügen jetzt den Text hinzu. Dazu verwenden Sie das horizontale Text-Werkzeug, das den Text auf einer eigenen Textebene platziert. Anschließend bearbeiten Sie den Text und wenden einen Spezialeffekt auf die Ebene an.

1 Blenden Sie die *HAWAII*-Ebene ein. Sie fügen unterhalb dieser Ebene den Text ein und weisen den Spezialeffekt beiden Ebenen zu.

2 Wählen Sie **Auswahl: Ebenenauswahl aufheben**, um alle Ebenen abzuwählen bzw. zu deaktivieren.

3 Klicken Sie unten im Werkzeugbedienfeld auf das Feld »Vordergrundfarbe einstellen« und wählen Sie im Farbwähler ein Grasgrün. Klicken Sie auf OK, um den Farbwähler zu schließen.

4 Wählen Sie im Werkzeugbedienfeld das horizontale Text-Werkzeug (**T**). Wählen Sie anschließend **Fenster: Zeichen**, um das Zeichenbedienfeld zu öffnen. Wählen Sie jetzt diese Optionen:

- Wählen Sie eine Schrift aus dem Popup-Menü »Schriftfamilie einstellen« (wir haben *Birch Std* gewählt).
- Wählen Sie einen Schriftschnitt (wir haben *Regular* gewählt).
- Geben Sie in das Textfeld »Schriftgrad einstellen« die Schriftgröße ein (wir haben mit **36** Punkt gearbeitet).

- Wählen Sie aus dem Popup-Menü »Glättungsmethode einstellen« (ªa) die Option »Scharf«.
  - Wählen Sie eine große Laufweite (VA) (wir haben 250 verwendet).
  - Klicken Sie auf das Symbol »Großbuchstaben« (TT).
  - Klicken Sie auf das Symbol »Faux Fett« (T).

5 Klicken Sie direkt unter dem *H* in *HAWAII* und geben Sie **Island Paradise** ein. Klicken Sie dann in der Optionsleiste auf die Schaltfläche »Aktuelle Bearbeitungen bestätigen« (✓).

Hinweis: Wenn Ihnen beim Einstellen der Schrift ein Fehler unterläuft, klicken Sie einfach außerhalb des Textes und wiederholen Sie Schritt 5.

Das Ebenenbedienfeld enthält jetzt die weitere Ebene *Island Paradise*, die mit einem *T*-Symbol gekennzeichnet ist. Das Symbol weist darauf hin, dass es sich um eine Textebene handelt. Diese Ebene befindet sich ganz oben im Ebenenstapel.

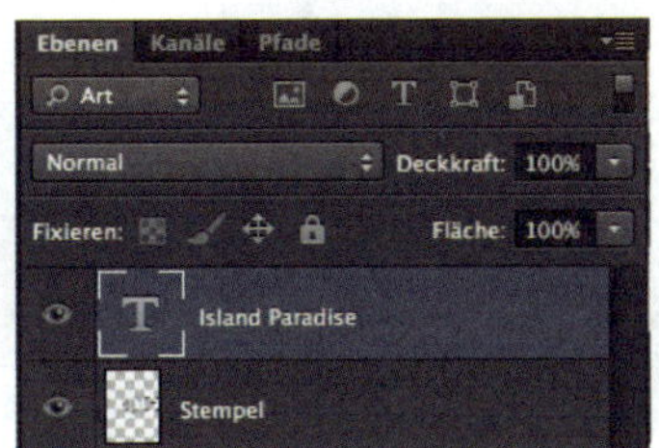

Der Text erscheint im Bild dort, wo Sie geklickt hatten – sicherlich nicht exakt die Stelle, an der Sie den Text positionieren möchten.

6 Wählen Sie das Verschieben-Werkzeug (▸✣) und ziehen Sie den Text *Island Paradise* so, dass die Grundlinie unter *HAWAII* zentriert ist.

Einen Verlauf zu einer Ebene hinzufügen

Sie können eine Ebene vollständig oder auch nur teilweise mit einem Verlauf versehen. In diesem Beispiel bekommt der Text *Hawaii* einen Verlauf und damit mehr Farbe. Dazu wählen Sie erst die Buchstaben und weisen dann den Verlauf zu.

1 Wählen Sie im Ebenenbedienfeld die *HAWAII*-Ebene.

2 Klicken Sie im Ebenenbedienfeld mit der rechten Maustaste oder gedrückter Control-Taste auf die Miniatur der HAWAII-Ebene und wählen Sie »Pixel auswählen«. Jetzt ist alles auf der HAWAII-Ebene (die weiße Schrift) gewählt.

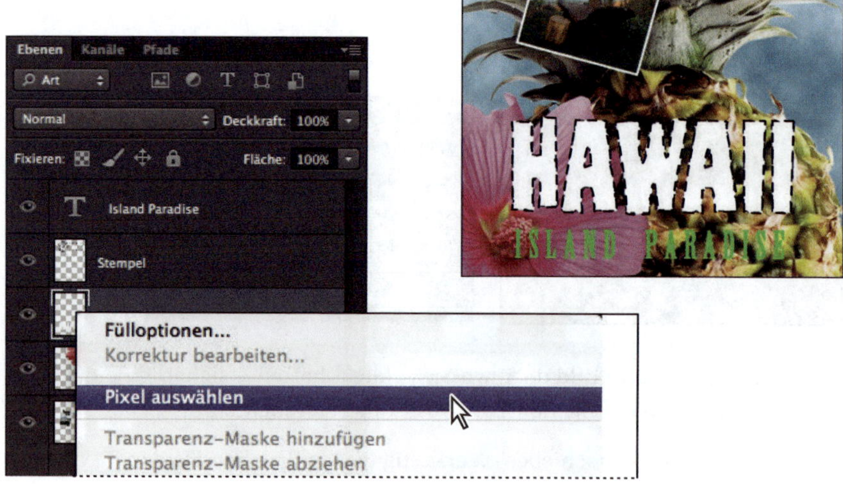

Die zu füllende Auswahl ist gewählt, um sie mit einem Verlauf zu versehen.

3 Wählen Sie im Werkzeugbedienfeld das Verlaufswerkzeug (■).

4 Klicken Sie im Werkzeugbedienfeld auf das Feld »Vordergrundfarbe einstellen«, wählen Sie im Farbwähler ein helles Orange und klicken Sie auf OK. Die Hintergrundfarbe ist weiterhin Weiß.

5 In der Optionsleiste ist die Option »Linearer Verlauf« (■) gewählt.

6 Klicken Sie neben dem Verlauf-Farbbalken auf den nach unten weisenden Pfeil, um die Liste mit Vorgabe-Verlaufsfüllungen anzuzeigen. Wählen Sie wenn nötig den voreingestellten ersten Verlauf »Vorder- zu Hintergrundfarbe« und klicken Sie anschließend außerhalb der Auswahlliste, um sie wieder zu schließen.

▶ **Tipp:** Um Verlaufsfüllungen als Name und nicht als Miniatur anzuzeigen, klicken Sie in der Auswahlliste auf den nach rechts weisenden Pfeil und wählen »Kleine Liste« oder »Große Liste«. Oder setzen Sie den Zeiger auf eine Miniatur, bis die Quickinfo mit dem Verlaufsnamen angezeigt wird.

7 Die Auswahl ist noch aktiv. Ziehen Sie das Verlaufswerkzeug im Text von unten nach oben. Soll der Verlauf exakt senkrecht verlaufen, drücken Sie während des Ziehens die Umschalttaste.

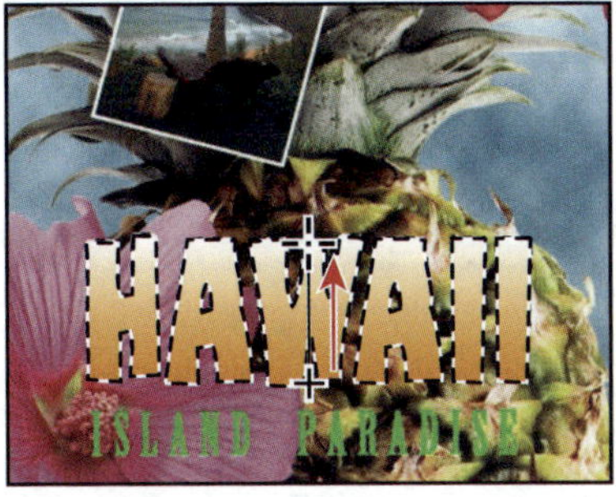

Der Verlauf erstreckt sich über die Schrift – von Orange unten bis zu Weiß oben.

8 Wählen Sie **Auswahl: Auswahl aufheben**, um den Text *HAWAII* zu deaktivieren.

9 Speichern Sie die Arbeit.

Einen Ebenenstil zuweisen

Sie können eine Ebene interessanter gestalten, wenn Sie Schlagschatten, Kontur, Glanz oder andere Spezialeffekte aus einer Sammlung automatisierter und bearbeitbarer Ebenenstile hinzufügen. Diese Stile lassen sich einfach zuweisen und sind direkt mit der von Ihnen angegebenen Ebene verknüpft.

Wie Ebenen können Sie auch einzelne Stile vorübergehend dadurch ausblenden, dass Sie auf das Augensymbol (◉) im Ebenenbedienfeld klicken. Stile lassen sich jederzeit ohne Folgen wieder entfernen. Sie haben auch die Möglichkeit, einen Ebenenstil auf eine andere Ebene zu kopieren, indem Sie ihn dorthin ziehen.

Sie haben bereits früher mit einem Ebenenstil gearbeitet, indem Sie das Strandfoto mit einer Kontur versehen haben.

1 Wählen Sie die Ebene *Island Paradise* und dann **Ebene: Ebenenstil: Schlagschatten**.

▶ **Tipp:** Sie können das Dialogfeld »Ebenenstil« auch öffnen, indem Sie unten im Ebenenbedienfeld auf die Schaltfläche »Ebenenstil hinzufügen« klicken und anschließend im Popup-Menü einen Ebenenstil wählen.

2 Aktivieren Sie, wenn nötig, im Dialogfeld »Ebenenstil« die Option »Vorschau« und verschieben Sie das Dialogfeld so auf dem Bildschirm, dass Sie den Text *Island Paradise* im Bildfenster sehen.

3 Aktivieren Sie wenn nötig im Bereich »Struktur« die Option »Globales Licht verwenden« und nehmen Sie dann die folgenden Einstellungen vor:

- Füllmethode: Multiplizieren
- Deckkraft: 75 %

- Winkel: **78** Grad
- Abstand: **5** Px
- Überfüllen: **30** %
- Größe: **10** Px

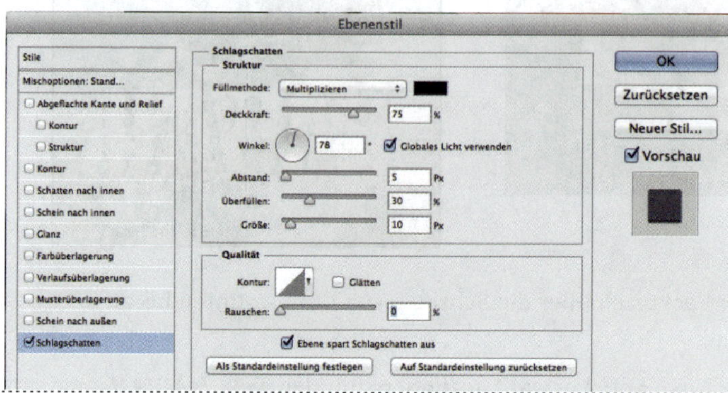

Photoshop versieht den Text *Island Paradise* mit einem Schlagschatten.

4 Klicken Sie auf OK, um die Einstellungen zu übernehmen und das Dialogfeld »Ebenenstil« zu schließen.

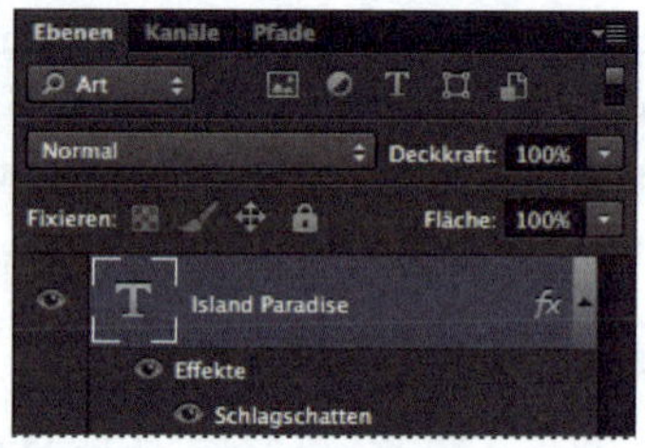

Photoshop verschachtelt den Ebenenstil in der Ebene *Island Paradise.* Die oberste Zeile kennzeichnet ihn als *Effekte*, gefolgt von dem Effekt, den Sie der Ebene zugewiesen haben (Schlagschatten). Außerdem steht ein Augensymbol (👁) neben der Kategorie *Effekte* und dem jeweiligen Effekt. Sie schalten einen Effekt aus, indem Sie auf sein Augensymbol klicken. Ein erneutes Klicken in dieses »Sichtbarkeitsfeld« bringt wieder das Augensymbol und damit auch den Effekt zurück. Sie können alle drei Ebenenstile ausblenden, indem Sie auf das Augensymbol für *Effekte* klicken.

5 Für die nächsten Schritte müssen die Augensymbole für beide Elemente unter der Ebene *Island Paradise* aktiviert sein.

6 Drücken Sie die Alt- (Windows) bzw. Wahltaste (Mac OS) und ziehen Sie die Zeile *Effekte* nach unten auf die *HAWAII*-Ebene. Die *HAWAII*-Ebene hat jetzt ebenfalls den Ebenenstil *Schlagschatten,* und zwar mit den gleichen Einstellungen wie für die *Island Paradise*-Ebene.

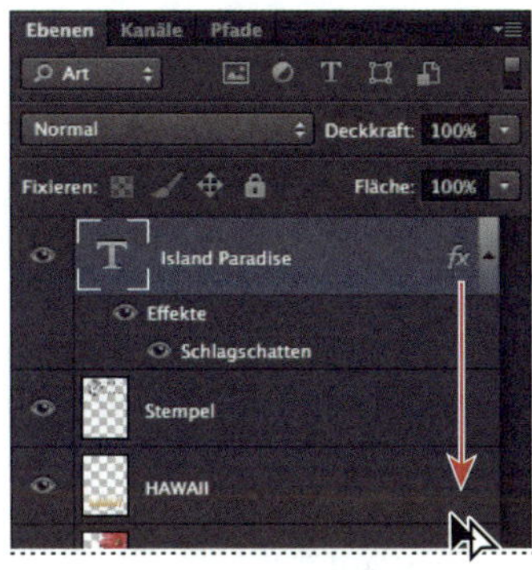

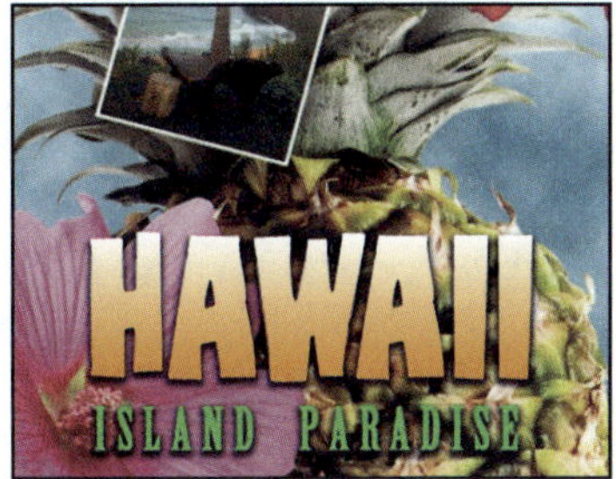

Das Wort *HAWAII* bekommt nun eine grüne Kontur.

7 Wählen Sie im Ebenenbedienfeld die *HAWAII*-Ebene und klicken Sie auf das Symbol »Ebenenstil hinzufügen« (fx) . Wählen Sie im Popup-Menü die Option »Kontur«.

8 Nehmen Sie im Dialogfeld »Ebenenstil« unter »Struktur« die folgenden Einstellungen vor und klicken Sie anschließend auf OK:

- Größe: **4** Px
- Position: Außen
- Füllmethode: Normal
- Deckkraft: **100** %
- Farbe: Grün (Wählen Sie eine Farbe, die gut zur Farbe von *Island Paradise* passt.)

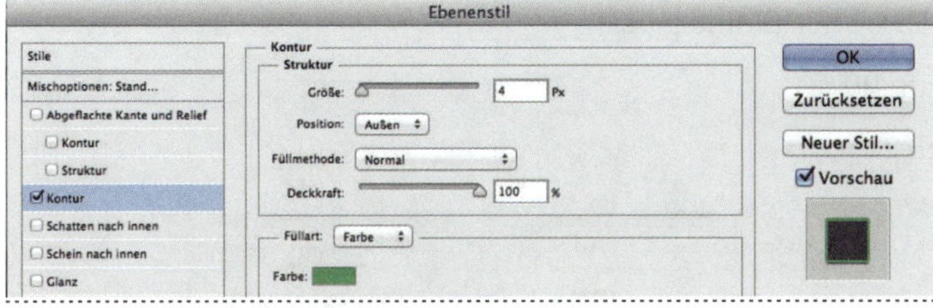

9 Klicken Sie auf OK, um die Kontur zuzuweisen.

Sie fügen jetzt noch einen Schlagschatten hinzu und versehen die Blume mit einem Glanz.

10 Wählen Sie die *Blume*-Ebene und dann **Ebene: Ebenenstil: Schlagschatten**. Ändern Sie die folgenden Einstellungen unter »Struktur«:

- Deckkraft: **60%**
- Abstand: **13** Px
- Überfüllen: **9%**.
- Die Option »Globales Licht verwenden« ist ebenso wie die Füllmethode »Multiplizieren« gewählt. Klicken Sie nicht auf OK.

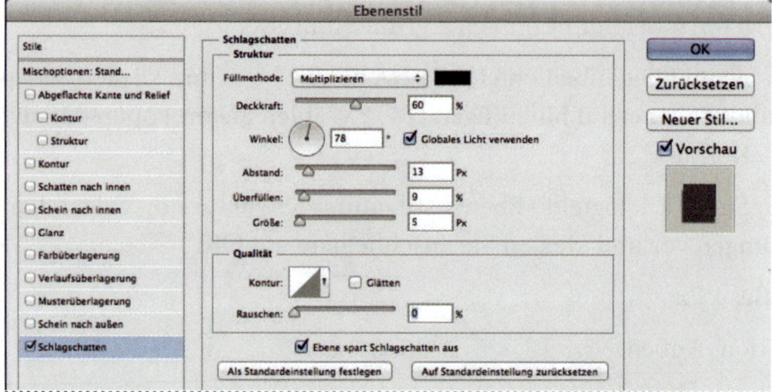

11 Das Dialogfeld »Ebenenstil« ist noch geöffnet. Wählen Sie links die Option *Glanz* und achten Sie darauf, dass die Option »Umkehren« aktiviert ist. Nehmen Sie diese Einstellungen vor:

- Farbe (rechts neben *Füllmethode*): Purpurrot (wählen Sie eine Farbe, die zur Farbe der Blume passt)
- Deckkraft: **20** %
- Abstand: **22** px

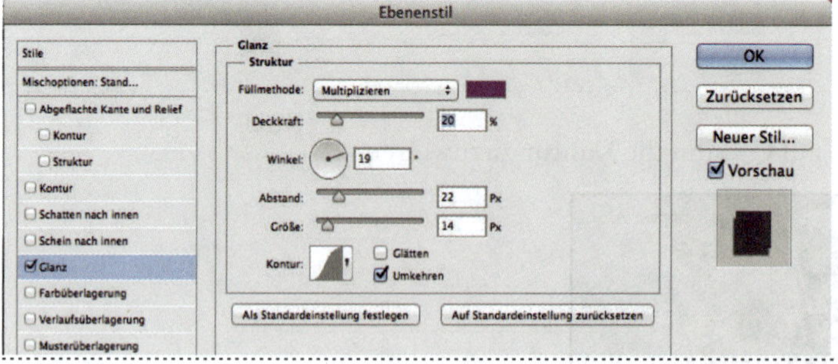

12 Klicken Sie auf OK, um beide Ebenenstile zuzuweisen.

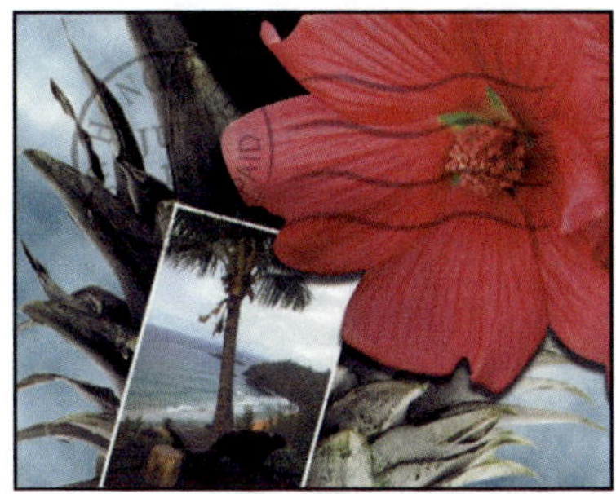

Eine Einstellungsebene hinzufügen

Einstellungsebenen dienen dazu, Farb- oder Farbtonkorrekturen vorzunehmen, ohne die Pixel in einem Bild permanent zu ändern. Wenn Sie beispielsweise eine *Farbbalance*-Einstellungsebene einem Bild hinzufügen, können Sie nacheinander mit verschiedenen Farben experimentieren, da Photoshop die Änderungen nur in der Einstellungsebene vornimmt. Wenn Sie wieder die ursprünglichen Pixelwerte zurückerhalten möchten, brauchen Sie die Einstellungsebene nur auszublenden oder zu löschen.

Video: Das Video »Nichtdestruktives Arbeiten« auf der Buch-DVD zeigt mehr zum Thema. Weitere Informationen finden Sie unter »Den Ordner Video-Training installieren« auf Seite 13.

Sie haben Einstellungsebenen bereits in anderen Lektionen benutzt. Sie fügen nun eine *Farbton/Sättigung*-Einstellungsebene hinzu, um die Farbe der violetten Blume zu ändern. Eine Einstellungsebene wirkt sich auf alle darunter befindlichen Ebenen aus, es sei denn, eine Auswahl ist bei Anlegen der Einstellungsebene aktiv oder Sie haben eine Schnittmaske erstellt.

1 Wählen Sie die Ebene *Flower2* im Ebenenbedienfeld.

2 Klicken Sie im Korrekturenbedienfeld auf das Symbol »Farbton/Sättigung« für eine entsprechende Einstellungsebene. (Wenn das Korrekturenbedienfeld nicht geöffnet ist, wählen Sie **Fenster: Korrekturen**.)

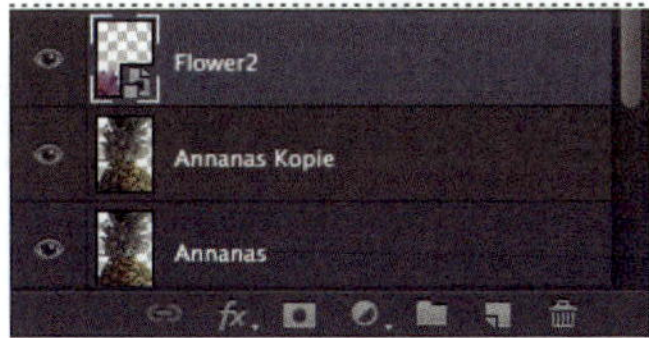

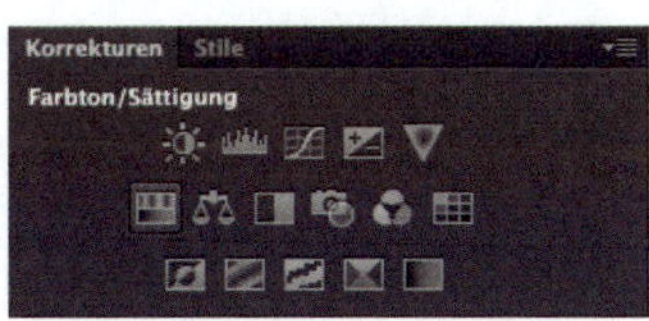

3 Weisen Sie im Eigenschaften die folgenden Werte zu:

- Farbton: **43**
- Sättigung: **19**
- Helligkeit: **0**

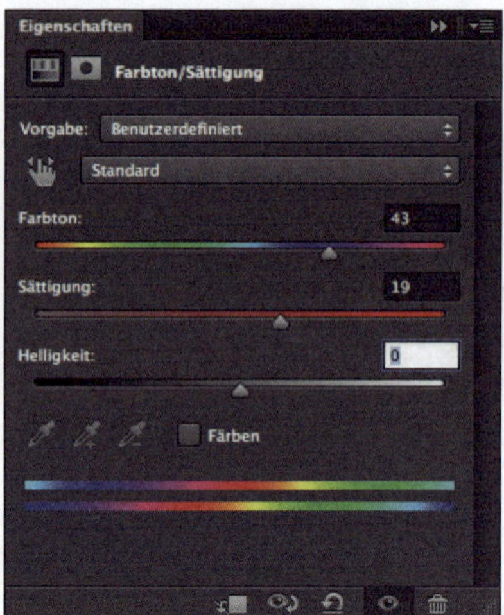

Die Änderungen wirken sich auf die Ebenen *Flower2, Ananas Kopie, Ananas, Wolken* und *Hintergrund* aus. Der Effekt ist zwar interessant, aber Sie möchten nur die Ebene *Flower2* ändern.

4 Klicken Sie mit der rechten Maustaste in der Einstellungsebene *Farbton/Sättigung* und wählen Sie »Schnittmaske erstellen«.

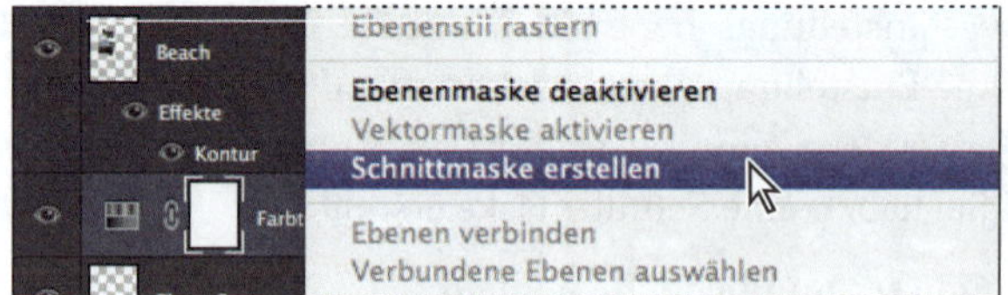

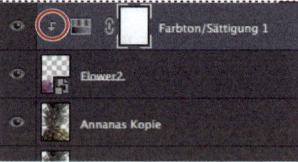

Ein Pfeil erscheint im Ebenenbedienfeld und weist darauf hin, dass sich die Einstellungsebene ausschließlich auf *Ebene2* auswirkt. Sie erfahren mehr über Schnittmasken in den Lektionen 6 und 7.

Ebeneneffekte aktualisieren

Photoshop passt Ebeneneffekte automatisch an, wenn Sie auf einer Ebene Änderungen vornehmen. Bearbeiten Sie den Text und beobachten Sie, wie sich der Ebeneneffekt verändert.

Sie arbeiten erst mit der neuen Suchfunktion im Ebenenbedienfeld, um die Textebene zu isolieren.

1 Wählen Sie im Ebenenbedienfeld oben links im Menü »Filtertyp auswählen« die Option »Art«.

Der Filtertyp bestimmt die verfügbaren Filteroptionen.

2 Klicken Sie oben im Ebenenbedienfeld auf die Schaltfläche »Nach Textebenen filtern«.

Jetzt ist nur noch die Ebene *Island Paradise* im Ebenenbedienfeld aufgelistet. Die Suchfunktion ermöglicht, bestimmte Ebenen schnell aufzufinden, wirkt sich aber nicht darauf aus, welche Ebenen in ihrer Stapelfolge sichtbar sind.

Tipp: Sie können Ebenen im Ebenenbedienfeld nach Typ, Name, Effekt, Attribut und Farbe suchen. Wenn Sie mit einer komplexen Datei mit vielen Ebenen arbeiten, ist die gezielte Suche nach bestimmten Ebenen äußerst zeitsparend.

3 Wählen Sie im Ebenenbedienfeld die Ebene *Island Paradise*.

4 Im Werkzeugbedienfeld ist das horizontale Text-Werkzeug (T) gewählt.

5 Ändern Sie in der Optionsleiste den Schriftgrad in **32** Pt (Punkt) und drücken Sie die Eingabetaste.

Sie haben den Text nicht durch Ziehen mit dem Text-Werkzeug gewählt (wie Sie es in einem Textverarbeitungsprogramm gemacht hätten), und doch hat *Island Paradise* jetzt eine Schriftgröße von 32 Punkt.

6 Klicken Sie mit dem horizontalen Text-Werkzeug zwischen *Island* und *Paradise* und geben Sie **of** ein.

Der neu eingegebene Text erhält automatisch die bereits vorhandenen Ebenenstile.

7 Tatsächlich benötigen Sie das Wort *of* jedoch nicht, weshalb Sie es wieder löschen.

8 Wählen Sie das Verschieben-Werkzeug (▸✣) und ziehen Sie den Text *Island Paradise*, um ihn unter *HAWAII* zu zentrieren.

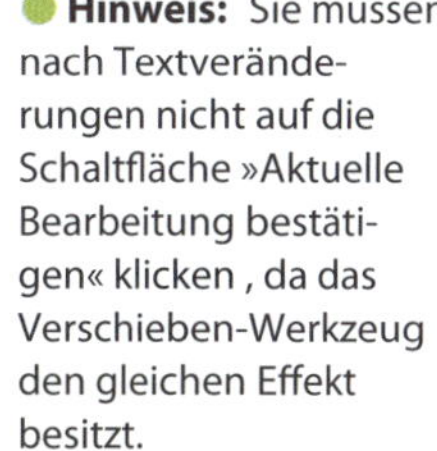
Hinweis: Sie müssen nach Textveränderungen nicht auf die Schaltfläche »Aktuelle Bearbeitung bestätigen« klicken , da das Verschieben-Werkzeug den gleichen Effekt besitzt.

9 Klicken Sie oben rechts im Ebenenbedienfeld auf die rote Schaltfläche »Ebenenfilter aktivieren/deaktivieren«, um die Filterfunktion auszuschalten und wieder alle Ebenen der Datei anzuzeigen.

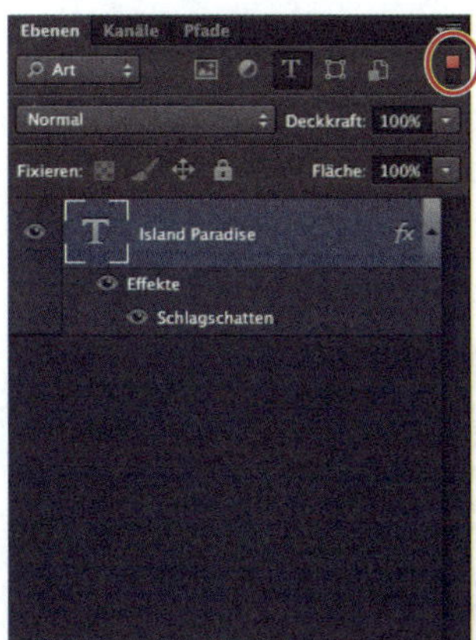

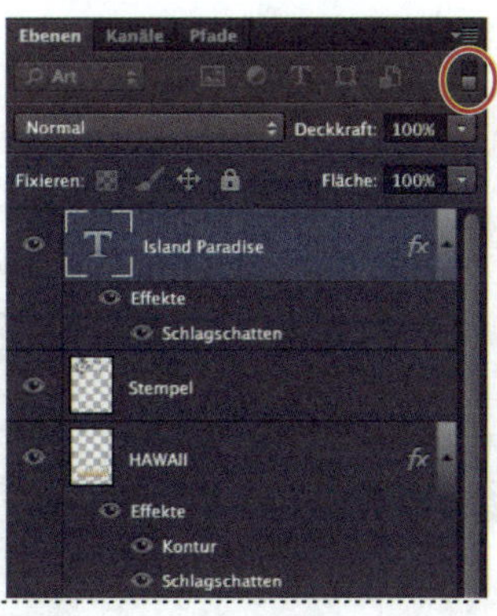

10 Wählen Sie **Datei: Speichern**.

Einen Rand hinzufügen

Die Hawaii-Postkarte ist fast fertig und nahezu alle Elemente sind in der Komposition richtig angeordnet. Sie positionieren jetzt noch den Poststempel und versehen anschließend die Postkarte mit einem weißen Rand.

1 Wählen Sie die *Stempel*-Ebene und ziehen Sie sie mit dem Verschieben-Werkzeug (▶✥) nach rechts zur Bildmitte wie in der folgenden Abbildung.

2 Wählen Sie im Ebenenbedienfeld die Ebene *Island Paradise* und klicken Sie unten auf das Symbol »Neue Ebene erstellen« (▣).

3 Wählen Sie **Auswahl: Alles auswählen**.

4 Wählen Sie **Auswahl: Auswahl verändern: Rand**. Geben Sie im Dialogfeld »Auswahl umranden« in das Feld »Breite« den Wert **10** (Pixel) ein und klicken Sie auf OK.

Um das Bild herum ist nun ein 10 Pixel breiter Rand gewählt, den Sie mit Weiß füllen.

5 Wählen Sie Weiß als Vordergrundfarbe und **Bearbeiten: Fläche füllen**.

6 Im Dialogfeld »Fläche füllen« ist unter »Verwenden« die Option »Vordergrundfarbe« gewählt. Klicken Sie auf OK.

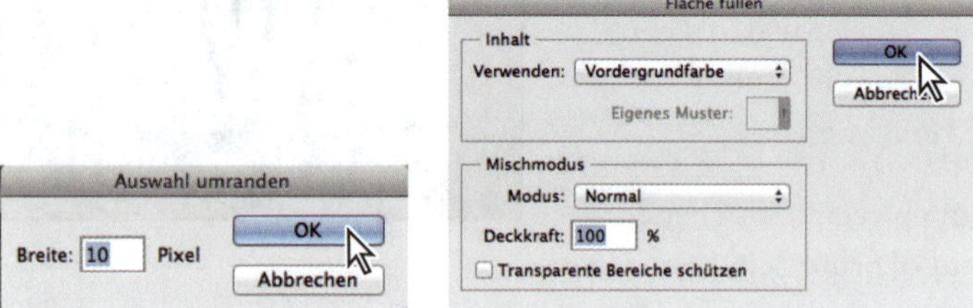

7 Wählen Sie **Auswahl: Auswahl aufheben**.

8 Doppelklicken Sie im Ebenenbedienfeld auf den Namen *Ebene 1* und benennen Sie die Ebene mit **Rand**.

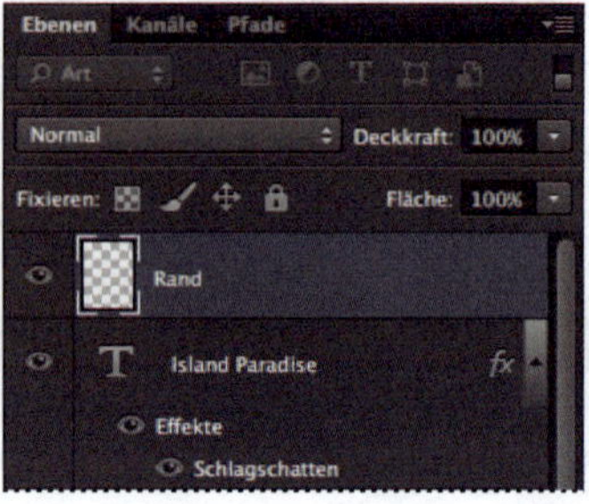

Dateien auf eine Ebene reduzieren und Hintergrundebene speichern

Wenn Sie mit dem Bearbeiten aller Ebenen Ihres Bildes fertig sind, können Sie eine Kopie der Datei mit verschmolzenen Ebenen erstellen. Dabei reduziert Photoshop die Ebenen der Datei auf eine einzige Hintergrundebene. Die Dateigröße verringert sich damit erheblich. Achten Sie darauf, dass Sie die Ebenen erst dann reduzieren, wenn Sie keine gestalterischen Änderungen mehr vornehmen wollen. In den meisten Fällen wird es ratsam sein, eine Kopie der PSD-Datei mit intakten Ebenen anzulegen, falls zu einem späteren Zeitpunkt doch noch Änderungen anfallen sollten.

Um einen Eindruck zu erhalten, was beim Reduzieren einer Datei passiert, beachten Sie die Zahlen für die Dateigröße in der Informationsleiste unten im Bildfenster.

Hinweis: Wenn die Dateigrößen nicht angezeigt werden, öffnen Sie das Popup-Menü unten in der Statusleiste und wählen Sie »Einblenden: Dateigrößen«.

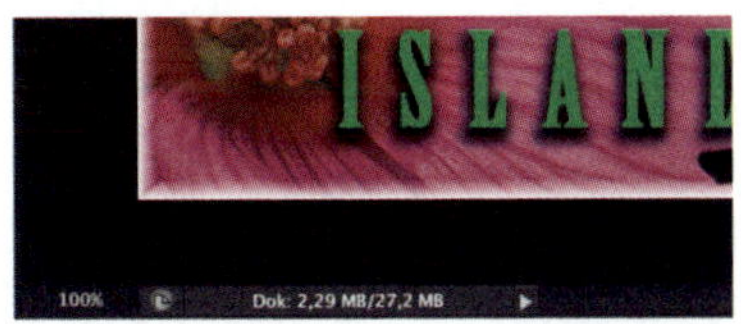

Die erste Zahl steht für das reduzierte Bild, das heißt, wenn alle Ebenen im Hintergrund zusammengefügt sind. Die zweite Zahl steht für die aktuelle Dateigröße (ohne Reduzierung). Im aktuellen Beispiel würde die reduzierte Datei etwa 2,29 MByte groß sein, während die aktuelle Datei etwa 27,5 MByte groß ist. Es lohnt sich also, das vorliegende Bild zu reduzieren.

1 Falls das Text-Werkzeug (T) noch im Werkzeugbedienfeld gewählt ist, wählen Sie ein anderes Werkzeug, um den Bearbeitungsmodus zu verlassen. Wählen Sie **Datei: Speichern** (falls verfügbar), damit sämtliche Änderungen an der Datei gespeichert werden.

2 Wählen Sie **Bild: Duplizieren**.

3 Geben Sie im Dialogfeld »Bild duplizieren« den Dateinamen **04Redu.psd** ein und klicken Sie auf OK.

4 Lassen Sie die Datei **04Redu.psd** geöffnet, aber schließen Sie die Datei **04Arbeit.psd**.

5 Wählen Sie aus dem Menü des Ebenenbedienfelds die Option »Auf Hintergrundebene reduzieren«.

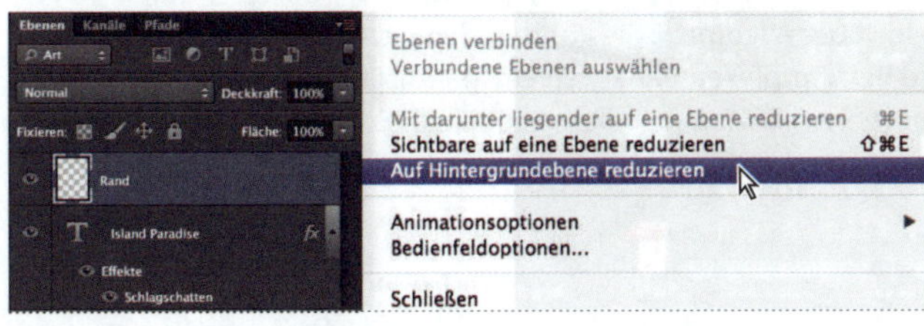

Nur noch die Hintergrundebene bleibt im Ebenenbedienfeld zurück.

6 Wählen Sie **Datei: Speichern**. Obwohl Sie »Speichern« statt »Speichern unter« gewählt haben, erscheint das Dialogfeld »Speichern unter«.

7 Speichern Sie im Ordner *Lektionen/Lektion04*. Klicken Sie auf »Speichern«, um die Vorgaben zu übernehmen.

Sie haben jetzt zwei Dateiversionen gespeichert: eine reduzierte Version der Datei und die Originaldatei, bei der alle Ebenen intakt bleiben.

Sie haben die Arbeit an einer äußerst attraktiven Postkarte abgeschlossen. Diese Lektion bietet nur einen Einblick in die vielen Möglichkeiten und die große Flexibilität, über die Sie durch Photoshop-Ebenen und Ebenenkompositionen verfügen. Im Verlauf der weiteren Lektionen gewinnen Sie noch mehr an Erfahrung, da Sie in fast jeder Lektion neue Ebenentechniken kennenlernen.

Ebenenkompositionen

Ebenenkompositionen (Ebenenkomp.) sind flexibel, da Sie zwischen verschiedenen Ansichten einer aus mehreren Ebenen bestehenden Bilddatei hin und her schalten können. Eine Ebenenkomposition definiert einfach Einstellungen im Ebenenbedienfeld. Wenn Sie eine Ebenenkomposition definiert haben, lassen sich beliebig viele Einstellungen im Ebenenbedienfeld ändern. Danach erstellen Sie eine weitere Ebenenkomposition, um diese Konfiguration der Ebeneneigenschaften zu erhalten. Jetzt schalten Sie zwischen den Ebenenkompositionen um und prüfen so schnell die beiden Designs. Ebenenkompositionen sind besonders dann wichtig, wenn Sie beispielsweise einem Kunden verschiedene Gestaltungsalternativen demonstrieren wollen. Wenn Sie einige Ebenenkompositionen erzeugt haben, können Sie die verschiedenen Gestaltungsvarianten prüfen, ohne die Augensymbole permanent ein- und auszuschalten oder Einstellungen im Ebenenbedienfeld zu ändern.

Sie gestalten beispielsweise eine Broschüre als deutsche und englische Sprachversion. In einer einzigen Bilddatei könnte der deutsche Text auf einer Ebene und der englische auf einer anderen Ebene stehen. Um zwei unterschiedliche Ebenenkompositionen zu erstellen, schalten Sie einfach die Sichtbarkeit der deutschen Ebene ein und die der englischen aus. Anschließend klicken Sie im Ebenenkomp.-Bedienfeld auf das Symbol »Neue Ebenenkomp. erstellen«. Dann gehen Sie umgekehrt vor – schalten Sie die Sichtbarkeit der englischen Ebene ein und die der deutschen aus. Klicken Sie wieder auf die Schaltfläche »Neue Ebenenkomp. erstellen« für die englische Ebenenkomposition.

Um die verschiedenen Ebenenkompositionen anzusehen, klicken Sie neben dem Namen im Feld »Ebenenkomp.«. Sie können sich jetzt bestimmt vorstellen, welche Zeit Sie bei komplexen Varianten einsparen. Ebenenkompositionen sind besonders wertvoll, wenn das Design noch im Entstehen ist oder Sie mehrere Variationen zu einem Grundthema benötigen.

Extra

Verbessern Sie ein Familienfoto mit dem Befehl »Ebenen automatisch ausrichten«.

1 Öffnen Sie die Datei *Familienfoto.psd* im Ordner *Lektion04*.

2 Blenden Sie im Ebenenbedienfeld die Ebene *Ebene 2* ein und aus, um die beiden ähnlichen Fotos anzuzeigen. Wenn beide Ebenen sichtbar sind, zeigt *Ebene 2* den blinzelnden großen Herrn in der Mitte und die beiden wegsehenden Mädchen unten links.

Sie bringen die beiden Fotos in Deckung und entfernen dann mit dem Radiergummi-Werkzeug die Bereiche auf *Ebene 2*, die Sie verbessern möchten.

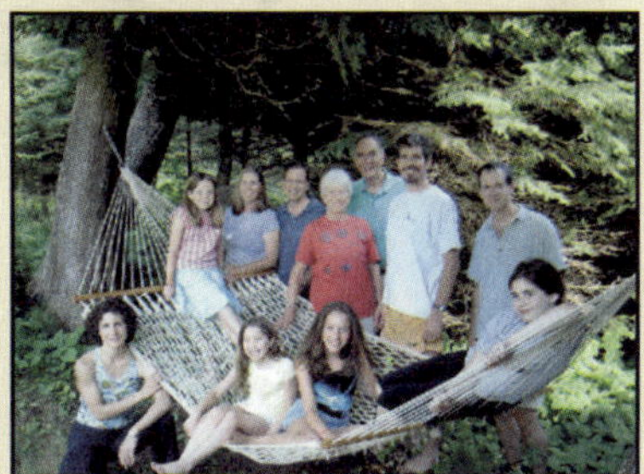

3 Beide Ebenen sind sichtbar – wählen Sie beide mit gedrückter Umschalttaste. Wählen Sie **Bearbeiten: Ebenen automatisch ausrichten**. Klicken Sie auf OK. Blenden Sie nun *Ebene 2* aus und ein – die Ebenen sind deckungsgleich.

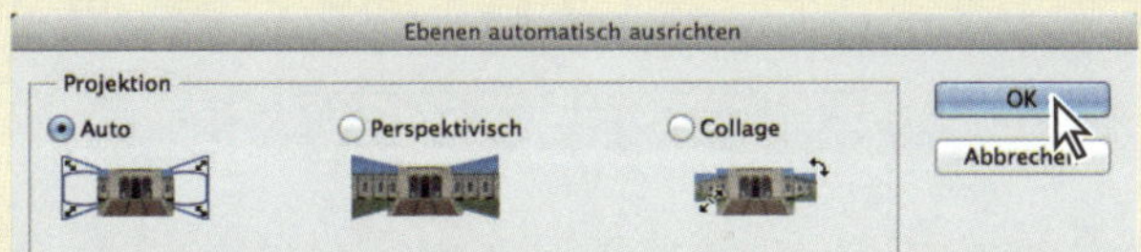

Nun zum lustigen Teil! Sie radieren dort im Foto, wo Sie verbessern möchten.

4 Wählen Sie im Werkzeugbedienfeld das Radiergummi-Werkzeug und in der Optionsleiste einen weichen Pinsel (45 Pixel). Wählen Sie *Ebene 2* und radieren Sie im Kopf des blinzelnden Mannes, um das nettere Gesicht darunter freizulegen.

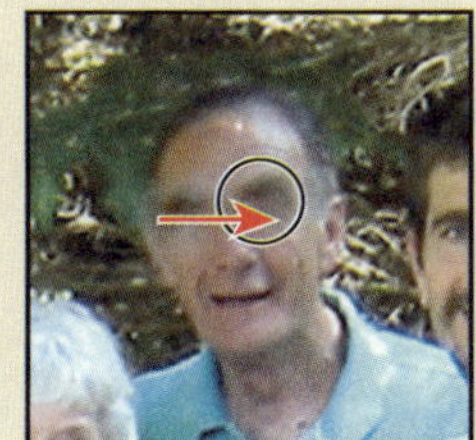

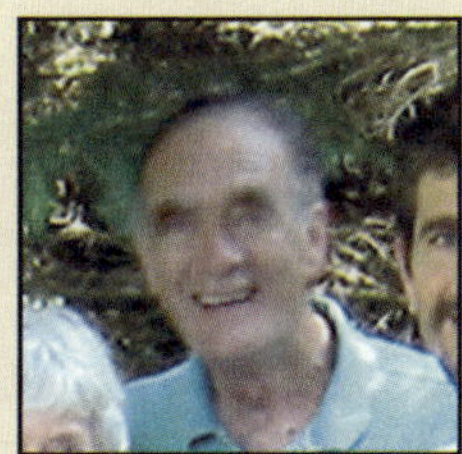

Fortsetzung auf nächster Seite

Fortsetzung

5 Bearbeiten Sie mit dem Radiergummi-Werkzeug die beiden zur Seite schauenden Mädchen, um das darunter befindliche Bild freizulegen, in dem die Mädchen in die Kamera schauen.

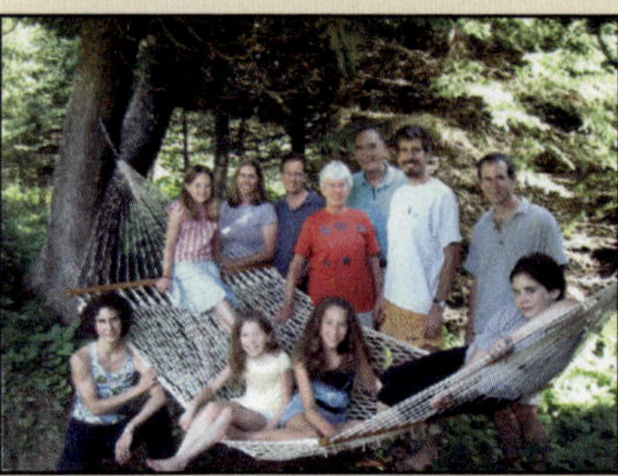

Sie verfügen jetzt über ein perfektes Familienfoto.

Fragen

1 Welchen Vorteil hat die Verwendung von Ebenen?

2 Wo erscheint eine neue Ebene im Ebenenstapel?

3 Wie lassen Sie Elemente der einen Ebene vor den Elementen einer anderen Ebene erscheinen?

4 Wie weisen Sie einen Ebenenstil zu?

5 Wie minimieren Sie nach der Fertigstellung eines Bildes seine Dateigröße, ohne die Qualität oder die Maße zu ändern?

Antworten

1 In Ebenen lassen sich verschiedene Teile eines Bildes als separate Einheiten bearbeiten. Einzelne Ebenen lassen sich während der Arbeit an anderen Ebenen ausblenden.

2 Die neue Ebene erscheint direkt über der aktiven Ebene.

3 Eine Ebene mit Bildelementen lassen Sie vor anderen Ebenen erscheinen, indem Sie den Ebenennamen im Ebenenbedienfeld nach oben oder die anderen nach unten in der Stapelfolge ziehen. Oder aber Sie wählen **Ebene: Anordnen** und die Befehle **In den Vordergrund**, **Schrittweise nach vorne**, **Schrittweise nach hinten** und **In den Hintergrund**. Die Position der Hintergrundebene lässt sich allerdings nicht ändern.

4 Wählen Sie die Ebene und klicken Sie im Ebenenbedienfeld auf das Symbol »Ebenenstil hinzufügen«. Oder wählen Sie **Ebene: Ebenenstil** und dann den gewünschten Ebenenstil.

5 Die Dateigröße lässt sich verringern, indem Sie alle Ebenen der Datei auf eine einzige Hintergrundebene reduzieren. Speichern Sie aber auch die Datei mit den Ebenen, falls Sie sie später noch ändern möchten.

5 DIGITALE FOTOS KORRIGIEREN UND AUFWERTEN

Überblick

In dieser Lektion lernen Sie Folgendes:

- Camera Raw-Bilder bearbeiten und die Einstellungen speichern
- Digitale Fotos korrigieren, rote Augen und Rauschen entfernen sowie Lichter und Tiefen besser durchzeichnen
- Bild mit Objektivkorrekturen versehen
- Zwei Bilder ausrichten und kombinieren, um eine größere Schärfentiefe zu erhalten
- Bilder organisieren, verwalten und speichern
- Unterschiedlich belichtete Bilder als HDR-Bild zusammenführen

Sie benötigen für diese Lektion etwa 90 Minuten. Falls erforderlich, löschen Sie auf Ihrer Festplatte den Lektionsordner der vorherigen Lektion und kopieren stattdessen den Ordner *Lektion05* auf die Festplatte. Während dieser Lektion überschreiben Sie die Startdateien. Wenn Sie die Startdateien wiederherstellen wollen, kopieren Sie sie von der Buch-DVD erneut auf Ihre Festplatte.

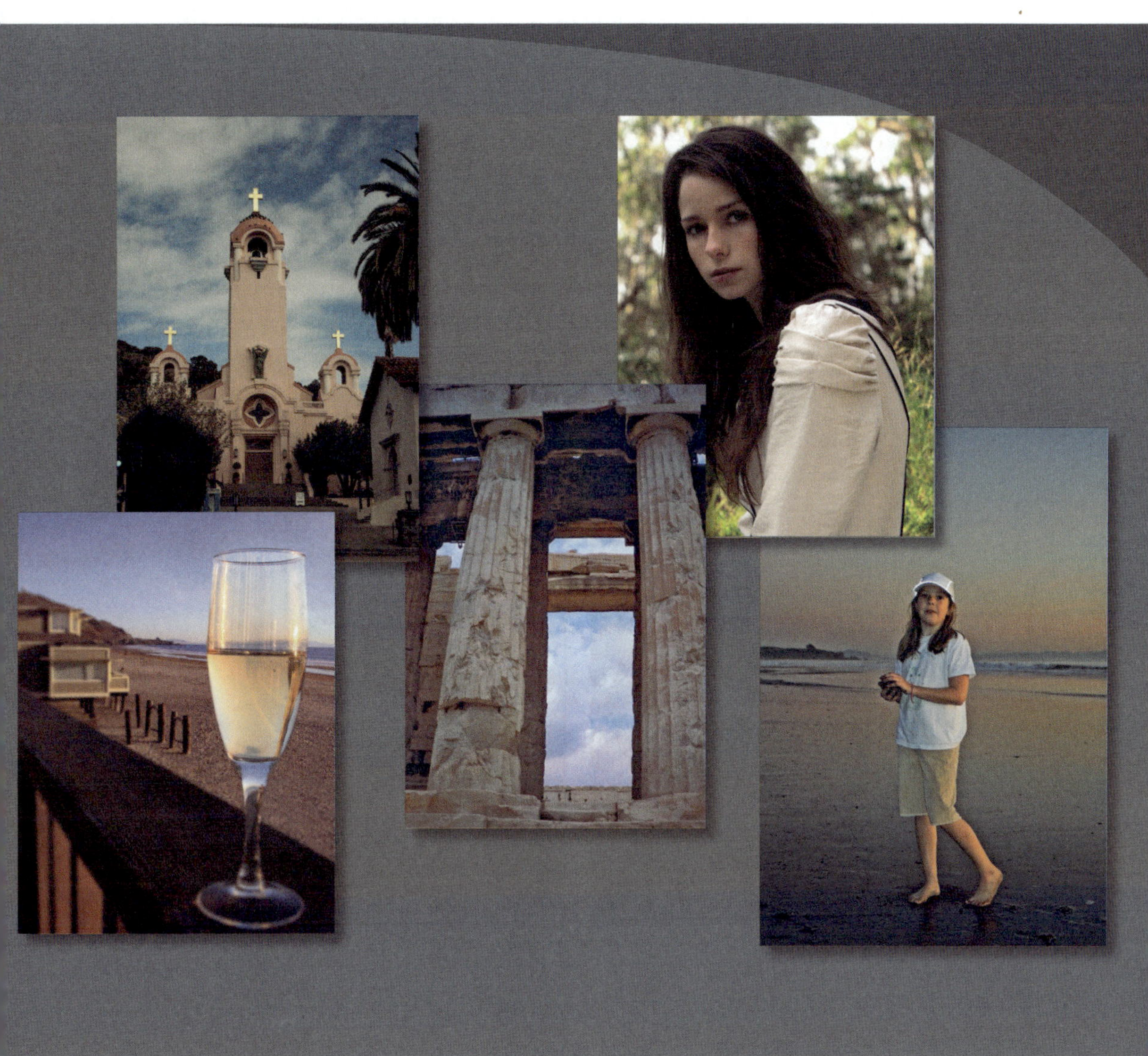

Ob Sie nun über ein Bildarchiv für Kunden oder Projekte verfügen oder über eine persönliche Kollektion, die Sie verfeinern und archivieren möchten – Photoshop bietet die Werkzeuge für den Import, die Bearbeitung und das Archivieren Ihrer digitalen Fotos.

Vorbereitungen

Sie arbeiten in dieser Lektion mit mehreren Bildern, um sich mit der Ver- und Bearbeitung von Camera Raw-Bildern in Photoshop vertraut zu machen. Außerdem lernen Sie die unterschiedlichsten Möglichkeiten kennen, mit denen Sie digitale Fotos korrigieren und verbessern. Beginnen Sie, indem Sie sich die Vorher-Nachher-Bilder in Adobe Bridge ansehen.

1 Starten Sie Photoshop und halten Sie sofort danach Strg+Alt+ Umschalt (Windows) bzw. Befehl+Wahl+Umschalt (Mac OS) gedrückt, um die standardmäßigen Voreinstellungen zu erhalten. (Siehe »Die Standardeinstellungen wiederherstellen« auf Seite 13.)

2 Klicken Sie im Meldungsfenster zur Bestätigung auf »Ja«, um die Standardeinstellungen wiederherzustellen.

3 Wählen Sie **Datei: In Bridge suchen**, um Adobe Bridge zu öffnen.

4 Doppelklicken Sie im FAVORITEN-Fenster von Bridge auf den Ordner *Lektionen*. Doppelklicken Sie dann im INHALT-Fenster auf den Ordner *Lektion05*, um ihn zu öffnen.

5 Achten Sie auf eine ausreichend große Miniaturansicht Ihrer Bilder und suchen Sie die Dateien *05A_Start.crw* und *05A_End.psd*.

05A_Start.crw

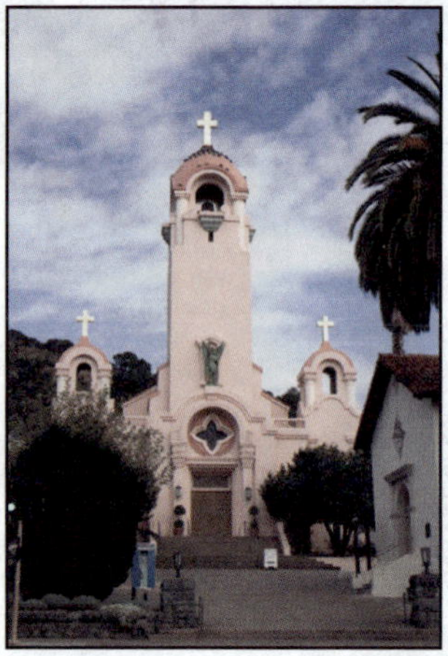

05A_End.psd

Das Originalfoto der im spanischen Stil erbauten Kirche ist eine Camera Raw-Datei. Deshalb fehlt die übliche*.psd*-Dateierweiterung, mit der Sie bisher in diesem Buch gearbeitet haben. Das Bild wurde mit einer digitalen Canon-Spiegelreflexkamera aufgenommen und hat die Canon-eigene *.crw*-Dateierweiterung. Sie verarbeiten dieses proprietäre Raw-Format, um es heller, schärfer und brillanter zu machen. Anschließend speichern Sie das Bild als JPEG-Datei für das Internet und als PSD-Datei für die weitere Bearbeitung in Photoshop.

6 Vergleichen Sie die Miniaturansichten der Dateien *05B_Start.psd* und *05B_End.psd*.

05B_Start.psd

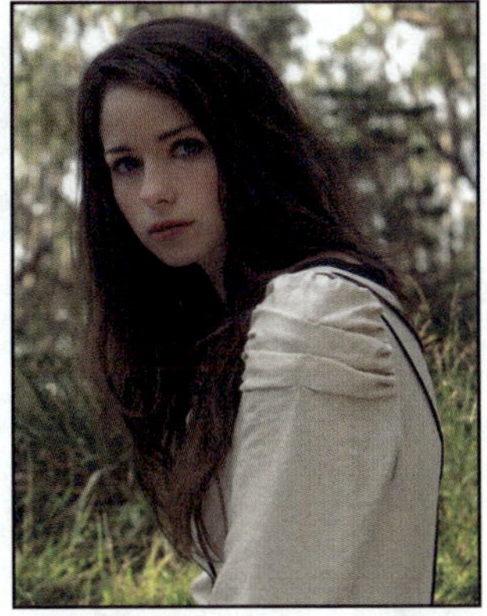

05B_End.psd

Sie werden an der Aufnahme verschiedene Farbkorrekturen und Bildverbesserungen in Photoshop vornehmen, um das Endresultat zu erzielen.

7 Vergleichen Sie die Miniaturansichten der Dateien *05C_Start.psd* und *05C_End.psd*.

05C_Start.psd

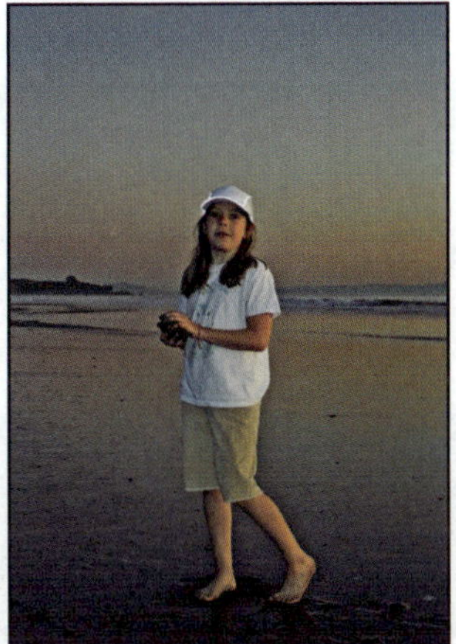

05C_End.psd

Sie werden an der Aufnahme mit dem Mädchen am Strand verschiedene Korrekturen vornehmen, wie Details in den Tiefen und Lichtern herausarbeiten, rote Augen entfernen und das Bild schärfen.

8 Betrachten Sie die Miniaturansichten der Dateien *05D_Start.psd* und *05D_End.psd*.

05D_Start.psd

05D_End.psd

Das Originalbild ist verzerrt, die Säulen gebogen. Sie korrigieren diesen Objektivfehler.

9 Sehen Sie sich die Dateien *05E_Start.psd* und *05E_End.psd* in der Miniaturansicht an.

05E_Start.psd

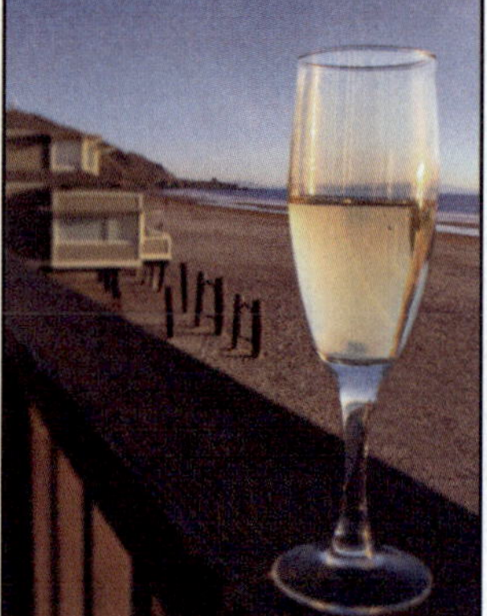

05E_End.psd

Im ersten Bild sind weder das Glas im Vordergrund noch der Strand im Hintergrund scharf. Sie erweitern die Schärfentiefe, um beide Elemente scharf abzubilden. Sie fügen außerdem Pfähle hinzu und versehen das Glas mit einer Iris-Weichzeichnung.

Camera Raw

Eine *Camera Raw*-Datei enthält unverarbeitete Bilddaten aus dem Bildsensor einer Digitalkamera. Viele Digitalkameras können Bilddateien im Camera Raw-Format speichern. Auf diese Weise können Fotografen die Bilddaten später interpretieren und verarbeiten, die Kamera nimmt also nicht automatisch Korrekturen und Konvertierungen wie beim JPEG-Format vor. Deshalb können (oder müssen) Sie Weißabgleich, Tonwertbereich, Kontrast, Farbsättigung und Scharfzeichnung selbst in Photoshop festlegen. Camera Raw-Dateien entsprechen quasi den Negativen Ihrer Fotos. Die Dateien lassen sich jederzeit neu verarbeiten, um die gewünschten Ergebnisse zu erzielen.

Um Raw-Dateien zu erzeugen, müssen Sie Ihre Kamera so einstellen, dass Dateien im (noch herstellereigenen bzw. proprietären) Raw-Dateiformat gespeichert werden. Sobald Sie eine Camera Raw-Datei aus der Kamera oder der Speicherkarte herunterladen, hat sie eine Erweiterung wie *.nef* (Nikon) oder *.crw* (Canon). In Adobe Bridge und Photoshop können Sie Camera Raw-Dateien vieler unterstützter Kameras wie von Canon, Kodak, Leica oder Nikon verarbeiten. Es lassen sich sogar mehrere Bilder gleichzeitig verarbeiten. Anschließend exportieren Sie die proprietären Camera Raw-Dateien als digitales Negativ im DNG-Dateiformat. Adobe hat dieses Dateiformat entwickelt, um Kompatibilität zu gewährleisten und die Verbreitung der unterschiedlichsten proprietären Camera Raw-Dateiformate einzudämmen. Sie können aber auch in den Formaten DNG, JPEG, TIFF oder PSD exportieren.

Adobe Camera Raw (ACR) verarbeitet Raw-Dateien aller unterstützten Kameras. Sie können aber auch TIFF- und JPEG-Bilder in Camera Raw öffnen und auf Bearbeitungsfunktionen zurückgreifen, die in Photoshop nicht vorhanden sind. Im Gegensatz zu Raw-Dateien sind Weißabgleich und andere Funktionen bei TIFF- oder JPEG-Bildern eingeschränkt. Auch wenn sich Raw-Dateien mit Camera Raw öffnen und bearbeiten lassen, ist das Speichern im proprietären Raw-Format nicht möglich.

Sie haben in Lektion 2 mit Camera Raw die Farbe und die Beleuchtung eines Bilds bearbeitet. In dieser Lektion nutzen Sie weitere Funktionen in Adobe Camera Raw.

Camera Raw-Dateien bearbeiten

Wenn Sie ein Camera Raw-Bild bearbeiten (z. B. das Bild gerade stellen oder beschneiden), bewahren Photoshop und Bridge die Originaldatei. Deshalb können Sie das Bild beliebig bearbeiten und anschließend exportieren. Das Original bleibt unangetastet erhalten.

Camera Raw-Bilder öffnen

Sie können sowohl in Adobe Bridge als auch in Photoshop mehrere Camera Raw-Bilddateien gleichzeitig öffnen und bearbeiten. Das ist besonders nützlich, wenn Sie mit Bildern arbeiten, die in der gleichen Umgebung aufgenommen wurden, also mit gleicher Beleuchtung und anderen übereinstimmenden Einstellungen.

»Camera Raw« bietet umfangreiche Einstellmöglichkeiten für Weißabgleich, Belichtung, Kontrast, Schärfe, Tonwertkurven und vieles andere mehr. Sie bearbeiten jetzt eine Aufnahme und weisen diese Einstellungen anschließend anderen ähnlichen Aufnahmen zu.

1 Navigieren Sie in Adobe Bridge zum Ordner *Lektionen/Lektion05/Mission*, der drei Aufnahmen der Ihnen bereits bekannten spanischen Kirche enthält.

2 Klicken Sie mit gedrückter Umschalttaste nacheinander auf die Bilder *Mission01.crw*, *Mission02.crw* und *Mission03.crw* (alle drei Bilder sind jetzt gewählt) und wählen Sie **Datei: In Camera Raw öffnen**.

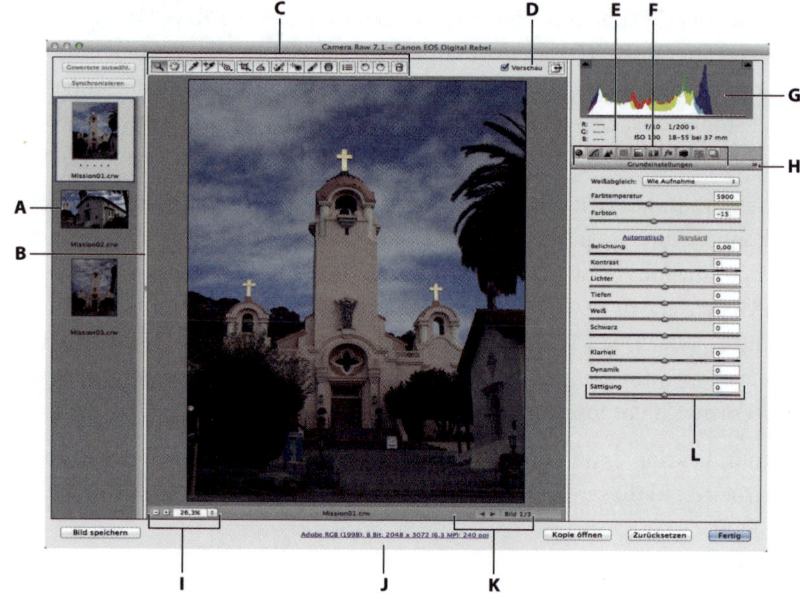

A. Filmstreifen
B. Filmstreifen ein/aus
C. Toolbar
D. Vorschau ein/aus
E. RGB-Werte
F. Registerkarten mit Bildeinstellungen
G. Histogramm
H. Camera Raw-Menü »Grundeinstellungen«
I. Zoomstufen
J. Arbeitsablauf-Optionen anzeigen
K. Navgiationspfeile
L. Einstellungsregler

Das Dialogfeld »Camera Raw« zeigt eine große Vorschau des ersten Raw-Bildes und links einen Filmstreifen mit allen geöffneten Camera Raw-Bildern. Das Histogramm rechts oben zeigt den Tonwertbereich des ersten Bildes und die Workflow-Optionen unten im Dialogfeld informieren über den Farbraum des ersten Bildes, die Farbtiefe, die Größe und die Auflösung. Die Werkzeuge oben im Dialogfeld ermöglichen unter anderem, das Bild zu vergrößern und zu verschieben, Farbe aufzunehmen, freizustellen, zu drehen und zu rotieren. Über die Bedienfelder rechts im Dialogfeld stellen

Sie den Weißabgleich, die Farbe, den Tonwert und andere Details ein. Außerdem können Sie unter diversen vorgegebenen Einstellungen wählen oder eigene Einstellungen zur späteren Wiederverwendung speichern.

Sie erzielen meist die besten Ergebnisse mit Camera Raw, wenn Sie von links nach rechts und von oben nach unten arbeiten. Sie arbeiten also erst mit den oben angeordneten Werkzeugen und gehen dann nacheinander die Bedienfelder für die notwendigen Änderungen durch.

Diese Einstellungen lernen Sie jetzt während der Bearbeitung der ersten Bilddatei kennen.

3 Klicken Sie auf die Vorwärts-Schaltfläche rechts unten im Haupt-Vorschaubereich. Oder scrollen Sie im Filmstreifen nach unten und wählen Sie nacheinander die Miniaturen, um sich die Bilder anzusehen. Wählen Sie anschließend erneut das Bild *Mission01.crw*.

4 Achten Sie darauf, dass oben im Dialogfeld die Option »Vorschau« aktiviert ist, damit Sie Ihre Einstellungen sehen können.

Weißabgleich einstellen

Der Weißabgleich eines Bildes reflektiert die Lichtverhältnisse, die zum Zeitpunkt und am Ort der Aufnahme herrschten. Eine Digitalkamera speichert die entsprechenden Daten bei der Belichtung und deshalb erscheint diese Information auch im »Camera Raw«-Dialogfeld.

Der Weißabgleich besteht aus zwei Komponenten. Zum einen ist es die *Temperatur*, die in Kelvin gemessen wird und bestimmt, ob ein Bild kalt (blaugrüner Farbton) oder warm (gelbroter Farbton) ist. Die zweite Komponente ist der *Farbton*, über den sich grünstichige bzw. magentastichige Fotos korrigieren lassen.

Je nach Kameraeinstellungen und Lichtverhältnissen zum Zeitpunkt der Aufnahme (beispielsweise blendet das Licht oder ist ungleichmäßig) können Sie den Weißabgleich im Bild einstellen. Wenn Sie den Weißabgleich verändern, muss das zuerst geschehen, da sich diese Änderung auf alle weiteren Änderungen im Bild auswirkt.

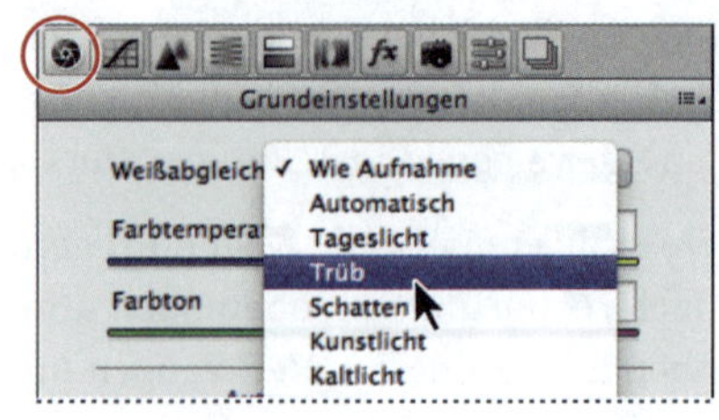

1 Falls das Grundeinstellungen-bedienfeld rechts im Dialogfeld nicht zu sehen ist, klicken Sie auf das Grundeinstellungen-Symbol (◉), um das Bedienfeld zu öffnen.

Standardmäßig ist im Menü »Weißabgleich« die Option »Wie Aufnahme« gewählt. Camera Raw weist die Weißabgleich-Einstellung zum Zeitpunkt der Aufnahme zu. Camera Raw umfasst verschiedene Weiß-abgleich-Voreinstellungen, die Sie als Ausgangsbasis für unterschiedliche Beleuchtungseffekte nutzen können.

2 Wählen Sie im Weißabgleich-Menü die Option »Trüb«.

Camera Raw stellt Farbtemperatur und Farbton für einen trüben, wolkenverhangenen Tag ein. Manchmal funktioniert eine Voreinstellung jedoch nicht. Auch im vorliegenden Fall verfügt das Bild weiterhin über einen Blaustich. Deshalb stellen Sie den Weißabgleich nun manuell ein.

3 Wählen Sie oben im Dialogfeld »Camera Raw« das Weißabgleich-Werkzeug (✐).

Um den korrekten Weißabgleich einzustellen, wählen Sie ein Objekt, das weiß oder grau ist. Camera Raw bestimmt mit dieser Information die Farbe des Lichts, mit dem das Motiv aufgenommen wurde, und stellt dann die passende Farbtemperatur automatisch ein.

4 Klicken Sie auf die weißen Wolken im Bild. Die Farbtemperatur des Bildes ändert sich.

5 Klicken Sie in einen anderen Wolkenbereich. Die Farbtemperatur verschiebt sich.

Sie können mit dem Weißabgleich-Werkzeug schnell und einfach die beste Beleuchtung für ein Motiv herausfinden. Das Klicken in unterschiedlichen Bereichen ändert die Farbtemperatur, die Datei bleibt aber intakt – Sie können also beliebig experimentieren.

6 Klicken Sie in die Wolken direkt links neben der Kirchturmspitze. Diesmal wird der Farbstich weitestgehend entfernt und Sie erhalten eine realistische Beleuchtung.

7 Stellen Sie den Farbtemperatur-Regler auf **-22** ein, um die Grüntöne zu intensivieren.

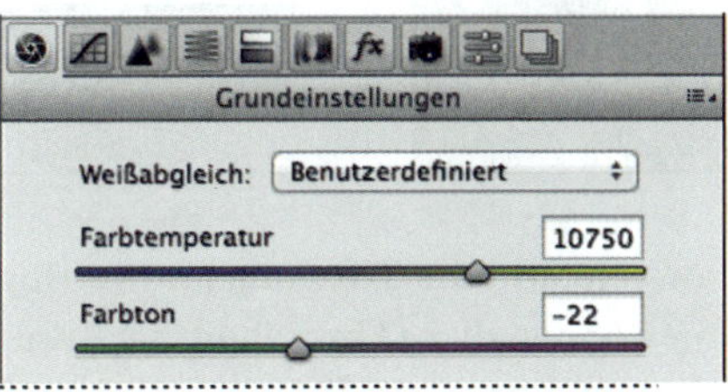

▶ **Tipp:** Um Einstellungen rückgängig zu machen, drücken Sie Strg+Z (Windows) bzw. Befehl+Z (Mac OS). Möchten Sie im aktuellen Bedienfeld vorgenommene Änderungen mit dem Originalbild vergleichen, deaktivieren Sie die Vorschau. Schalten Sie die Vorschau wieder ein, um das modifizierte Bild anzuzeigen.

Tonale Korrekturen in Camera Raw

Andere Regler im Grundeinstellungenbedienfeld wirken sich auf die Belichtung, den Kontrast und die Sättigung im Bild aus. Das Ziehen der Regler nach rechts hellt die entsprechenden Bildbereiche auf, während das Ziehen nach links die Bereiche abdunkelt – das gilt jedoch nicht für die Kontrast-Einstellung. Die *Belichtung* bestimmt den *Weißpunkt* bzw. die hellste Stelle im Bild, damit Camera Raw alles andere entsprechend anpassen kann. Mit dem Schwarzregler stellen Sie dagegen den *Schwarzpunkt* bzw. die dunkelste Stelle im Bild ein. Die Regler *Lichter* und *Tiefen* verstärken die Zeichnung in den Lichter- bzw. Schattenbereichen.

Der Kontrast-Regler bestimmt den Kontrast. Sie erhalten eine noch differenziertere Kontrasteinstellung mit dem Regler *Klarheit*, der durch Verstärkung des lokalen Kontrasts, besonders in den Mitteltönen, das Bild mit Tiefe versieht.

▶ **Tipp:** Erhöhen Sie den Wert für »Klarheit«, bis Lichthöfe an den Kantendetails zu sehen sind. Reduzieren Sie dann den Wert geringfügig.

Der Sättigungsregler bestimmt die *Sättigung* aller Farben im Bild – und zwar gleichermaßen. Mit der Einstellung für die *Dynamik* erzielen Sie dagegen einen größeren Effekt bei wenig gesättigten Farben. Sie können deshalb den Hintergrund lebhafter gestalten, ohne jedoch z. B. Hauttöne zu stark zu sättigen.

Wenn Sie die Option »Automatisch« wählen, versucht Camera Raw, die Tonwerte im Bild automatisch einzustellen.

1 Klicken Sie im Grundeinstellungenbedienfeld auf die Option »Automatisch«.

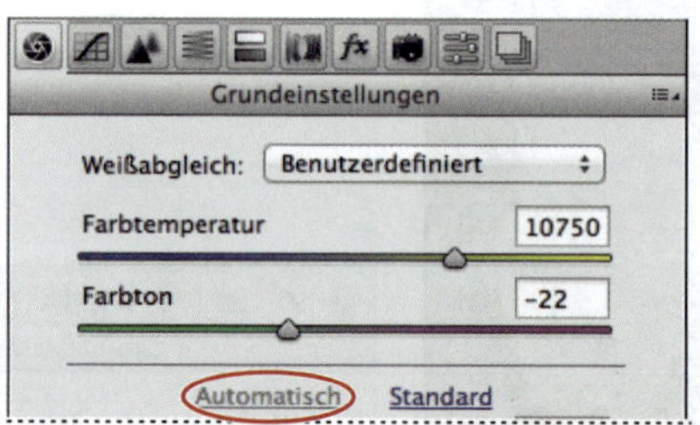

Camera Raw verstärkt die Sättigung und verringert die Schwarztöne und den Kontrast. Sie können diese Einstellung als Ausgangspunkt für weitere (manuelle) Korrekturen nutzen. Sie kehren jedoch in dieser Übung zu den Standardeinstellungen zurück und nehmen individuelle Korrekturen vor.

2 Klicken Sie im Grundeinstellungenbedienfeld auf die Option »Standard«.

3 Ändern oder übernehmen Sie die Einstellungen wie folgt:

- Belichtung übernehmen: 0,00
- Kontrast erhöhen: **18**
- Lichter übernehmen: 0,00
- Tiefen erhöhen: **+63**
- Weiß reduzieren: **-2**
- Schwarz reduzieren: **-18**
- Klarheit erhöhen: **+3**
- Dynamik erhöhen: **+4**
- Sättigung reduzieren: **-3**

Die Einstellungen bringen die Mitteltöne im Bild heraus und lassen es kräftiger und tiefer aussehen, ohne dass die Farbsättigung zu stark ist.

Das Camera Raw-Histogramm

Das Histogramm oben rechts im Dialogfeld »Camera Raw« zeigt alle drei Kanäle (Rot, Grün und Blau) des Vorschaubildes gleichzeitig an. Das Histogramm wird automatisch aktualisiert, sobald Sie Einstellungen ändern. Das Histogramm zeigt außerdem die RGB-Werte für den Pixelbereich unter dem Zeiger eines beliebigen Werkzeugs.

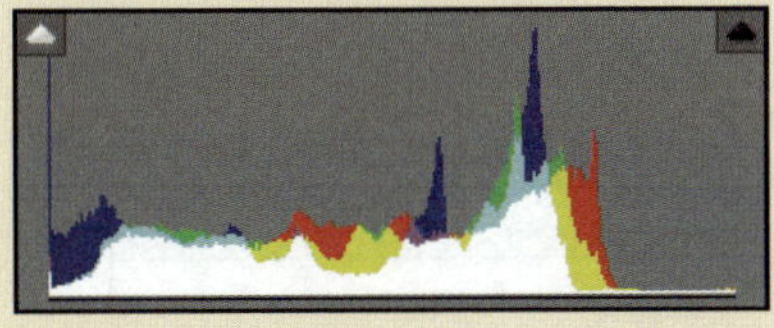

Schärfe zuweisen

Photoshop verfügt zwar über mehrere Schärfefilter, doch wenn Sie ein komplettes Bild schärfen müssen, bietet Camera Raw die besten Einflussmöglichkeiten. Die entsprechenden Einstellungen finden Sie im Details-Bedienfeld. Um die Einstellung im Vorschaubereich zu prüfen, müssen Sie das Bild auf 100 % oder mehr vergrößern.

▶ **Tipp:** Möchten Sie nur einen bestimmten Bildbereich ändern, benutzen Sie den Korrekturpinsel oder den Verlaufsfilter. Mit dem Korrekturpinsel ändern Sie Belichtung, Lichter, Klarheit und andere Einstellungen, indem Sie im Foto „malen“. Mit dem Verlaufsfilter können Sie die gleichen Änderungen in bestimmten Bildbereichen graduell vornehmen.

1 Doppelklicken Sie mit dem Zoom-Werkzeug (🔍) oben links im Werkzeugbedienfeld, um auf 100 % zu vergrößern. Wählen Sie nun das Hand-Werkzeug (✋) und verschieben Sie das Bild, bis Sie das Kreuz auf dem Turm im Vorschaufenster sehen.

2 Klicken Sie auf das Symbol »Details« (▲), um das Details-Bedienfeld zu öffnen.

Der Regler *Betrag* bestimmt den von Camera Raw zugewiesenen Schärfegrad. Diese Einstellung wird meist zuerst vorgenommen und erst danach widmen Sie sich den anderen Reglern.

3 Stellen Sie den Betrag auf den Wert **100** ein.

Der Radius bestimmt den Pixelbereich, den Camera Raw beim Schärfen des Bildes analysiert. Sie kommen bei den meisten Bildern zu guten Ergebnissen, wenn Sie mit einem kleinen Radius arbeiten – sogar kleiner als 1 Pixel. Ein großer Radius kann das Bild unnatürlich und fast wie ein Aquarell aussehen lassen.

4 Bewegen Sie den Radius-Regler auf **0,9**.

Der Detail-Regler ist zuständig für die Details im Bild. Camera Raw schärft auch dann noch ein wenig, wenn dieser Regler auf 0 eingestellt ist. Normalerweise wählen Sie einen relativ kleinen Wert für die Details.

5 Der Detail-Regler ist auf **25** eingestellt.

Der Regler *Maskieren* legt fest, welche Bildbereiche Camera Raw schärft. Ist für *Maskieren* ein hoher Wert eingestellt, schärft Camera Raw nur die Bildteile mit ausgeprägten Kanten.

▶ **Tipp:** Verschieben Sie den Maskieren-Regler mit gedrückter Alt- (Windows) bzw. Wahltaste (Mac OS) für eine Vorschau des Schärfens von Camera Raw.

6 Stellen Sie wenn nötig den Maskieren-Regler auf **61** ein.

Nachdem Sie die Regler *Radius*, *Detail* und *Maskieren* eingestellt haben, können Sie den Betrag verringern und das Schärfen abschließen.

7 Stellen Sie den Betrag-Regler auf **70** ein.

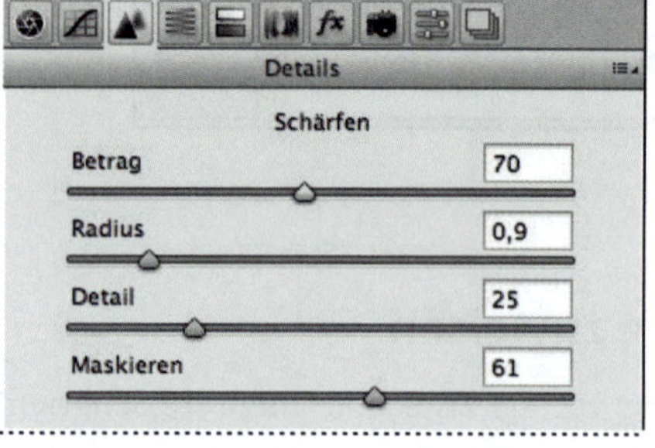

Das Schärfen führt zu stärker betonten Details und Kanten und lässt sich mit dem Maskieren-Regler ausschließlich auf Linien im Bild beschränken. Auf diese Weise vermeiden Sie Artefakte in unscharfen Bereichen und/oder im Hintergrund.

Die Einstellungen im Dialogfeld »Camera Raw« lassen die Daten in der Original-Raw-Datei unangetastet. Sie werden entweder in der Camera Raw-Datenbankdatei oder in einer »angehängten« XMP-Datei gespeichert, die im selben Ordner gespeichert wird. XMP-Dateien erlauben die Wiederherstellung der Camera Raw-Einstellungen, wenn Sie die Bilddatei auf ein Speichermedium oder auf einen anderen Computer verschieben.

Hinweis: Wenn Sie die Bildansicht verkleinern, scheint das Bild ungeschärft zu sein. Eine zuverlässige Vorschau der Schärfeneffekte erhalten Sie nur bei einer Vergrößerung von 100 % und mehr.

Einstellungen auf mehrere Bilddateien anwenden

Da das Bild der Kirche jetzt richtig gut aussieht, können Sie die Camera Raw-Einstellungen automatisch auf die beiden anderen Kirchenbilder anwenden. Alle drei Bilder wurden zur gleichen Tageszeit und unter gleichen Lichtverhältnissen aufgenommen. Für diese Aktion wählen Sie den Befehl »Synchronisieren«.

1 Klicken Sie oben links im Dialogfeld »Camera Raw« auf die Schaltfläche »Alles auswählen«, um alle Miniaturen des Filmstreifens zu wählen.

2 Klicken Sie auf die Schaltfläche »Synchronisieren«.

Im jetzt geöffneten Dialogfeld »Synchronisieren« können Sie die Einstellungen bestimmen, die Sie auf die ausgewählten Bilder anwenden möchten. Standardmäßig sind alle Optionen (»Freistellen«, »Bereichsreparatur« und »Lokale Korrekturen« ausgenommen) gewählt. Das ist so in Ordnung, obwohl Sie nicht alle vorhandenen Einstellungen vorher angepasst haben.

3 Klicken Sie im Dialogfeld »Synchronisieren« auf OK.

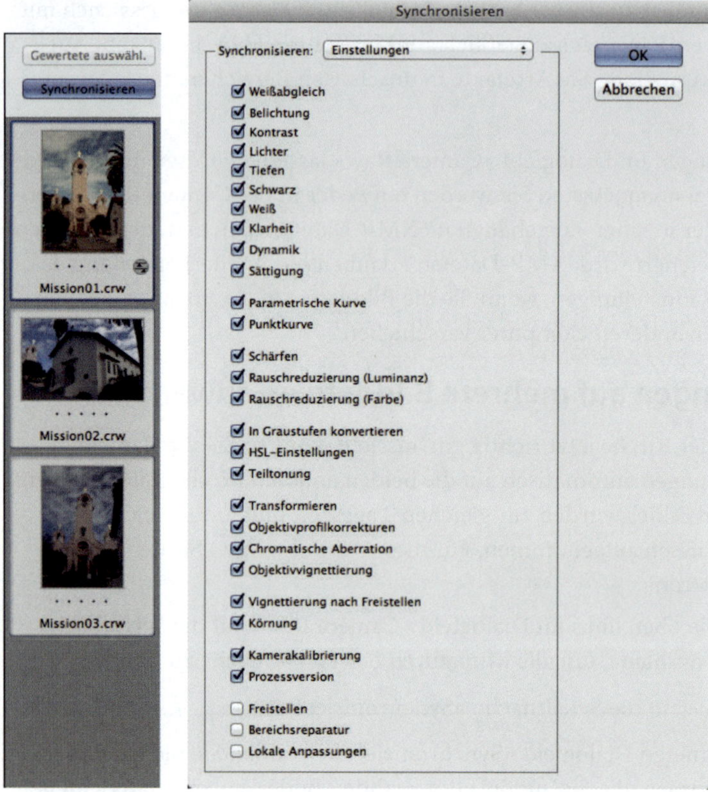

Wenn Sie die Einstellungen unter allen gewählten Camera Raw-Bildern synchronisieren, zeigen die Miniaturen die Änderungen an. Gefällt Ihnen das Ergebnis, können Sie sich über die Navigationspfeile bzw. durch Klicken auf die Miniatur die einzelnen Bilder als große Vorschau anzeigen lassen.

Camera Raw-Änderungen speichern

Sie speichern die Bilder zuerst als niedrig auflösende JPEG-Dateien für eine Veröffentlichung im Internet. Anschließend speichern Sie das einzelne Bild *Mission01* für das PDF-Portfolio, das Sie später in dieser Lektion anlegen. Sie öffnen das Bild *Mission01* als Smart Objekt in Photoshop, um jederzeit weitere Änderungen in Camera Raw durchführen zu können.

1 Klicken Sie oben links im Dialogfeld »Camera Raw« auf die Schaltfläche »Alles auswählen«, um alle drei Bilder zu wählen.

2 Klicken Sie unten links auf »Bilder speichern«.

3 Führen Sie im Dialogfeld »Speicheroptionen« Folgendes aus:

- Wählen Sie als Ziel »Im selben Ordner speichern« (*Lektionen/ Lektion05/Mission*).
- Übernehmen Sie unter »Dateibenennung« die Option *Dokumentname* im ersten Feld.
- Wählen Sie unten im Dialogfeld aus dem Format-Popup-Menü die Option »JPEG«.

Die korrigierten Bilder werden jetzt als heruntergerechnete 72-dpi-JPEGs gespeichert, damit sie per Mail verschickt oder im Internet veröffentlicht werden können. Die Dateien erhalten die Bezeichnungen *Mission01.jpg*, *Mission02.jpg* und *Mission03.jpg*.

Hinweis: Bevor Sie die Bilder im Internet veröffentlichen, sollten Sie sie in Photoshop öffnen und die Größe auf 640 x 480 Pixel einstellen. Die Bilder sind momentan noch viel größer, das heißt, sie lassen sich auf den meisten Bildschirmen nur mit Scrollen vollständig betrachten.

4 Klicken Sie auf »Speichern«.

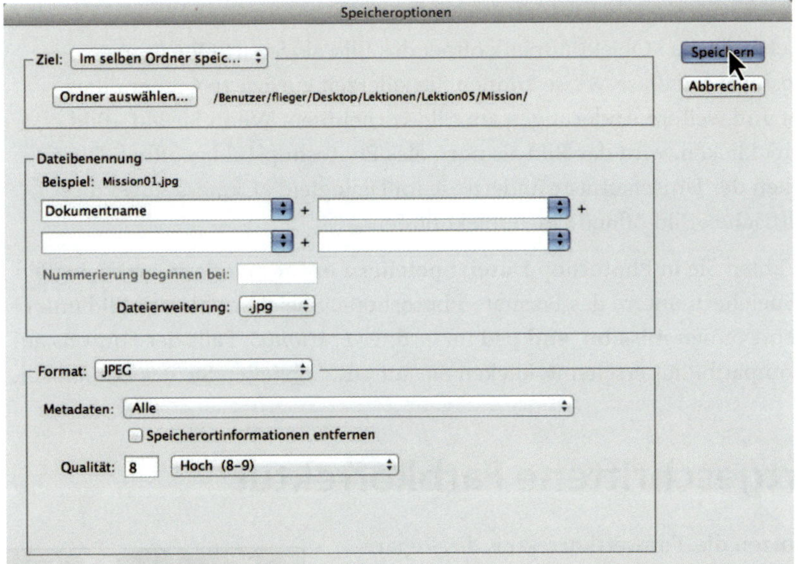

Adobe Bridge bringt Sie zurück in das Dialogfeld »Camera Raw« und zeigt bis zum Speichern an, wie viele Bilder noch von Camera Raw zu verarbeiten sind. Die *.crw*-Miniaturen befinden sich weiterhin im Dialogfeld »Camera Raw«. Sie verfügen jetzt über JPEG-Versionen und die unbearbeiteten Original-*crw*-Bilddateien, die Sie jetzt oder später erneut bearbeiten könnten.

Sie öffnen nun eine Kopie des Bildes *Mission01* in Photoshop.

5 Wählen Sie im Filmstreifen des Dialogfelds »Camera Raw« die Datei *Mission01.crw*. Klicken Sie anschließend mit gedrückter Umschalttaste unten rechts im Dialogfeld auf »Objekt öffnen«.

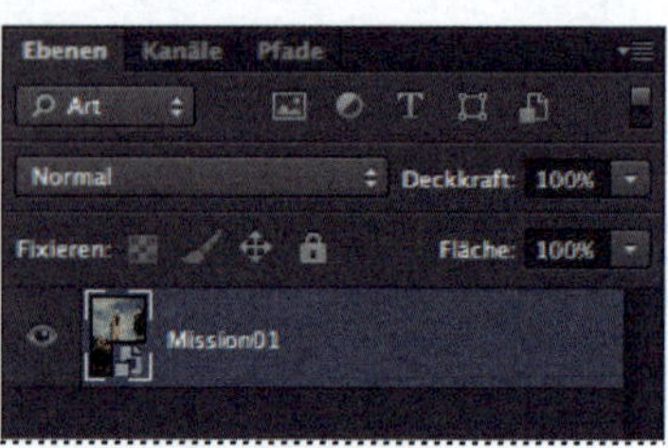

▶ **Tipp:** Um die Schaltfläche »Objekt öffnen« als Vorgabe einzurichten, klicken Sie in Camera Raw auf die (blaue) Verknüpfung unter dem Vorschaufenster. Aktivieren Sie dann im Dialogfeld »Arbeitsablauf-Optionen« die Option »In Photoshop als Smart Objekte öffnen« und klicken Sie auf OK.

Die Schaltfläche »Objekt öffnen« öffnet das Bild als Smart Objekt in Photoshop. Auf diese Weise können Sie jederzeit zurück zu Camera Raw gehen und weitere Änderungen am Bild vornehmen. Wenn Sie auf »Bild öffnen« klicken, wird das Bild als normales Photoshop-Bild geöffnet. Durch Drücken der Umschalttaste ändern Sie im Dialogfeld »Camera Raw« die Schaltfläche »Bild öffnen« in »Objekt öffnen«.

6 Wählen Sie in Photoshop **Datei: Speichern unter** und dann im Dialogfeld »Speichern unter« das Format »Photoshop«. Speichern Sie das Bild unter dem Namen **mission_end.psd** im Ordner *Lektion05*. Falls der Hinweis auf Kompatibilität erscheint, klicken Sie auf OK. Schließen Sie das Bildfenster.

Fortgeschrittene Farbkorrektur

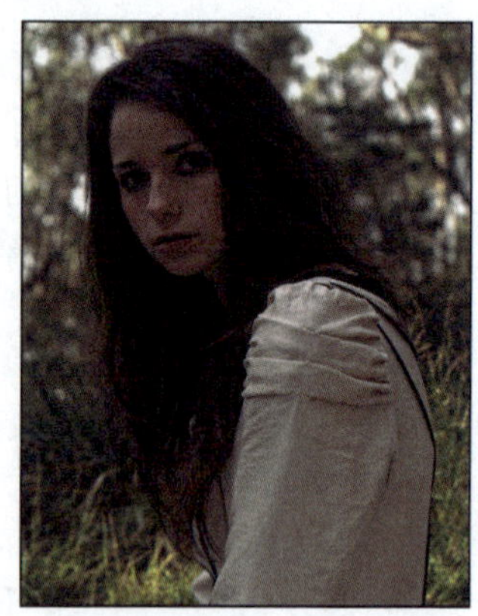

Sie nutzen die Tonwertkorrektur, das Reparatur-Pinsel-Werkzeug und andere Photoshop-Funktionen, um das Bild des Models zu optimieren.

Tonwertkorrektur

Der Tonwertumfang eines Bildes repräsentiert die Stärke des Kontrasts bzw. der Details in einem Bild. Der Tonwertumfang ergibt sich aus der Pixelverteilung im Bild, die von den dunkelsten (schwarzen) bis zu den hellsten (weißen) Pixeln reicht. Sie arbeiten jetzt mit einer Tonwertkorrektur-Einstellungsebene, um den Tonwertumfang noch feiner anzupassen.

Camera-Raw-Dateien speichern

Jede Kamera speichert Raw-Bilder in einem anderen Format, die sich aber mit Adobe Camera Raw verarbeiten lassen. Adobe Camera Raw verarbeitet Raw-Dateien mit spezifischen Voreinstellungen je nach unterstützter Kamera und den EXIF-Daten.

Die proprietären Raw-Dateien Ihrer Kamera können Sie in den Formaten DNG (das von Adobe Camera Raw gespeicherte Format), JPEG, TIFF und PSD speichern. Diese Formate speichern RGB- und CMYK-Halbtonbilder und Bitmaps, wobei alle Formate mit Ausnahme von DNG auch unter Photoshop mit den Befehlen »Speichern« und »Speichern unter« verfügbar sind.

- **Adobe Digital Negative (DNG)** ist ein Dateiformat, das die rohen Bilddaten einer Digitalkamera sowie Metadaten enthält, durch die die Bedeutung dieser Daten definiert wird. DNG, das öffentlich erhältliche Archivierungsformat von Adobe für Camera Raw-Dateien, wurde entwickelt, um Kompatibilität zu gewährleisten und die zunehmende Verbreitung verschiedener Camera Raw-Dateiformate einzudämmen. (Dieses Format lässt sich nur aus dem Dialogfeld »Camera Raw« heraus speichern.)
- Das **JPEG-Format (Joint Photographic Experts Group)** ist das gängige Dateiformat zum Anzeigen von Fotos und anderen RGB-Halbtonbildern im World Wide Web. Das JPEG-Format übernimmt alle Farbinformationen eines Bildes, komprimiert jedoch die Dateigröße durch selektives Entfernen von Daten. Je höher der Komprimierungsgrad, desto niedriger die Bildqualität (und umgekehrt).
- Das **TIFF-Format (Tagged Image File Format)** dient zum Austausch von Dateien zwischen unterschiedlichen Programmen und Plattformen. TIFF ist ein flexibles Bitmap-Bildformat, das von praktisch allen Mal-, Bildbearbeitungs- und Seitenlayoutprogrammen unterstützt wird. Auch können so gut wie alle Desktop-Scanner TIFF-Bilder erstellen.
- Das **Photoshop-Format (PSD)** ist das Standarddateiformat. Wegen der engen Integration verschiedener Adobe-Produkte können PSD-Dateien direkt in andere Adobe-Anwendungen importiert werden (z. B. in Illustrator, InDesign und Dreamweaver). Dabei bleiben zahlreiche Photoshop-Merkmale erhalten.

Bilder lassen sich auch in Photoshop-kompatiblen Formaten wie Large Document Format (PSB), Cineon, Photoshop Raw, PNG oder Portable Bit Map speichern. (Das Photoshop Raw-Format [RAW] eignet sich, um Bilder zwischen Programmen und Betriebssystemen auszutauschen, und darf nicht mit den Raw-Formaten von Kameras verwechselt werden.)

Weitere Informationen über Dateiformate in Camera Raw und Photoshop finden Sie in der Photoshop-Hilfe.

1 Wählen Sie in Photoshop **Datei: Öffnen**. Navigieren Sie zum Ordner *Lektion05* und öffnen Sie per Doppelklick die Datei **05B_Start.psd**.

2 Wählen Sie **Datei: Speichern unter**, benennen Sie die Datei mit **Model_end.psd** und klicken Sie auf »Speichern«. Klicken Sie auf OK, wenn das Dialogfeld mit den Photoshop-Formatoptionen erscheint.

3 Klicken Sie im Korrekturen-Bedienfeld auf die Schaltfläche »Tonwertkorrektur«.

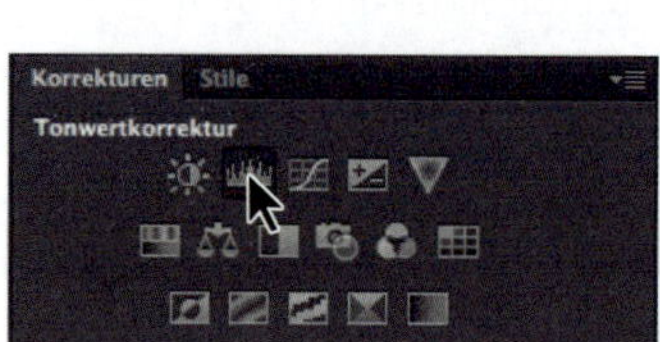

Photoshop fügt im Ebenenbedienfeld die Einstellungsebene »Tonwertkorrektur« hinzu. Die dazugehörigen Einstellungen sowie ein Histogramm erscheinen im Korrekturenbedienfeld. Das Histogramm zeigt die dunklen und hellen Pixelwerte im Bild. Das linke (schwarze) Dreieck repräsentiert die Tiefe und das rechte (weiße) Dreieck die Lichter. Das mittlere (graue) Dreieck steht für die Mitteltöne bzw. das Gamma. So lange Sie keinen besonderen Effekt beabsichtigen, beginnen die Daten in einem Histogramm mit dem Schwarzpunkt und enden mit dem Weißpunkt. Der mittlere Bereich hat ziemlich gleichmäßige Spitzen und Täler und steht für die Pixeldaten in den Mitteltönen.

Video: Das Video »Autokorrektur oder manuelle Korrektur« auf der Buch-DVD zeigt mehr zu diesem Thema. Weitere Informationen finden Sie unter »Den Ordner Video-Training installieren« auf Seite 13.

4 Klicken Sie auf der linken Seite des Histogramms auf die Schaltfläche »Genaueres Histogramm berechnen« (). Photoshop ersetzt das vorhandene Histogramm.

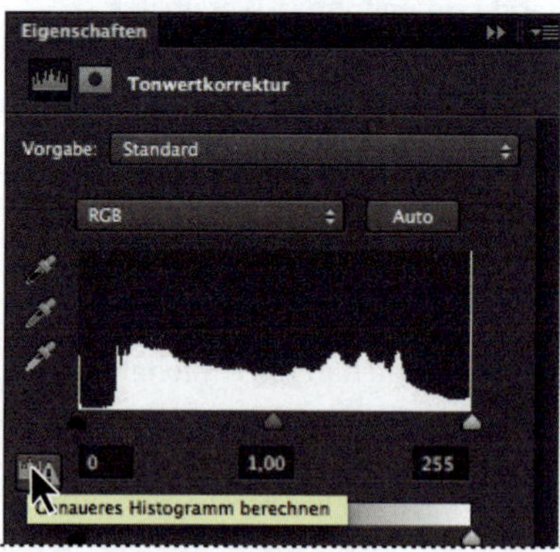

Es gibt eine einfache Linie ganz links im Histogramm, die den aktuellen Schwarzpunkt repräsentiert, doch die wirklichen Daten beginnen weiter rechts. Sie verschieben jetzt den Schwarzpunkt auf den Datenanfang.

5 Ziehen Sie das linke (schwarze) Dreieck nach rechts bis zu dem Punkt, an dem das Histogramm den Beginn der dunkelsten Farben anzeigt.

Beim Ziehen verändern sich der erste Eingabewert unter der Histogramm-Grafik sowie das Bild selbst.

6 Ziehen Sie das mittlere (graue) Dreieck etwas nach links, um die Mitteltöne geringfügig aufzuhellen (wir haben den Wert 1,18 eingestellt).

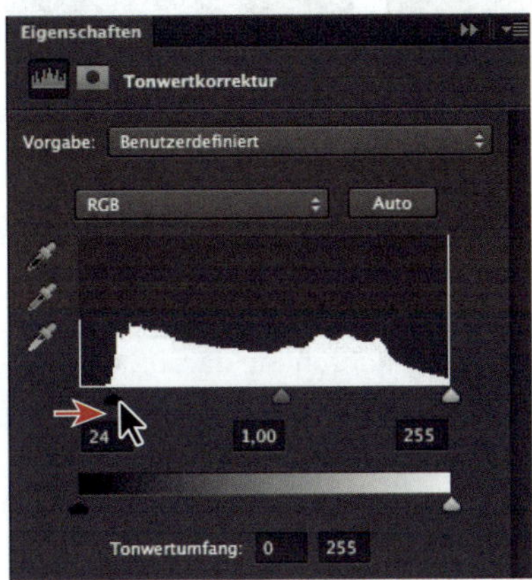

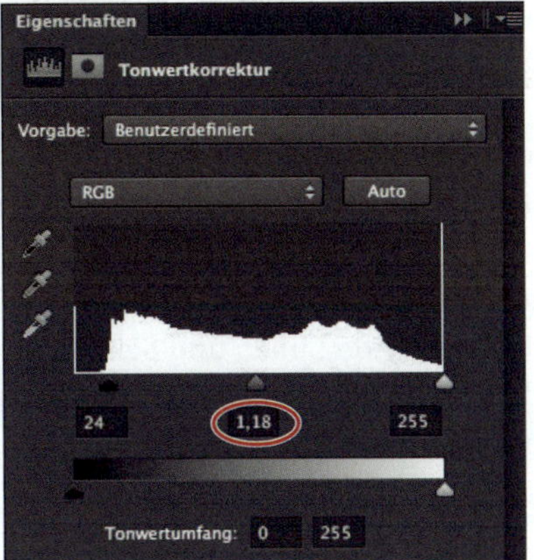

Mit dem Reparatur-Pinsel-Werkzeugen Schönheitsfehler entfernen

Jetzt widmen Sie sich dem Gesicht des Models. Sie entfernen mit dem Reparatur-Pinsel- und dem Bereichsreparatur-Pinsel-Werkzeug Schönheitsfehler und Hautflecken, rote Äderchen in den Augen und Haare im Gesicht.

1 Wählen Sie im Ebenenbedienfeld die Hintergrundebene. Wählen Sie dann aus dem Menü des Ebenenbedienfelds den Befehl **Ebene duplizieren**. Benennen Sie die Ebene mit **Korrekturen** und klicken Sie auf OK.

Das Arbeiten auf einer Ebenenkopie bewahrt die Original-Pixel, so dass Sie endgültige Änderungen erst später vornehmen können.

2 Vergrößern Sie das Gesicht auf mindestens 100 %.

3 Wählen Sie das Bereichsreparatur-Pinsel-Werkzeug (🩹).

4 Wählen Sie in der Optionsleiste die folgenden Einstellungen:

- Pinselgröße: 7 Px
- Modus: Normal
- Art: Inhaltssensitiv

5 Entfernen Sie mit dem Bereichsreparatur-Pinsel-Werkzeug das Haar im Gesicht. Da Sie in der Optionsleiste »Inhaltssensitiv« gewählt haben, ersetzt das Werkzeug das Haar durch Haut, die der benachbarten Haut ähnelt.

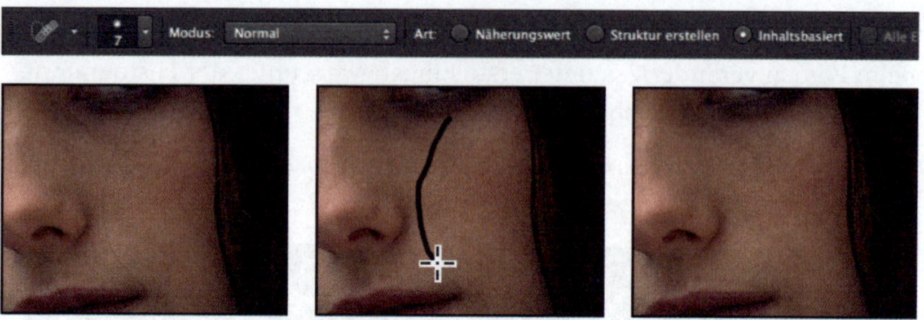

6 Malen Sie über die feinen Linien um Augen und Mund. Sie können zusätzlich die roten Äderchen in den Augen sowie die Sommersprossen und Flecken im Gesicht „übermalen“. Experimentieren Sie mit einfachem Klicken und aufeinanderfolgenden kurzen Malstrichen. Entfernen Sie auffällige oder störende Linien und Schönheitsfehler, aber achten Sie darauf, dass die typischen Gesichtszüge und damit der Charakter des Models erhalten bleiben.

Sie entfernen nun mit dem Reparatur-Pinsel-Werkzeug die dunkleren Make-up-Flecken unter den Augen.

7 Wählen Sie das Reparatur-Pinsel-Werkzeug (), das unter dem Bereichsreparatur-Pinsel-Werkzeug () verborgen ist, und einen **19**-Pixel-Pinsel mit einer Härte von **50** %.

8 Klicken Sie mit gedrückter Alt- (Windows) bzw. Wahl-Taste (Mac OS) in einem Bereich direkt unter dem dunklen Bereich unter den Augen für die Aufnahmequelle.

9 Malen Sie unter den Augen und entfernen Sie damit das dunkle Make-up. Sie ändern jetzt die Farbe und machen dann die Struktur etwas weicher.

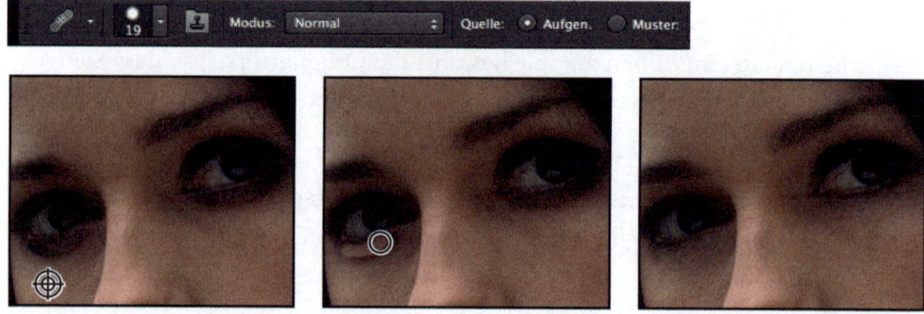

10 Wählen Sie **Datei: Speichern**.

Abwedler- und Schwamm-Werkzeug

Sie verwenden das Abwedler-Werkzeug, um die Farbe unter den Augen für ein natürlicheres Aussehen aufzuhellen. Anschließend sättigen Sie mit dem Schwamm-Werkzeug die Augen.

1 Die *Korrektur*-Ebene ist noch aktiv. Wählen Sie das Abwedler-Werkzeug (🔍).

2 Ändern Sie in der Optionsleiste die Pinselgröße in **65** Px und die Belichtung in **30** %. Im Popup-Menü »Bereich« ist die Option »Mitteltöne« gewählt.

3 Ziehen Sie das Abwedler-Werkzeug zum Aufhellen über die Schatten unter den Augen.

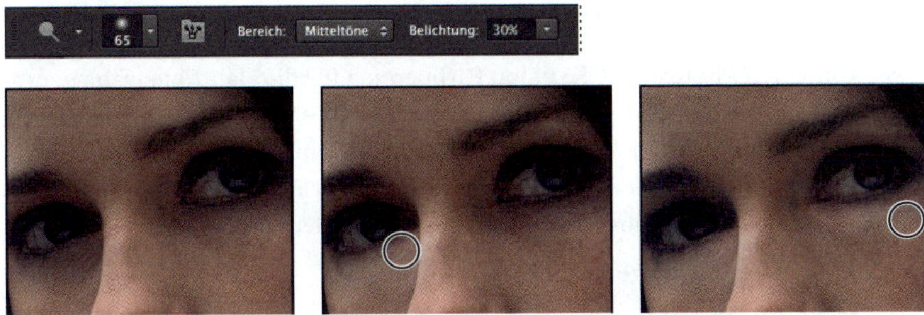

4 Wählen Sie das Schwamm-Werkzeug (●), das unter dem Abwedler-Werkzeug verborgen ist. In der Optionsleiste ist »Dynamik« aktiviert. Wählen Sie anschließend diese Einstellungen:

- Pinselgröße: **35** Px
- Pinselhärte: **0** %
- Modus: Sättigung erhöhen
- Fluss: **50** %

5 Wischen Sie mit dem Schwamm-Werkzeug in beiden Augen über die Iris, um die Sättigung zu erhöhen.

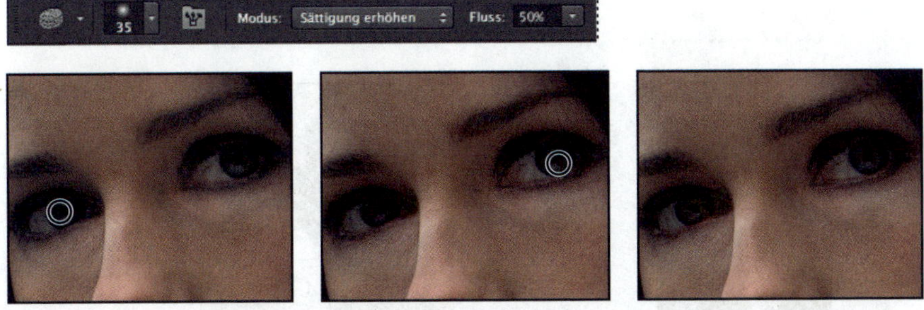

6 Wählen Sie erneut das Abwedler-Werkzeug und in der Optionsleiste aus dem Menü »Bereich« die Option »Tiefen«.

7 Hellen Sie mit dem Abwedler-Werkzeug den schattigen Bereich über den Augen und die Bereiche um die Iris herum auf, um die Farbe stärker herauszubringen.

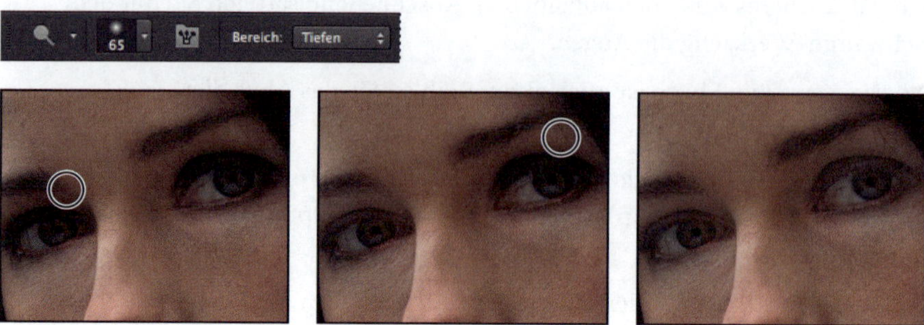

Hauttöne einstellen

Sie können in Photoshop CS6 einen Farbbereich für die Hauttöne wählen, um ohne Beeinflussung des Gesamtbilds die Tonwerte und die Farbtöne für die Haut einzustellen. Der Farbbereich der Hauttöne umfasst auch andere Bildbereiche mit ähnlicher Farbe. Da Sie jedoch nur geringfügige Einstellungen vornehmen, kann das normalerweise toleriert werden.

1 Wählen Sie **Auswahl: Farbbereich**.

2 Wählen Sie im Dialogfeld »Farbbereich« aus dem Menü »Auswahl« die Option »Hauttöne«.

Die Vorschau zeigt die ausgewählten Bildbereiche.

3 Aktivieren Sie die Option »Gesichter erkennen«.

Die Auswahlvorschau ändert sich. Jetzt sind das Gesicht, die Lichter in den Haaren und die helleren Hintergrundbereiche ebenso wie einige Falten im Ärmel gewählt.

4 Reduzieren Sie den Toleranz-Regler auf **28** und klicken Sie auf OK.

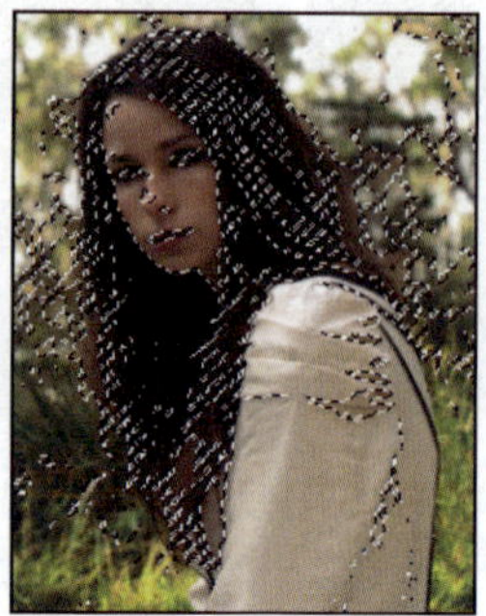

Das Bild enthält jetzt die entsprechende Auswahl. Sie weisen der Auswahl eine Tonwertkorrektur-Einstellungsebene zu, um die gewählten Bildbereiche aufzuhellen.

5 Klicken Sie im Korrekturenbedienfeld auf das Gradationskurven-Symbol.

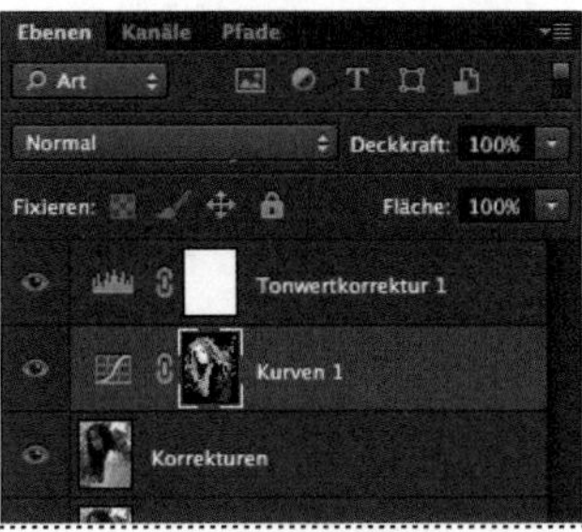

Photoshop fügt eine Gradationskurven-Einstellungsebene über der *Korrekturen*-Ebene ein.

6 Klicken Sie in der Mitte des Diagramms und ziehen Sie die Kurve etwas nach oben. Die gewählten Bereiche werden heller. Die Einstellung beeinflusst stärker das Bild als die Hauttöne – der Effekt passt gut und ist subtil.

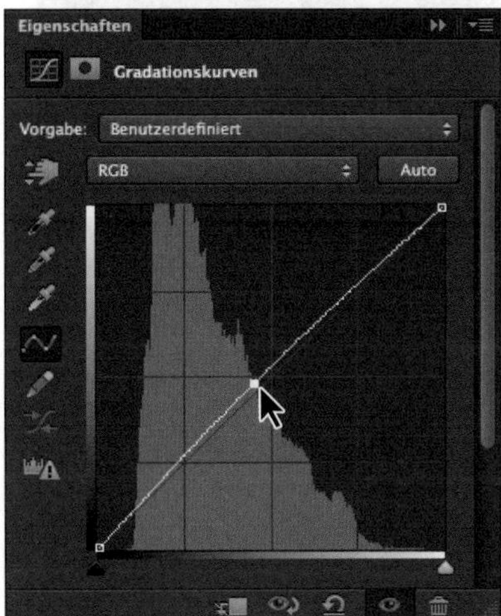

Jay Graham, Fotograf seit über 25 Jahren, begann seine Karriere als Architekt. Heute hat Graham seine Kunden in den Bereichen Werbung, Architektur, Verlag und Reiseunternehmen.

Jay Grahams Portfolio finden Sie im Web unter www. jaygraham.com.

Pro Foto Workflow

Gute Gewohnheiten machen den Unterschied

Ein sensibler Workflow und ein guter Arbeitsstil bewahren Ihre Begeisterung für die Digitalfotografie, sorgen für herausragende Fotos und schützen Sie vor dem Alptraum, Ihre noch nicht gesicherte Arbeit zu verlieren. Hier der grundlegende Workflow für Digitalbilder – ganze Bücher werden darüber geschrieben – von einem Profifotografen mit mehr als 25 Jahren Erfahrung. Die Richtlinien von Jay Graham helfen Ihnen, das Bestmögliche aus Ihren Aufnahmen herauszuholen: Kameraeinstellungen und Einrichten eines Workflows für Farbbilder, die geeigneten Dateiformate aussuchen, Bilder organisieren und verwalten sowie die Präsentation.

Graham benutzt neben Photoshop auch Adobe Lightroom, um Tausende von Bildern zu organisieren.

»Die größte Angst ist, Bilder zu verlieren und nicht zu wissen, wo was ist und was drauf ist«, sagt Graham. »Benennen ist daher wichtig.«

Wählen Sie die optimalen Kameraeinstellungen

Fotografieren Sie nur im Camera Raw-Format, sofern Ihre Kamera das zulässt. Nur so erhält man alle Bildinformationen in einem Foto. »Sie fotografieren mit Tageslicht bis hin zu Glühlampenlicht bei Innenaufnahmen – ohne Einbußen, wenn es zur digitalen Entwicklung im Raw-Konverter kommt.«

Beginnen Sie mit dem besten Ausgangsmaterial

Nehmen Sie möglichst viele Daten auf – mit geringer Komprimierung und in hoher Auflösung. Später lassen sich die Bilder noch immer kleiner rechnen.

Organisieren Sie Ihre Dateien

Benennen und katalogisieren Sie Ihre Bilder möglichst sofort nach der Übertragung auf den Computer. Häufig vergeben die Kameras nach dem Löschen der Speicherkarte wieder dieselbe Dateibezeichnung wie vorher. Benutzen Sie Adobe Bridge, um Ihre Fotos zu benennen, zu bewerten und mit Metadaten zu verschlagworten. Löschen Sie alle Fotos, die Sie nicht haben möchten.

Graham benennt seine Fotos nach Datum (und möglichst auch nach Aufnahmeobjekt). Er speichert eine Aufnahmeserie, die am 12. Dez. 2006 am Stinson-Strand aufgenommen wurde, im Ordner *20061212_Stinson* und benennt die Dateien in diesem Ordner fortlaufend mit *2006_1212_01* oder *001* usw. »Auf diese Weise kann ich bestimmte Bilder schnell auf der Festplatte lokalisieren«, sagt er. Beachten Sie die folgenden Namenskonventionen auch unter Windows, damit die Dateien auch auf anderen Betriebssystemen erkennbar sind (maximal 32 Zeichen, ausschließlich Zahlen, Buchstaben, Unter- und Trennungsstriche).

Raw-Bilder in Adobe Camera Raw umwandeln

Speichern Sie bearbeitete Camera Raw-Bilder im DNG-Format, das sich im Gegensatz zum proprietären Raw-Format von allen Geräten lesen lässt.

Speichern und behalten Sie das Ausgangsbild

Speichern Sie Ihre Endbilder in den Formaten PSD, TIFF oder Adobe Camera Raw und nicht in JPEG. Wann immer ein JPEG neu geöffnet und wieder gespeichert wird, verschlechtert sich die Bildqualität aufgrund der immer wieder neuen verlustreichen Komprimierung; Ausnahme: JPEG2000, verlustfrei.

Präsentieren Sie Ihre Bilder bei Kunden und Freunden

Arbeiten Sie mit dem besten Farbraum zur Darstellung Ihrer Bilder auf dem Bildschirm oder für den Druck. Speichern Sie deshalb generell als Adobe-RGB.

Sichern Sie Ihre Bilder

Speichern Sie ein Backup auf CD oder DVD. Oder – noch besser – sichern Sie automatisch auf einer externen Festplatte. »Die Frage ist nicht, ob Ihre [interne] Festplatte kaputtgeht«, meint Graham, »sondern wann das passiert.«

Weichzeichnen

Die Retusche des Models ist fast fertig. Sie weisen jetzt nur noch den Filter »Weichzeichnen« für ein insgesamt weicheres Aussehen zu.

1 Wählen Sie die *Korrekturen*-Ebene und dann **Ebene: Ebene duplizieren**. Benennen Sie die Ebene mit **Weichzeichner** und klicken Sie im Dialogfeld »Ebene duplizieren« auf OK.

2 Bewegen Sie im Ebenenbedienfeld die *Weichzeichner*-Ebene zwischen die Ebenen *Gradationskurven 1* und *Tonwertkorrektur 1*.

3 Die *Weichzeichnen*-Ebene ist aktiviert. Wählen Sie **Filter: Weichzeichnungsfilter: Matter machen**.

4 Übernehmen Sie mit Dialogfeld »Weichzeichnen« den Radius **5** Px und wählen Sie für den Schwellenwert **10** Stufen. Klicken Sie auf OK.

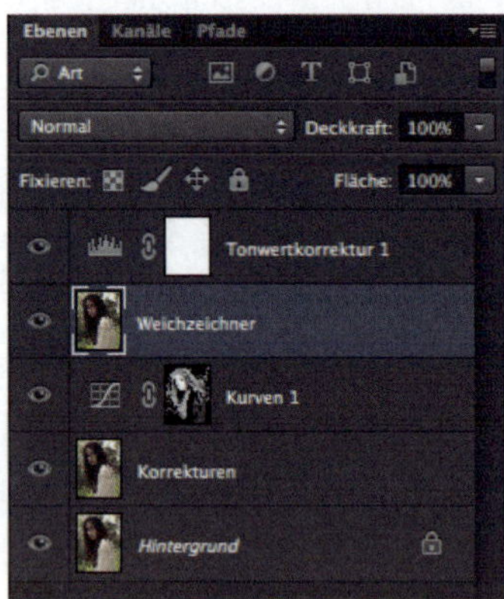

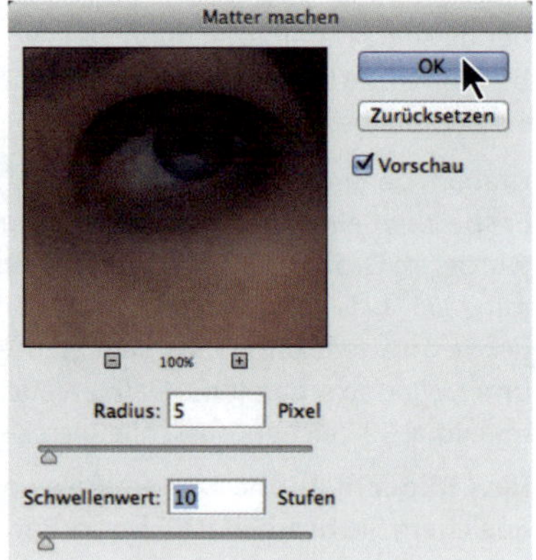

Das Model sieht durch den Filter »Matter machen« ein wenig gläsern aus. Sie schwächen diesen Effekt ab, indem Sie die Deckkraft verringern.

5 Die *Weichzeichner*-Ebene ist aktiviert. Ändern Sie im Ebenenbedienfeld die Deckkraft in **30 %**.

Die Gesichtsstruktur sieht jetzt viel realistischer aus, doch mit dem Radiergummi-Werkzeug stellen Sie die Weichzeichnung noch präziser ein.

6 Wählen Sie das Radiergummi-Werkzeug (). Wählen Sie in der Optionsleiste einen mittelgroßen Pinsel zwischen **10** und **50** Px sowie mit einer Härte von **10** %. Stellen Sie die Deckkraft auf **90** % ein.

7 Ziehen Sie über die Augen, Augenbrauen, die Nasenkonturen und die Zähne. Sie löschen Teile der weichgezeichneten Ebene, so dass hier die darunter befindliche (schärfere) Ebene durchscheint.

8 Verkleinern Sie, um das komplette Bild zu sehen.

9 Vergrößern Sie die Pinselgröße auf 400 Pixel und wischen Sie leicht über den Hintergrund, die Bluse und das Haar. Auf diese Weise bekommen diese Bereiche wieder die ursprüngliche Schärfe. Jetzt ist nur noch das Gesicht des Models weichgezeichnet.

10 Speichern Sie Ihre Arbeit und schließen Sie die Datei.

Video: Das Video »Autokorrektur oder manuelle Korrektur« auf der Buch-DVD zeigt mehr zum Thema. Weitere Informationen finden Sie unter »Den Ordner Video-Training installieren« auf Seite 17.

Digitalfotos korrigieren

Photoshop bietet die unterschiedlichsten Funktionen, mit denen Sie recht einfach die Qualität von Digitalfotos optimieren. Damit verbessern Sie automatisch die Durchzeichnung in den hellen und dunklen Bildbereichen, entfernen rote Augen oder Bildrauschen und schärfen ein Bild. Sie lernen diese Möglichkeiten kennen, indem Sie jetzt ein anderes Digitalfoto bearbeiten: ein Mädchen am Strand.

Tiefen und Lichter einstellen

Der Befehl »Tiefen/Lichter« legt Details in hellen und dunklen Bildbereichen frei und eignet sich besonders für Motive, in denen Objekte im starken Gegenlicht aufgenommen wurden oder wo ein zu naher Blitz zu einer Überbelichtung führte. Die Einstellungen sind auch ideal, um zu dunkle Schattenbereiche in einem sonst guten Bild aufzuhellen.

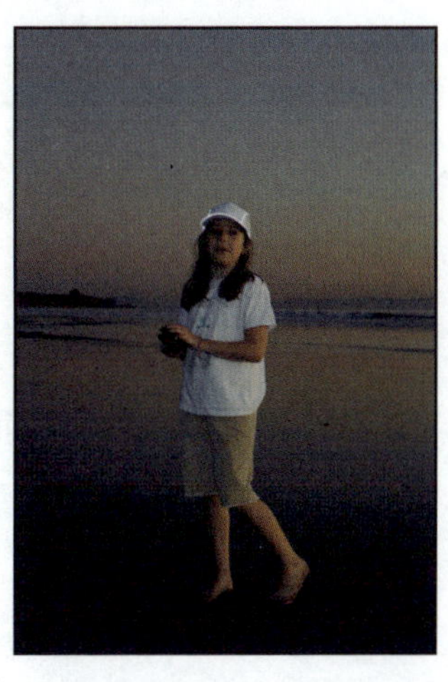

1 Wählen Sie **Datei: In Bridge suchen**. Klicken Sie in Bridge im Favoritenbedienfeld auf den *Lektionen*-Ordner. Doppelklicken Sie im Inhaltbedienfeld auf den Ordner

Lektion05. Doppelklicken Sie nun das Bild *05C_Start.psd*, um es in Photoshop zu öffnen.

2 Wählen Sie **Datei: Speichern unter**. Benennen Sie die Datei mit **05C_Arbeit.psd**.

3 Wählen Sie **Bild: Korrekturen: Tiefen/Lichter**. Photoshop wendet automatisch die Standardeinstellungen auf das Bild an und hellt den Hintergrund auf. Diese Einstellungen ändern Sie nun, um die Tiefen und Lichter mit mehr Zeichnung bzw. Details zu versehen und den Sonnenuntergang stärker zu betonen.

4 Aktivieren Sie unten im Dialogfeld »Tiefen/Lichter« die Option »Weitere Optionen einblenden« und nehmen Sie die folgenden Einstellungen vor:

- Stellen Sie im Bereich »Tiefen« die Stärke auf **50** %, die Tonbreite auf **50** % und den Radius auf **38** Px ein.
- Stellen Sie im Bereich »Lichter« die Stärke auf **14** %, die Tonbreite auf **46** % und den Radius auf **43** Px.
- Stellen Sie im Bereich »Korrekturen« die Farbkorrektur auf **+5** und den Mittelton-Kontrast auf **22** ein. Übernehmen Sie die Vorgaben für »Schwarz beschneiden« und »Lichter beschneiden« (jeweils 0,01 %).

5 Klicken Sie auf OK.

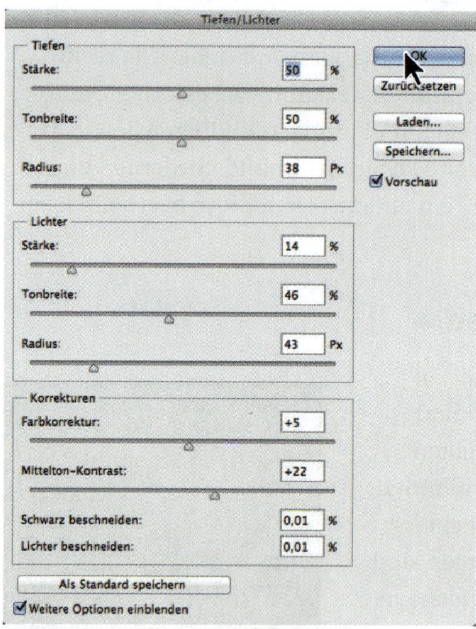

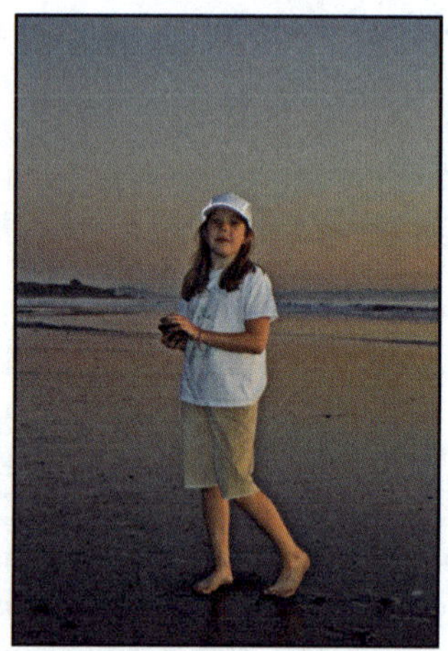

6 Wählen Sie **Datei: Speichern**.

Rote-Augen-Effekt korrigieren

Der *Rote-Augen-Effekt* entsteht, wenn das Blitzlicht der Kamera von der Netzhaut des Fotografierten reflektiert wird. Dieser Effekt ist häufig bei Aufnahmen in dunkleren Räumen zu sehen, da die Iris dann weit geöffnet ist. Dieses Problem lässt sich in Photoshop schnell lösen. Sie entfernen jetzt den Rote-Augen-Effekt bei dem Mädchen.

1 Ziehen Sie mit dem Zoom-Werkzeug (🔍) eine Auswahl um die Augen des Mädchens, um entsprechend zu vergrößern. Eventuell müssen Sie dazu die Option »Dynamischer Zoom« deaktivieren.

2 Wählen Sie das Rote-Augen-Werkzeug (+👁), das unter dem Bereichsreparatur-Pinsel-Werkzeug (🩹) verborgen ist.

3 Übernehmen Sie in der Optionsleiste die Pupillengröße von 50 %, aber ändern Sie den Verdunkelungsbetrag in **74 %**. Letztere Einstellung bestimmt, wie dunkel die Pupille sein soll.

4 Klicken Sie im roten Bereich des linken Auges. Die rote Reflexion in der Netzhaut sollte jetzt nicht mehr vorhanden sein.

5 Klicken Sie im roten Bereich des rechten Auges, um auch hier die rote Reflexion zu entfernen.

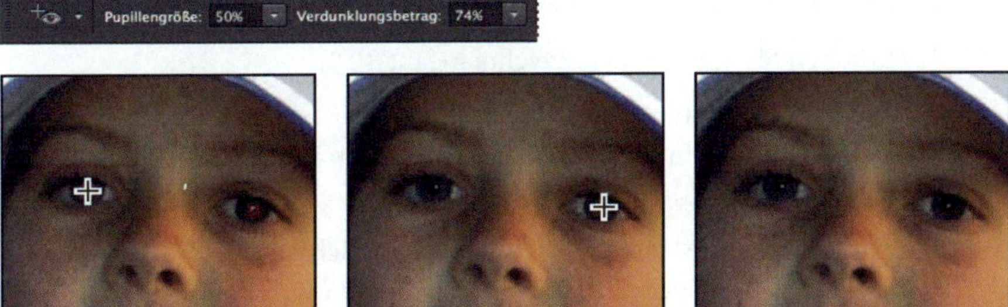

6 Doppelklicken Sie auf das Zoom-Werkzeug, um die Vergrößerung wieder auf 100 % einzustellen.

7 Wählen Sie **Datei: Speichern**.

Bildstörungen reduzieren

Als nächste Korrektur reduzieren Sie Bildstörungen bzw. *Bildrauschen* im Bild. Bildrauschen tritt in Form von unerwünschten Pixeln auf, die nicht Teil der Bilddetails sind. Bildstörungen können verursacht werden durch eine hohe ISO-Einstellung einer Digitalkamera, Unterbelichtung oder Aufnahmen in dunkler Umgebung mit niedriger Verschlussgeschwindigkeit. Bei gescannten Bildern kann es zu Bildrauschen kommen, das durch den Scannersensor verursacht wird. Oft ist das Filmkorn im gescannten Bild zu sehen.

Bildstörungen treten in zweierlei Form auf: als *Luminanzrauschen* (Graustufenrauschen), wodurch das Bild körnig aussieht, und als *Farbrauschen*, das sich normalerweise als farbige Bilddefekte im Bild äußert. Der Photoshop-Filter »Rauschen reduzieren« kann beide Arten sogar in einzelnen Farbkanälen unter Beibehaltung der Kantenschärfe reduzieren und auch JPEG-Komprimierungsartefakte korrigieren.

Vergrößern Sie zuerst das Gesicht des Mädchens, um die Bildstörungen zu erkennen.

1 Klicken Sie mit dem Zoom-Werkzeug (🔍) in der Mitte des Gesichts und vergrößern Sie auf 300 %.

Das Rauschen in diesem Bild ist fleckig und roh mit ungleichmäßiger Körnung in der Haut. Mit dem Filter »Rauschen reduzieren« zeichnen Sie diesen Bereich weich.

2 Wählen Sie **Filter: Rauschfilter: Rauschen reduzieren**.

3 Führen Sie im Dialogfeld »Rauschen reduzieren« Folgendes aus:

- Erhöhen Sie die Stärke auf **8** (diese Option kontrolliert den Anteil der Luminanzstörungen).
- Verringern Sie »Details erhalten« auf **30** %.
- Erhöhen Sie »Farbstörung reduzieren« auf **80** %.
- Erhöhen Sie »Detail scharfzeichnen« auf **30** %.

Hinweis: Um das Rauschen in den einzelnen Kanälen zu reduzieren, wählen Sie die Option »Erweitert«. Klicken Sie dann auf das Register »Pro Kanal«, um die gleichen Einstellungen in den einzelnen Kanälen vorzunehmen.

Sie brauchen die Option »JPEG-Artefakt entfernen« nicht zu aktivieren, da das vorliegende Bild kein JPEG ist und deshalb auch keine JPEG-Artefakte hat.

4 Ziehen Sie, um das Gesicht im Vorschaubereich zu positionieren. Klicken Sie mit gedrückter Maustaste im Vorschaubereich für das „Vorher"-Bild. Lassen Sie die Maustaste los, um das korrigierte Bild zu betrachten.

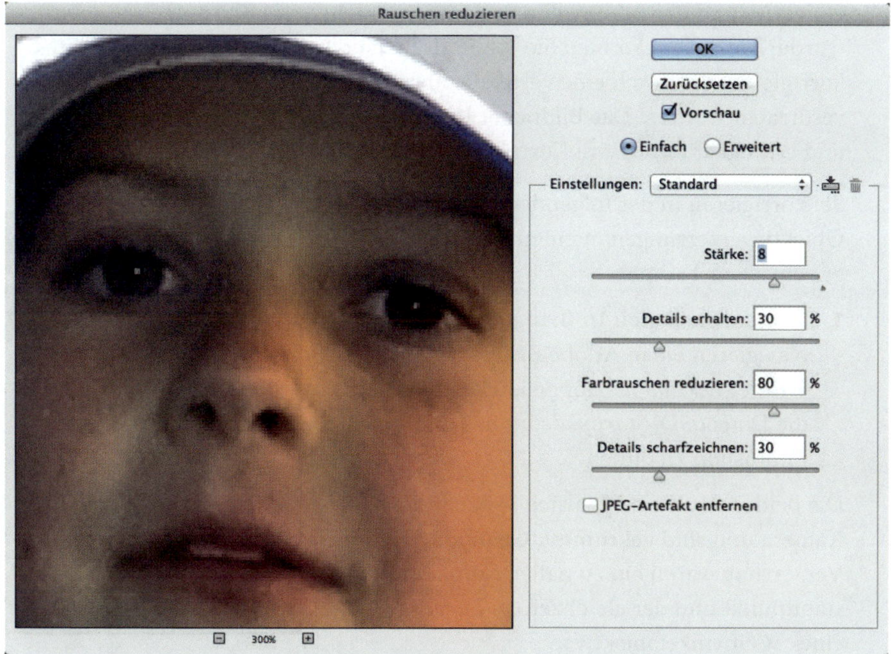

5 Klicken Sie auf OK, um die Änderungen zuzuweisen und das Dialogfeld »Rauschen reduzieren« zu schließen. Doppelklicken Sie dann wenn nötig im Werkzeugbedienfeld auf das Zoom-Werkzeug, um das Bild wieder mit 100 % anzuzeigen

6 Wählen Sie **Datei: Speichern** und schließen Sie die Datei.

Bildverzerrungen korrigieren

Der Filter »Blendenkorrektur« korrigiert häufige Objektivprobleme, z. B. tonnen- und kissenförmige Verzerrungen, Vignettierungen und chromatische Aberrationen. Die *tonnenförmige Verzerrung* ist ein Objektivfehler, bei dem gerade Linien an den Rändern des Bildes nach außen gebogen werden. Die *kissenförmige Verzerrung* führt zum gegenteiligen Effekt, gerade Linien werden nach innen gebogen. *Vignettierungen* sind Fehler, bei denen Kanten, vor allem Ecken, von Bildern dunkler sind als der Mittelpunkt. *Chromatische Aberration* führt zu Farbsäumen entlang von Objekträndern, die durch Fokussieren der Blende auf verschiedene Lichtfarben in verschiedenen Ebenen verursacht werden.

Diese Fehler treten bei einigen Objektiven auf und hängen von der Brennweite und den Blendenwerten ab. Sie können für den »Blendenkorrektur«-Filter Einstellungen einrichten, die auf den Einstellungen der Kamera, des

Objektivs und der Brennweite basieren, mit denen das Bild aufgenommen wurde. Außerdem können Sie Bilder drehen oder Fehler der Bildperspektive korrigieren, die durch eine vertikale oder horizontale Neigung der Kamera verursacht wurden. Das Bildraster in diesem Filter erleichtert diese Aufgabe und ermöglicht präzisere Korrekturen als der Befehl »Transformieren«.

Sie korrigieren in der folgenden Übung die Objektivverzerrungen in einem Bild eines griechischen Tempels.

1 Wählen Sie **Datei: In Bridge suchen**. Navigieren Sie in Adobe Bridge zum Ordner *Lektion05*. Doppelklicken Sie auf die Datei *05D_Start.psd*, um das Bild in Photoshop zu öffnen.

Die beiden Säulen neigen sich in Richtung Kamera und sind gekrümmt. Grund für diese Verzerrung waren ein zu naher Aufnahmestandpunkt und der gleichzeitige Einsatz eines Weitwinkelobjektivs.

2 Wählen Sie **Datei: Speichern unter**. Benennen Sie die Datei mit **Saeulen_End.psd** und speichern Sie im Ordner *Lekton05*. Klicken Sie auf OK, wenn das Dialogfeld mit den Photoshop-Formatoptionen erscheint.

3 Wählen Sie **Filter: Objektivkorrektur**. Es öffnet sich das Dialogfeld »Objektivkorrektur«.

4 Sofern noch nicht geschehen, aktivieren Sie unten im Dialogfeld die Option »Raster einblenden«. Ein Raster für das Ausrichten liegt über dem Bild. Darüber hinaus finden sich im Dialogfeld Einstellungen für das Entfernen von Verzerrungen, die Korrektur der chromatischen Aberration, das Entfernen von Randabschattungen (Vignettierungen) und zur Korrektur der Perspektive.

Das Dialogfeld »Objektivkorrektur« bietet auch die Möglichkeit einer Auto-Korrektur. Dazu verändern Sie nur eine Einstellung im Auto-Korrektur-Fenster und passen dann die Einstellungen an.

5 Im Korrektur-Bereich des Auto-Korrektur-Fensters ist die Option »Bild automatisch skalieren« gewählt. Außerdem ist im Popup-Menü »Kante« die Option »Transparenz« gewählt.

6 Klicken Sie auf das Register »Benutzerdefiniert«.

7 Ziehen Sie im Fenster »Benutzerdefiniert« den Regler »Verzerrung entfernen« auf etwa **+52.00**, um die tonnenförmige Bildverzerrung zu entfernen. Alternativ können Sie auch das Verzerrung-entfernen-Werkzeug (▤) wählen und in der Bildvorschau ziehen, bis die Säulen gerade sind.

Die Einstellung verursacht eine kissenförmige Verzerrung. Da Sie die Option »Bild automatisch skalieren« gewählt haben, skaliert der Filter »Objektivkorrektur« automatisch das Bild innerhalb des Bildrahmens.

8 Klicken Sie auf OK, um die Änderungen zuzuweisen, und schließen Sie das Dialogfeld »Objektivkorrektur«.

▶ **Tipp:** Beobachten Sie während des Änderns das Raster der Blendenkorrektur, um zu sehen, wann die vertikalen Säulen im Bild gerade stehen.

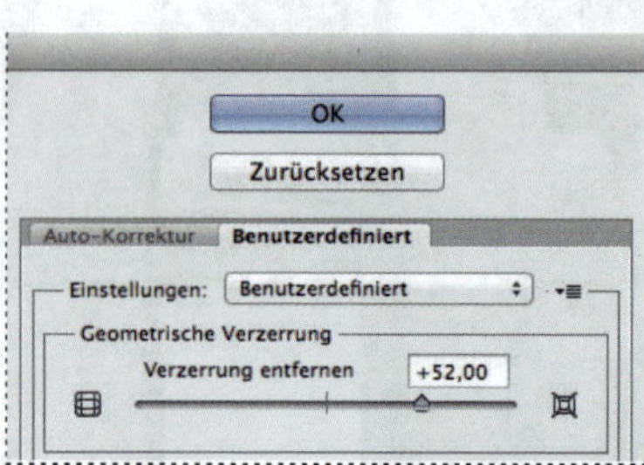

Die Verzerrung durch das Weitwinkelobjektiv und den zu nahen und zu niedrigen Aufnahmestandpunkt ist jetzt nicht mehr vorhanden.

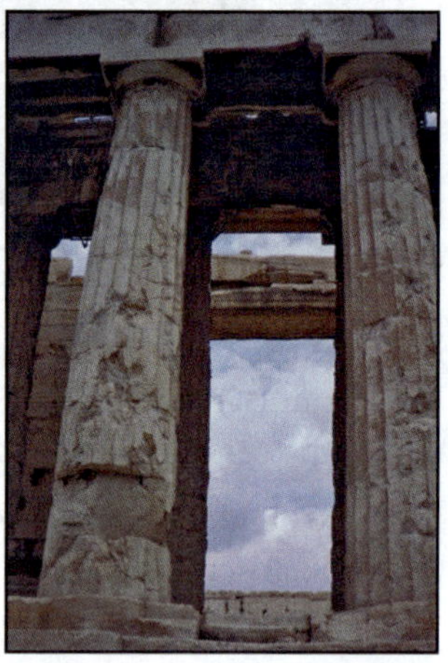

9 (Optional) Um den Effekt der Änderung im Hauptbildfenster zu sehen, drücken Sie zweimal Strg+Z (Windows) bzw. Befehl+Z (Mac OS). Auf diese Weise machen Sie den Filter rückgängig und wiederholen ihn.

10 Wählen Sie **Datei: Speichern unter** und schließen Sie dann das Bildfenster.

Schärfentiefe hinzufügen

Während einer Aufnahme müssen Sie häufig entscheiden, ob Sie auf den Hintergrund oder den Vordergrund scharf einstellen. Wenn das komplette Bild scharf sein soll, machen Sie einfach zwei Aufnahmen. Bei dem einen Foto liegt die Schärfe auf dem Hintergrund und bei dem anderen auf dem Vordergrund. Danach führen Sie beide Bilder in Photoshop zusammen.

Da die Bilder exakt ausgerichtet sein müssen, sollten Sie die Kamera auf einem Stativ befestigen. Dennoch können Sie auch mit Aufnahmen aus der Hand überraschend gute Ergebnisse erzielen. Sie benutzen diese Technik für ein Foto mit Wein am Strand.

1 Wählen Sie **Datei: Öffnen**. Navigieren Sie zum Ordner *Lektion05* und doppelklicken Sie auf die Datei *05E_Start.psd*, um sie zu öffnen.

2 Wählen Sie **Datei: Speichern unter**. Benennen Sie die Datei mit **Glas_End.psd** und speichern Sie im Ordner *Lektion05*. Klicken Sie auf OK, wenn das Dialogfeld mit den Photoshop-Formatoptionen erscheint.

3 Blenden Sie im Ebenenbedienfeld die Ebene *Strand* aus, damit nur noch die Ebene *Glas* angezeigt wird. Das Glas ist scharf, der Hintergrund ist dagegen unscharf. Blenden Sie jetzt die Ebene *Strand* ein und die Ebene *Glas* aus. Jetzt ist der Strand scharf, das Glas aber unscharf.

Sie fügen beide Ebenen zusammen , aber nur die jeweils scharfen Bereiche. Zuerst müssen Sie aber die Ebenen ausrichten.

4 Blenden Sie beide Ebenen ein, drücken Sie die Umschalttaste und wählen Sie beide Ebenen.

5 Wählen Sie **Bearbeiten: Ebenen automatisch ausrichten.**

Da der Aufnahmewinkel beider Bilder identisch ist, ist »Auto« die richtige Wahl.

6 Die Option »Auto« ist aktiviert. Klicken Sie auf OK, um die Ebenen auszurichten.

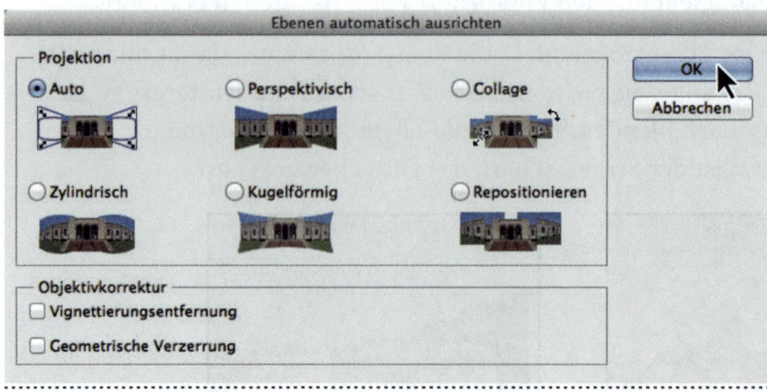

Die Ebenen sind perfekt ausgerichtet, weshalb Sie sie nun überblenden bzw. zusammenführen können.

7 Beide Ebenen sind im Ebenenbedienfeld gewählt. Wählen Sie **Bearbeiten: Ebenen automatisch überblenden**.

8 Wählen Sie im Dialogfeld die Optionen »Bilder stapeln« und »Nahtlose Töne und Farben«. Klicken Sie dann auf OK.

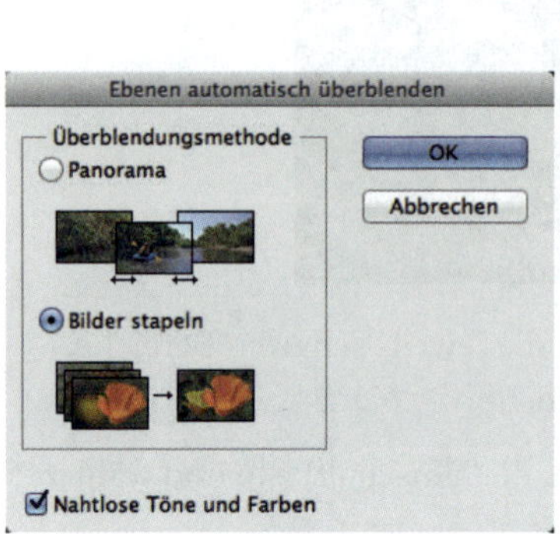

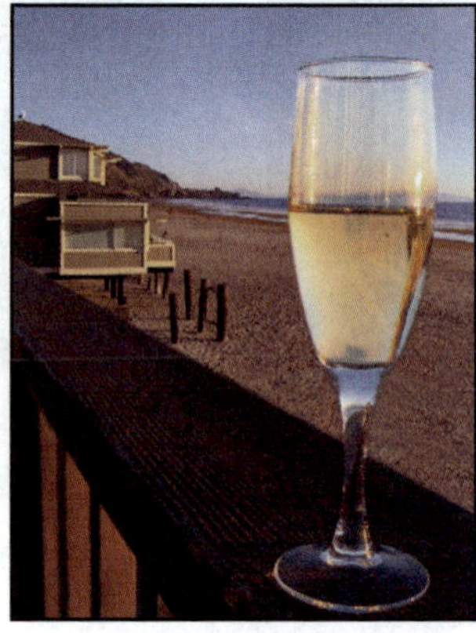

Das Weinglas und der Strand dahinter sind scharf. Sie fügen jetzt eine Dynamik-Einstellungsebene hinzu, um das Bild etwas brillanter zu machen.

9 Wählen Sie **Ebene: Sichtbare auf eine Ebene reduzieren**.

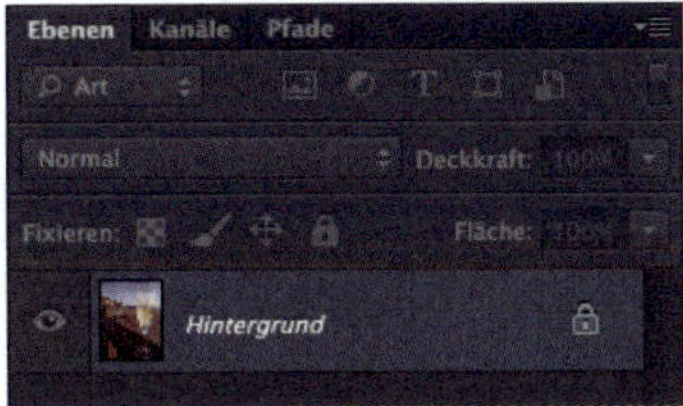

Objekte mit dem Inhaltsbasiert-verschieben-Werkzeug erweitern

Sie benutzen das neue Inhaltsbasiert-verschieben-Werkzeug, um weitere Pfähle am Strand so hinzuzufügen, dass sie das Geländer des Decks wiederholen – die Bildkomposition wird dadurch eleganter.

1 Wählen Sie das Inhaltsbasiert-verschieben-Werkzeug (✂), das unter dem Rote-Augen-Werkzeug (+👁) verborgen ist.

2 Wählen Sie in der Optionsleiste im Modus-Menü die Option »Erweitern« und im Anpassung-Menü die Option »Streng«.

3 Ziehen Sie eine Auswahl um die beiden Pfähle am Ende der Reihe einschließlich etwas Sand mit den Schatten.

4 Ziehen Sie die Auswahl etwas unterhalb und rechts der Originalpfähle, um die Reihe fortzusetzen.

Sobald Sie die Maustaste loslassen, fügt Photoshop zwei neue Pfähle nahtlos in die vorhandene Szenerie ein.

5 Wählen Sie **Auswahl: Auswahl aufheben.**

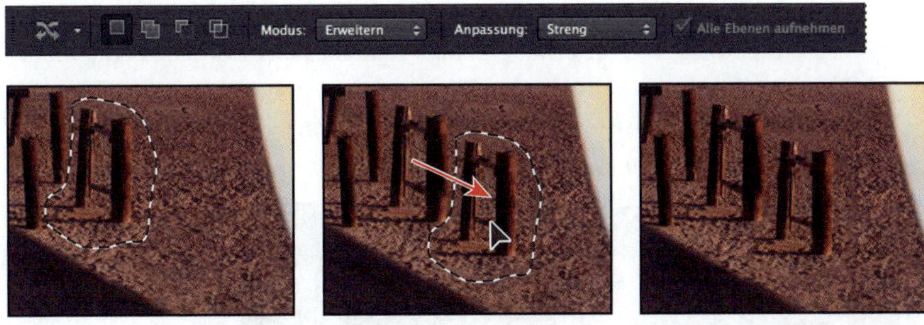

Interaktive Weichzeichnung

Photoshop CS6 bietet Ihnen die sogenannte interaktive Weichzeichnung – Sie stellen Ihre individuelle Weichzeichnung ein und verfügen jederzeit über eine Vorschau in Ihrem Bild. Sie fügen nun eine Iris-Weichzeichnung und damit eine Vignette um das Glas herum hinzu.

1 Wählen Sie **Filter: Weichzeichnungsfilter: Iris-Weichzeichnung**.

Eine Weichzeichnungsellipse befindet sich nun zentriert auf dem Bild. Sie bestimmen die Position und den Weichzeichnungsgrad durch Verschieben des zentralen Pins sowie mit den Anfassern für den Weichzeichnungsbeginn und den Eckpunkten. Photoshop öffnet außerdem die Weichzeichner-Werkzeuge- und Weichzeichnungseffekte-Bedienfelder.

2 Ziehen Sie den zentralen Pin auf die rechte Seite des Weinglases.

3 Klicken Sie auf die Ellipse und ziehen Sie, um den Weichzeichnungsbereich zu vergrößern.

4 Ziehen Sie mit gedrückter Alt- (Windows) bzw. Wahltaste (Mac OS) die Anfasser entsprechend dem zweiten Bild (unten).

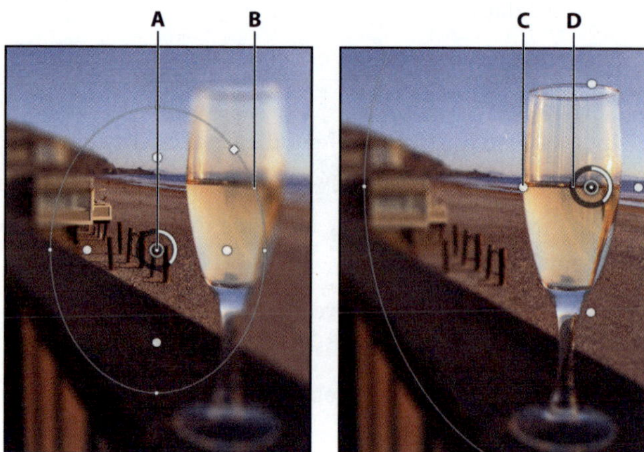

A. Zentraler Pin **B.** Ellipse **C.** Anfasser für Weichzeichnungsbeginn **D.** Schärfering

5 Klicken und ziehen Sie neben dem Schärfering, um das Weichzeichnen auf **6** Px zu reduzieren – Sie erhalten eine graduelle, aber durchaus erkennbare Weichzeichnung. Sie ändern den Weichzeichnungsgrad, indem Sie ihn mit dem Regler für die Iris-Weichzeichung im Weichzeichner-Werkzeuge-Bedienfeld einstellen.

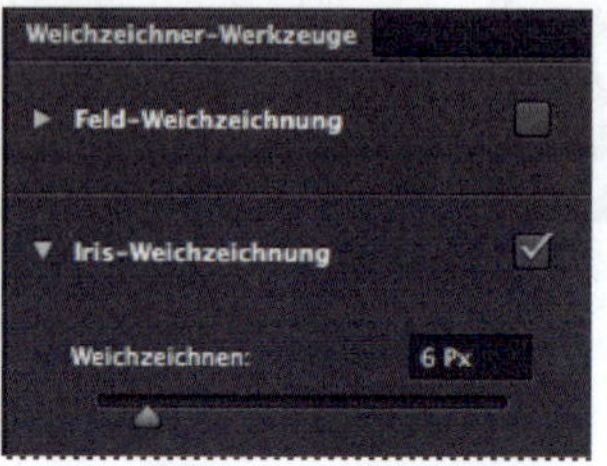

Extra

HDR-Bilder (High Dynamic Range)

Unsere Augen adaptieren unterschiedliche Helligkeiten, so dass wir auch die Einzelheiten in den Schatten und Lichtern erkennen können. Kameras und Monitore reproduzieren dagegen nur einen eingeschränkten Kontrastumfang bzw. Dynamikbereich (das Verhältnis zwischen dunklen und hellen Bereichen). Mit dem Erzeugen von HDR-Bildern (High Dynamic Range = großer Kontrastumfang) können Sie den Helligkeitsumfang der „realen Welt" auch in Ihren Bildern wiedergeben. HDR-Bilder kommen hauptsächlich in Filmen, für spezielle Effekte und in anderen Bereichen der professionellen Fotografie zum Einsatz. Ein HDR-Bild lässt sich aber auch mit mehreren unterschiedlich belichteten Bildern erzeugen. Auf diese Weise erscheinen die Details der jeweiligen Einzelbilder in einem Gesamtbild.

Sie benutzen den Befehl «Zu HDR Pro zusammenfügen«, um drei verschieden belichtete Aufnahmen einer Straßenszenerie zu kombinieren.

1 Öffnen Sie in Adobe Bridge den Ordner *Lektion05/HDR_Extra* und prüfen Sie die Dateien *StrasseA.jpg*, *StrasseB.jpg* und *StrasseC.jpg*. Die Bilder beinhalten das gleiche Motiv, wurden aber unterschiedlich belichtet. Sie könnten statt der JPEG-Bilder auch mit RAW-Bildern arbeiten.

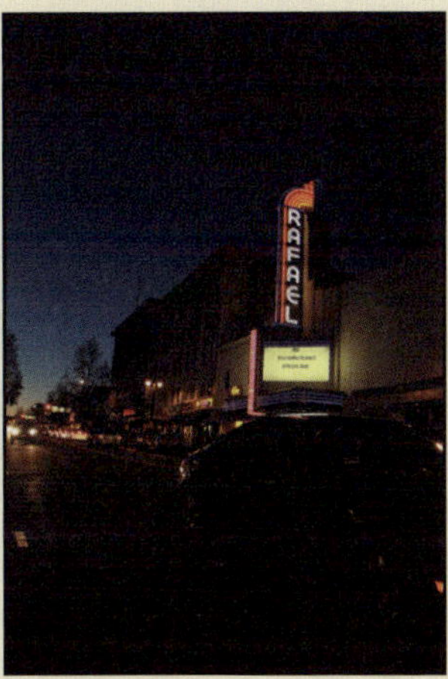

2 Wählen Sie in Photoshop den Befehl **Datei: Automatisieren: Zu HDR Pro zusammenfügen**.

3 Klicken Sie im Dialogfeld »Zu HDR Pro zusammenfügen« auf »Durchsuchen«. Navigieren Sie zum Ordner *Lektion05/HDR_Extra* und wählen Sie mit gedrückter Umschalttaste die Dateien *StrasseA.jpg*, *StrasseB.jpg* und *StrasseC.jpg*. Klicken Sie auf OK bzw. »Öffnen«.

(Fortsetzung nächste Seite)

Extra (Fortsetzung)

4 Die Option »Quellbilder nach Möglichkeit automatisch ausrichten« ist gewählt. Klicken Sie auf OK.

Photoshop öffnet die einzelnen Dateien und fügt sie zu einem einzelnen Bild zusammen. Das Bild erscheint im Dialogfeld »Zu HDR Pro zusammenfügen«, wobei die Standardeinstellungen bereits zugewiesen sind. Die drei zusammengefügten Einzelbilder sehen Sie unten links im Dialogfeld.

5 Nehmen Sie im Dialogfeld »Zu HDR Pro zusammenfügen« diese Einstellungen vor:

- Verschieben Sie im Bereich »Leuchtkonturen« den Radius-Regler auf **403** Px und den Stärke-Regler auf **0,75**.
- Ändern Sie im Bereich »Farbton und Detail« *Gamma* in **1,15**, *Belichtung* in **0,30** und *Detail* in **300** %. Die Einstellungen beeinflussen den Gesamtton des Bildes.
  - Ändern Sie die *Tiefen* in **2**% und *Lichter* in **11**%, um die jeweilige Zeichnung zu bestimmen. Ändern Sie im Bereich »Erweitert« die *Dynamik* in **65** % und die *Sättigung* in **55**%, um die Farbintensität zu ändern.

6 Klicken Sie auf OK, um die Änderungen zu übernehmen und das Dialogfeld »Zu HDR Pro zusammenfügen« zu schließen. Photoshop reduziert auf eine Ebene und weist die von Ihnen festgelegten Einstellungen zu.

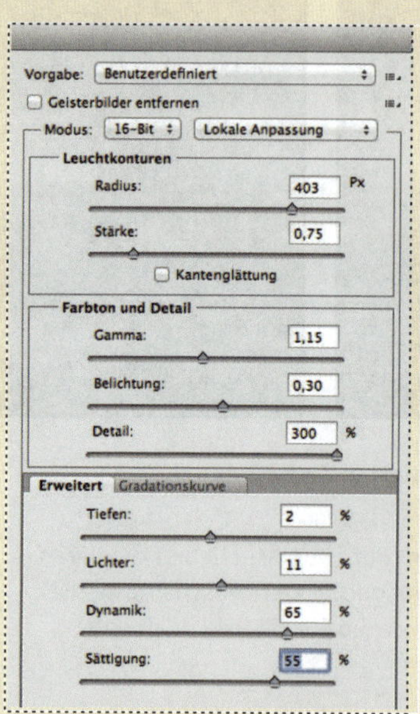

7 Wählen Sie **Datei: Speichern**. Speichern Sie mit dem Namen **ExtraCredit_final.psd.**

Fragen

1 Was passiert mit Camera Raw-Bildern bei der Bearbeitung in Photoshop oder Adobe Bridge?

2 Welchen Vorteil hat das Adobe Digital Negative-Dateiformat?

3 Wie korrigieren Sie rote Augen in Photoshop?

4 Wie korrigiert Photoshop häufige Objektivprobleme und was ist der Grund für diese Probleme?

Antworten

1 Eine Camera Raw-Datei enthält rohe, unverarbeitete Bilddaten des Sensors einer Digitalkamera. So haben Fotografen die uneingeschränkte Kontrolle über die Bilddaten und müssen sich nicht mit den Einstellungen und Umwandlungen in der Kamera selbst abfinden. Wenn Sie ein Camera Raw-Bild bearbeiten, lassen Photoshop und Adobe Bridge die ursprünglichen Daten unangetastet. Auf diese Weise lässt sich ein Bild beliebig bearbeiten und exportieren und später kann das Original wieder mit ganz anderen Einstellungen genutzt werden.

2 Das Adobe Digital Negative-Dateiformat (DNG) enthält die Raw-Daten der Digitalkamera sowie Metadaten, die das Bild beschreiben. DNG ist ein neuer, herstellerübergreifender Standard für Camera Raw-Bilddaten und eignet sich deshalb hervorragend für Archivierungszwecke.

3 Der Rote-Augen-Effekt entsteht, wenn das Blitzlicht der Kamera von der Netzhaut der fotografierten Personen reflektiert wird. Sie lösen dieses Problem schnell in Adobe Photoshop, indem Sie die Augen des Objekts vergrößern, das Rote-Augen-Werkzeug wählen und dann in die roten Augen klicken – die rote Reflexion ist danach nicht mehr vorhanden.

4 Der Filter »Blendenkorrektur« korrigiert häufige Objektivprobleme, z. B. tonnen- und kissenförmige Verzerrungen, Vignettierungen und chromatische Aberrationen, die zu Farbsäumen entlang der Objektränder führen. Diese Fehler treten bei einigen Objektiven auf und hängen von der Brennweite und den Blendenwerten ab oder von einer vertikalen bzw. horizontalen Neigung der Kamera.

6 MASKEN UND KANÄLE

Überblick

In dieser Lektion lernen Sie Folgendes:

- Eine Maske erzeugen, um ein Objekt vom Hintergrund zu entfernen
- Maske für komplexe Kanten verfeinern
- Temporäre Maske für Änderungen in bestimmten Bereichen erzeugen
- Maske im Maskenbedienfeld bearbeiten
- Bilder mit dem Formgitter verändern
- Auswahl als Alphakanal speichern
- Maske im Kanälebedienfeld ansehen
- Kanal als Auswahl laden
- Kanal für bestimmte Bildkorrekturen isolieren

Für diese Lektion benötigen Sie etwa eine Stunde. Kopieren Sie den Ordner *Lektion06* auf Ihre Festplatte. Während dieser Lektion überschreiben Sie die Startdateien. Wenn Sie die Startdateien wiederherstellen wollen, kopieren Sie sie von der Buch-DVD erneut auf Ihre Festplatte.

Foto © Image Source, www.imagesource.com

In Adobe Photoshop benutzen Sie Masken, um Teile eines Bildes zu isolieren, die Sie dann gesondert bearbeiten. Eine Maske ist wie eine Schablone: Der ausgeschnittene Teil der Maske lässt sich ändern, während der übrige Bereich geschützt ist. Sie erstellen Masken für einmalige Anwendungen oder speichern sie für wiederholten Gebrauch.

Mit Masken und Kanälen arbeiten

Photoshop-Masken isolieren und schützen bestimmte Bildteile, so wie Sie beim Lackieren eines Fensterrahmens die Scheiben mit Klebeband vor Farbe schützen. Wenn Sie einen Teil eines Bildes wählen, ist der nicht gewählte Teil *maskiert* und damit vor Änderungen geschützt. Mit Masken erstellen Sie zeitaufwändige Auswahlen und speichern sie, um sie später wieder zu benutzen. Darüber hinaus lassen sich Masken für viele andere, komplexe Aufgaben einsetzen – wie für Farbänderungen, Filter und andere Effekte.

Im Adobe Photoshop-Maskierungsmodus können Sie eine *temporäre Maske* erstellen oder zeitaufwändige Auswahlen mit Masken als *Alphakanäle* (spezielle Graustufen-Kanäle) speichern und diese später wieder verwenden. Photoshop benutzt Kanäle auch, um Informationen über die in einem Bild vorhandenen Farben und Volltonfarben zu speichern. Anders als Ebenen lassen sich Kanäle nicht immer drucken. Sie benutzen das Kanälebedienfeld, um die Kanäle zu sehen und mit ihnen zu arbeiten.

Ein Schlüsselkonzept beim Maskieren ist, dass Schwarz verbirgt und Weiß freilegt. Wie im richtigen Leben auch ist etwas selten ganz schwarz oder ganz weiß. Deshalb verbergen bzw. schützen Grautöne nur partiell, je nach der jeweiligen Graustufe (255 entspricht Schwarz [verborgen] und 0 entspricht Weiß [freigelegt]).

Vorbereitungen

Sie öffnen erst das fertige Bild aus dieser Lektion, um eine Vorstellung von dem zu erhalten, was Sie anschließend mit Masken und Kanälen selber gestalten.

1. Starten Sie Photoshop und halten Sie sofort danach die Tasten Strg+Alt+Umschalt (Windows) bzw. Befehl+Wahl+Umschalt (Mac OS) gedrückt, um die standardmäßigen Voreinstellungen zu erhalten. (Siehe »Die Standardeinstellungen wiederherstellen« auf Seite 13.)
2. Klicken Sie im Meldungsfenster zur Bestätigung auf »Ja«, um die Standardeinstellungen zu übernehmen.
3. Wählen Sie **Datei: In Bridge suchen**, um Adobe Bridge zu öffnen.
4. Klicken Sie auf das FAVORITEN-Register unten links im Bridge-Fenster. Wählen Sie den *Lektionen*-Ordner und doppelklicken Sie dann auf den Ordner *Lektion06* im INHALT-Fenster.
5. Sehen Sie sich die Datei *06End.psd* an. Um die Miniatur zu vergrößern, ziehen Sie den Miniaturen-Regler unten im Bridge-Fenster nach rechts.

Sie erstellen in dieser Lektion einen Zeitschriftentitel. Das Titel-Model wurde jedoch vor einem ungeeigneten Hintergrund fotografiert. Deshalb maskieren Sie das Model und platzieren es dann vor einem passenden Hintergrund.

6 Doppelklicken Sie auf die Miniatur der Datei *06Start.psd*, um sie in Photoshop zu öffnen.

Eine Maske erstellen

Sie benutzen das Schnellauswahl-Werkzeug, um die anfängliche Maske zum Freistellen des Models vom Hintergrund zu erzeugen.

1 Wählen Sie **Datei: Speichern unter**, benennen Sie die Datei **06Arbeit.psd** und klicken Sie auf »Speichern«. Klicken Sie auf OK, wenn eine Warnung hinsichtlich der Kompatibilität erscheint.

Durch das Speichern einer neuen Version der Startdatei können Sie bei Bedarf jederzeit auf das Original zurückgreifen.

2 Wählen Sie das Schnellauswahl-Werkzeug (). Wählen Sie in der Optionsleiste die Pinselgröße **15** Px mit einer Härte von **100** %.

▶ **Tipp:** Mehr über Auswählen finden Sie in Lektion 3, „Auswahlbereiche".

3 Wählen Sie den Mann. Die Auswahl von Hemd und Gesicht ist ziemlich einfach, beim Haar wird es jedoch komplizierter. Machen Sie sich keine Sorgen, wenn die Auswahl nicht ganz perfekt ist – Sie überarbeiten die Maske noch in der nächsten Übung.

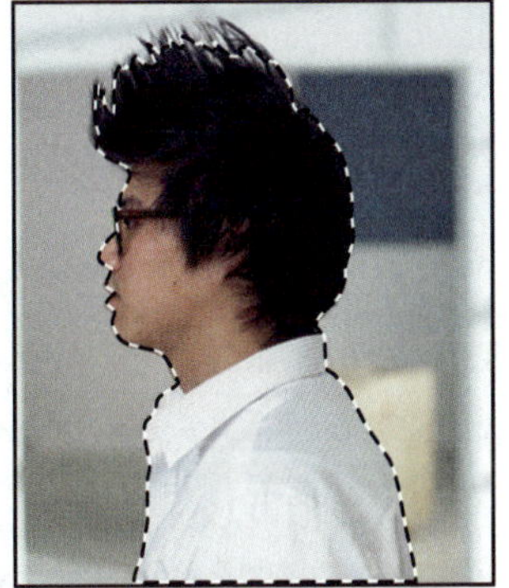

4 Klicken Sie unten im Ebenenbedienfeld auf die Schaltfläche »Ebenenmaske hinzufügen« (), um eine Ebenenmaske zu erzeugen.

Die Auswahl wird zu einer Pixelmaske und erscheint als Teil von *Ebene 0* im Ebenenbedienfeld. Alles außerhalb der Auswahl ist transparent, was an dem Schachbrettmuster zu erkennen ist.

Julieanne Kost, Adobe Photoshop-Expertin

Tipps von der Photoshop-Expertin

Zoomen mit Tastaturbefehlen

Während der Bildbearbeitung müssen Sie häufig vergrößern, um Einzelheiten besser zu erkennen, und anschließend wieder verkleinern, um die Änderungen im Zusammenhang zu sehen. Hier jetzt einige Tastaturbefehle, die das Zoomen schneller und einfacher machen.

- Drücken Sie Strg+Plustaste (Windows) bzw. Befehl+Plustaste (Mac OS), um zwischendurch kurz zu vergrößern. Sobald Sie die Tasten loslassen, steht Ihnen wieder das zuvor verwendete Werkzeug zur Verfügung.
- Drücken Sie Strg+Minustaste (Windows) oder Befehl+Minustaste (Mac OS), um zwischendurch kurz zu verkleinern. Sobald Sie die Tasten loslassen, steht Ihnen wieder das zuvor verwendete Werkzeug zur Verfügung.
- Doppelklicken Sie im Werkzeugbedienfeld auf das Zoom-Werkzeug für die 100%-Ansicht.
- Wenn in der Optionsleiste die Option »Dynamischer Zoom« aktiviert ist, ziehen Sie das Zoom-Werkzeug zum Vergrößern nach rechts und zum Verkleinern nach links.
- Drücken Sie die Alt- (Windows) bzw. Wahltaste (Mac OS), um vom Einzoomen- in das Auszoomen-Werkzeug umzuschalten. Klicken Sie dann in den Bildbereich, den Sie verkleinern möchten. Jedes weitere Klicken mit gedrückter Alt-/Wahltaste verkleinert das Bild weiter.

Maske verbessern

Die Maske ist schon recht gut, doch konnte das Schnellauswahl-Werkzeug nur unvollständig das Haar des Models wählen. Die Maske ist an den Konturen von Hemd und Gesicht etwas abgehackt. Sie glätten nun die Maske und präzisieren sie im Bereich des Haares.

1 Wählen Sie **Fenster: Eigenschaften**, um das Eigenschaftenbedienfeld zu öffnen.

2 Achten Sie darauf, dass im Ebenenbedienfeld die Maske in *Ebene 0* gewählt ist.

3 Klicken Sie im Eigenschaftenbedienfeld auf »Maskenkante«. Es erscheint das Dialogfeld »Maske verbessern«.

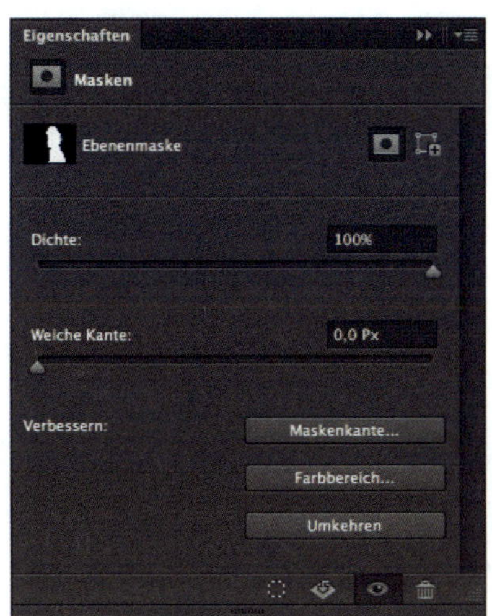

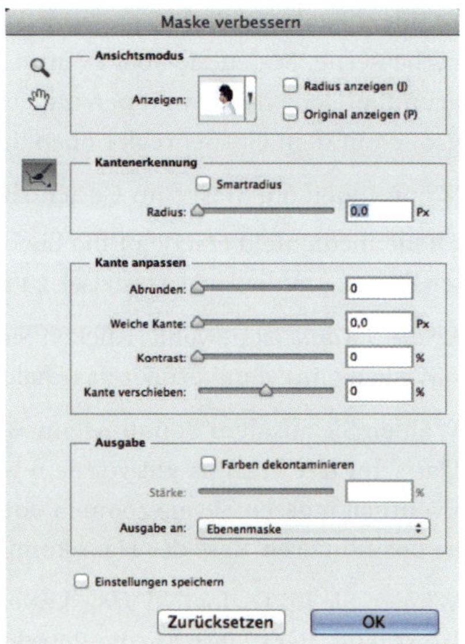

4 Klicken Sie im Ansichtsmodus des Dialogfelds auf den Pfeil neben der Miniatur bzw. dem Vorschaufenster. Wählen Sie aus dem Popup-Menü die Option »Auf Schwarz«.

Die Maske steht jetzt vor einem schwarzen Hintergrund, so dass die Kanten des weißen Hemds und des Gesichts einfacher zu erkennen sind.

Video: Das Video »Ebenenmasken« auf der Buch-DVD zeigt mehr zu diesem Thema. Weitere Informationen finden Sie unter »Den Ordner Video-Training installieren« auf Seite 13.

5 Stellen Sie im Bereich »Kante anpassen« die Regler so ein, dass Sie eine leicht abgerundete Auswahlbegrenzung entlang des Hemds und des Gesichts erhalten. Die optimalen Einstellungen hängen von Ihrer Auswahl ab, sollten aber unseren ähneln: Abrunden = **15**, Kontrast = **40** % und Kante verschieben = **-8** %.

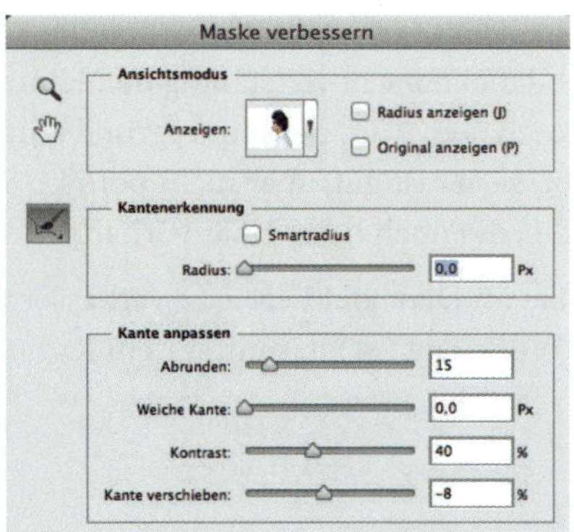

6 Aktivieren Sie im Ausgabebereich des Dialogfelds die Option »Farben dekontaminieren«. Wählen Sie aus dem Popup-Menü »Ausgabe an« die voreingestellte Option »Neue Ebene mit Ebenenmaske«.

7 Wählen Sie das Zoom-Werkzeug im Dialogfeld »Maske verfeinern« und vergrößern Sie im Hauptfenster das Gesicht.

8 Wählen Sie das Radius-verbessern-Werkzeug (✓) im Dialogfeld »Maske verbessern«. Malen Sie über eventuell noch vorhandene (weiße) Hintergrundbereiche bei den Lippen und an der Nase. Verändern Sie die Pinselgröße mit dem Größenregler oben links in der Optionsleiste.

9 Wenn Ihnen die Maske im Gesichtsbereich zusagt, klicken Sie auf OK.

Im Ebenenbedienfeld erscheint die Ebene *Ebene 0 Kopie*. Sie arbeiten mit dieser Ebene, um die Haare präziser zu maskieren.

10 *Ebene 0 Kopie* ist gewählt. Klicken Sie im Maskenbedienfeld auf die Option »Maskenkante«, um erneut das Dialogfeld »Maske verbessern« zu öffnen.

11 Wählen Sie aus dem Popup-Menü »Anzeigen« die Option »Auf Weiß«. Das schwarze Haar ist gut vor dem weißen Hintergrund zu erkennen. Eventuell müssen Sie auszoomen oder mit dem Hand-Werkzeug das Bild so positionieren, dass das Haar komplett zu sehen ist.

12 Wählen Sie im Dialogfeld »Maske verbessern« das Radius-verbessern-Werkzeug. Verändern Sie die Pinselgröße mit dem Größenregler oben links in der Optionsleiste. (Wir haben mit 300 Px angefangen.) Malen Sie so hoch im Haar, dass auch die Haarspitzen enthalten sind. Verkleinern Sie den Pinsel um die Hälfte. Malen Sie entlang der rechten Seite des Kopfes über alle hervorstehenden feinen Haare bzw. Haarspitzen.

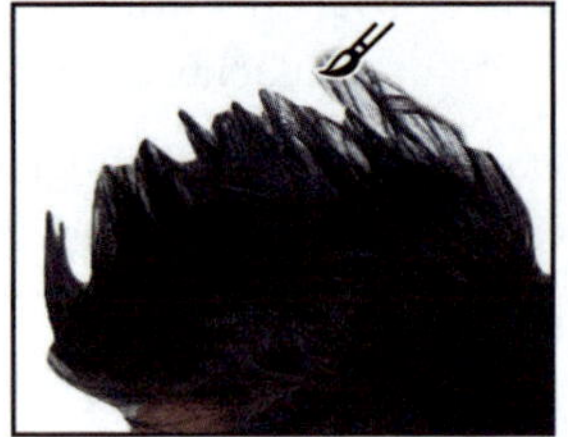

Während Sie malen, verfeinert Photoshop die Maskenkante auch für das Haar und entfernt dabei nahezu vollständig den Hintergrund. Würden Sie auf einer Ebenenmaske malen, wäre der Hintergrund eingeschlossen. Die Funktion »Maske verbessern« ist gut, aber nicht perfekt. Sie entfernen jetzt die Hintergrundbereiche, die noch beim Haar vorhanden sind.

13 Wählen Sie im Dialogfeld »Maske verbessern« das Verfeinerungen-löschen-Werkzeug (✓) das unter dem Radius-verbessern-Werkzeug

verborgen ist. Klicken Sie ein- oder zweimal in allen Bereichen, in denen noch Hintergrundfarbe zu sehen ist. Sobald Sie einen Bereich löschen, löscht Photoshop ähnliche Farben und verbessert automatisch die Maske. Achten Sie darauf, die bereits vorgenommenen Verbesserungen der Haarkanten nicht zu löschen. Aktionen lassen sich rückgängig machen. Sie können Kanten auch mit dem Radius-verbessern-Werkzeug wiederherstellen.

14 Aktivieren Sie die Option »Farben dekontaminieren« und stellen Sie eine Stärke von **85 %** ein. Wählen Sie im Popup-Menü »Ausgabe an« die Option »Neue Ebene mit Ebenenmaske«. Klicken Sie auf OK.

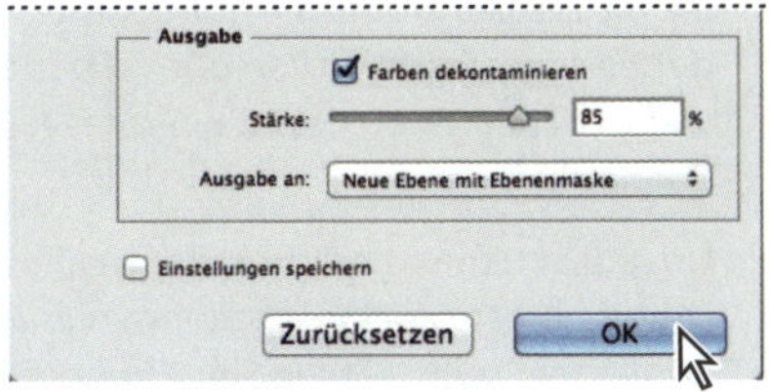

15 Blenden Sie im Ebenenbedienfeld die Ebene *Magazin-Hintergrund* ein. Das Modell erscheint vor einem orange gemusterten Hintergrund.

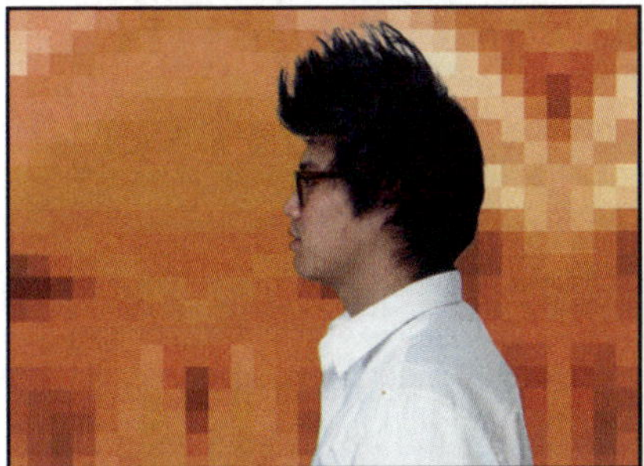

Tipps und Abkürzungen für das Maskieren

Einige nützliche Hinweise zu Masken und Maskieren.

- Masken sind nicht zerstörend, was bedeutet, dass Sie zurückgehen und Masken erneut bearbeiten können, ohne auch nur ein Pixel zu verlieren.
- Achten Sie beim Bearbeiten einer Maske auf die im Werkzeugbedienfeld gewählte Farbe. Schwarz verdeckt, Weiß legt frei und Grautöne verdecken oder legen teilweise frei. Je dunkler das Grau, desto mehr wird durch die Maske verdeckt.
- Um den Inhalt einer Ebene ohne Maskeneffekte freizulegen, deaktivieren Sie die Maske, indem Sie mit gedrückter Umschalttaste auf die Miniatur der Ebenenmaske klicken oder »Ebene: Ebenenmaske: Deaktivieren« wählen. Danach erscheint ein rotes X über der Maskenminiatur im Ebenenbedienfeld.
- Um eine Ebenenmaske wieder zu aktivieren, klicken Sie mit gedrückter Umschalttaste auf die Maskenminiatur mit dem roten *X* im Ebenenbedienfeld oder wählen Sie »Ebene: Ebenenmaske: Aktivieren«. Falls die Maske im Ebenenbedienfeld nicht zu sehen ist, wählen Sie »Ebene: Ebenenmaske: Alle einblenden«.
- Heben Sie die Verbindung zwischen Ebenen und Masken auf, um beide unabhängig voneinander zu verschieben. Um die Verbindung einer Ebene oder Ebenengruppe mit einer Maske oder Vektormaske aufzuheben, klicken Sie auf das Verbindungssymbol zwischen den Miniaturen im Ebenenbedienfeld. Um beide wieder zu verbinden, klicken Sie einfach zwischen den beiden Miniaturen.
- Um eine Vektormaske in eine Ebenenmaske umzuwandeln, wählen Sie die entsprechende Ebene mit der Vektormaske. Wählen Sie dann »Ebene: Rastern: Vektormaske«. Wenn Sie eine Vektorebene gerastert haben, lässt sie sich nicht mehr in ein Vektorobjekt zurückwandeln.
- Um eine Maske zu modifizieren, benutzen Sie die Regler »Dichte« und »Weiche Kante« im Maskenbedienfeld. Der Regler »Dichte« bestimmt die Deckkraft der Maske: Die Maske hat bei 100 % die volle Wirkung, bei niedrigeren Werten nimmt der Kontrast ab und bei 0 % hat die Maske keine Wirkung. Der Regler »Weiche Kante« sorgt für weiche Maskenkanten.

Eine temporäre Maske erstellen

Sie erstellen eine temporäre Maske, um die Farbe des Brillengestells zu ändern. Zuerst räumen Sie aber das Ebenenbedienfeld auf.

1 Blenden Sie die Ebene *Magazin-Hintergrund* aus, um sich auf das Model zu konzentrieren. Löschen Sie dann *Ebene 0* und *Ebene 0 Kopie*. Klicken Sie auf »Ja« oder »Löschen«, um das Löschen von Ebenen oder deren Masken zu bestätigen. Sie benötigen die Maske für die aktuelle Ebene nicht, da *Ebene 0 Kopie 2* bereits mit einer Maske versehen ist.

2 Doppelklicken Sie auf den Namen *Ebene 0 Kopie 2* und benennen Sie die Ebene mit **Model**.

Video: Das Video »Ebenenmasken« auf der Buch-DVD zeigt mehr zum Thema. Weitere Informationen finden Sie unter »Den Ordner Video-Training installieren« auf Seite 17.

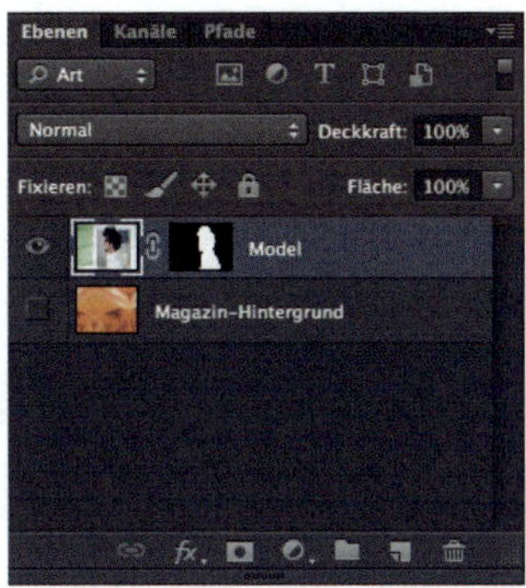

3 Klicken Sie im Werkzeugbedienfeld auf die Schaltfläche »Im Maskierungsmodus bearbeiten«. (Bislang haben Sie im vorgegebenen Standardmodus gearbeitet.)

Im Maskierungsmodus bedeckt ein roter Farbüberzug (ähnlich einer *Rotfolie*, mit der im grafischen Gewerbe maskiert wird) den geschützten Bereich, also das gesamte Bild außerhalb der Auswahlbegrenzung. Sie können nur den ungeschützten Bereich, der sichtbar und ausgewählt ist, verändern. Beachten Sie außerdem, dass die gewählte Ebene im Ebenenbedienfeld grau erscheint und darauf hinweist, dass der Maskierungsmodus aktiviert ist.

4 Wählen Sie im Werkzeugbedienfeld das Pinsel-Werkzeug (🖌).

5 Achten Sie darauf, dass in der Optionsleiste der Modus »Normal« gewählt ist. Klicken Sie anschließend auf den Pfeil, um das Pinsel-Popup-Bedienfeld anzuzeigen. Wählen Sie einen großen weichen Pinsel mit dem Durchmesser **13** Pixel. Klicken Sie außerhalb des Bedienfelds, um es zu schließen.

6 Malen Sie auf dem Bügel des Brillengestells. Ein roter Überzug erscheint immer dort, wo Sie malen, und zeigt an, dass Sie eine Maske anlegen.

7 Malen Sie weiter, um den Bügel und die Fassung der Gläser zu maskieren. Verkleinern Sie die Pinselgröße beim Maskieren der Fassung. Machen Sie

sich keine Gedanken über den Teil des Bügels, der vom Haar bedeckt ist - die Farbveränderung wirkt sich auf diesen Bereich nicht aus.

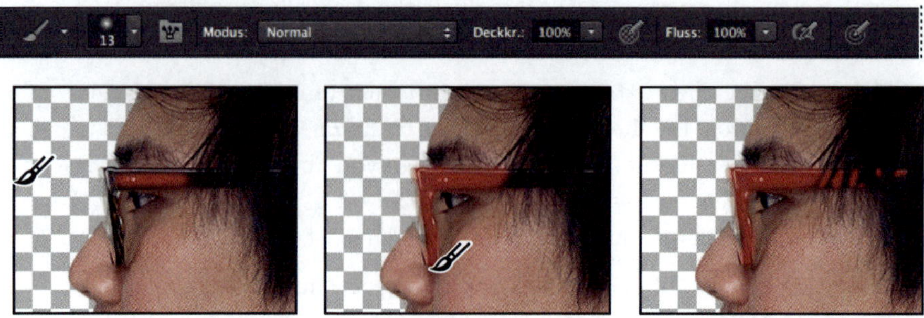

Im Maskierungsmodus aktiviert Photoshop automatisch den Graustufenmodus sowie die standardmäßige Vordergrundfarbe (Schwarz) und Hintergrundfarbe (Weiß). Wenn Sie im temporären Maskierungsmodus mit einem Mal- oder Bearbeitungswerkzeug arbeiten, sollten Sie Folgendes berücksichtigen:

- Malen mit Schwarz vergrößert die Maske (den roten Farbüberzug) und verkleinert den Auswahlbereich.
- Malen mit Weiß löscht die Maske und vergrößert den Auswahlbereich.
- Malen mit Grau erweitert die Maske teilweise.

8 Klicken Sie im Werkzeugbedienfeld erneut auf die Schaltfläche »Im Maskierungsmodus bearbeiten«, um den Modus zu beenden.

Der nicht maskierte Bereich ist gewählt. So lange Sie eine temporäre Maske nicht als permanenten Alphakanal speichern, verwirft Photoshop die temporäre Maske, nachdem diese in eine Auswahl umgewandelt ist.

9 Wählen Sie **Auswahl: Auswahl umkehren**, um den ursprünglich maskierten Bereich umzukehren.

10 Wählen Sie **Bild: Korrekturen: Farbton/Sättigung**.

11 Ändern Sie im Dialogfeld »Farbton/Sättigung« den Farbton in **70** – das Brillengestell wird grün. Klicken Sie auf OK.

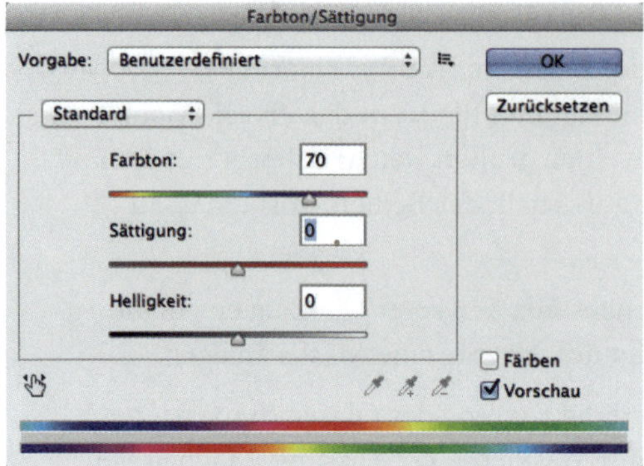

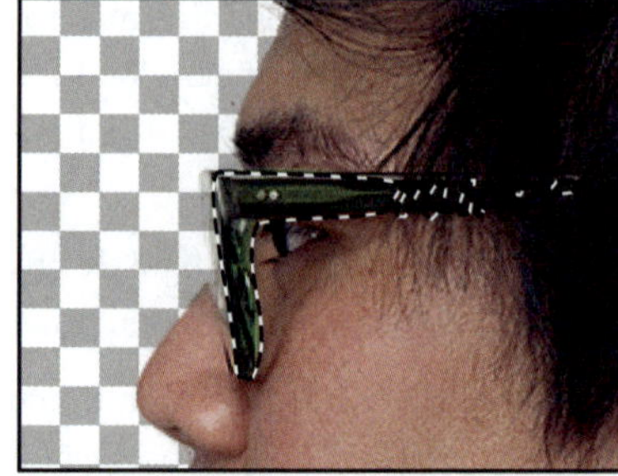

12 Wählen Sie **Auswahl: Auswahl aufheben**.

13 Speichern Sie Ihre Arbeit.

Bild mit dem Formgitter verändern

Die Formgitter-Funktion in Photoshop CS5 macht die Bildmanipulation noch flexibler. Positionieren Sie Bereiche wie Haar oder Arm so, als ob Sie an den Fäden einer Marionette ziehen. Sie platzieren Pins an den Stellen, an denen Sie eine Bewegung einstellen möchten. Sie neigen jetzt mit dem Formgitter den Kopf des Models nach hinten, damit es nach oben blickt.

1 Im Ebenenbedienfeld ist die Ebene *Model* gewählt. Wählen Sie **Bearbeiten: Formgitter**.

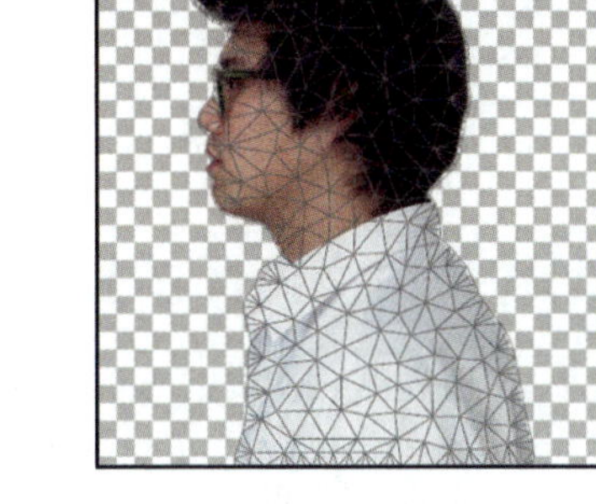

Ein Gitter (Mesh) liegt nun über den sichtbaren Bereichen der Ebene – hier über dem Model. Sie platzieren Pins auf dem Mesh an den Stellen, wo Sie Bewegung einstellen möchten (oder an den Stellen, wo keine Bewegung stattfinden soll).

2 Klicken Sie entlang der Hemdkante. Mit jedem Klick fügt Photoshop dem Formgitter einen Pin hinzu. Für die Aufgabe hier sollten zehn Pins ausreichen.

Die Pins fixieren das Hemd während Sie den Kopf neigen.

3 Wählen Sie den Pin am Nacken. Ein schwarzer Punkt im Pin zeigt an, dass der Pin gewählt ist.

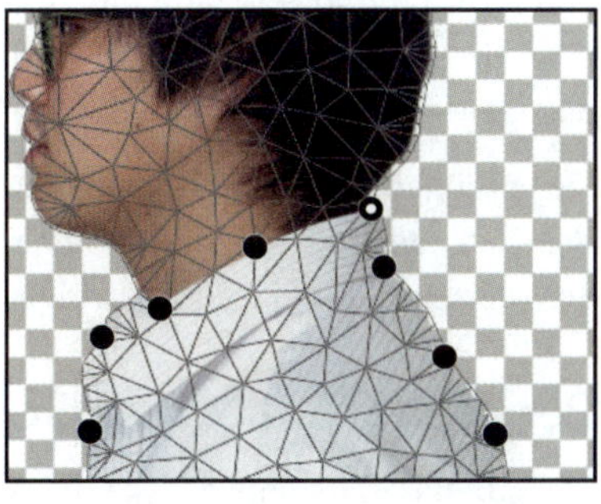

4 Drücken Sie die Alt- (Windows) bzw. Wahl-Taste (Mac OS). Ein größerer Kreis erscheint um den Pin herum und ein gebogener Doppelpfeil daneben. Lassen Sie Alt/Wahl weiter gedrückt und ziehen Sie den Zeiger, um den Kopf nach hinten zu neigen bzw. zu drehen. Der Drehwinkel erscheint in der Optionsleiste; Sie können in das entsprechende Feld den Wert **135** auch direkt eingeben.

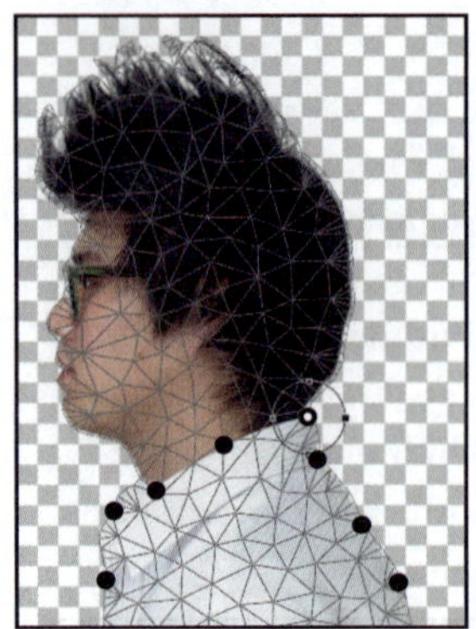 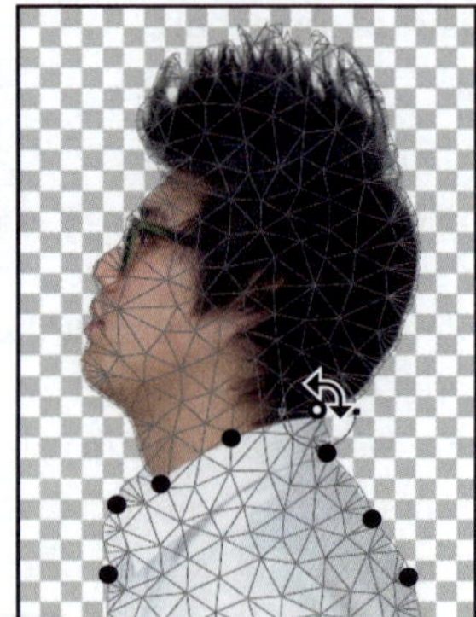 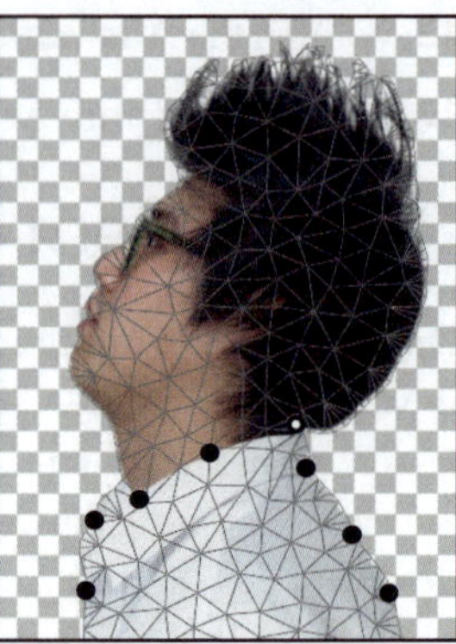

5 Wenn Ihnen die Drehung zusagt, klicken Sie in der Optionsleiste auf die Schaltfläche »Formgitter bestätigen« (✓) oder drücken Sie die Eingabetaste.

6 Speichern Sie Ihre Arbeit.

Mit Kanälen arbeiten

So wie unterschiedliche Bildinformationen in diversen Ebenen gespeichert sind, können Sie auch über Kanäle auf unterschiedliche Information zugreifen. Alphakanäle speichern Auswahlen als Graustufenbilder. Farbkanäle enthalten dagegen Informationen über die einzelnen Farben in einem Bild. Ein RGB-Bild setzt sich z. B. automatisch aus den Kanälen Rot, Grün, Blau und dem darauf zusammengesetzten Kanal (RGB) zusammen.

Um Masken und Kanäle nicht zu verwechseln, stellen Sie sich Kanäle als Container für die Bildfarbe und Auswahlinformationen vor; Ebenen enthalten dagegen Malerei und Effekte.

Sie erzeugen mit einem Alphakanal einen Schatten für das Model. Anschließend wandeln Sie das Bild in den CMYK-Modus um und benutzen den Kanal Schwarz, um das Haar mit farbigen Effektlichtern zu versehen.

Per Alphakanal einen Schatten erzeugen

Sie haben bereits eine Maske des Models erzeugt. Für einen Schatten müssen Sie diese Maske nur duplizieren und anschließend verschieben. Dafür benutzen Sie einen Alphakanal.

1 Klicken Sie im Ebenenbedienfeld mit gedrückter Strg- (Windows) bzw. Befehlstaste (Mac OS) auf das Ebenensymbol in der *Model*-Ebene. Der maskierte Bereich ist gewählt.

2 Wählen Sie **Auswahl: Auswahl speichern**. Im Dialogfeld »Auswahl speichern« ist im Menü »Kanal« die Option »Neu« gewählt. Benennen Sie den Kanal mit **Model-Kontur** und klicken Sie auf OK.

Im Ebenenbedienfeld und im Bildfenster ändert sich nichts. Allerdings wurde der neue Kanal *Model-Kontur* im Kanälebedienfeld hinzugefügt.

3 Klicken Sie unten im Ebenenbedienfeld auf das Symbol »Neue Ebene erstellen«. Ziehen Sie die neue Ebene unter die Model-Ebene. Doppelklicken Sie dann auf den Ebenennamen und benennen Sie die Ebene mit **Schatten**.

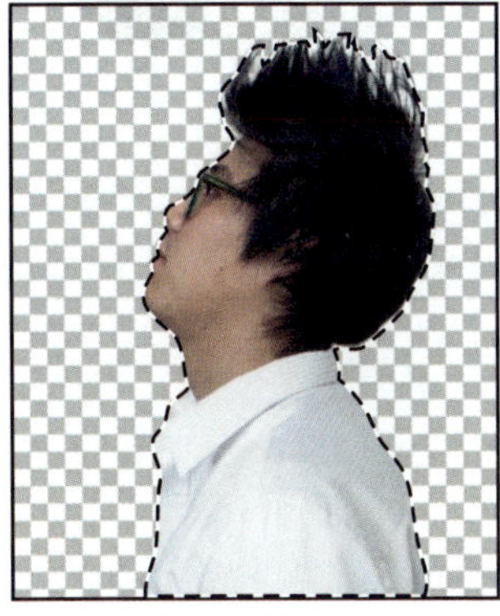

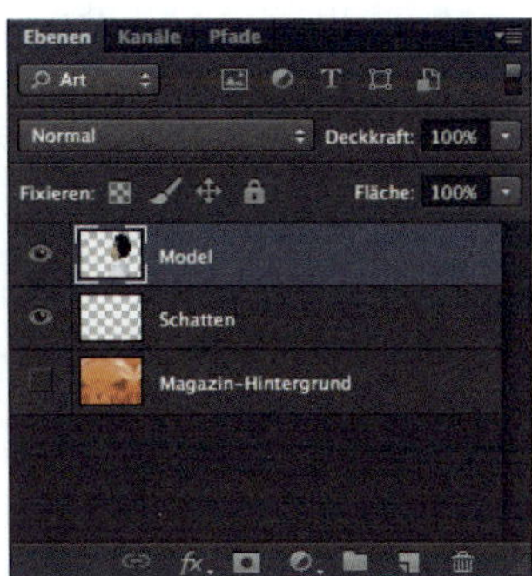

4 Die Ebene *Schatten* ist gewählt. Wählen Sie **Auswahl: Kante verbessern**. Stellen Sie im Dialogfeld »Kante verbessern« den Regler »Kante verschieben« auf **+36** % ein. Klicken Sie auf OK.

5 Wählen Sie **Bearbeiten: Fläche füllen**. Wählen Sie im Dialogfeld »Fläche füllen« aus dem Popup-Menü »Verwenden« die Option »Schwarz«. Klicken Sie auf OK.

Die *Schatten*-Ebene zeigt eine schwarz gefüllte Kontur des Models. Schatten sind normalerweise nicht so dunkel wie die Person, die den Schatten wirft. Sie verringern deshalb die Ebenendeckkraft.

6 Ändern Sie im Ebenenbedienfeld die Deckkraft in **30** %.

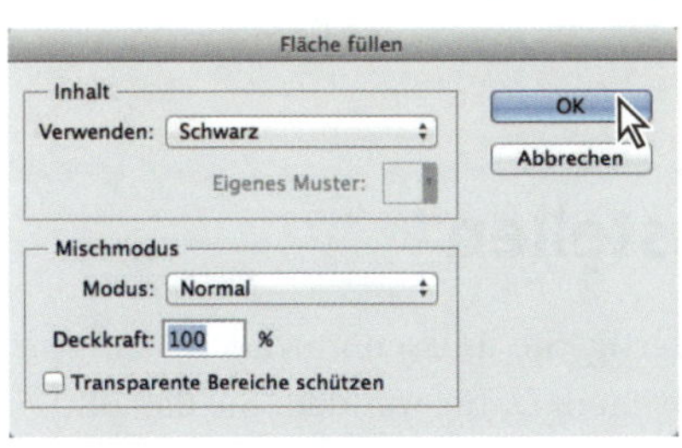

Der Schatten befindet sich an derselben Position wie das Model und ist daher nicht zu sehen – Sie müssen den Schatten verschieben.

7 Wählen Sie **Auswahl: Auswahl aufheben**, um die Auswahl zu entfernen.

8 Wählen Sie **Bearbeiten: Transformieren: Drehen**. Drehen Sie den Schatten per Hand oder geben Sie in das Drehen-Feld in der Optionsleiste **-15°** ein. Ziehen Sie dann den Schatten nach links oder geben Sie in das X-Feld in der Optionsleiste den Wert **845** ein. Klicken Sie in der Optionsleiste auf die Schaltfläche »Transformieren bestätigen« (✔) oder drücken Sie die Eingabetaste.

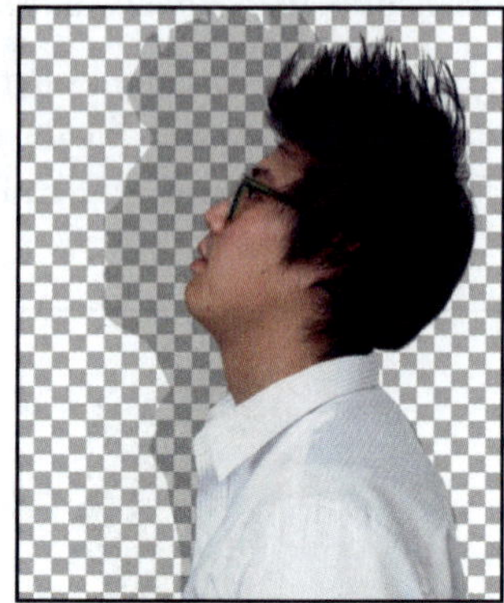

9 Wählen Sie **Datei: Speichern**.

Alphakanäle

Ein Alphakanal besitzt die folgenden Eigenschaften:

- Jedes Bild kann bis zu 56 Kanäle enthalten, einschließlich aller Farb- und Alphakanäle (zuzüglich CMYK/RGB o. Ä.).
- Alle Kanäle sind 8-Bit-Graustufenbilder, mit denen 256 Graustufen angezeigt werden können.
- Sie können für jeden Kanal einen Namen, eine Farbe, eine Maskenoption und eine Deckkraft festlegen. (Die Deckkraft wirkt sich auf die Vorschau des Kanals aus, nicht auf das Bild.)
- Alle neuen Kanäle haben dieselben Dimensionen und dieselbe Pixelanzahl wie das Originalbild.
- Sie können die Maske in einem Alphakanal mit den Mal- und Bearbeitungswerkzeugen sowie mit Filtern bearbeiten.
- Sie können Alphakanäle in Volltonfarbenkanäle konvertieren.

Individuelle Kanäle einstellen

Das Bild für den Zeitschriftentitel ist fast fertig. Sie müssen nur noch das Haar des Models mit farbigen Effektlichtern versehen. Dafür wandeln Sie das Bild in CMYK um und nutzen den Schwarz-Kanal.

1 Wählen Sie im Ebenenbedienfeld die *Model*-Ebene.

2 Wählen Sie **Bild: Modus: > CMYK-Farbe**. Klicken Sie im Dialogfeld auf »Nicht zusammenfügen«, da Sie die Ebenen erhalten wollen. Klicken Sie auf OK, falls eine Profilmeldung erscheint.

3 Klicken Sie mit gedrückter Alt- (Windows) bzw. Wahltaste (Mac OS) auf das Augensymbol der *Model*-Ebene, um alle anderen Ebenen auszublenden.

4 Wählen Sie das *Kanäle*-Register. Wählen Sie im Kanälebedienfeld den Kanal *Schwarz* und dann im Menü des Kanälebedienfelds die Option »Kanal duplizieren«. Benennen Sie den Kanal mit **Haar** und klicken Sie auf OK.

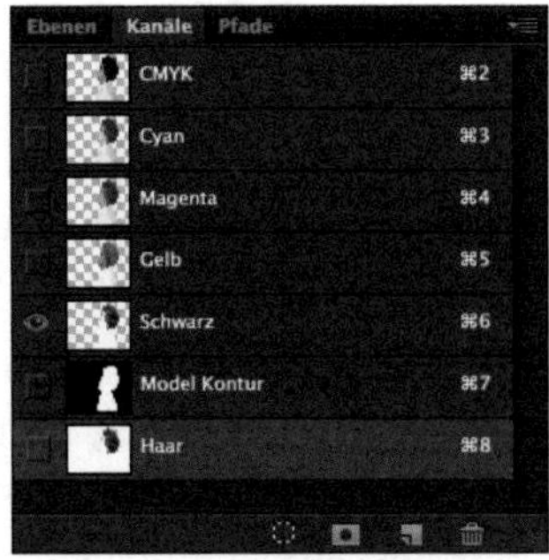

Einzelne Kanäle werden als Graustufen angezeigt. Sind im Kanälebedienfeld mehrere Kanäle sichtbar, erscheinen sie in Farbe.

5 Machen Sie den *Haar*-Kanal sichtbar und blenden Sie den *Schwarz*-Kanal aus. Wählen Sie den Haar-Kanal und dann **Bild: Korrekturen: Tonwertkorrektur**.

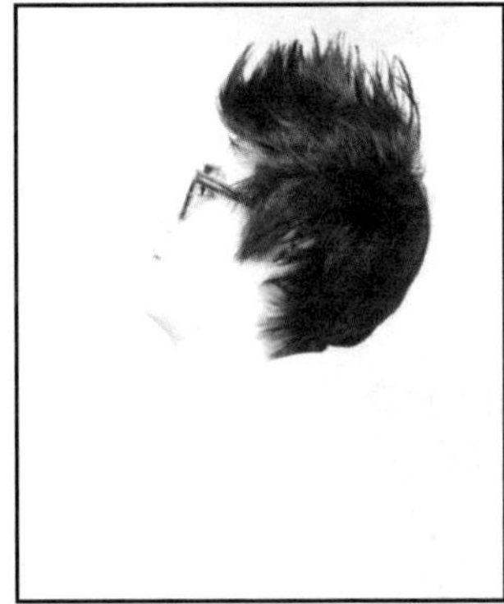

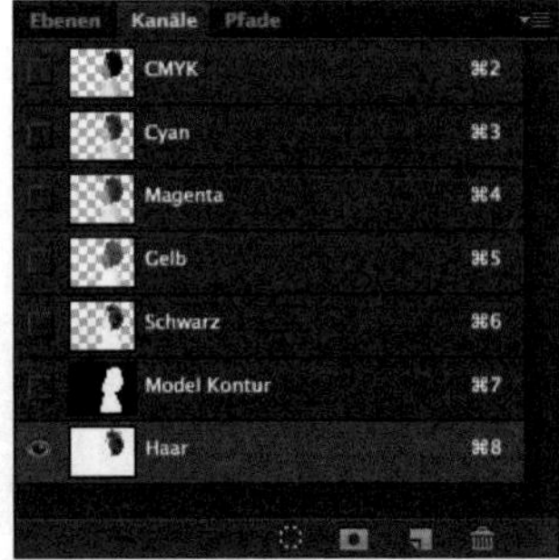

6 Verschieben Sie im Dialogfeld »Tonwertkorrektur« Schwarz auf **85**, die Mitteltöne auf **1** und Weiß auf **165**. Klicken Sie auf OK.

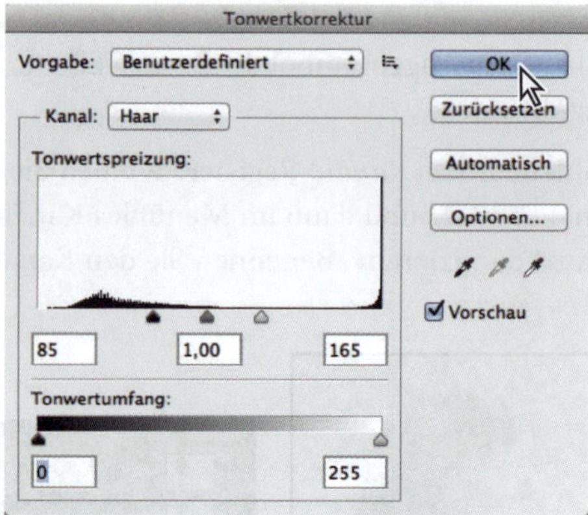

7 Der *Haar*-Kanal ist noch gewählt. Wählen Sie **Bild: Korrekturen: Umkehren**. Der Kanal erscheint weiß vor dunklem Hintergrund.

8 Wählen Sie das Pinsel-Werkzeug und klicken Sie unten im Werkzeugbedienfeld auf das Symbol »Vorder- und Hintergrundfarbe vertauschen« – die Vordergrundfarbe ist nun Schwarz. Malen Sie über die Gläser, Augen und alle anderen Bereiche, ausgenommen das Haar.

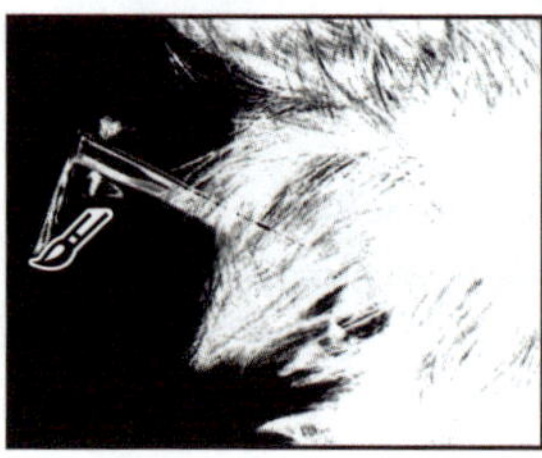

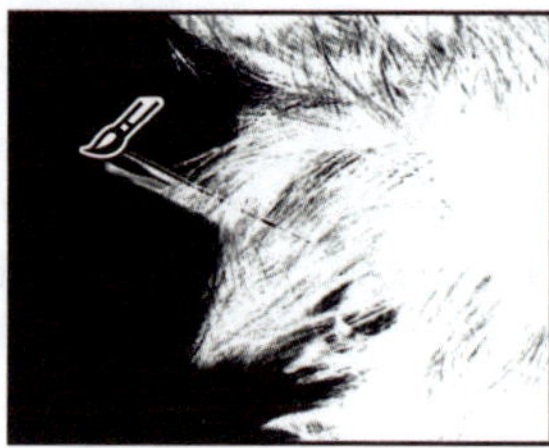

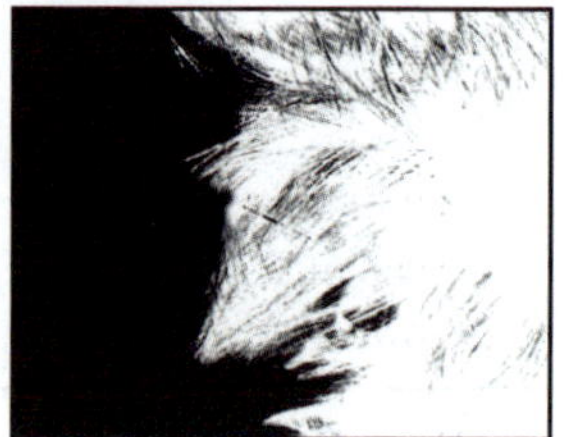

9 Klicken Sie unten im Kanälebedienfeld auf das Symbol »Kanal als Auswahl laden«.

10 Klicken Sie auf das Ebenenregister. Wählen Sie im Ebenenbedienfeld die Ebene *Model*.

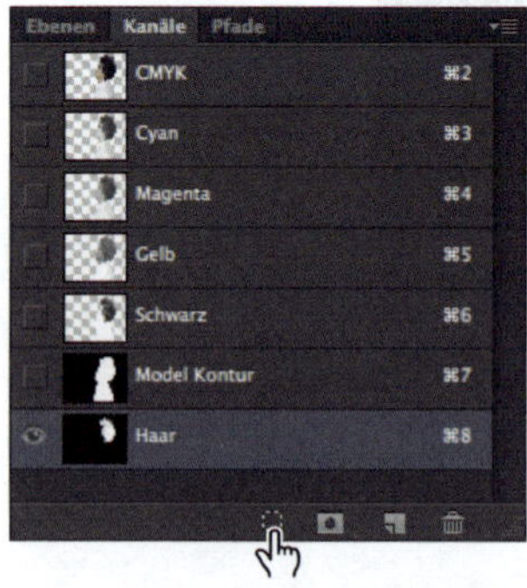

11 Wählen Sie **Auswahl: Kante verbessern**. Stellen Sie im Dialogfeld »Kante verbessern« den Regler »Weiche Kante« auf **1,2** Px ein und klicken Sie dann auf OK.

12 Wählen Sie **Bild: Korrekturen: Farbton/Sättigung**. Aktivieren Sie »Färben« mit den folgenden Einstellungen vor. Klicken Sie dann auf OK:

- Farbton: **230**
- Sättigung: **56**
- Helligkeit: **11**

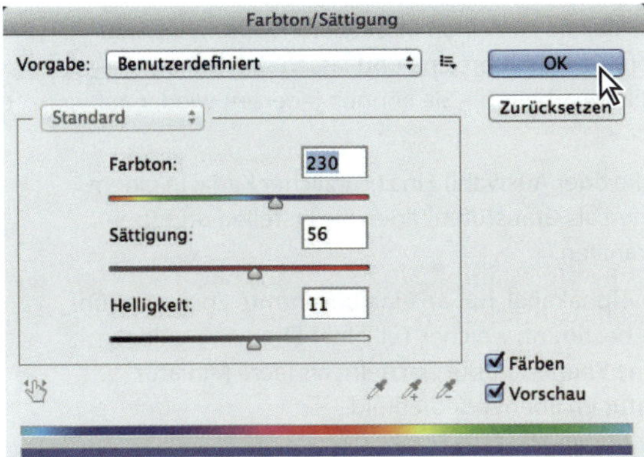

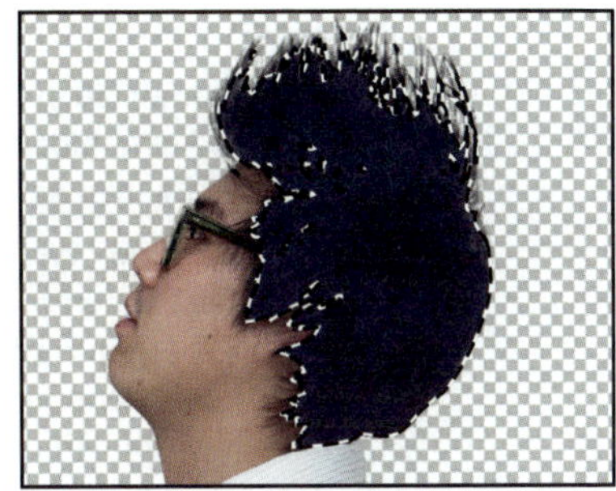

13 Wählen Sie **Bild: Korrekturen: Tonwertkorrektur**. Verschieben Sie die Regler im Dialogfeld »Tonwertkorrektur« so wie in der folgenden Abbildung. Klicken Sie auf OK. Wir haben die Werte 58, 1,65 und 255 verwendet, Ihre Werte könnten jedoch abweichen.

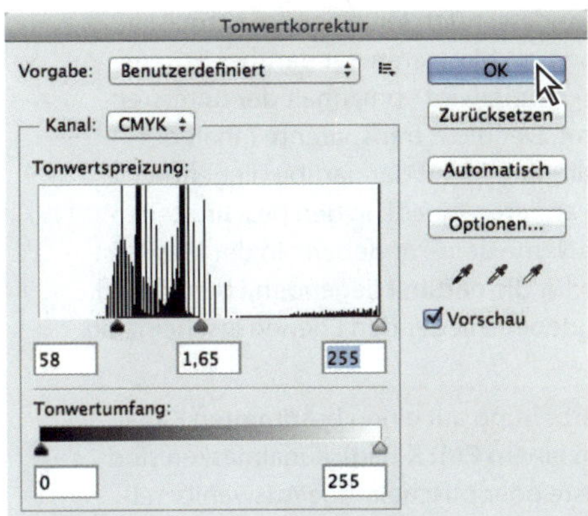

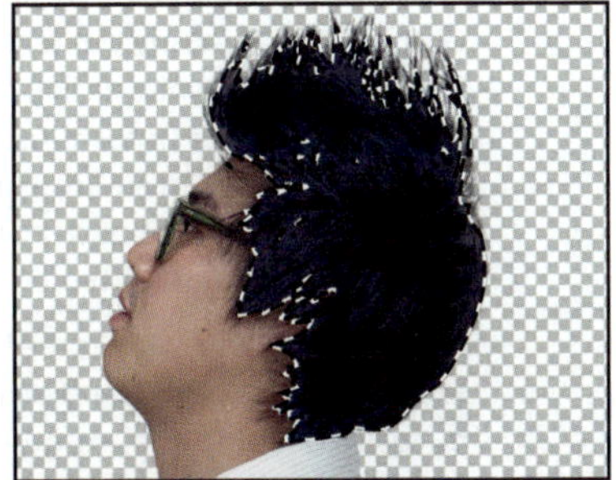

14 Blenden Sie im Ebenenbedienfeld die Ebenen *Schatten* und *Magazin-Hintergrund* ein.

15 Wählen Sie **Auswahl: Auswahl aufheben**.

Ihr Zeitschriftentitel kann jetzt in den Druck gehen!

Masken und maskieren

Alphakanäle, Kanalmasken, Schnittmasken, Ebenenmasken und Vektormasken – worin besteht der Unterschied? In einigen Fällen sind die Masken austauschbar: Eine Kanalmaske lässt sich in eine Ebenenmaske umwandeln, eine Ebenenmaske in eine Vektormaske und umgekehrt.

Hier eine Beschreibung als Hilfe, die einzelnen Maskenarten auseinanderzuhalten. Alle Masken speichern Auswahlbereiche und lassen sich ohne Schaden anzurichten in einem Bild bearbeiten – Sie können jederzeit wieder auf Ihr Original zurückgreifen.

- **Alphakanal:** (auch Maske oder Auswahl) Ein zusätzlicher Kanal in einem Bild mit Auswahlbereichen als Graustufenbilder. Sie erstellen und speichern Masken in Alphakanälen.
- **Ebenenmaske:** Wie ein Alphakanal, nur an eine bestimmte Ebene gebunden. Eine Ebenenmaske bestimmt, welcher Teil einer Ebene freigelegt oder verborgen wird. Eine Ebenenmaske erscheint als leere Miniatur neben der Ebenenminiatur im Ebenenbedienfeld.
  Ein schwarzer Rahmen zeigt an, dass die Maske gewählt ist.
- **Vektormaske:** Im Gegensatz zur Ebenenmaske besteht sie aus Vektoren und nicht aus Pixeln. Vektormasken, die auflösungsunabhängig sind, haben scharfe Kanten und werden mit einem Zeichenstift- oder Form-Werkzeug erstellt. Da sie keine Transparenz unterstützen, gibt es auch keine weichen Kanten. Die Miniaturen entsprechen denen von Ebenenmasken.
- **Schnittmaske:** Wird auf Ebenen angewendet. Mit einer Schnittmaske können Sie den Inhalt einer Ebene zum Maskieren der darüber liegenden Ebenen verwenden. Die Maskierung wird vom Inhalt der untersten Ebene oder Grundebene bestimmt. Der nicht transparente Inhalt der Grundebene beschneidet (enthüllt) den Inhalt der darüber liegenden Ebenen in der Schnittmaske. Alle anderen Inhalte in den beschnittenen Ebenen maskiert Photoshop. Der Name der Grundebene in der Maske ist unterstrichen und die Miniaturen für die darüber liegenden Ebenen sind eingerückt. Für die über der Grundebene liegenden Ebenen erscheint ein Pfeil als Schnittmaskensymbol.
- **Kanalmaske:** Beschränkt die Bearbeitung auf einen bestimmten Kanal (beispielsweise den Cyan-Kanal in einem CMYK-Bild). Kanalmasken sind nützlich für komplexe, ausgefranste oder büschelartige Auswahlbereiche. Sie erstellen eine Kanalmaske auf der Basis einer vorherrschenden Bildfarbe oder eines starken Kontrasts in einem isolierten Kanal, beispielsweise zwischen Objekt und Hintergrund. Eine Alternative zur Kanalmaske ist der Extrahieren-Befehl, mit dem Sie komplexe Objekte freistellen (aus dem Hintergrund »ausschneiden«).

Fragen

1 Worin liegt der Vorteil einer temporären Maske?

2 Was passiert mit einer temporären Maske, wenn Sie sie abwählen?

3 Sie speichern eine Auswahl als Maske. Wo wird diese Maske gespeichert?

4 Wie bearbeiten Sie eine zuvor gespeicherte Maske in einem Kanal?

5 Worin unterscheiden sich Kanäle von Ebenen?

Antworten

1 Temporäre Masken sind sinnvoll für das schnelle Anlegen einmaliger Auswahlen. Außerdem lässt sich mit der temporären Maske und den Malwerkzeugen eine Auswahl einfach bearbeiten.

2 Die temporäre Maske verschwindet.

3 Photoshop speichert Masken in Kanälen, die man sich als Speicherbereiche innerhalb eines Bildes für Farb- und Auswahl-Informationen vorstellen kann.

4 Sie malen in einer in einem Kanal enthaltenen Maske direkt mit den Farben Schwarz, Weiß und Abstufungen von Grau.

5 Photoshop benutzt Kanäle als Speicherbereiche für gespeicherte Auswahlen. Ein Kanal erscheint weder im Bild noch im Ausdruck, es sei denn, Sie lassen sich den Kanal explizit anzeigen. Im Gegensatz zu den Kanälen lassen sich mit Ebenen einzelne Bildelemente isolieren, um sie mit Mal- oder Bearbeitungswerkzeugen sowie anderen Effekten separat zu bearbeiten.

7 TYPODESIGN

Überblick

In dieser Lektion lernen Sie Folgendes:

- Mit Hilfslinien den Text in einer Komposition anordnen
- Schnittmasken aus Text erstellen
- Text mit anderen Ebenen kombinieren
- Text formatieren
- Text entlang einem Pfad verteilen
- Stilvorlagen erzeugen und anwenden
- Schrift mit fortgeschrittenen Funktionen steuern und positionieren

Sie benötigen für diese Lektion etwa eine Stunde. Falls erforderlich, löschen Sie den Lektionsordner der vorherigen Lektion und kopieren stattdessen den Ordner *Lektion07* auf die Festplatte. Während dieser Lektion überschreiben Sie die Startdateien. Wenn Sie die Startdateien wiederherstellen wollen, kopieren Sie sie von der Buch-DVD erneut auf Ihre Festplatte.

Foto © Image Source, www.imagesource.com

Photoshop verfügt über vielseitige Textwerkzeuge, die Ihnen große Flexibilität und viele kreative Freiheiten bieten.

Über Schrift

Schrift in Photoshop besteht aus mathematisch definierten Formen, die Buchstaben, Zahlen und Symbole einer Schriftart beschreiben. Viele Schriftarten sind in unterschiedlichen Formaten verfügbar, wie Type 1 oder PostScript, TrueType und OpenType (mehr darüber später in dieser Lektion unter »OpenType in Photoshop«).

Wenn Sie ein Bild in Photoshop mit Schrift versehen, setzen sich die Zeichen aus Pixeln zusammen und haben die gleiche Auflösung wie die Bilddatei. Sobald Sie ein Zeichen stark vergrößern, erkennen Sie die stufenförmigen Kanten. Allerdings bewahrt Photoshop die vektorbasierten Schriftkonturen (Outlines) und benutzt sie, sobald die Schrift skaliert oder eine andere Schriftgröße eingestellt wird, Sie eine PDF- oder EPS-Datei speichern oder das Bild auf einem PostScript-Drucker ausgeben. Auf diese Weise erhalten Sie scharfe, auflösungsunabhängige Schriftkanten, können der Schrift Effekte und Stile zuweisen und ihre Form und Größe ändern.

Vorbereitungen

Sie arbeiten in dieser Lektion an dem Titellayout für ein Technik-Magazin. Sie beginnen mit der Illustration, die Sie in Lektion 6 gestaltet haben: das Titelbild mit dem Model, seinem Schatten und dem orangefarbigen Hintergrund. Sie erweitern den Titel um Text und gestalten ihn – wozu auch das Verkrümmen der Schrift gehört.

Beginnen Sie mit der Lektion, indem Sie sich die fertige Komposition ansehen.

1 Starten Sie Photoshop und halten Sie sofort danach Strg+Alt+Umschalt (Windows) bzw. Befehl+Wahl+Umschalt (Mac OS) gedrückt, um die standardmäßigen Voreinstellungen zu erhalten. (Siehe »Die Standardeinstellungen wiederherstellen« auf Seite 13.)

2 Klicken Sie im Meldungsfenster zur Bestätigung auf »Ja«, um die Standardeinstellungen wiederherzustellen.

3 Wählen Sie **Datei: In Bridge suchen**, um Adobe Bridge zu starten.

4 Doppelklicken Sie links in Adobe Bridge im FAVORITEN-Fenster auf den Ordner *Lektionen*. Doppelklicken Sie dann im INHALT-Fenster auf den Ordner *Lektion07*.

5 Wählen Sie die Datei *07End.psd*. Ziehen Sie unten rechts den Miniaturen-Regler nach rechts, um die Datei vergrößert anzuzeigen.

Hinweis: Auch wenn diese Lektion wie eine Fortsetzung von Lektion 6 wirkt, müssen Sie mit der Datei *07Start.psd* beginnen. Im Gegensatz zu der von Ihnen in Lektion 6 gespeicherten Datei *06Arbeit.psd* enthält die Startdatei in dieser Lektion zusätzlich noch einen Pfad und eine Anmerkung.

Sie kümmern sich in Photoshop jetzt um die Schrift, um den Zeitschriftentitel fertigzustellen. Sämtliche dafür benötigten Mittel stehen Ihnen in Photoshop zur Verfügung, das heißt, Sie brauchen nicht in ein anderes Programm zu wechseln.

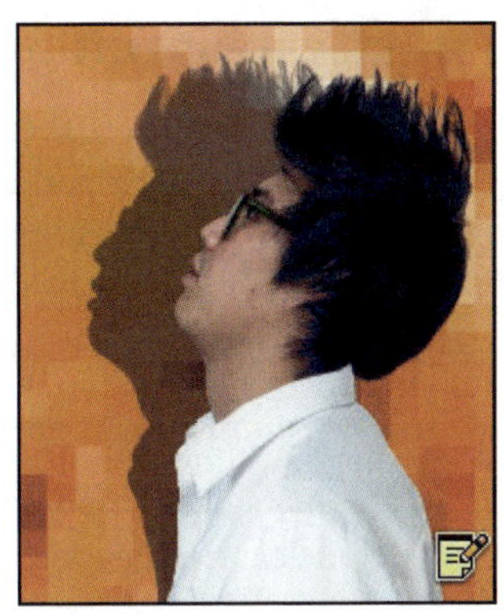

6 Doppelklicken Sie auf die Datei *07Start.psd*, um sie in Photoshop zu öffnen.

7 Wählen Sie **Datei: Speichern unter**, benennen Sie die Datei mit **07Arbeit.psd** und klicken Sie auf »Speichern«.

8 Klicken Sie auf OK, wenn das Dialogfeld mit den Photoshop-Formatoptionen erscheint.

9 Wählen Sie rechts oben in der Optionsleiste im Arbeitsbereich-Menü die Option »Typografie«.

Der Arbeitsbereich Typografie enthält u.a. die Bedienfelder Zeichen, Absatz, Absatzformate, Ebenen und Pfade. Sie benötigen diese Bedienfelder für die Arbeit in dieser Lektion.

Schnittmaske aus Schrift erstellen

Eine *Schnittmaske* ist ein Objekt oder eine Gruppe mit Objekten, deren Form andere Grafiken so maskieren, dass nur die Bereiche innerhalb der Form des maskierenden Objekts zu sehen sind. Tatsächlich beschneiden Sie die Grafik entsprechend der Form des Objekts (oder der Maske). Sie erstellen in Photoshop eine Schnittmaske aus Formen oder Buchstaben. In dieser Übung benutzen Sie Buchstaben als Schnittmaske, damit ein Bild in einer anderen Ebene innerhalb der Buchstaben zu sehen ist.

Hilfslinien für das Positionieren von Text

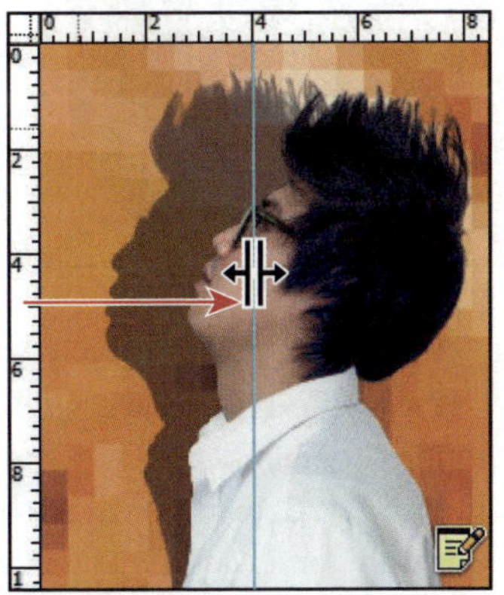

Die Datei *07Arbeit.psd* enthält eine Hintergrund-Ebene als Ausgangsbasis für die Typografie. Zuerst vergrößern Sie Ihren Arbeitsbereich und verwenden Hilfslinien zum Ausrichten der Schrift.

1 Wählen Sie **Ansicht: Ganzes Bild**, um den kompletten Titel anzuzeigen.

2 Wählen Sie wenn nötig **Ansicht: Lineale**, um links und oben im Bildfenster die Lineale zum Platzieren von Hilfslinien anzuzeigen.

3 Ziehen Sie jetzt eine senkrechte Hilfslinie aus dem linken Lineal in die Mitte des Titels (ca. 10,8 cm).

Punkttext hinzufügen

Damit haben Sie alles vorbereitet, um Text hinzuzufügen. Sie können in Photoshop sowohl horizontalen als auch vertikalen Text beliebig im Bild platzieren. Das kann *Punkttext* (einzelne Buchstaben, Wörter oder Zeilen) oder *Absatztext* sein. Sie arbeiten in dieser Lektion mit beiden Varianten und beginnen jetzt mit Punkttext.

Hinweis: Wenn Sie Text in einem Photoshop-Bildfenster eingeben, versetzen Sie das Text-Werkzeug in den Bearbeiten-Modus. Bevor Sie anschließend wieder eine andere Aktion ausführen oder andere Werkzeuge benutzen können, müssen Sie die Bearbeitung in der Text-Ebene bestätigen. Aktuelle Bearbeitungen lassen sich nicht durch Drücken der Eingabetaste bestätigen, weil so nur eine neue Textzeile erzeugt wird.

1 *Hintergrund* ist im Ebenenbedienfeld gewählt.

2 Wählen Sie das horizontale Text-Werkzeug (T) und nehmen Sie in der Optionsleiste folgende Einstellungen vor:

- Wählen Sie aus dem Popup-Menü »Schriftfamilie einstellen« eine serifenlose Schrift wie die *Myriad Pro* und aus dem Popup-Menü »Schriftschnitt einstellen« *Semibold* (Halbfett).
- Geben Sie in das Feld »Schriftgrad einstellen« **144 Pt** ein und drücken Sie die Eingabetaste.
- Klicken Sie auf die Schaltfläche »Text zentrieren«.

3 Ändern Sie im Zeichenbedienfeld unter »Laufweite für ausgewählte Zeichen einstellen« die Laufweite in **100**.

4 Klicken Sie auf der mittleren Hilfslinie für eine Einfügemarke und geben Sie **DIGITAL** (Großbuchstaben) ein. Klicken Sie dann in der Optionsleiste auf die Schaltfläche »Aktuelle Bearbeitungen bestätigen«(✓).

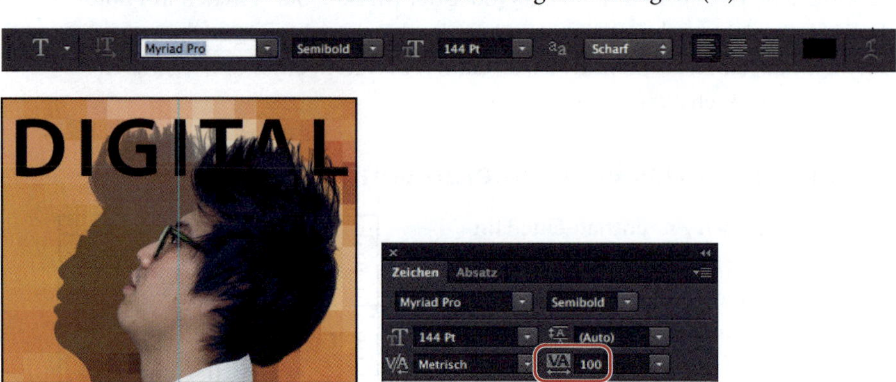

Auf dem Titel befindet sich nun das Wort *DIGITAL*, das im Ebenenbedienfeld als neue Text-Ebene *DIGITAL* erscheint. Text-Ebenen lassen sich wie andere Ebenen bearbeiten und verwalten. Sie können Text hinzufügen oder ändern, die Schrift neu ausrichten oder glätten sowie Ebenenstile, Transformationen und Masken erzeugen. Eine Text-Ebene lässt sich natürlich auch verschieben, also im Stapel neu anordnen, kopieren oder wie andere Ebenen bearbeiten.

5 Ziehen Sie mit gedrückter Strg- (Windows) bzw. Befehlstaste (Mac OS) den Text *DIGITAL*, um ihn mit dem Verschieben-Werkzeug oben im Titel zu zentrieren.

6 Wählen Sie **Datei: Speichern**.

Beschneidungspfad und Schlagschatten erzeugen

Photoshop hat die Buchstaben in der standardmäßigen Textfarbe Schwarz angelegt. Die Buchstaben sollen jedoch mit dem Bild einer Schaltplatine gefüllt werden. Deshalb erzeugen Sie mit den Buchstaben einen Beschneidungspfad, damit eine andere Bildebene durchscheinen kann.

Video: Das Video »Punkt- und Mengentext« auf der Buch-DVD zeigt mehr zum Thema. Weitere Informationen finden Sie unter »Den Ordner Video-Training installieren« auf Seite 17.

1 Klicken Sie auf die Schaltfläche »Gehe zu Bridge« oder wählen Sie **Datei: Öffnen**, um die Datei *Platine.tif* aus dem Ordner *Lektion07* in Photoshop zu öffnen.

2 Wählen Sie in Photoshop **Fenster: Anordnen: 2 übereinander**. Die Dateien *Platine.tif* und *07Arbeit.psd* erscheinen gemeinsam auf dem Bildschirm. Klicken Sie auf *Platine.tif*, um diese Datei zum aktiven Fenster zu machen.

3 Wählen Sie das Verschieben-Werkzeug. Ziehen Sie mit gedrückter Umschalttaste im Ebenenbedienfeld des Bildes *Platine.tif* die Hintergrund-Ebene in die Mitte der Datei *07Arbeit.psd.* Lassen Sie die Maustaste wieder los. Durch Ziehen mit gedrückter Umschalttaste wird das Bild *Platine.tif* in der Komposition zentriert.

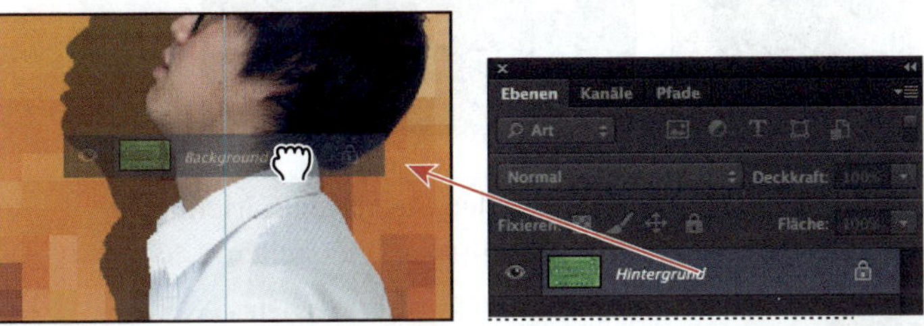

Die neue Ebene *Ebene 1* erscheint im Ebenenbedienfeld von *07Arbeit.psd*. Diese neue Ebene enthält das Bild mit der Platine, das durch die Schrift durchscheinen soll. Doch bevor Sie den dazu benötigten Beschneidungspfad erzeugen, müssen Sie das Bild verkleinern – es ist noch zu groß für die Komposition.

4 Schließen Sie die Datei *Platine.tif*, ohne eventuelle Änderungen zu speichern.

5 *Ebene 1* ist in der Datei *07Arbeit.psd* gewählt. Wählen Sie **Bearbeiten: Transformieren: Skalieren**.

6 Ziehen Sie mit gedrückter Umschalttaste einen Eckanfasser des Begrenzungsrahmens, um das Bild mit der Platine zu verkleinern. Drücken Sie

die Umschalttaste, während Sie die Bildbreite an die des Textbereichs anpassen. Die gedrückte Umschalttaste sorgt dafür, dass die Proportionen erhalten bleiben. Ordnen Sie die Schaltplatine so an, dass das Bild den Text bedeckt.

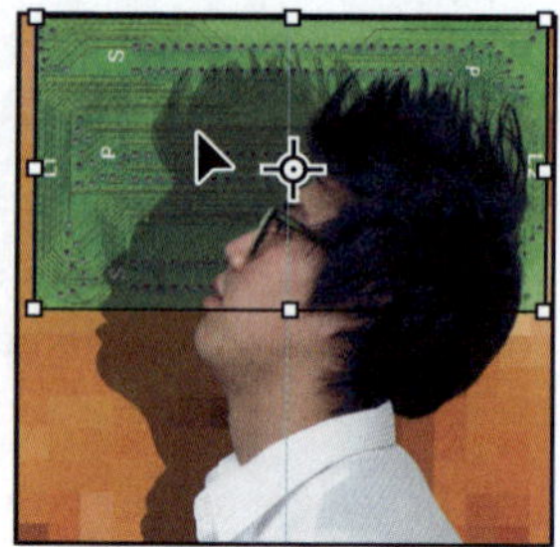

7 Drücken Sie die Eingabetaste, um die Transformation anzuwenden.

8 Doppelklicken Sie auf den Namen von *Ebene 1* (oben im Ebenenstapel) und ändern Sie ihn in **Platine**. Drücken Sie anschließend die Eingabetaste oder klicken Sie außerhalb des Namens im Ebenenbedienfeld, um die Änderung zuzuweisen.

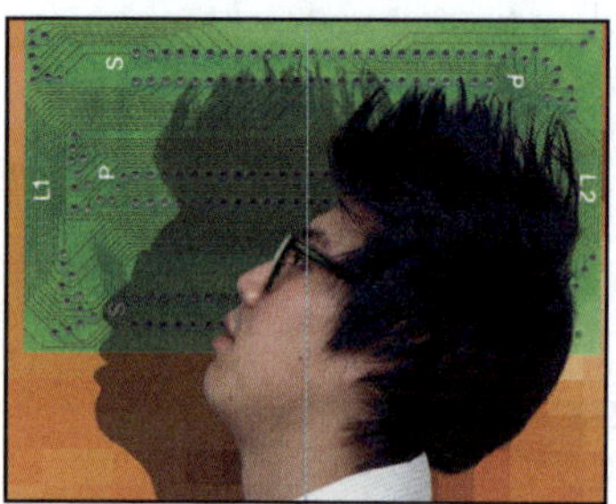

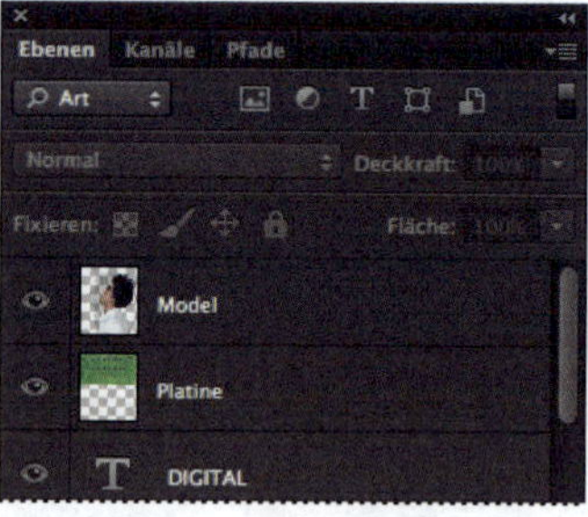

▶ **Tipp:** Eine Schnittmaske lässt sich auch erstellen, indem Sie mit gedrückter Alt- (Windows) bzw. Wahltaste (Mac OS) zwischen die *Platine*-Ebene und die Text-Ebene *DIGITAL* klicken.

9 Die *Platine*-Ebene ist noch gewählt. Wählen Sie aus dem Menü des Ebenenbedienfelds (▾≡) die Option »Schnittmaske erstellen«.

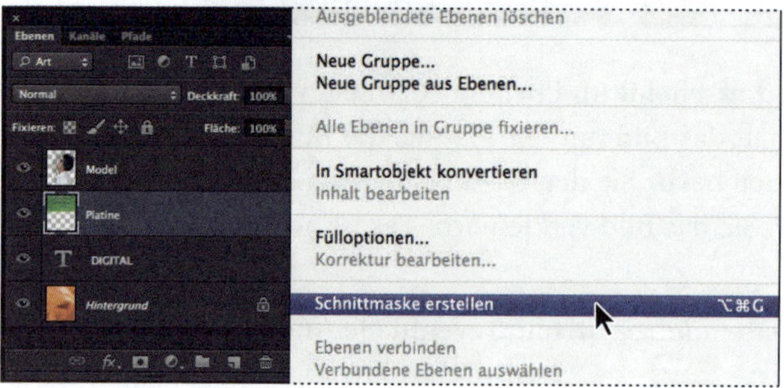

Die Schaltplatine scheint jetzt durch die Buchstaben *DIGITAL* hindurch. Ein kleiner Pfeil in der *Platine*-Ebene weist auf eine vorhandene Schnittmaske hin. Um den Buchstaben mehr Tiefe zu geben, fügen Sie jetzt einen Schatten nach innen hinzu.

10 Wählen Sie die Text-Ebene *DIGITAL* und klicken Sie unten im Ebenenbedienfeld auf die Schaltfläche »Ebenenstil hinzufügen« (*fx*). Wählen Sie aus dem Popup-Menü die Option »Schatten nach innen«.

11 Ändern Sie im Dialogfeld »Ebenenstil« die Füllmethode in *Multiplizieren* und nehmen Sie diese Einstellungen vor: Deckkraft = **48** %, Abstand = **18**, Unterfüllen = **0** und Größe = **16**. Klicken Sie auf OK.

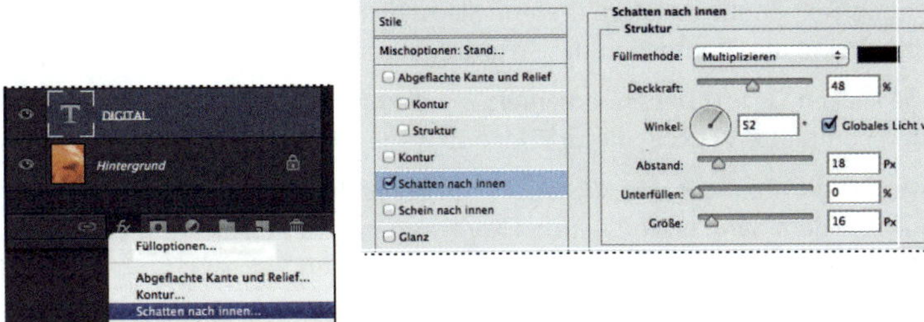

12 Wählen Sie **Datei: Speichern**.

Julieanne Kost, Adobe Photoshop-Expertin

Tipps von der Photoshop-Expertin

Tricks für das Text-Werkzeug

- Klicken Sie mit dem Text-Werkzeug (T) bei gedrückter Umschalttaste, um eine neue Text-Ebene anzulegen, wenn Sie zu dicht an einem anderen Textblock sind und Photoshop diesen automatisch wählen will.
- Doppelklicken Sie im Ebenenbedienfeld auf die Miniatur einer Text-Ebene, um den kompletten Text in dieser Ebene zu wählen.
- Wählen Sie den Text aus und klicken Sie mit der rechten Maustaste darauf. Aus dem dann erscheinenden Kontextmenü wählen Sie »Rechtschreibprüfung«.

Text auf einem Pfad erzeugen

Sie können in Photoshop Text erzeugen, der entlang einem Pfad verläuft. Den Pfad legen Sie mit dem Zeichenstift- oder dem Eigene-Form-Werkzeug an. Die Richtung des Textflusses hängt davon ab, in welcher Reihenfolge die Ankerpunkte dem Pfad hinzugefügt wurden. Wenn Sie Text mit dem horizontalen Text-Werkzeug einem Pfad hinzufügen, sind die Buchstaben senkrecht zur Grundlinie des Pfads angeordnet. Sobald Sie die Form oder den Pfad verschieben, wandert auch der Text mit.

Sie erstellen Text entlang einem Pfad, um ein Fragezeichen zu formen, das aus dem Mund des Models kommt. Wir haben bereits den Pfad angelegt.

1 Wählen Sie im Ebenenbedienfeld die Hintergrundebene.

2 Klicken Sie in der Gruppe mit dem Ebenenbedienfeld auf das *Pfade*-Register.

3 Wählen Sie im Pfadebedienfeld den Pfad *Sprache*. Der Pfad scheint aus dem Mund des Models zu kommen.

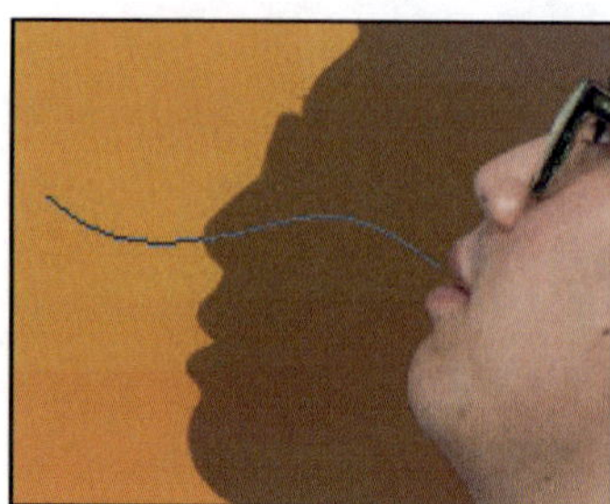

4 Wählen Sie das horizontale Text-Werkzeug.

5 Nehmen Sie im Zeichenbedienfeld diese Einstellungen vor:

- Schriftfamilie: Myriad Pro
- Schriftschnitt: Regular (Normal)
- Schriftgrad (T): **16** Pt
- Laufweite (VA): **-10**
- Farbe: Weiß
- Großbuchstaben (TT)

6 Setzen Sie das Text-Werkzeug auf den Pfad. Sobald eine kleine geneigte Linie auf der Einfügemarke erscheint, klicken Sie auf den Anfang des Pfads und geben Sie den Text **WHAT'S NEW WITH GAMES?** ein.

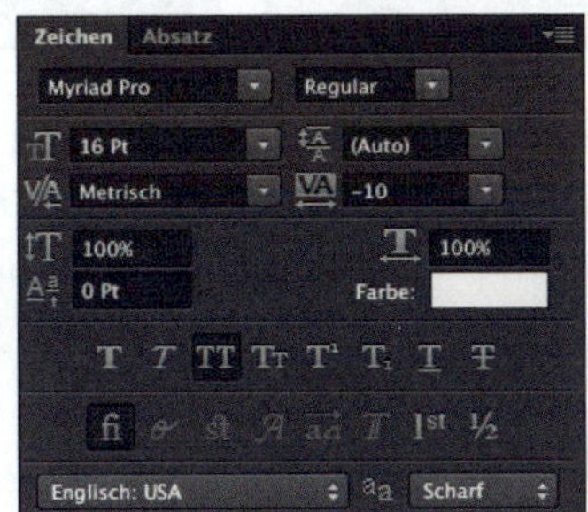

7 Wählen Sie das Wort *GAMES* und ändern Sie den Schriftschnitt in Bold (Fett). Klicken Sie oben in der Optionsleiste auf »Aktuelle Bearbeitungen bestätigen« (✓).

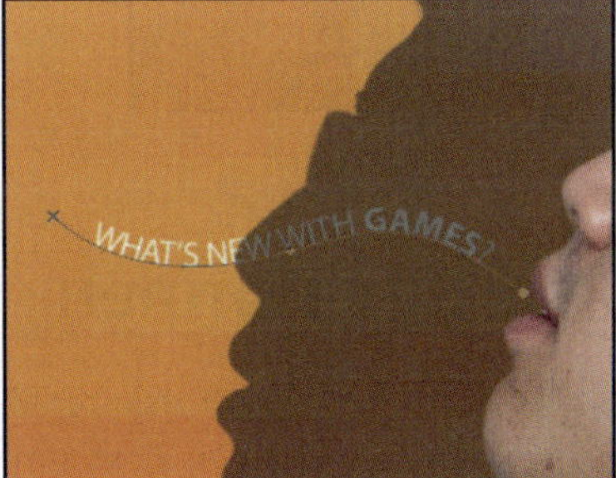

8 Wählen Sie im Ebenenbedienfeld die Ebene *What's New with Games* und dann aus dem Menü des Ebenenbedienfelds die Option »Ebene duplizieren«. Benennen Sie die Ebene mit **What's new with MP3s?**.

9 Wählen Sie mit dem Text-Werkzeug das Wort *GAMES* und ersetzen Sie es mit **MP3s**. Klicken Sie in der Optionsleiste auf »Aktuelle Bearbeitungen bestätigen«.

10 Wählen Sie **Bearbeiten: Pfad frei transformieren**. Drehen Sie die linke Seite des Pfads um etwa 30 Grad und verschieben Sie den Pfad nach oben über den ersten Pfad. Klicken Sie in der Optionsleiste auf die Schaltfläche »Transformieren bestätigen«.

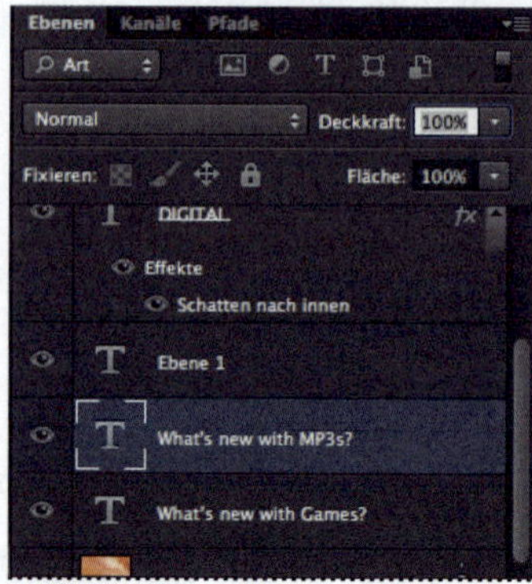

11 Wiederholen Sie die Schritte 8 bis 10 und ersetzen Sie das Wort *GAMES* durch **PHONES**. Drehen Sie die linke Seite des Pfads um etwa -30 Grad und verschieben Sie ihn unter den ursprünglichen Pfad.

12 Wählen Sie **Datei: Speichern**.

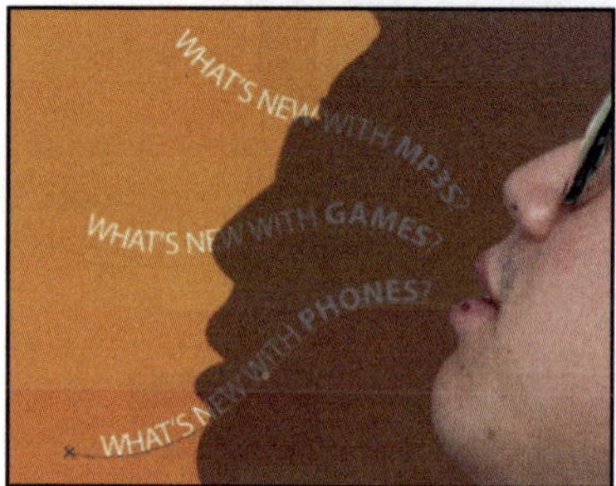

Punkttext verformen

Text auf Pfaden ist schon interessanter als in gerade ausgerichteten Zeilen, doch jetzt verkrümmen Sie den Text, um ihn noch wirkungsvoller zu machen. *Verkrümmen* ermöglicht, Schriften in den unterschiedlichsten Formen zu verzerren – beispielsweise bogen- oder wellenförmig. Der gewählte Verkrümmungsstil ist ein Attribut der Text-Ebene und lässt sich jederzeit ändern. Außerdem können Sie mit den Verkrümmungsoptionen die Ausrichtung und die Perspektive des Verkrümmungseffektes steuern.

1 Scrollen Sie oder benutzen Sie das Hand-Werkzeug (✋), um das Bildfenster so einzustellen, dass sich die Sätze links vom Modell in der Bildschirmmitte befinden.

2 Klicken Sie im Ebenenbedienfeld mit der rechten Maustaste auf die Ebene *What's New with Games?* und wählen Sie im Kontextmenü die Option »Text verformen«.

3 Wählen Sie im Dialogfeld »Text verformen« aus dem Popup-Menü »Art« die Option »Welle«. Die Option »Horizontal« muss aktiviert sein. Stellen Sie die Biegung auf **+33** %, die horizontale Verzerrung auf **-23** % und die vertikale Verzerrung auf +**5**% ein. Klicken Sie dann auf OK.

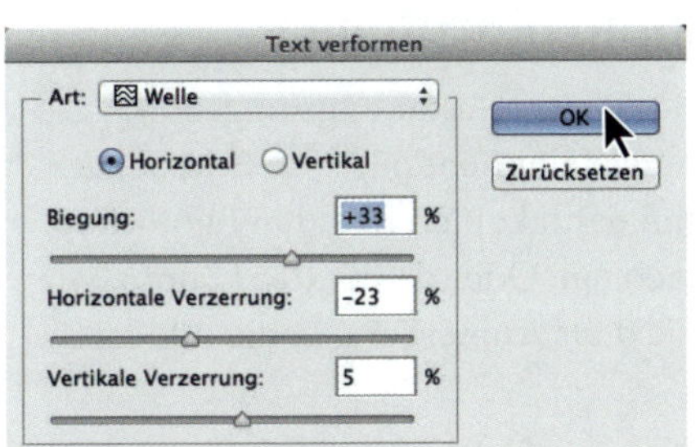

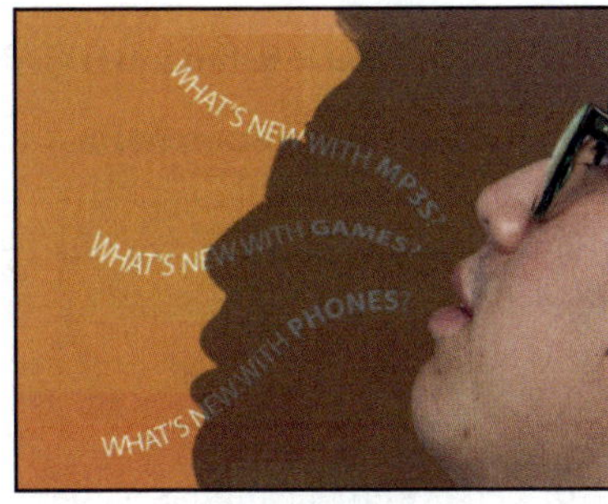

Video: Das Video »Punkt- und Mengentext« auf der Buch-DVD zeigt mehr zu diesem Thema. Weitere Informationen finden Sie unter »Den Ordner Video-Training installieren« auf Seite 13.

Die Wörter *What's new with games?* erscheinen wie eine Welle auf dem Titel. Wiederholen Sie die Schritte 2 und 3, um auch die beiden anderen Textebenen zu verkrümmen.

4 Speichern Sie Ihre Arbeit.

Textabsätze gestalten

Bis jetzt setzt sich der Text aus wenigen einzelnen Wörtern oder Linien zusammen – also aus Punkttext. Viele Designs verlangen aber nach ganzen Textabsätzen. Derartiger Absatztext lässt sich auch in Photoshop gestalten, das heißt, Sie benötigen kein spezielles Seitenlayoutprogramm für anspruchsvollen Absatztext.

Hilfslinien einrichten

Sie versehen jetzt in Photoshop den Titel mit Textabsätzen. Dazu legen Sie erst einmal einige Hilfslinien für die genaue Positionierung des Absatzes an und richten ein neues Absatzformat ein.

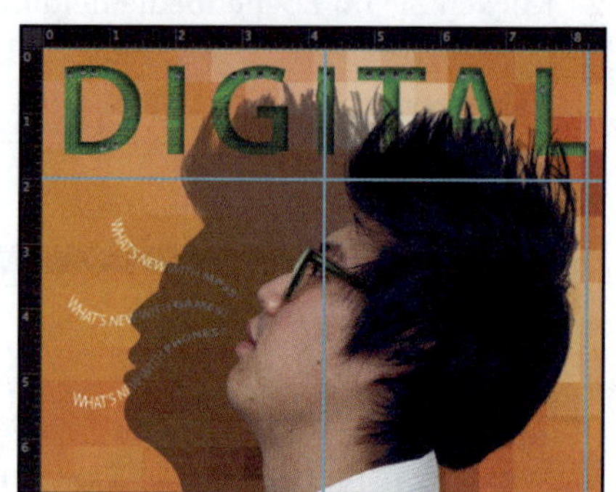

1 Ziehen Sie eine Hilfslinie aus dem linken senkrechten Lineal. Die Hilfslinie platzieren Sie etwa 0,6 cm vom rechten Rand des Titels entfernt.

2 Ziehen Sie eine Hilfslinie aus dem oberen horizontalen Lineal etwa 5 cm vom oberen Rand des Titels entfernt.

Absatztext aus einer Anmerkung hinzufügen

Hinweis: Eventuell müssen Sie die Ansicht ändern oder scrollen, um die geöffnete Anmerkung auf dem Bildschirm zu sehen.

Jetzt können Sie Text hinzufügen. In einer realen Gestaltungsumgebung würde Ihnen der Text als Textverarbeitungsdokument oder per E-Mail zur Verfügung gestellt werden, woraus Sie ihn dann kopieren und in Photoshop einfügen. Oder Sie tippen den Text einfach ein. Oder der Texter könnte (wie in unserem Beispiel) den gewünschten Text als Anmerkung in die Bilddatei einfügen.

1 Doppelklicken Sie auf das gelbe Anmerkungssymbol unten rechts im Bildfenster, um das Anmerkungenbedienfeld zu öffnen. Eventuell müssen Sie das Fenster vergrößern, um den kompletten Text zu sehen.

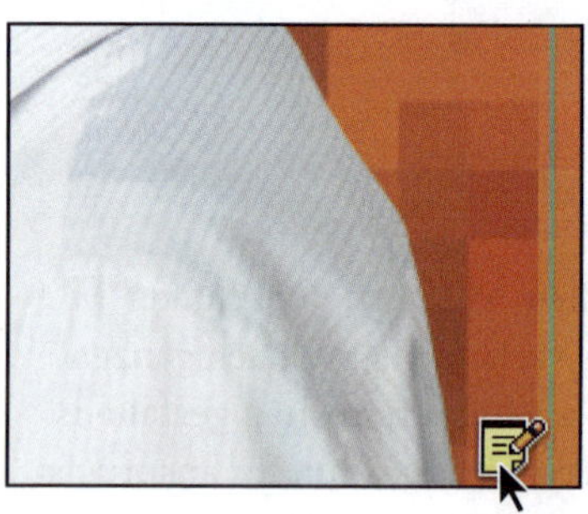

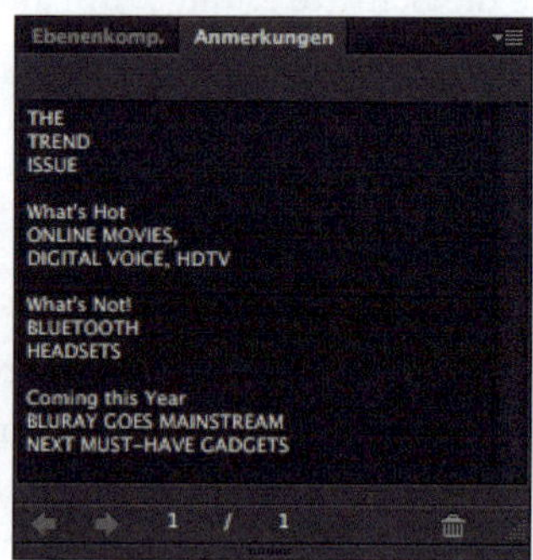

2 Wählen Sie im Anmerkungenbedienfeld den kompletten Text, etwa mit Strg+A (Windows) bzw. Befehl+A (Mac OS), und drücken Sie Strg+C (Windows) bzw. Befehl+C (Mac OS), um den Text in die Zwischenablage zu kopieren. Schließen Sie das Anmerkungenbedienfeld.

3 Wählen Sie die Ebene *Model*. Ziehen Sie nun mit dem horizontalen Text-Werkzeug ein Textfeld auf der rechten Seite des Zeitschriftentitels auf. Das Textfeld sollte etwa 10 x 20 cm groß und etwa 0,6 vom rechten Titelrand entfernt sein. Richten Sie die obere und rechte Kante des Textrahmens an den Hilfslinien aus.

4 Drücken Sie Strg+V (Windows) bzw. Befehl+V (Mac OS), um den Text aus der Zwischenablage in das Textfeld einzufügen. Die neue Textebene befindet sich ganz oben im Ebenenbedienfeld, so dass der Text vor dem Model erscheint.

Der eingefügte Text ist groß, da aktuell 144 Pt für Text als Standard eingestellt ist. Sie ändern den kompletten Text in eine lesbare Größe und weisen erst dann einen bestimmten Stil zu.

5 Klicken Sie im eingefügten Text und drücken Sie Strg+A (Windows) bzw. Befehl+A (Mac OS), um den kompletten Text zu wählen. Ändern Sie die Größe im Zeichenbedienfeld in **18** Pt.

6 Wählen Sie die ersten drei Zeilen (*The Trend Issue*) und nehmen Sie im Zeichenbedienfeld die folgenden Einstellungen vor:

- Schriftfamilie: Myriad Pro (oder eine andere serifenlose Schrift)
- Schriftschnitt: Regular
- Schriftgrad (T): **70** Pt
- Zeilenabstand (A): **55** Pt
- Farbe: Weiß

7 Klicken Sie in der Zeichenbedienfeldgruppe auf das Absatzregister, um das Absatzbedienfeld zu öffnen.

8 *The Trend Issue* ist noch gewählt. Klicken Sie auf das Symbol »Rechtsbündig ausrichten«.

9 Klicken Sie auf das Zeichenregister, um wieder das Zeichenbedienfeld zu öffnen. Wählen Sie jetzt das Wort *Trend* und ändern Sie den Schriftschnitt in *Bold*.

10 Klicken Sie in der Optionsleiste auf die Schaltfläche »Aktuelle Bearbeitungen bestätigen« (✓).

11 Klicken Sie im leeren Bereich des Ebenenbedienfelds. So stellen Sie sicher, dass keine Ebene gewählt ist.

▶ **Tipp:** Sollten Sie den Text *DIGITAL* versehentlich gewählt haben, drücken Sie erst die Umschalttaste und beginnen dann zu ziehen. Lassen Sie die Umschalttaste los und ziehen Sie weiter. Das Drücken der Umschalttaste stellt sicher, dass Photoshop eine neue Textebene erzeugt.

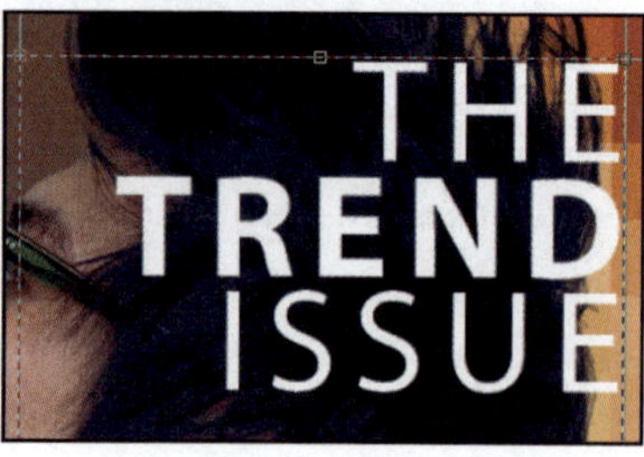

Sie haben den Titel formatiert.

Absatzformate erstellen

Sie erstellen ein Absatzformat, mit dem Sie den restlichen Text formatieren. Ein Absatzformat besteht aus einer Ansammlung von Schriftattributen, die Sie durch einfaches Klicken einem kompletten Absatz zuweisen. Absatzformate in Photoshop ähneln Formaten in Seitenlayoutprogrammen wie InDesign oder in Textverarbeitungsprogrammen. Der in Photoshop erzeugte Text ist bereits standardmäßig mit dem Basisabsatzformat versehen.

1 Klicken Sie unten im Absatzformatebedienfeld auf die Schaltfläche »Neues Absatzformat erstellen« (■).

2 Doppelklicken Sie auf *Absatzformat 1*, um die Attribute zu ändern.

3 Nehmen Sie im Dialogfeld »Absatzformatoptionen« die folgenden Einstellungen vor: :

- Formatname: **Aufmacher**
- Schriftfamilie: Myriad Pro
- Schriftschnitt: Bold
- Schriftgrad: **28** Pt
- Laufweite: **28** Pt
- Farbe: Weiß

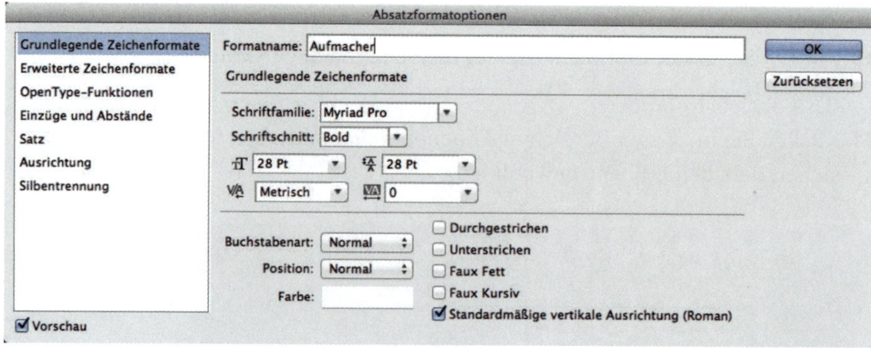

4 Wählen Sie links im Dialogfeld »Absatzformatoptionen« die Option »Einzüge und Abstände«.

5 Wählen Sie im Menü »Ausrichtung« die Option »Rechtsbündig« und klicken Sie auf OK.

Sie haben ein Absatzformat erstellt, mit dem Sie schnell den Titel-Aufmacher formatieren können. Sie erstellen nun ein weiteres Absatzformat für die (kleineren) Unterüberschriften.

6 Klicken Sie erneut unten im Absatzformatebedienfeld auf die Schaltfläche »Neues Absatzformat erstellen«.

7 Doppelklicken Sie auf *Absatzformat 1* und nehmen Sie die folgenden Einstellungen vor:

- Formatname: **Unterüberschrift**
- Schriftfamilie: Myriad Pro
- Schriftschnitt: Regular
- Schriftgrad: **22** Pt
- Laufweite: **28** Pt
- Farbe: Weiß

8 Wählen Sie links im Dialogfeld »Absatzformatoptionen« die Option »Einzüge und Abstände«.

9 Wählen Sie im Menü »Ausrichtung« die Option »Rechtsbündig« und klicken Sie auf OK.

Absatzformate zuweisen

Absatzformate lassen sich ganz einfach zuweisen, indem Sie den Text wählen und dann nur noch auf den Formatnamen klicken. Wurde ein Text mit dem Basisabsatzformat mit einem neuen Absatzformat geändert, erhält Photoshop die Attribute des Basisabsatzformats und weist nur die davon abweichenden Formatattribute zu. In diesem Fall müssen Sie die Überschreibungen löschen, um sämtliche Formatattribute zuzuweisen.

1 Wählen Sie den Text *What's Hot* und dann im Absatzformatebedienfeld das Format *Aufmacher*.

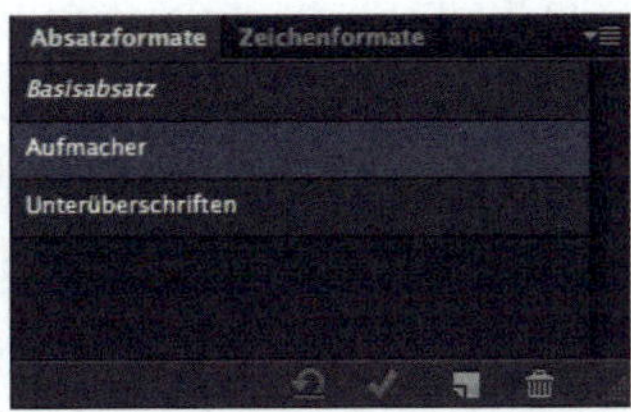

Photoshop weist einige Attribute in *Aufmacher* dem Absatz zu, doch nicht alle. Grund: Es gab Formatüberschreibungen beim Zuweisen des Absatzformats.

2 Klicken Sie unten im Absatzformatebedienfeld auf die Schaltfläche »Überschreibung löschen« (⊡).

3 Wählen Sie den Text unter *What's Hot* und dann im Absatzformatebedienfeld das Format *Unterüberschrift*. Klicken Sie erneut auf die Schaltfläche »Überschreibung löschen«.

4 Wiederholen Sie die Schritte 1 bis 3 für die Abschnitte *What's Not* und *Coming this year*.

Es gibt nur noch einen Textbereich, den Sie ändern müssen.

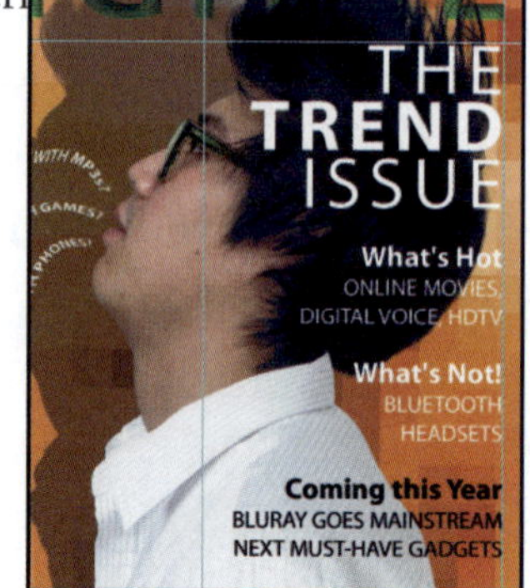

5 Wählen Sie *Coming this year* und den danach folgenden Text. Ändern Sie im Zeichenbedienfeld die Textfarbe in Schwarz.

6 Klicken Sie abschließend in der Optionsleiste auf die Schaltfläche »Aktuelle Bearbeitungen bestätigen«, um die Textformatierungen zu übernehmen.

Vertikalen Text hinzufügen

Sie sind mit dem Layout des Zeitschriftentitels fast fertig und müssen nur noch die Zahl für die Ausgabe oben rechts einfügen. Dazu verwenden Sie das vertikale Text-Werkzeug.

1 Wählen Sie **Auswahl: Ebenenauswahl aufheben**. Wählen Sie das Vertikale Text-Werkzeug (↓T), das unter dem Horizontalen Text-Werkzeug verborgen ist.

2 Ziehen Sie mit gedrückter Umschalttaste in der oberen rechten Ecke des Titels in der Nähe vom *L*. Lassen Sie die Umschalttaste los und ziehen Sie ein senkrechtes Rechteck

Das Drücken der Umschalttaste beim Beginn des Ziehens bewirkt, dass Sie ein neues Textfeld erstellen und nicht den Titel wählen.

3 Geben Sie **VOL 9** ein.

4 Wählen Sie die Buchstaben entweder durch Ziehen oder dreimaliges Klicken. Wählen Sie anschließend im Zeichenbedienfeld:

- Schriftfamilie: eine serifenlose Schrift wie die Myriad Pro
- Schriftschnitt: ein leichter oder enger Schnitt wie Light Condensed

OpenType in Photoshop

Der Schriftstandard OpenType wurde gemeinsam von Adobe und Microsoft entwickelt. Bei OpenType-Schriften ist die Schriftdatei für Windows- und Macintosh-Computer identisch, weshalb Dateien ohne Schriftersetzung und andere Textumbruchprobleme zwischen den Plattformen ausgetauscht werden können. OpenType-Schriften können erweiterte Zeichensätze und Layout-Funktionen enthalten, die eine bessere Unterstützung für verschiedene Sprachen und eine ausgefeiltere typografische Kontrolle bieten. Photoshop CS5 unterstützt OpenType – hier einige Highlights:

Das OpenType-Menü: Das entsprechende Menü im Zeichenbedienfeld enthält ein Untermenü mit allen Möglichkeiten für eine gewählte OpenType-Schrift, beispielsweise Ligaturen, Alternativen und Bruchziffern. Abgeblendete Optionen sind für die gewählte Schrift nicht verfügbar und markierte wurden zugewiesen.

Ligaturen: Um zwei OpenType-Buchstaben als Ligatur zu bestimmen, wie ein »th« in der Schrift Bickham Script Standard, wählen Sie die Buchstaben im Bildfenster und dann aus dem Menü des Zeichenbedienfelds die Option »OpenType: Kontextbedingte Ligaturen«.

Stilistische Alternativen: Um alternative Zeichen zu erzeugen, wählen Sie den gewünschten Buchstaben (z. B. das »T« in der Bickham Script) und dann »OpenType: Stilistische Alternativen«.

Bruchziffern: Geben Sie einen Bruch ein (z. B. 1/2), wählen Sie die Zeichen und dann aus dem Menü des Zeichenbedienfelds die Option »OpenType: Brüche«.

▶ **Tipp:** Wenn Sie vorab eine Vorschau Ihrer Open-Type-Einstellungen haben möchten, arbeiten Sie mit dem Glyphenbedienfeld in Adobe Illustrator: Kopieren Sie den Text in Photoshop und fügen Sie ihn in ein Illustrator-Dokument ein. Öffnen Sie dann mit **Fenster: Schrift: Glyphen** das Glyphenbedienfeld. Wählen Sie den zu ändernden Text und **Anzeigen: Alternativen für aktuelle Auswahl**. Doppelklicken Sie auf eine Glyphe, um sie zuzuweisen. Kopieren Sie anschließend die neue Schrift in Ihre Photoshop-Datei.

- Schriftgrad: **28** Pt
- Laufweite: **150**
- Farbe: Schwarz

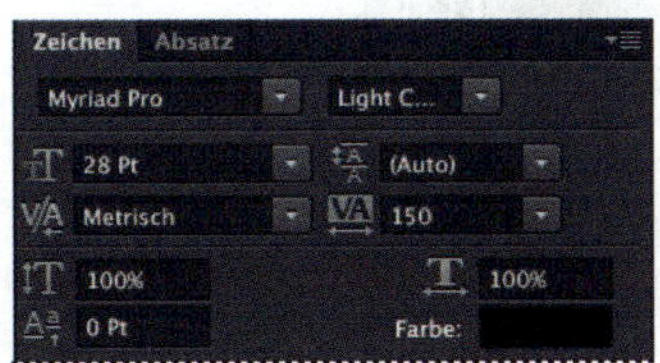

5 Klicken Sie in der Optionsleiste auf »Aktuelle Bearbeitungen bestätigen« (✔). Der vertikale Text erscheint jetzt auf der Ebene *VOL 9*. Eventuell müssen Sie den Text mit dem Verschieben-Werkzeug (▶✣) nach rechts ziehen.

Sie räumen nun ein wenig auf.

6 Klicken Sie, um die Anmerkung zu wählen, und klicken Sie dann mit der rechten Maustaste (Windows) bzw. mit gedrückter Control-Taste (Mac OS) und wählen Sie aus dem Kontextmenü die Option »Anmerkung löschen«.

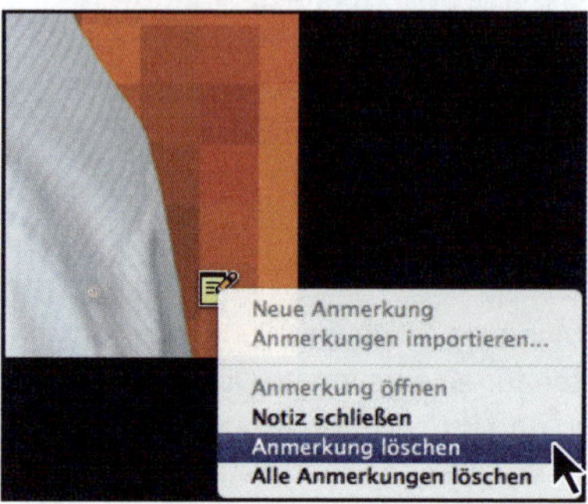

7 Blenden Sie die Hilfslinien aus, indem Sie das Hand-Werkzeug (✋) wählen. Verkleinern Sie die Ansicht, um die Arbeit komplett sehen zu können.

8 Wählen Sie **Datei: Speichern**.

Glückwunsch! Sie haben den Zeitschriftentitel erfolgreich mit Text versehen. Sie reduzieren jetzt alle Ebenen auf eine Ebene und speichern die Bilddatei für den Druck.

9 Wählen Sie **Datei: Speichern unter** und benennen Sie die Datei mit **07Arbeit_reduziert**. Klicken Sie auf OK, wenn das Dialogfeld mit dem Kompatibilitätshinweis erscheint.

Die Dateiversion *07Arbeit.psd* mit allen intakten Ebenen ermöglicht eine spätere Bearbeitung.

10 Wählen Sie **Ebene: Auf Hintergrundebene reduzieren**.

11 Wählen Sie **Datei: Speichern** und schließen Sie anschließend das Bildfenster.

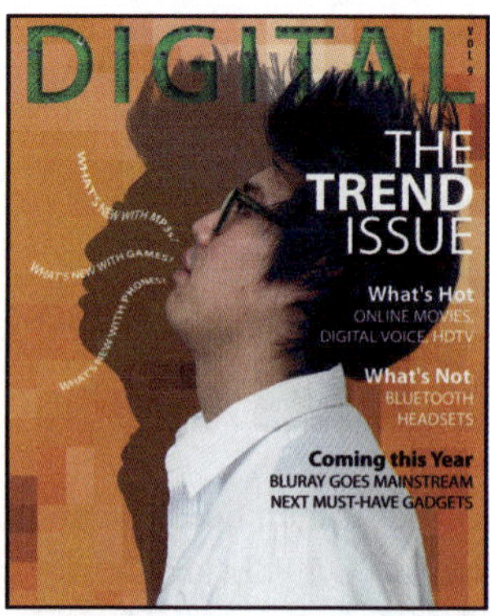

Fragen

1 Wie geht Photoshop mit Text um?

2 Unterscheidet sich eine Textebene von anderen Ebenen in Photoshop und wenn ja wie?

3 Was ist eine Schnittmaske und wie erzeugen Sie eine aus Text?

4 Was ist ein Absatzformat?

Antworten

1 Text in Photoshop besteht aus mathematisch definierten Formen für Buchstaben, Zahlen und Symbole einer Schriftart. Wenn Sie ein Bild in Photoshop mit Text versehen, bestehen die Zeichen aus Pixeln in der gleichen Auflösung wie die Bilddatei. Allerdings bewahrt Photoshop die vektorbasierten Konturen und benutzt sie für das Skalieren von Schrift, beim Speichern im PDF- oder EPS-Format oder für die Ausgabe auf einem PostScript-Drucker.

2 Text, der einem Bild hinzugefügt wurde, erscheint im Ebenenbedienfeld als eine Textebene, die sich wie jede andere Ebenenart bearbeiten und verwalten lässt. Sie können Text hinzufügen und bearbeiten, die Textausrichtung ändern, den Text glätten und verschieben, ihn im Ebenenstapel neu anordnen, kopieren sowie die Ebenenoptionen ändern.

3 Eine *Schnittmaske* ist ein Objekt oder eine Gruppe, deren Form eine andere Grafik so maskiert, dass nur die Bereiche innerhalb der Form sichtbar sind. Buchstaben auf einer Ebene werden zur Schnittmaske, wenn Sie die Text-Ebene und die durchscheinende Ebene wählen und im Menü des Ebenenbedienfelds »Schnittmaske erstellen« wählen.

4 Ein Absatzformat ist eine Ansammlung von Schriftattributen, die Sie schnell einem kompletten Absatz zuweisen.

8 MIT VEKTOREN ZEICHNEN

Überblick

In dieser Lektion lernen Sie Folgendes:

- Zwischen Pixelbildern und Vektorgrafiken unterscheiden
- Gerade und gebogene Pfade mit dem Zeichenstift-Werkzeug zeichnen
- Einen Pfad in eine Auswahl umwandeln und umgekehrt
- Pfade speichern
- Ebenenformen zeichnen und bearbeiten
- Eigene Ebenenformen zeichnen
- Smart Objekte aus Adobe Illustrator importieren und bearbeiten

Für diese Lektion benötigen Sie etwa 90 Minuten. Falls erforderlich, löschen Sie auf Ihrer Festplatte den Lektionsordner aus der vorherigen Lektion und kopieren stattdessen den Ordner *Lektion8* auf die Festplatte. Während dieser Lektion überschreiben Sie die Startdateien. Wenn Sie die Startdateien wiederherstellen wollen, kopieren Sie sie von der Buch-DVD erneut auf Ihre Festplatte.

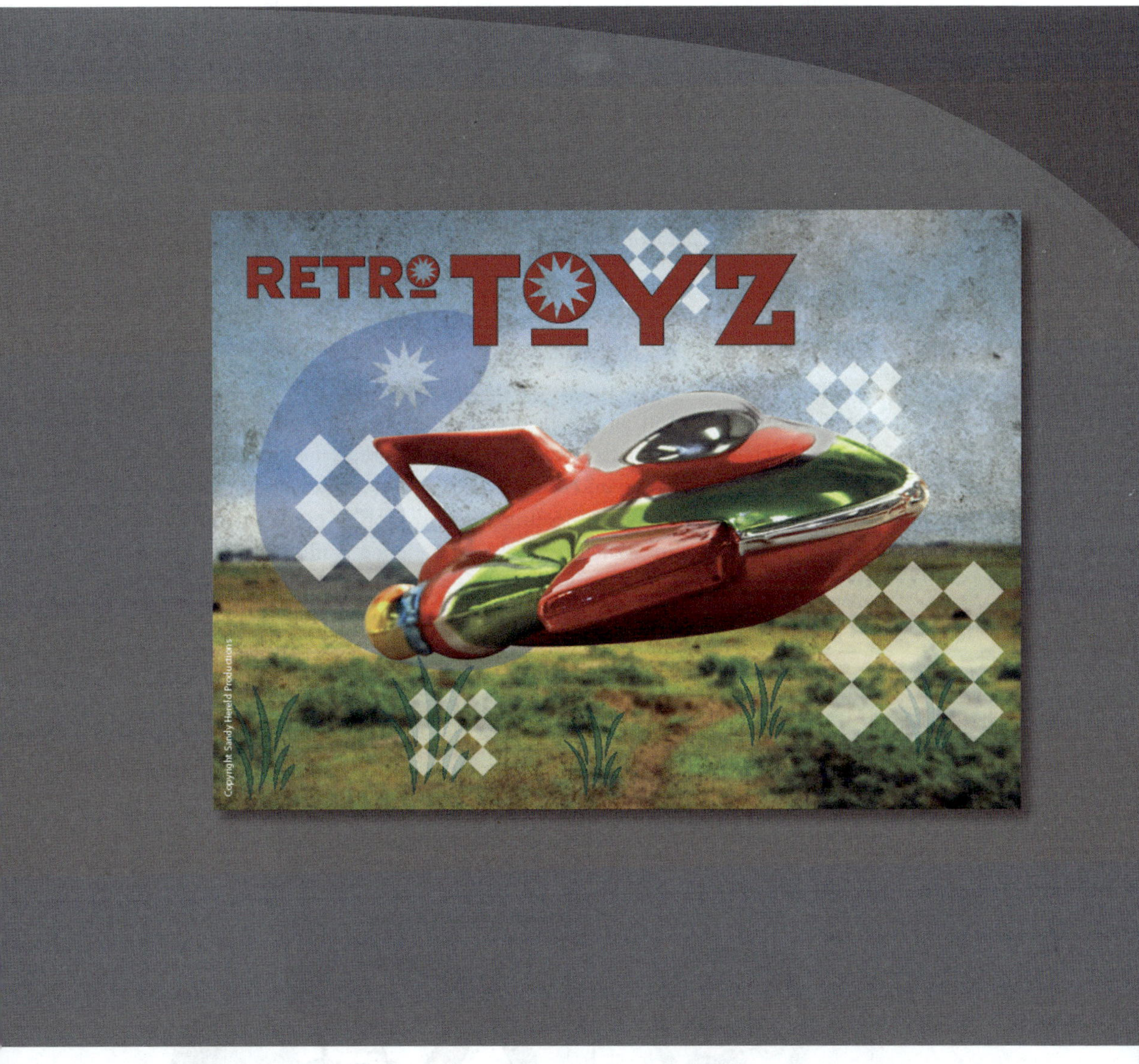

Vektorgrafiken behalten anders als Pixelbilder ihre scharfen Kanten bei jeder Vergrößerung. Vektorformen und -pfade zeichnen Sie direkt in Ihren Photoshop-Bildern und bestimmen mit Vektormasken, was später davon zu sehen ist.

Pixelbilder und Vektorgrafiken

Bevor Sie mit Vektorformen und Vektorpfaden arbeiten, sollten Sie über den Unterschied zwischen *Pixelbildern* (Bitmaps) und *Vektorgrafiken* Bescheid wissen. Computergrafiken lassen sich in zwei Kategorien einteilen: Bitmaps und Vektorgrafiken. Beide Grafiktypen lassen sich in Photoshop verwenden; eine Photoshop-Datei kann zudem sowohl Bitmap- als auch Vektordaten enthalten.

Bitmaps werden auch als *Rasterbilder* bezeichnet. Sie verwenden für die Darstellung von Bildern ein Farbraster (sog. Pixel). Jedem Pixel ist eine bestimmte Position und ein Farbwert zugewiesen. Bei Bitmap-Bildern bearbeiten Sie nicht Objekte oder Formen, sondern Pixel. Bitmaps sind das gängigste elektronische Medium für Halbtonbilder wie z. B. Fotos oder digitale Malerei, da sie Schattierungen und Farben in feinen Abstufungen wiedergeben. Bitmaps sind auflösungsabhängig, das heißt, sie enthalten eine bestimmte Zahl an Pixeln. Beim Skalieren auf dem Bildschirm oder Drucken mit einer zu niedrigen Auflösung gehen daher Details verloren oder es treten Unebenheiten auf.

Vektorgrafiken bestehen aus Linien und Kurven, die mathematisch definierte Objekte, sog. Vektoren, sind. Vektoren beschreiben Bilder anhand ihrer geometrischen Eigenschaften. Vektorgrafiken sind auflösungsunabhängig, das heißt, die Detailtreue und die Bildschärfe bleiben auch beim Skalieren und Drucken mit anderer Auflösung erhalten. Der jeweilige Drucker druckt Vektorgrafiken grundsätzlich in der bestmöglichen Auflösung. Sie eignen sich daher vor allem für Grafiken, in denen Linien auch bei unterschiedlichen Größen gestochen scharf sein müssen (z. B. Logos).

Logo als Vektorgrafik gezeichnet

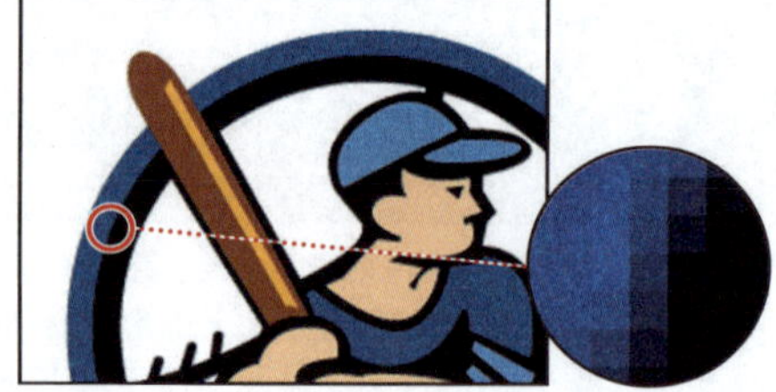

Logo als Pixelbild gerastert

Pfade und das Zeichenstift-Werkzeug

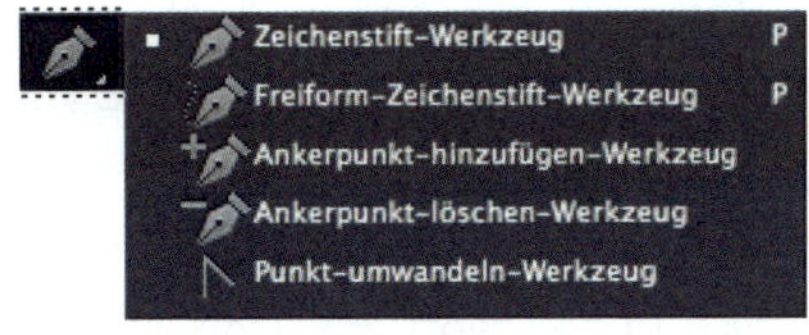

In Photoshop wird die Kontur bzw. der Umriss einer Form als *Pfad* bezeichnet. Ein Pfad ist eine Linie oder Form, die Sie mit dem Zeichenstift-Werkzeug, dem magnetischen Zeichenstift-Werkzeug oder dem Freiform-Zeichenstift-Werkzeug zeichnen. Von diesen Werkzeugen bietet das Zeichenstift-Werkzeug die größtmögliche Kontrolle und Genauigkeit beim Zeichnen. Mit dem Freiform-Zeichenstift-Werkzeug arbeiten Sie wie mit einem Bleistift auf Papier.

Julieanne Kost, Adobe Photoshop-Expertin

Tipps von der Photoshop-Expertin

Werkzeuge lassen sich mit einem einzelnen Buchstaben wählen. Drücken Sie beispielsweise P für das Zeichenstift-Werkzeug. Mit gleichzeitig gedrückter Umschalttaste blättern Sie in einer Werkzeuggruppe. Umschalt+P schaltet zwischen Zeichenstift- und Freiform-Zeichenstift-Werkzeug um.

Pfade sind offen oder geschlossen. Offene Pfade (wie eine Wellenlinie) haben zwei deutliche Endpunkte. Geschlossene Pfade haben weder Anfang noch Ende, ein Kreis ist beispielsweise ein geschlossener Pfad. Der Pfadtyp bestimmt, wie Photoshop den Pfad wählt und anpasst.

Pfade sind beim Ausdruck nicht zu sehen. (Das kommt daher, dass es sich um Vektorobjekte ohne Pixel handelt, im Gegensatz zu den Bitmap-Formen, die Sie mit dem Linienzeichner und anderen Malwerkzeugen zeichnen.)

Vorbereitungen

Sie öffnen jetzt eine Kopie des fertigen Bildes, um eine Vorstellung von dem zu erhalten, was Sie erstellen – das Poster eines fiktiven Spielzeugherstellers.

1 Starten Sie Photoshop und halten Sie sofort danach die Tasten Strg+Alt+Umschalt (Windows) bzw. Befehl+Wahl+Umschalt (Mac OS) gedrückt, um die standardmäßigen Voreinstellungen zu erhalten. (Siehe »Die Standardeinstellungen wiederherstellen« auf Seite 13.)

2 Klicken Sie im Meldungsfenster zur Bestätigung auf »Ja« für die standardmäßigen Voreinstellungen.

3 Klicken Sie auf das Mini-Bridge-Register, um das entsprechende Bedienfeld zu öffnen. Falls Bridge im Hintergrund nicht läuft, klicken Sie auf »Bridge starten«.

4 Wählen Sie im Mini-Bridge-Bedienfeld aus dem Popup-Menü links die Option »Favoriten«. Doppelklicken Sie auf den Ordner *Lektionen* und doppelklicken Sie anschließend auf den Ordner *Lektion08*.

5 Wählen Sie die Datei *08End.psd* und drücken Sie die Leertaste, um die Datei im Vollbildmodus anzuzeigen.

Hinweis: Wenn Sie die Datei *08End.psd* in Photoshop öffnen, könnten Sie eventuell aufgefordert werden, die Text-Ebenen zu aktualisieren. Klicken Sie einfach auf »Aktualisieren«. Der Hinweis erscheint, wenn Daten zwischen Computern übertragen werden, speziell zwischen Windows und Mac OS.

Um dieses Poster zu gestalten, öffnen Sie das Bild mit der fliegenden Untertasse und zeichnen Pfade und Auswahlen mit dem Zeichenstift-Werkzeug. Während Sie Hintergrundformen und Text erzeugen, erfahren Sie alles über den Einsatz von Pfaden und Vektormasken sowie die Arbeit mit Smart Objekten.

6 Drücken Sie nach dem Betrachten der Datei *08End.psd* wieder die Leertaste. Doppelklicken Sie dann auf die Datei *08Start.psd*, um sie in Photoshop zu öffnen.

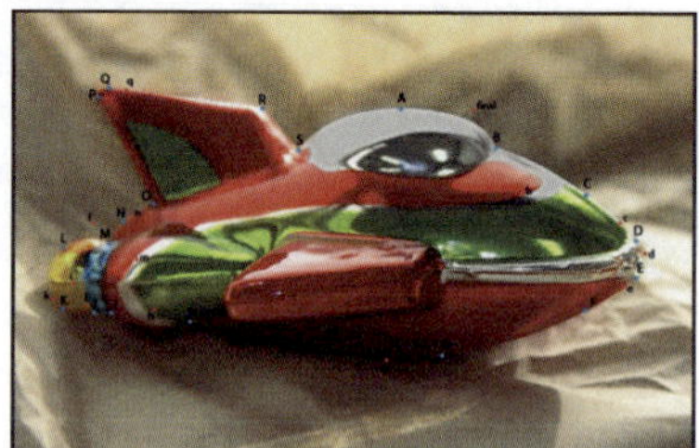

7 Wählen Sie **Datei: Speichern unter** und benennen Sie die Datei mit **08Arbeit.psd**. Klicken Sie nach dem Bestätigen des Kompatibilitätshinweises auf »Speichern«.

Einen Pfad in einem Bild zeichnen

Zeichnen Sie jetzt mit dem Zeichenstift-Werkzeug Auswahlbereiche in dem Bild der fliegenden Untertasse. Die Untertasse hat lange, weich gebogene Kanten, die mit anderen Methoden nur schwierig auszuwählen sind.

Zeichnen Sie einen Pfad um das Bild und erstellen Sie zwei weitere Pfade innerhalb des Bildes. Danach wandeln Sie die Pfade in Auswahlbereiche um. Ziehen Sie dann eine Auswahl von einer anderen ab, damit nur noch die Untertasse gewählt ist. Schließlich erstellen Sie von dem Bild mit der Untertasse eine neue Ebene und ändern das Bild, das unter dieser Ebene erscheint.

Pfade mit Zeichenstift -Werkzeug erstellen

Mit dem Zeichenstift-Werkzeug erstellen Sie gerade und gebogene Pfade, die offen oder geschlossen sind. Die Arbeit mit dem Zeichenstift-Werkzeug kann anfänglich etwas verwirrend sein. Deshalb sollten Sie über die einzelnen Pfadelemente und ihre Erstellung Bescheid wissen.

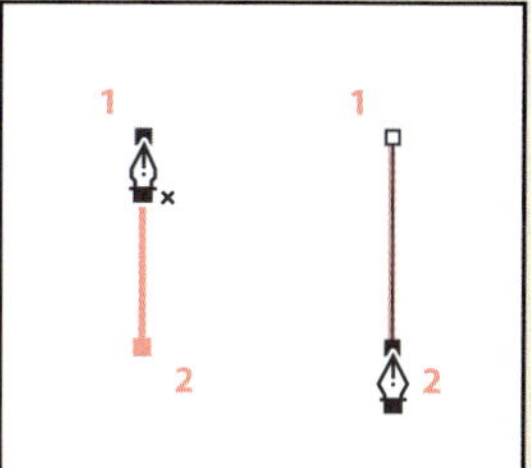

Gerade erstellen

Gerade Pfade erhalten Sie durch Drücken der Maustaste. Sobald Sie das erste Mal mit der Maustaste klicken, bestimmen Sie einen Anfangspunkt für den Pfad. Bei jedem weiteren Klicken zieht Photoshop zwischen dem vorherigen und dem aktuellen Punkt eine gerade Linie. Fügen Sie weitere Punkte hinzu, um auch komplexe gerade Pfade zu erstellen.

Um einen Kurvenpfad zu erstellen, klicken Sie für einen Ankerpunkt. Ziehen Sie von diesem Punkt aus für eine Grifflinie und klicken Sie für den nächsten Ankerpunkt. Jede Grifflinie endet in Griffpunkten. Die Position der Grifflinien und -punkte bestimmt die Größe und Form eines Kurvensegments. Durch Verschieben der Grifflinien und -punkte ändern Sie die Kurve in einem Pfad.

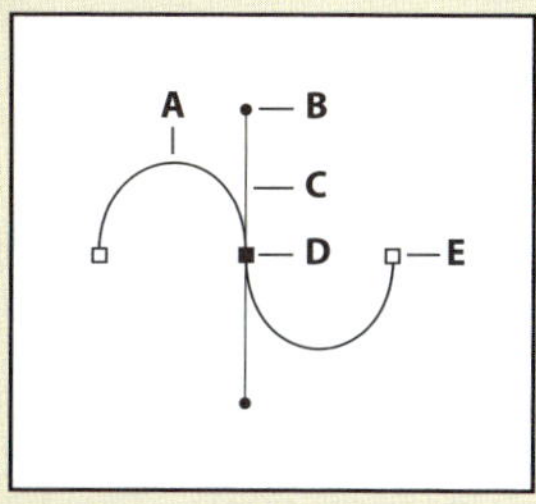

A. *Gekrümmtes Liniensegment*
B. *Griffpunkt*
C. *Grifflinie*
D. *Gewählter Ankerpunkt*
E. *Nicht gewählter Ankerpunkt*

Sanfte Kurven sind durch Ankerpunkte (Kurvenpunkte) verbunden. Stark gekrümmte Pfade sind durch Eckpunkte verbunden. Wenn Sie eine Grifflinie auf einem Kurvenpunkt verschieben, werden die Kurvensegmente auf beiden Seiten des Punktes gleichzeitig angepasst. Wenn Sie dagegen eine Grifflinie auf einem Eckpunkt verschieben, wird nur die Kurve angepasst, die auf der Seite des Punktes liegt, auf der sich die Grifflinie befindet.

Pfadsegmente und Ankerpunkte lassen sich einzeln oder als Gruppe verschieben. Enthält ein Pfad mehrere Segmente, können Sie die einzelnen Ankerpunkte ziehen, um einzelne Segmente anzupassen. Oder Sie wählen alle Ankerpunkte in einem Pfad, um den kompletten Pfad zu bearbeiten. Mit dem Direkt-Auswahl-Werkzeug wählen und ändern Sie einen Ankerpunkt, ein Pfadsegment oder den Pfad.

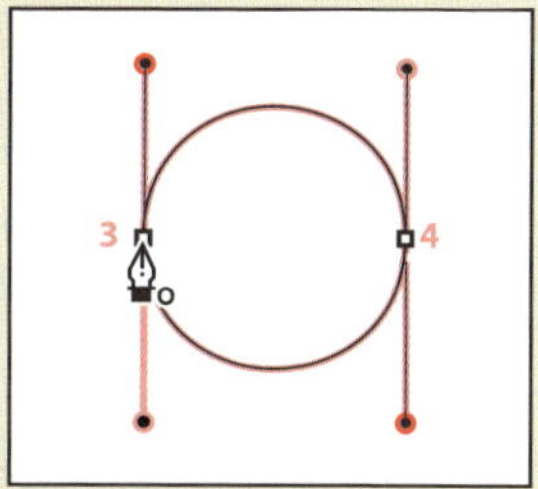

Geschlossenen Pfad erstellen

Ein geschlossener Pfad unterscheidet sich von einem geöffneten durch die Art, wie Sie den Pfad enden lassen. Um einen geöffneten Pfad enden zu lassen, klicken Sie im Werkzeugbedienfeld auf das Zeichenstift-Werkzeug. Um einen geschlossenen Pfad zu erstellen, setzen Sie den Zeiger des Zeichenstift-Werkzeugs über den Anfangspunkt und klicken. Der Pfad wird so automatisch auch beendet. Nach Schließen des Pfads ist das Zeichenstift-Werkzeug mit einem kleinen x versehen – ein weiteres Klicken würde einen neuen Pfad beginnen.

Während Sie Pfade zeichnen, erscheint ein temporärer Speicherbereich mit der Bezeichnung *Arbeitspfad* im Pfadebedienfeld. Sie sollten die Arbeitspfade speichern, besonders, wenn mehrere einzelne Pfade in einer Bilddatei vorhanden sind. Wenn Sie einen Arbeitspfad im Pfadebedienfeld abwählen und neu zeichnen, wird er durch den neuen Pfad ersetzt. Um einen Arbeitspfad zu speichern, doppelklicken Sie auf den Pfad im Pfadebedienfeld und geben im Dialogfeld »Pfad speichern« einen Namen ein. Klicken Sie dann auf OK, um den Pfad mit dem neuen Namen zu speichern. Der Pfad bleibt weiterhin im Pfadebedienfeld gewählt.

Wenn Sie mit dem Zeichenstift-Werkzeug einen Freiformpfad zeichnen, sollten Sie für die gewünschte Form möglichst wenig Punkte verwenden – je weniger Punkte, desto gleichmäßiger sind die Kurven.

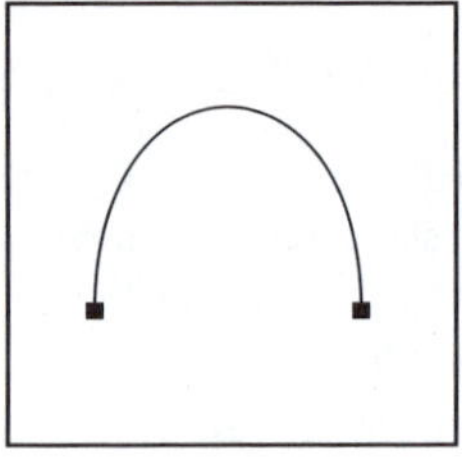

Korrekte Punkteanzahl

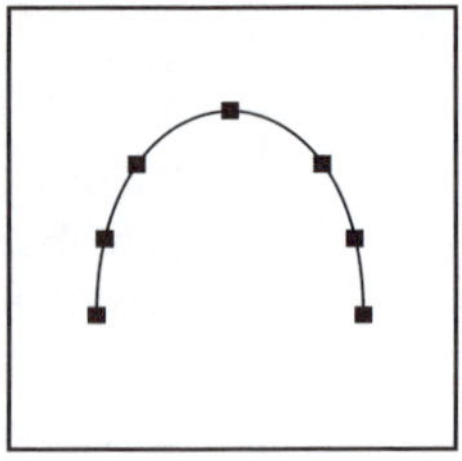

Zu viele Punkte

Kontur einer Form zeichnen

Verwenden Sie das Zeichenstift-Werkzeug, um die Punkte von Position A bis Position S und dann wieder zurück mit Position A zu verbinden. Arbeiten Sie mit geraden Segmenten, weichen Kurvenpunkten und Eckpunkten.

Video: Das Video »Vektoren und Pinsel kombinieren« auf der Buch-DVD zeigt mehr zu diesem Thema. Weitere Informationen finden Sie unter »Den Ordner Video-Training installieren« auf Seite 13.

Zuerst stellen Sie die Optionen für das Zeichenstift-Werkzeug ein und passen Ihren Arbeitsbereich an. Mit Hilfe einer Vorlage zeichnen Sie dann die Kontur der fliegenden Untertasse nach.

1 Doppelklicken Sie auf das Mini-Bridge-Register, um das Bedienfeld für einen größeren Arbeitsbereich zu schließen.

2 Wählen Sie im Werkzeugbedienfeld das Zeichenstift-Werkzeug (✒).

3 Wählen Sie in der Optionsleiste Folgendes:

- Wählen Sie im Menü »Werkzeugmodus auswählen« die Option »Pfade«.
- Wählen Sie im Menü »Pfadvorgänge« die Option »Formen kombinieren«.
- Achten Sie darauf, dass im Popup-Menü »Zeichenstift-Optionen« das Kontrollkästchen »Gummiband« *nicht* gewählt ist.
- Aktivieren Sie wenn nötig die Option »Autom. hinzuf./löschen«.

A. Werkzeugmodus auswählen **B.** Pfadvorgänge **C.** Zeichenstift-Optionen

4 Klicken Sie auf das Register des Pfadebedienfelds, um dieses Bedienfeld in der Ebenenbedienfeldgruppe in den Vordergrund zu bringen.

Das Pfadebedienfeld zeigt die Miniaturen der gezeichneten Pfade – im Moment ist es noch leer, da Sie noch nichts gezeichnet haben.

5 Eventuell sollten Sie vergrößern, um die mit Buchstaben gekennzeichneten Punkte bzw. Positionen und die roten Punkte auf der bereits vorbereiteten Vorlage gut erkennen zu können. Achten Sie darauf, dass das Bildfenster die komplette Vorlage zeigt, und wählen Sie nach dem Zoomen wieder den Zeichenstift.

6 Klicken Sie auf Punkt A (der blaue Punkt oben auf der fliegenden Untertasse) und lassen Sie die Maustaste los. Sie haben den ersten Ankerpunkt erzeugt.

7 Klicken Sie auf Punkt B und und ziehen Sie nach unten bis zum roten Punkt. Lassen Sie die Maustaste los.

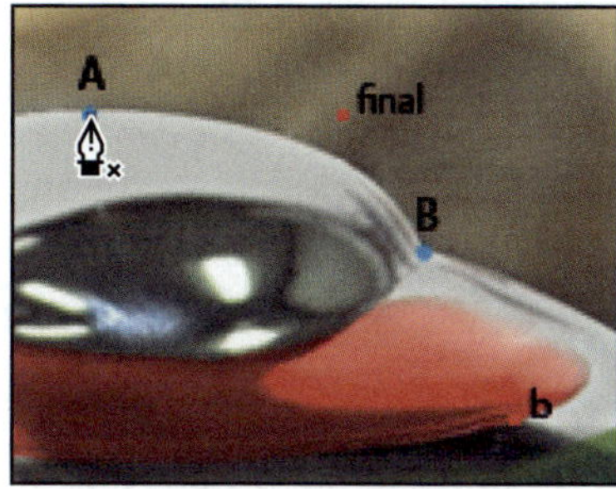

Den ersten Ankerpunkt bei A setzen

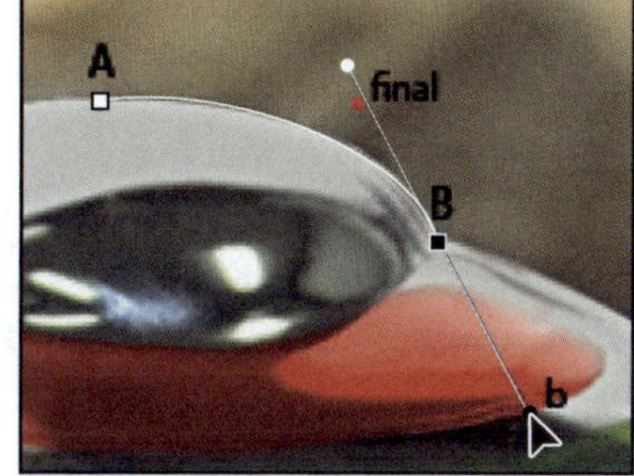

Kurvenpunkt bei B setzen

Sie müssen an der Ecke der Kanzel (Punkt B) einen Eckpunkt setzen, um einen harten Übergang zwischen dem Kurvensegment und dem geraden Segment zu erzeugen.

8 Klicken Sie mit gedrückter Alt- (Windows) bzw. Wahltaste (Mac OS) auf den Punkt an Position B, um den Kurvenpunkt in einen Eckpunkt umzuwandeln (eine der Grifflinien entfällt).

9 Klicken Sie auf Position C und ziehen Sie zum roten Punkt c. Führen Sie die gleiche Aktion für die Positionen D und E aus.

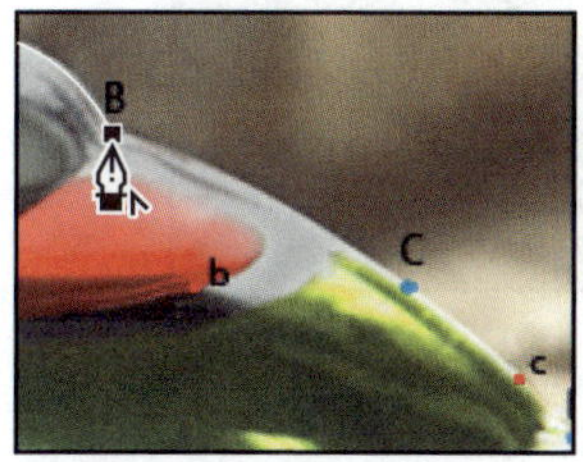

Kurvenpunkt in Eckpunkt umwandeln

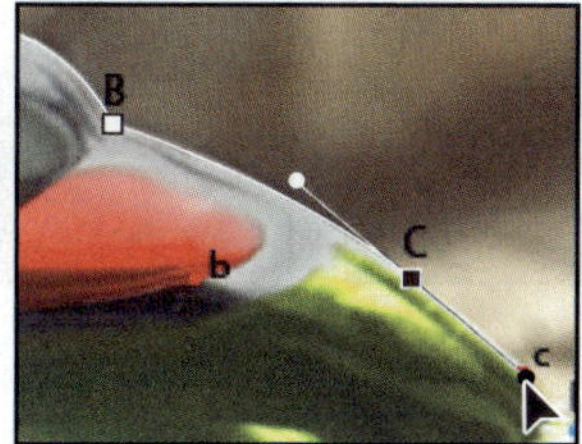

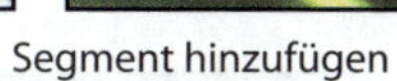
Segment hinzufügen

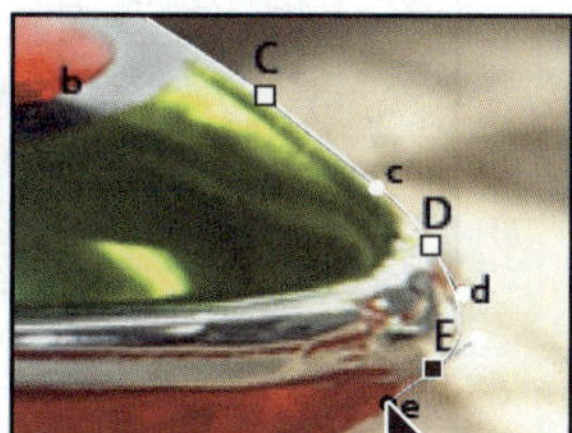

Ecke abrunden

Falls Ihnen beim Zeichnen ein Fehler unterläuft, wählen Sie **Bearbeiten: Rückgängig**. Setzen Sie anschließend mit dem Zeichnen fort.

10 Klicken Sie auf Position F und lassen Sie die Maus los, ohne einen Anfasser zu ziehen.

11 Klicken Sie auf Position G und ziehen Sie von Position G nach links bis zum dazugehörigen roten Punkt.

12 Klicken Sie auf Position H und ziehen Sie nach oben bis zum dazugehörigen Punkt. Klicken Sie mit gedrückter Alt- (Windows) bzw. Wahltaste (Mac OS) für einen weiteren Eckpunkt an Position H.

13 Klicken Sie auf Position I und ziehen Sie nach oben zum dazugehörigen Punkt im gelben Bereich. Klicken Sie mit gedrückter Alt- (Windows) bzw. Wahltaste (Mac OS) für einen weiteren Eckpunkt an Position I.

14 Klicken Sie auf Position J und ziehen Sie am dazugehörigen Punkt. Erzeugen Sie dann einen Eckpunkt an Position J.

15 Klicken Sie auf Position K und ziehen Sie am dazugehörigen Punkt. Klicken Sie auf Position L und ziehen Sie am dazugehörigen Punkt. Erzeugen Sie dann einen Eckpunkt an Position L.

16 Klicken Sie auf Position M und ziehen Sie am dazugehörigen Punkt. Erzeugen Sie einen Eckpunkt an Position M. Klicken Sie dann auf Position N und ziehen Sie am dazugehörigen Eckpunkt.

17 Klicken Sie an den Positionen O und P für Gerade. Klicken Sie auf Position Q und ziehen Sie den Anfasser bis zum dazugehörigen roten Punkt, um eine Kurve um das Ende der Flosse zu erzeugen.

18 Klicken Sie auf die Positionen R und S, ohne jedoch für Geraden zu ziehen.

19 Setzen Sie den Zeiger auf Position A – ein kleiner Kreis erscheint neben dem Zeigersymbol – und klicken Sie, um den Pfad zu schließen. (Der kleine Kreis ist schwierig zu erkennen, da das Bild dunkel ist.) Ziehen Sie von Punkt A zum roten Punkt und lassen Sie dann die Maustaste los, um die letzte Kurve zu zeichnen.

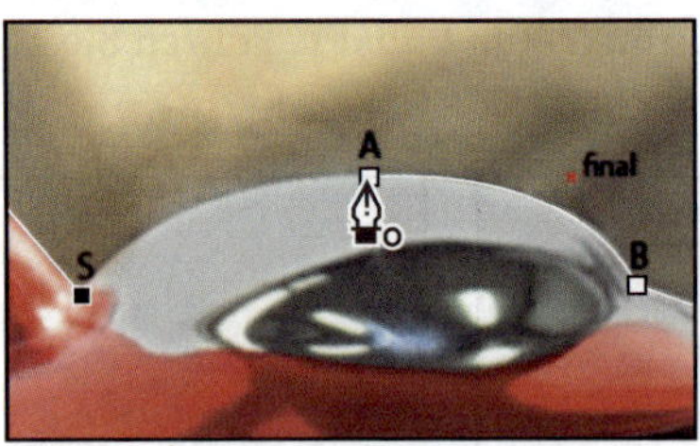

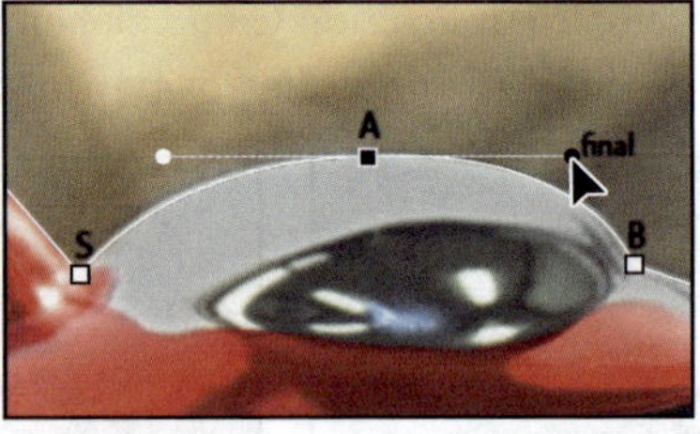

20 Doppelklicken Sie im Pfadebedienfeld auf den Arbeitspfad, geben Sie den Namen **Untertasse** ein und klicken Sie auf OK, um den Pfad zu speichern.

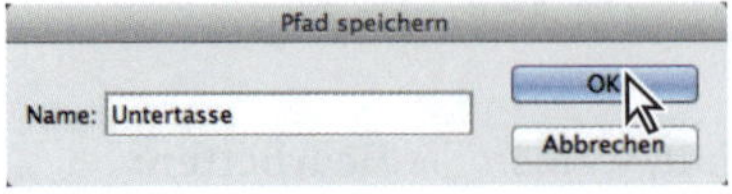

21 Wählen Sie **Datei: Speichern**.

Auswahlbereiche in Pfade umwandeln

Nun erstellen Sie über eine andere Methode einen zweiten Pfad. Sie verwenden zuerst ein Auswahlwerkzeug, um einen farblich ähnlichen Bereich auszuwählen, und wandeln diese Auswahl dann in einen Pfad um. (Jede mit einem Auswahlwerkzeug erstellte Auswahl lässt sich in einen Pfad umwandeln.)

1 Klicken Sie auf das Register des Ebenenbedienfelds und ziehen Sie die *Vorlage*-Ebene auf die Schaltfläche »Ebene löschen« unten in das Bedienfeld. Diese Ebene wird nicht mehr benötigt.

2 Wählen Sie das Zauberstab-Werkzeug (), das unter dem Schnellauswahl-Werkzeug im Werkzeugbedienfeld verborgen ist.

3 In der Optionsleiste ist im Feld »Toleranz« der Wert **32** eingegeben.

4 Klicken Sie sorgfältig im grünen Bereich auf der senkrechten Flosse der Untertasse.

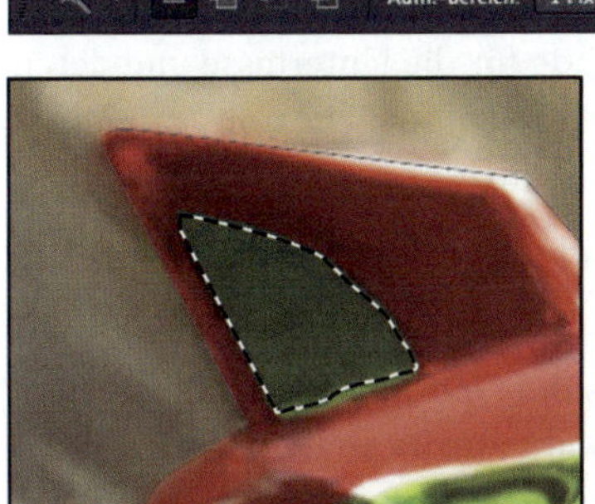

5 Klicken Sie auf das Register des Pfadebedienfelds, um das Bedienfeld in der Gruppe nach vorne zu bringen. Klicken Sie dann unten im Bedienfeld auf die Schaltfläche »Arbeitspfad aus Auswahl erstellen« ().

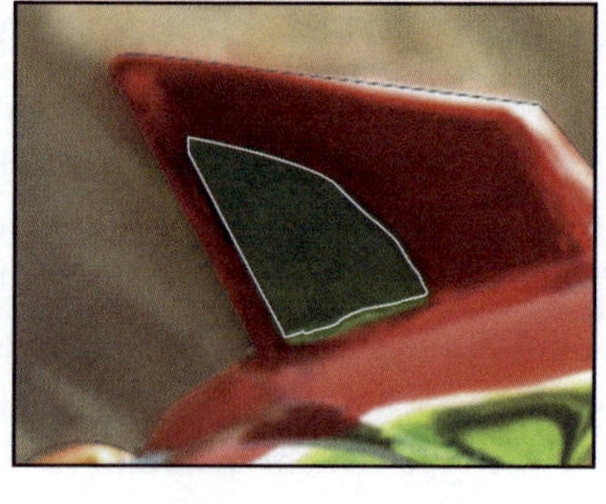

Photoshop wandelt die Auswahl in einen Pfad um und erstellt einen neuen Arbeitspfad.

6 Doppelklicken Sie auf den Arbeitspfad, nennen Sie ihn **Flosse** und klicken Sie auf OK, um ihn zu speichern.

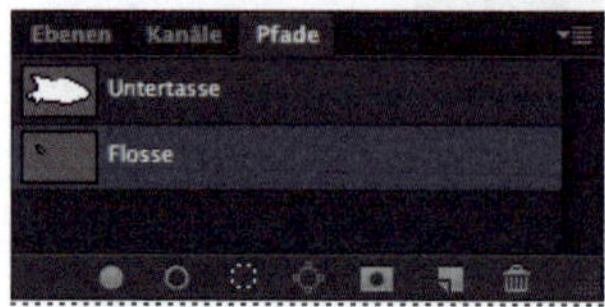

7 Wählen Sie **Datei: Speichern**.

Pfade in Auswahlbereiche umwandeln

Ähnlich wie sich Auswahlbereiche in Pfade umwandeln lassen, können Sie auch Pfade in Auswahlbereiche umwandeln. Die glatten Konturen von Pfaden ermöglichen präzise Auswahlen. Wenn Sie Pfade für die Untertasse und deren Flossen gezeichnet haben, wandeln Sie sie in Auswahlbereiche um. Anschließend wenden Sie auf diese Bereiche einen Filter an.

▶ **Tipp:** Sie können auch unten im Pfadebedienfeld auf die Schaltfläche »Pfad als Auswahl laden« klicken, um den aktiven Pfad in eine Auswahl umzuwandeln.

1 Klicken Sie im Pfadebedienfeld auf den Pfad *Untertasse*, um ihn dadurch zu aktivieren.

2 Wählen Sie im Menü des Pfadebedienfelds die Option »Auswahl erstellen«, um den *Untertasse*-Pfad in eine Auswahl umzuwandeln. Klicken Sie im aufgerufenen Dialogfeld auf OK.

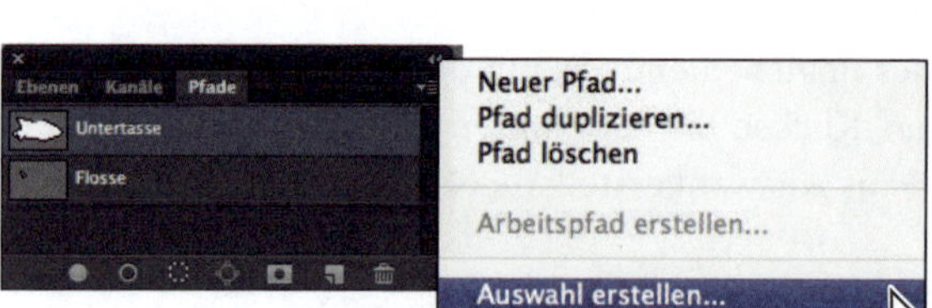

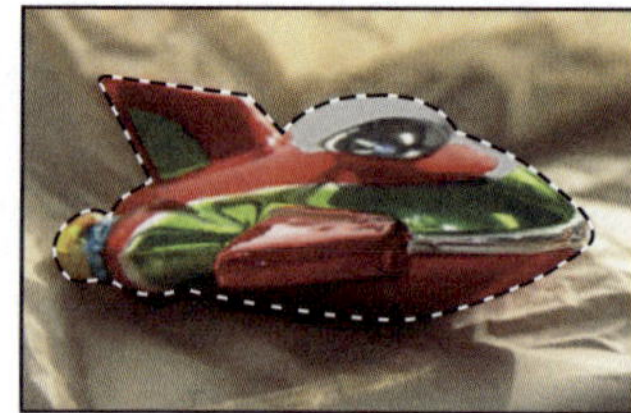

Nun ziehen Sie die Auswahl *Flosse* von der Auswahl *Untertasse* ab, damit der Hintergrund durch die leeren Bereiche in den Flossen scheint.

3 Klicken Sie im Pfadebedienfeld auf den Pfad *Flosse* und wählen Sie aus dem Bedienfeldmenü die Option »Auswahl erstellen«.

4 Wählen Sie im Dialogfeld »Auswahl erstellen« im Bereich »Vorgang« die Option »Von Auswahl subtrahieren«. Klicken Sie dann auf OK.

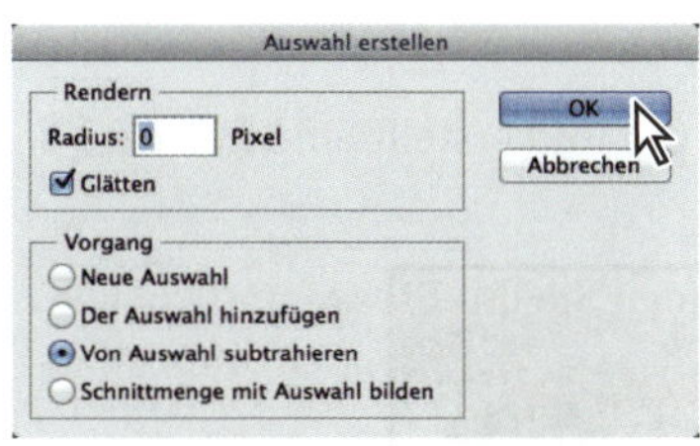

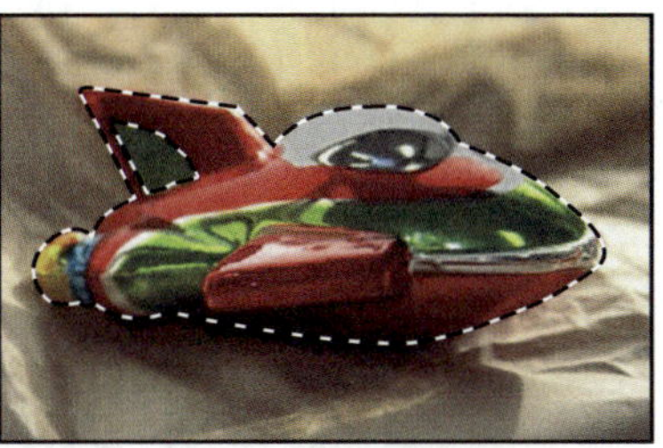

Der *Flosse*-Pfad wird in eine Auswahl umgewandelt und gleichzeitig von der *Untertasse*-Auswahl abgezogen.

Lassen Sie die Pfade gewählt, da Sie die Auswahl im nächsten Abschnitt noch benötigen.

Video: Das Video »Vektoren und Pinsel kombinieren« auf der Buch-DVD zeigt mehr zum Thema. Weitere Informationen finden Sie unter »Den Ordner Video-Training installieren« auf Seite 17.

Eine Auswahl in eine Ebene umwandeln

Nun erfahren Sie, wie die Auswahl mit dem Zeichenstift-Werkzeug Ihnen helfen kann, interessante Effekte in einem Bild zu erzeugen. Da Sie die Untertasse isoliert haben, können Sie eine exakte Kopie auf einer neuen Ebene erstellen. Diese Kopie können Sie in ein anderes Bild kopieren – speziell in das Bild mit dem Himmel als Hintergrund.

1 Im Bildfenster ist die Auswahlkontur zu sehen. Haben Sie die Auswahl aufgehoben, müssen Sie die vorherige Prozedur wiederholen (»Pfade in Auswahlbereiche umwandeln«).

2 Wählen Sie **Ebene: Neu: Ebene durch Kopie**.

3 Klicken Sie auf das Ebenen-Register, um das entsprechende Bedienfeld anzuzeigen. Eine neue Ebene mit der Bezeichnung *Ebene 2* erscheint im Bedienfeld. Die Miniatur *Ebene 2* zeigt, dass die Ebene nur das Bild der fliegenden Untertasse und nicht den Untergrund der Originalebene enthält.

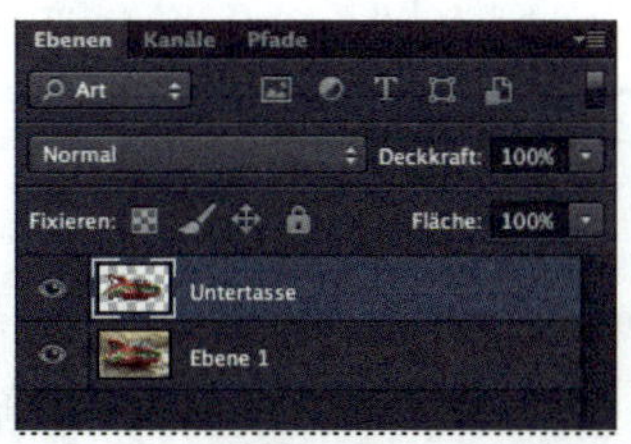

4 Doppelklicken Sie im Ebenenbedienfeld auf *Ebene 2*, geben Sie den Namen **Untertasse** ein und drücken Sie die Eingabetaste.

5 Wählen Sie **Datei: Öffnen** und doppelklicken Sie auf die Datei *08Landschaft.psd* im Ordner *Lektionen/Lektion08*.

Die Datei *08Landschaft.psd* enthält die Landschaft, die sie als Hintergrund für die Untertasse verwenden.

6 Wählen Sie **Fenster: Anordnen: 2 übereinander**, um beide geöffneten Dateien gleichzeitig anzuzeigen. Klicken Sie auf das Bild *08Arbeit.psd*, um es zu aktivieren.

7 Wählen Sie das Verschieben-Werkzeug (▸+) und ziehen Sie aus dem Bildfenster die Datei *08Arbeit.psd* so in das Bildfenster *08Landschaft.psd*, dass die Untertasse vor dem Himmel zu schweben scheint.

8 Schließen Sie das Bild *08Arbeit.psd*, ohne zu speichern. Die Datei *08Landschaft.psd* ist weiterhin geöffnet und aktiviert.

Sie positionieren jetzt die Untertasse etwas genauer auf dem Hintergrund.

9 Wählen Sie wenn nötig im Ebenenbedienfeld die *Untertasse*-Ebene und dann **Bearbeiten: Frei transformieren**.

Die Untertasse ist mit einem Begrenzungsrahmen versehen.

Hinweis: Falls Sie die Untertasse versehentlich verzerren statt zu drehen, drücken Sie ESC und beginnen Sie von vorn.

10 Setzen Sie den Zeiger in die Nähe eines Eckanfassers. Sobald der Zeiger zum Drehen-Symbol (↶) wird, ziehen Sie, um die Untertasse um etwa -12 Grad zu drehen. Drücken Sie anschließend die Eingabetaste. Sie können den Wert aber auch direkt in das Feld »Drehen« in der Optionsleiste eingeben und die Eingabetaste drücken.

11 Um die Untertasse interessanter anzuordnen, achten Sie darauf, dass die Ebene *Untertasse* weiterhin gewählt ist. Ziehen Sie die Untertasse mit dem Verschieben-Werkzeug an die Position wie im dritten Bild unten.

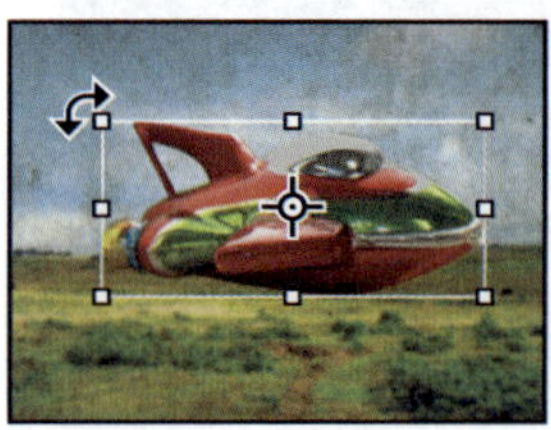
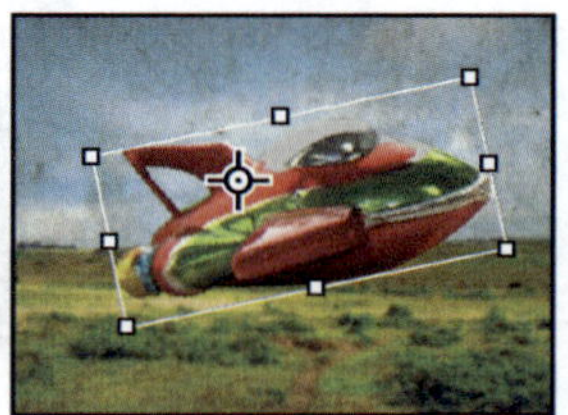
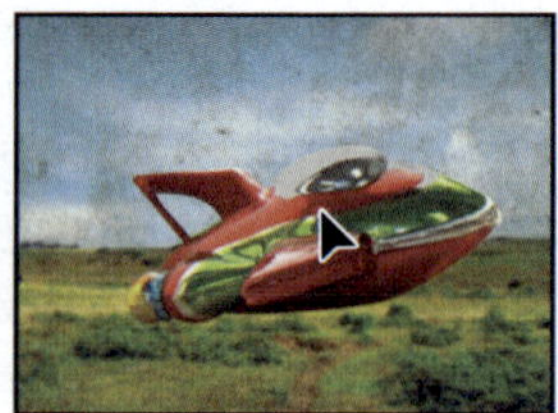

12 Wählen Sie **Datei: Speichern unter**, benennen Sie die Datei mit **08B_Arbeit.psd** und klicken Sie auf »Speichern«. Klicken Sie im Dialogfeld mit den Photoshop-Formatoptionen auf OK.

Vektorobjekte für den Hintergrund erstellen

Viele Poster sind so gestaltet, dass sie sich beliebig verkleinern oder vergrößern lassen, ohne an Schärfe zu verlieren. Dazu eignen sich die Vektorformen ideal. Sie erstellen jetzt Vektorformen mit Pfaden und verwenden Masken, um festzulegen, was im Poster zu sehen ist. Da sich Vektorformen beliebig skalieren lassen, können Sie das Design jederzeit ohne Qualitätsverlust verändern.

Eine skalierbare Form zeichnen

Sie beginnen mit der Gestaltung eines weißen nierenförmigen Objekts für das Poster.

1 Wählen Sie **Ansicht: Lineale**, um das horizontale und vertikale Lineal anzuzeigen.

2 Ziehen Sie das Register des Pfadebedienfelds aus der Ebenenbedienfeldgruppe. Da Sie häufig auf beide Bedienfelder zugreifen, ist deren getrennte Anordnung bequemer.

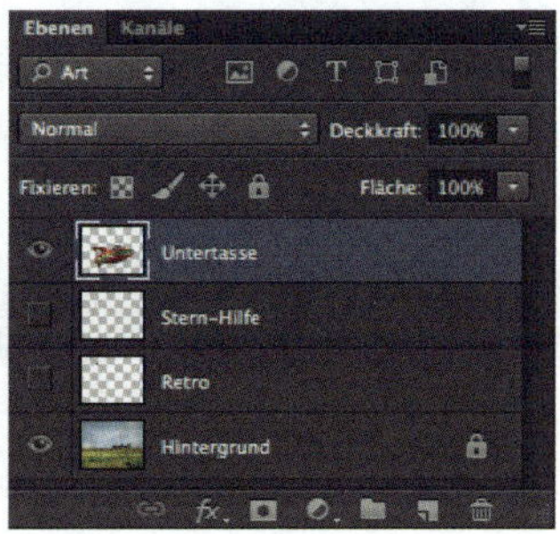

3 Blenden Sie alle Ebenen aus, ausgenommen die Ebenen *Retro* und *Hintergrund*. Klicken Sie dazu auf die jeweiligen Augensymbole im Ebenenbedienfeld. Wählen Sie dann die Hintergrundebene.

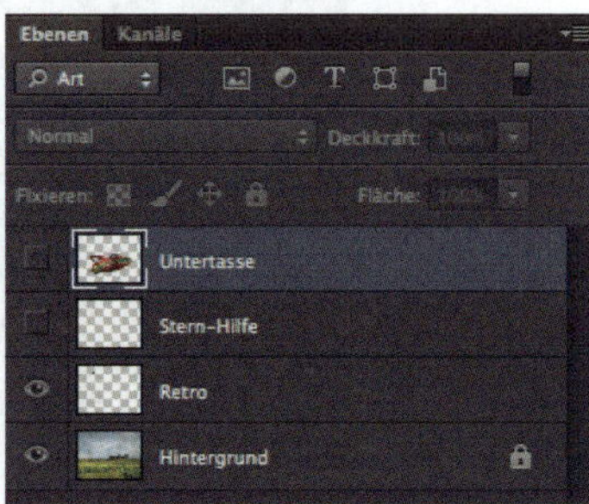

Die *Retro*-Ebene dient als Vorlage für das Zeichnen der Nierenform.

4 Wählen Sie im Werkzeugbedienfeld das Zeichenstift-Werkzeug (✒).

● **Hinweis:** Wenn Sie in Schwierigkeiten geraten, öffnen Sie das Bild mit der Untertasse und zeichnen Sie einen Pfad entlang der Untertassenform – einfach, um sich mit dem Zeichnen von Kurvensegmenten vertraut zu machen. Lesen Sie außerdem die Informationen unter »Pfade mit dem Zeichenstift-Werkzeug erstellen«.

5 Wählen Sie in der Optionsleiste im Popup-Menü links die Option »Form« und klicken Sie dann auf »Fläche«. Wählen Sie Weiß als Füllfarbe.

6 Erstellen Sie die Form, indem Sie folgendermaßen klicken und ziehen:

- Klicken Sie auf Position A und ziehen Sie eine Grifflinie nach oben und nach rechts auf Position B. Lassen Sie die Maustaste los.
- Klicken Sie auf Position C und ziehen Sie eine Grifflinie in Richtung und etwas oberhalb von Position D. Lassen Sie die Maustaste los.
- Ziehen Sie auf diese Weise weitere Kurvensegmente um die Form. Wenn Sie wieder an Position A angelangt sind, klicken Sie, um den Pfad zu schließen.

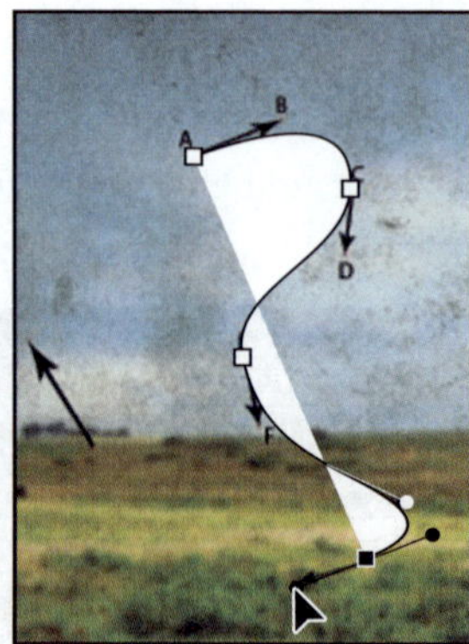

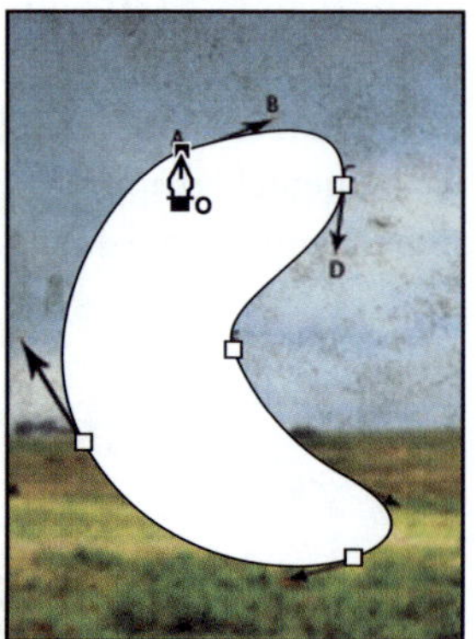

Während Sie gezeichnet haben, hat Photoshop automatisch die neue Ebene *Form 1* im Ebenenbedienfeld über der aktiven Ebene (*Hintergrund*) angelegt.

7 Doppelklicken Sie auf die Formebene *Form1*, benennen Sie die Ebene mit **Retro Form** und drücken Sie die Eingabetaste.

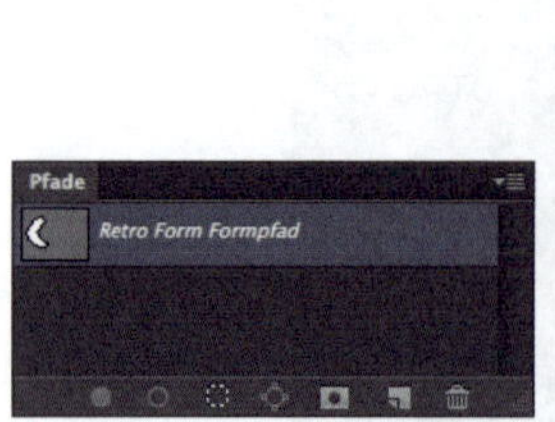

8 Blenden Sie die *Retro*-Ebene im Ebenenbedienfeld aus, indem Sie auf das entsprechende Augensymbol klicken.

Pfade abwählen

Manchmal ist es notwendig, Pfade abzuwählen bzw. zu deaktivieren, damit die richtige Optionsleiste für das entsprechende Vektor-Werkzeug eingeblendet wird. Außerdem lassen sich so bestimmte Effekte anzeigen, die bei einem aktivierten Pfad verdeckt sind.

Es wird Ihnen auffallen, dass die Begrenzung zwischen der weißen Nierenform und dem blauen Hintergrund körnig ist. Was Sie hier sehen, ist der Pfad als solcher – ein nicht druckendes Element, das nur zeigen soll, dass die Ebene *Retro Form* weiterhin gewählt ist. Bevor Sie mit dieser Lektion fortsetzen, wählen Sie alle Pfade ab.

1 Klicken Sie im Pfadebedienfeld im leeren Bereich unter dem Pfad, um alle Pfade abzuwählen.

2 Wählen Sie **Datei: Speichern**.

Füllfarbe einer Formebene ändern

Sie haben eine Form mit einer weißen Füllung erstellt, damit die Form einfach zu erkennen ist. Doch für das Poster ändern Sie die Farbe in Blau.

1 Das Zeichenstift-Werkzeug ist gewählt.

2 Klicken Sie in der Optionsleiste auf »Fläche«. Wählen Sie die Farbe *Hellcyanblau*.

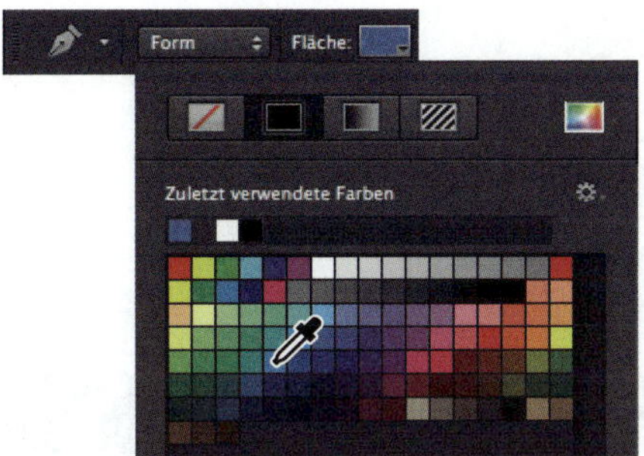

Die Füllfarbe der Form ändert sich in das gewählte Blau.

Formen von der Formebene subtrahieren

Wenn Sie eine Formebene (eine Vektorgrafik) erzeugt haben, können Sie Optionen bestimmen, um neue Formen von der Vektorgrafik zu subtrahieren. Sie können auch das Pfadauswahl-Werkzeug und das Direktauswahl-Werkzeug benutzen, um Formen zu bewegen, zu skalieren und zu bearbeiten. Sie versehen nun die *Retro Form*-Ebene mit einigen Sternen, indem Sie die Sternenformen von ihr subtrahieren. Als Hilfe für die Position der Sterne dient die Ebene *Stern-Hilfe*, die wir bereits für Sie erstellt haben. Diese Ebene ist noch ausgeblendet.

1 Klicken Sie im Ebenenbedienfeld auf das Feld ganz links neben der Ebene *Stern-Hilfe*, um für diese Ebene das Augensymbol anzuzeigen. Die Ebene *Retro Form* bleibt gewählt. Die Ebene *Stern-Hilfe* ist jetzt im Bildfenster zu sehen.

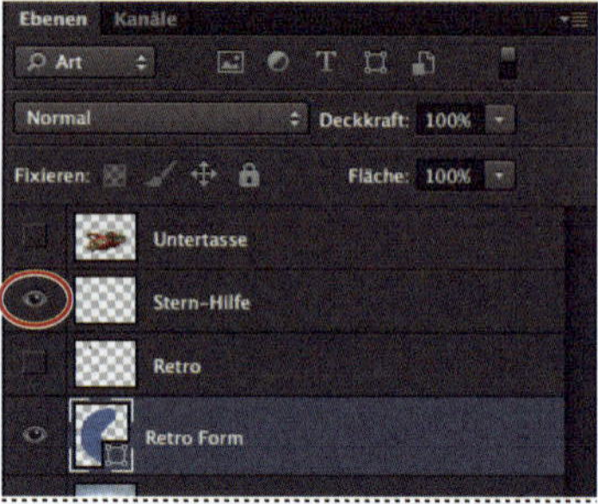

2 Vergewissern Sie sich, dass im Pfadebedienfeld die *Retro Form*-Vektormaske aktiviert ist.

3 Wählen Sie im Werkzeugbedienfeld das Polygon-Werkzeug (⬢), das unter dem Rechteck-Werkzeug (▢) verborgen ist.

4 Nehmen Sie in der Optionsleiste die folgenden Einstellungen vor:

- Geben Sie in das Feld »Seiten« den Wert **11** ein.
- Wählen Sie im Popup-Menü »Pfadvorgänge« die Option »Vordere Form subtrahieren«. Der Zeiger erscheint jetzt als Fadenkreuz mit einem kleinen Minuszeichen (+₋).
- Klicken Sie auf das Einstellungen-Symbol links neben der Seiten-Option, um das Fenster mit den Polygon-Optionen anzuzeigen. Wählen Sie *Stern* und geben Sie in das Feld »Seiten einziehen um« den Wert **50%** ein. Klicken Sie anschließend in einem leeren Bereich in der Optionsleiste, um das Fenster zu schließen.

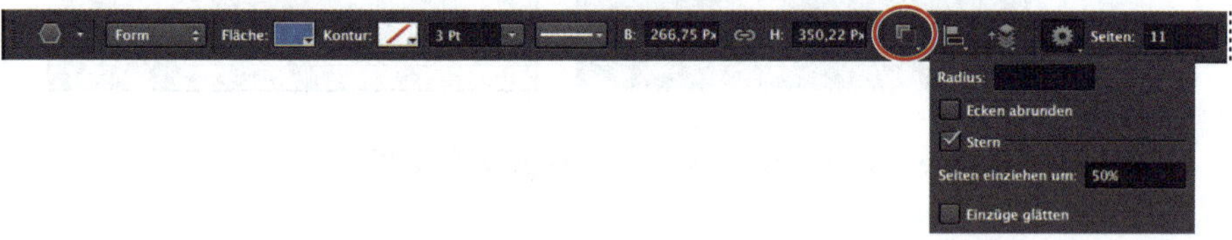

5 Setzen Sie das Polygon-Werkzeug (Fadenkreuz-Zeiger) auf den orangefarbenen Punkt in der Mitte des orangefarbenen Kreises im Bildfenster und ziehen Sie nach außen, bis die Spitzen der Sternstrahlen die Kante des Lichtkranzes um den Punkt erreichen.

● **Hinweis:** Sie können den Stern während des Ziehens drehen, indem Sie den Zeiger seitwärts ziehen.

Wenn Sie die Maustaste loslassen, wird die Sternform so ausgestanzt, dass der Planet durchscheint.

Der Stern hat eine unschöne Kontur, was jedoch nur darauf hinweist, dass diese Form gewählt ist. Ein weiterer Hinweis für die gewählte Form ist die hervorgehobene (mit einer weißen Kontur versehene) Miniatur der Vektormaske *Retro Form*.

6 Klicken Sie im Ebenenbedienfeld auf das Augensymbol für die Ebene *Stern-Hilfe*, um diese Ebene auszublenden.

Betrachten Sie die geänderten Miniaturen in den Bedienfeldern. Im Ebenenbedienfeld ist die linke Miniatur der Ebene *Retro Form* unverändert, aber die Miniaturen für die Vektormasken zeigen sowohl im Ebenen- als auch im Pfadebedienfeld die Änderung der Form mit der sternförmigen Ausstanzung.

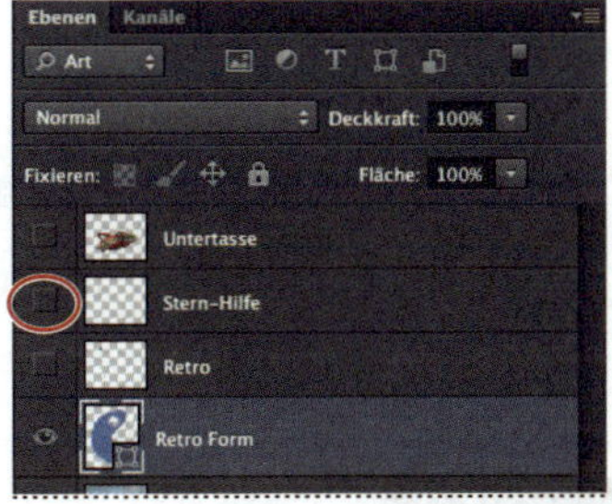

7 Klicken Sie im Bereich unter dem Pfad im Pfadebedienfeld, um den Pfad abzuwählen.

Die Pfade sind nun abgewählt und die störenden Pfadlinien sind verschwunden. Endlich haben Sie eine scharfe Kante zwischen den blauen und weißen Bereichen. Die Vektormaske *Retro Form* ist im Pfadebedienfeld nicht mehr hervorgehoben. Die Form ist jedoch ziemlich hell und könnte die Untertasse überstrahlen. Sie machen die Form jetzt halbtransparent.

8 Verringern Sie im Ebenenbedienfeld die Deckkraft der Ebene *Retro Form* auf **40** %.

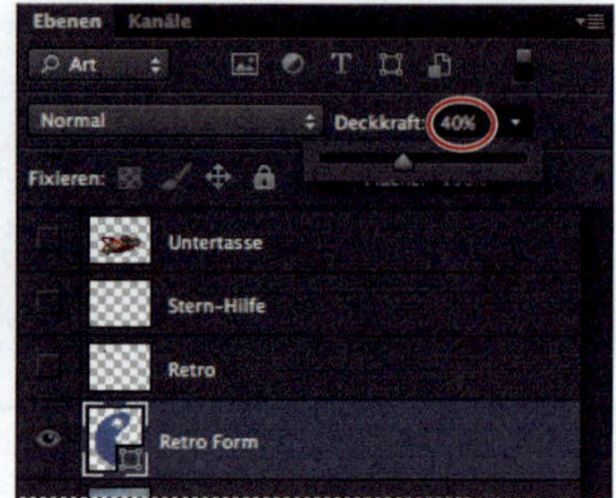

9 Wählen Sie **Datei: Speichern**.

Mit eigenen Formen arbeiten

Sie können auch eigene Formen erzeugen. Dazu wählen Sie das Eigene-Form-Werkzeug, entscheiden sich für eine Form in der Auswahlliste und zeichnen im Bildfenster. Sie versehen jetzt den Hintergrund des Posters mit einem Schachbrettmuster und Grasbüscheln.

1 Die *Retro Form*-Ebene ist im Ebenenbedienfeld gewählt. Klicken Sie auf die Schaltfläche »Neue Ebene erstellen« (■) für eine Ebene über der *Retro Form*-Ebene. Doppelklicken Sie auf den standardmäßigen Ebenennamen *Ebene 1*, geben Sie den neuen Namen **Muster** ein und drücken Sie die Eingabetaste.

2 Wählen Sie im Werkzeugbedienfeld das Eigene-Form-Werkzeug (✱), das unter dem Polygon-Werkzeug (⬢) verborgen ist.

3 Wählen Sie links in der Optionsleiste im Menü »Werkzeugmodus auswählen« die Option »Pixel«.

4 Klicken Sie in der Optionsleiste auf den Popup-Pfeil neben »Form«, um die Auswahlliste für eigene Formen zu öffnen.

5 Doppelklicken Sie unten in der Liste (eventuell müssen Sie scrollen oder die Ecke der Auswahlliste ziehen) auf die Miniatur des

Schachbrettmusters, um dieses Muster zu wählen und gleichzeitig die Auswahlliste zu schließen.

6 Achten Sie darauf, dass die Vordergrundfarbe auf Weiß eingestellt ist, und ziehen Sie mit gedrückter Umschalttaste diagonal im Bildfenster, um die Form in der gewünschten Größe von ca. 5 x 5 cm zu zeichnen.

Sie zeichnen mit gedrückter Umschalttaste die die Form unter Beibehaltung der Originalproportionen.

7 Fügen Sie fünf weitere Schachbretter in unterschiedlichen Größen hinzu – Ihre Grafik sollte in etwa der folgenden Abbildung entsprechen.

Hinweis: Die Optionen in der Optionsleiste ändern sich, je nachdem was Sie im Werkzeugvorgaben-Menü wählen. Wenn Sie im Form-Modus arbeiten, können Sie in der Optionsleiste eine Fläche oder Kontur wählen; diese Optionen sind im Pixel-Modus nicht verfügbar.

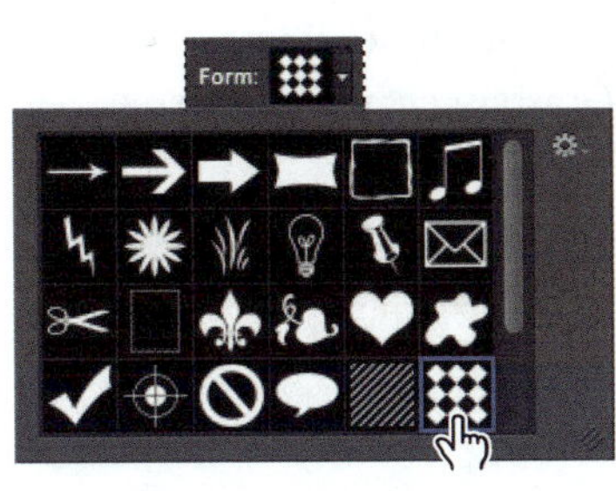

8 Verringern Sie im Ebenenbedienfeld die Deckkraft der *Muster*-Ebene auf 75 %.

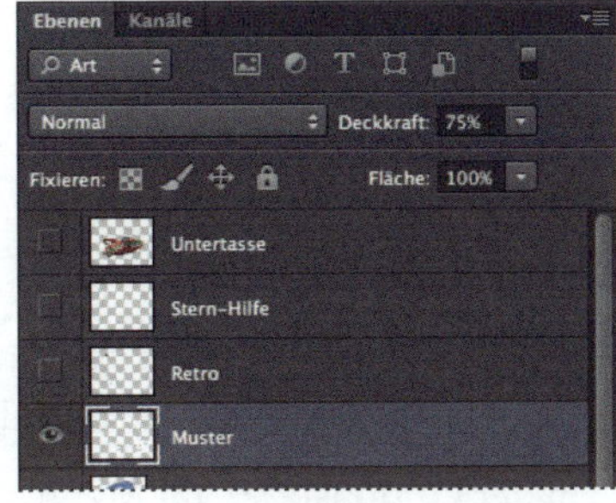

9 Blenden Sie im Ebenenbedienfeld die Ebene *Untertasse* ein, so dass die komplette Komposition zu sehen ist.

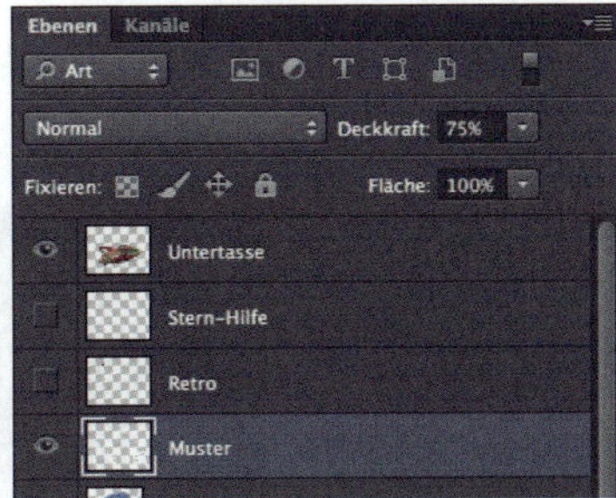

Sie verwenden das Eigene-Form-Werkzeug, um den Hintergrund mit Grasbüscheln zu versehen. Während Sie im Form-Modus arbeiten, können Sie Formen mit einer Fläche und/oder Kontur versehen.

10 Das Eigene-Form-Werkzeug ist noch gewählt. Öffnen Sie in der Optionsleiste neben »Form« die Auswahlliste für eigene Formen und doppelklicken Sie auf die Grassode (*Gras 2*).

▶ **Tipp:** Befinden sich die Grasbüschel auf separaten Ebenen, haben Sie beim Zeichnen die Umschalttaste nicht gedrückt. Löschen Sie das Gras und wiederholen Sie die Schritte 12 bis 13.

11 Wählen Sie in der Optionsleiste im Menü »Werkzeugmodus auswählen« die Option »Form«. Wählen Sie dann für »Fläche« die Farbe *Dunkelgelbgrün* und für »Kontur« die Farbe Dunkelgrüncyan. Geben Sie in das Feld »Formkonturbreite einstellen« den Wert **0,75** ein.

12 Zeichnen Sie mit gedrückter Umschalttast vier Grasbüschel in der unteren linken Ecke des Hintergrunds und weitere Grasbüschel in der unteren rechten Ecke.

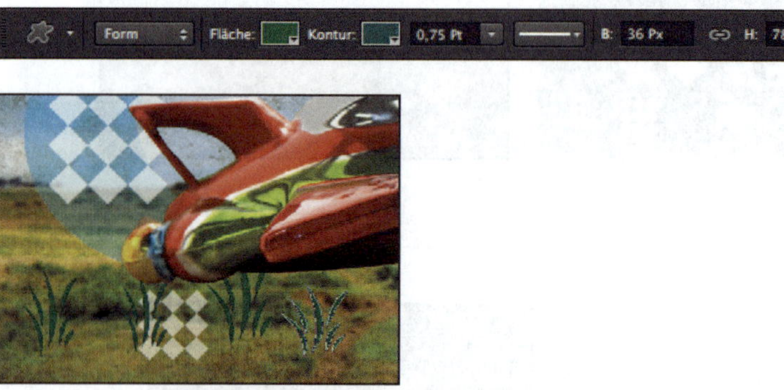

Die beim Zeichnen gedrückte Umschalttaste stellt sicher, dass sich alle Formen auf derselben Ebene befinden.

13 Wählen Sie im Werkzeugbedienfeld das Pfadauswahl-Werkzeug (↖) und wählen Sie mit gedrückter Umschalttaste alle fünf Grasbüschel.

14 Wählen Sie in der Optionsleiste im Menü »Pfadausrichtung« die Option »Breiten verteilen«.

Photoshop verteilt die Grasbüschel gleichmäßig am unteren Rand des Hintergrunds.

15 Benennen Sie die Ebene mit **Gras**, ändern Sie die Deckkraft in **60%** und ziehen Sie die Ebene über die *Hintergrund*-Ebene.

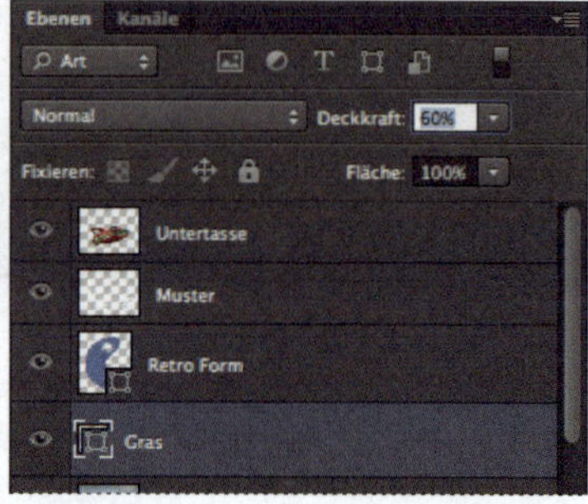

16 Wählen Sie die Ebene ab und dann **Datei: Speichern**.

Ein Smart Objekt importieren

Smart Objekte sind Ebenen, die Sie in Photoshop nichtzerstörend bearbeiten können; alle am Bild vorgenommenen Änderungen sind weiterhin bearbeitbar und haben keinen Einfluss auf die aktuellen Bildpixel. Unabhängig davon, wie häufig Sie ein Smart Objekt auch skalieren, drehen, verzerren oder anderweitig transformieren, es behält seine scharfen und genauen Konturen.

Außerdem lässt sich das Originalobjekt in Illustrator bearbeiten, wobei das in der Photoshop-Bilddatei platzierte Smart Objekt entsprechend aktualisiert wird. Sie haben bereits in früheren Lektionen ein wenig über Smart Objekte erfahren. Dieses Wissen vertiefen Sie jetzt, indem Sie einen in Illustrator erstellten Text in Ihrem Poster platzieren.

Die Überschrift hinzufügen

Wir haben den Namen für das Spielwarengeschäft bereits in Illustrator gestaltet, damit Sie ihn jetzt in das Poster einfügen können.

1 Wählen Sie das Verschieben-Werkzeug (▸✥). Die *Untertasse*-Ebene ist gewählt. Wählen Sie **Datei: Platzieren**. Suchen Sie im Ordner *Lektionen/Lektion08* die Datei *Titel.ai* und klicken Sie auf »Platzieren«. Klicken Sie im Dialogfeld »PDF platzieren« auf OK.

Der Text *Retro Toyz* erscheint in der Mitte der Komposition innerhalb eines Begrenzungsrahmens mit Anfassern und das Ebenenbedienfeld enthält nun eine neue Ebene mit dem Namen *Titel*.

2 Ziehen Sie das Objekt *Retro Toyz* in die obere linke Ecke des Posters, drücken Sie die Umschalttaste und ziehen Sie die untere rechte Ecke, um das Textobjekt proportional zu vergrößern – der Text nimmt nun den oberen Bereich des Posters ein (siehe folgende Abbildung). Drücken Sie anschließend die Eingabetaste oder klicken Sie in der Optionsleiste auf die Schaltfläche »Transformieren bestätigen« (✓).

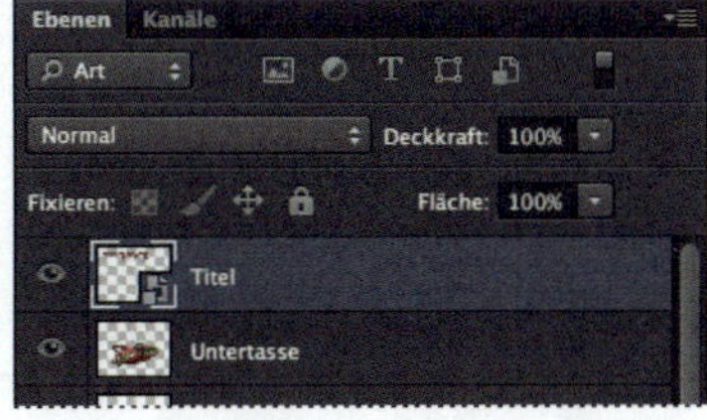

Sobald Sie das Transformieren bestätigt haben, ändert sich das Symbol der Ebenenminiatur und weist darauf hin, dass die *Titel*-Ebene ein Smart Objekt ist.

Da es sich bei dem Titel *Retro Toyz* um ein Smart Objekt handelt, können Sie Größe und Form beliebig oft bearbeiten. Wählen Sie einfach die Ebene und dann **Bearbeiten: Frei transformieren**, um mit den Anfassern die Größe einzustellen. Oder wählen Sie das Verschieben-Werkzeug (▸✥) und aktivieren Sie in der Optionsleiste die Option »Transformationssteuerungen«, um wieder über die Anfasser den Titel anzupassen.

Eine Vektormaske einem Smart Objekt hinzufügen

Sie verwandeln nun spaßeshalber die Zentren der beiden Buchstaben *O* im Titel jeweils in einen Stern, der in die früher erstellte Ausstanzung passt. Sie benutzen eine Vektormaske, die Sie mit einem Smart Objekt in Photoshop verknüpfen können.

1 Wählen Sie die *Titel*-Ebene und dann **Ebene: Vektormaske: Alle einblenden**.

2 Wählen Sie das Polygon-Werkzeug (⬢), das unter dem Eigene-Formen-Werkzeug (✱) verborgen ist. Die früher für das Erstellen des Sterns benutzten Optionen sollten noch aktiviert sein. Das Polygon-Werkzeug merkt sich so lange Ihre Einstellungen, bis Sie sie wieder ändern.

3 Wählen Sie in der Optionsleiste im Menü »Werkzeugmodus auswählen« die Option »Pfad«. Achten Sie darauf, dass im Menü »Pfadvorgänge« weiterhin die Option »Vordere Front subtrahieren« gewählt ist. Wählen Sie anschließend in der *Titel*-Ebene die Miniatur der Vektormaske.

4 Klicken Sie im Zentrum des *O* in *Toyz* und ziehen Sie nach außen, bis der Stern die Mitte vom *O* bedeckt.

5 Wiederholen Sie Schritt 4 für einen Stern im kleineren *O* in *Retro*.

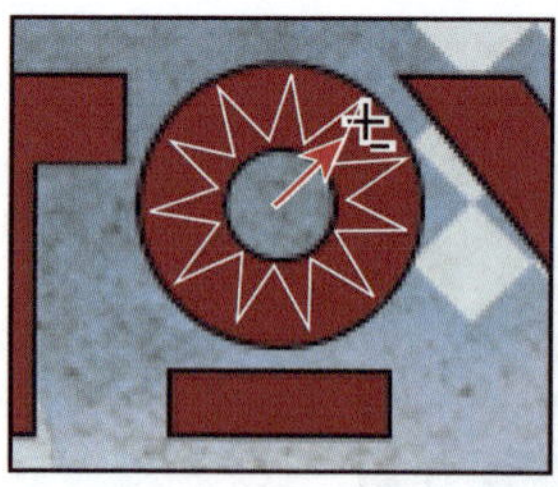

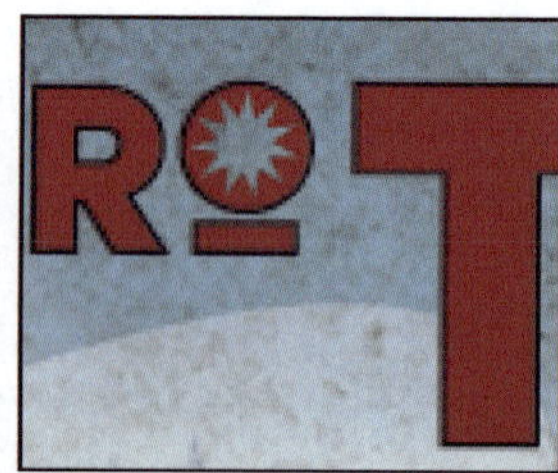

Die Arbeitsfläche drehen (nur mit OpenGL)

Bei der Arbeit an dem Bild lag *Retro Toyz* ganz oben im Arbeitsbereich und der Planet unten. Wenn jedoch Ihre Grafikkarte OpenGL unterstützt, können Sie den Arbeitsbereich drehen und zeichnen, Text eingeben oder Objekte anders anordnen. Sie drehen jetzt die Ansicht für die Eingabe des Copyrights. (Wenn Ihre Grafikkarte nicht OpenGL unterstützt, überspringen Sie diesen Abschnitt.)

Sie geben zuerst den Text ein.

1 Wählen Sie **Fenster: Zeichen**, um das Zeichenbedienfeld zu öffnen. Wählen Sie im Zeichenbedienfeld eine Serifenschrift wie die *Myriad Pro* mit kleiner Schriftgröße (10 Pt) und in der Farbe Weiß.

2 Wählen Sie das horizontale Text-Werkzeug und klicken Sie in der unteren linken Bildecke. Geben Sie **Copyright IHR NAME Productions** ein (geben Sie Ihren Namen statt IHR NAME ein).

Der Copyright-Hinweis soll an der linken Bildseite von unten nach oben laufen. Sie drehen die Arbeitsfläche, um den Text besser zu positionieren.

3 Wählen Sie das Ansichtdrehung-Werkzeug (), das unter dem Hand-Werkzeug () verborgen ist.

▶ **Tipp:** Sie können auch in der Optionsleiste in das Feld »Drehwinkel« einen Wert eingeben.

4 Ziehen Sie das Werkzeug mit gedrückter Umschalttaste in einem Bogen, um die Arbeitsfläche um 90 Grad im Uhrzeigersinn zu drehen. Das Drücken der Umschalttaste beschränkt die Drehung auf 45°-Schritte.

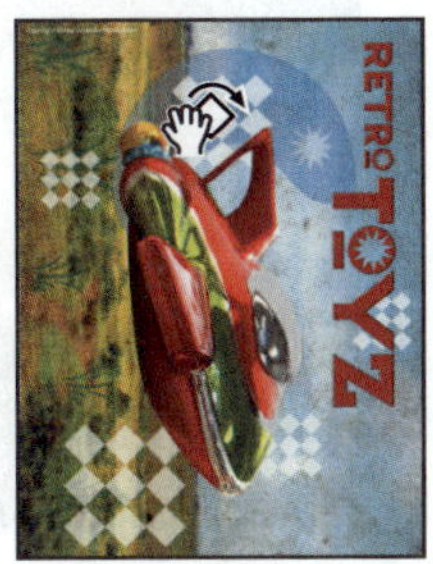

5 Wählen Sie die Textebene mit dem Copyright und dann **Bearbeiten: Transformieren: Um 90° gegen UZS drehen**.

6 Richten Sie mit dem Verschieben-Werkzeug den Text an der oberen Bildkante aus (also die linke Bildkante, wenn das Bild normal angeordnet ist).

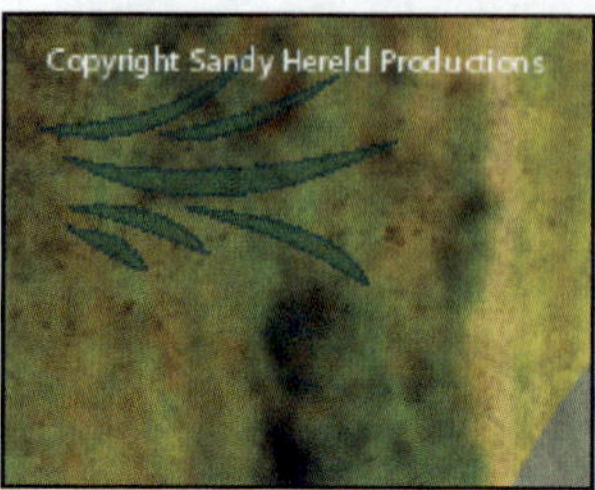

7 Wählen Sie erneut das Ansichtdrehung-Werkzeug und klicken Sie in der Optionsleiste auf »Ansicht zurücksetzen«.

8 Wählen Sie **Datei: Speichern**.

Fertigstellen

Räumen Sie im letzten Schritt das Ebenenbedienfeld auf, indem Sie die Vorlage mit den Hilfslinien löschen.

1 Die Ebenen *Copyright, Titel, Untertasse, Muster, Retro Form, Gras* und *Hintergrund* sind die einzigen sichtbaren Ebenen im Ebenenbedienfeld.

2 Wählen Sie aus dem Menü des Ebenenbedienfelds die Option »Ausgeblendete Ebenen löschen« und klicken Sie auf »Ja«, um den Löschvorgang zu bestätigen.

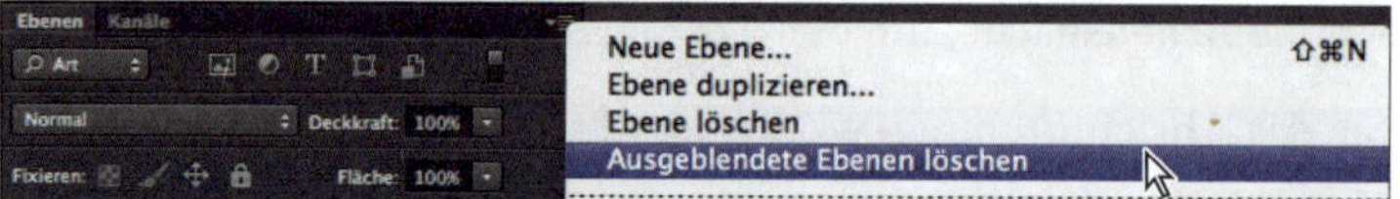

3 Wählen Sie **Datei: Speichern**.

Glückwunsch – die Arbeit an dem Poster ist damit abgeschlossen. Das Poster sollte der folgenden Abbildung entsprechen.

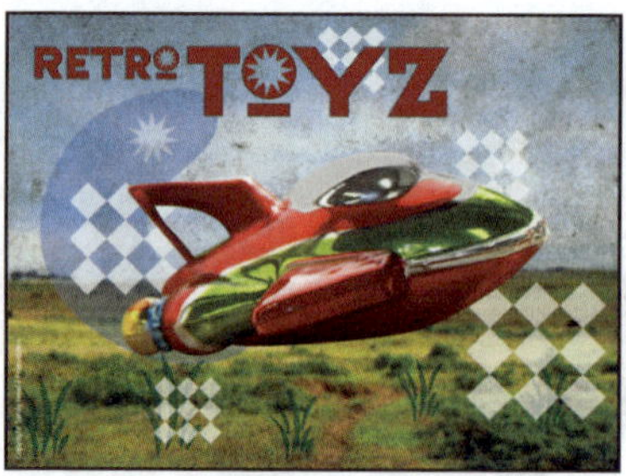

Fragen

1 Wann eignet sich das Zeichenstift-Werkzeug auch als Auswahl-Werkzeug?

2 Was ist der Unterschied zwischen einem Pixelbild und einer Vektorgrafik?

3 Was bewirkt eine Formebene?

4 Welche Werkzeuge werden zum Bewegen und Skalieren von Pfaden und Formen benutzt?

5 Was sind Smart Objekte und worin liegt ihr Nutzen?

Antworten

1 Wenn Sie eine sehr präzise Auswahl erstellen möchten, ist es oft einfacher, einen Pfad mit dem Zeichenstift-Werkzeug zu ziehen und den Pfad dann in eine Auswahl umzuwandeln.

2 Pixelbilder (auch Bitmaps oder Rasterbilder) basieren auf einem Farbraster (sog. Pixel) und eignen sich für die Darstellung von Halbtonbildern. Vektorgrafiken bestehen aus mathematisch beschriebenen Formen und eignen sich für Illustrationen, Text und Zeichnungen, die auch in unterschiedlichen Skalierungen detailgetreu und scharf sein müssen.

3 Eine Formebene speichert die Kontur einer Form im Pfadebedienfeld. Sie ändern die Kontur einer Form, indem Sie ihren Pfad ändern.

4 Sie benutzen das Pfadauswahl-Werkzeug und das Direktauswahl-Werkzeug, um Formen zu bewegen, in der Größe zu ändern und zu bearbeiten. Sie modifizieren eine Form oder einen Pfad auch über den Befehl **Bearbeiten: Frei transformieren**.

5 Smart Objekte sind Vektorobjekte, die Sie auch aus Adobe Illustrator importieren und in Photoshop ohne Qualitätseinbußen platzieren und bearbeiten können. Ein großer Vorteil bei der Arbeit mit Smart Objekten ist, dass sich das Originalobjekt in Illustrator bearbeiten lässt und das in der Photoshop-Bilddatei platzierte Smart Objekt sofort aktualisiert wird.

9 SPEZIALEFFEKTE

Überblick

In dieser Lektion lernen Sie Folgendes:

- Bilder mit Hilfslinien präzise platzieren und ausrichten
- Auswahlbereiche speichern und als Masken laden
- Farbeffekte ausschließlich nicht maskierten Bildbereichen zuweisen
- Filter auf Auswahlbereiche für unterschiedlichste Effekte anwenden
- Ebenenstile für editierbare Spezialeffekte hinzufügen
- Eine Aktion zum Automatisieren von Arbeitsschritten aufzeichnen und abspielen
- Bilder zu Panoramen zusammenführen

Für diese Lektion benötigen Sie etwa 90 Minuten. Falls erforderlich, löschen Sie auf Ihrer Festplatte den vorherigen Lektionsordner und kopieren stattdessen den Ordner *Lektion9* von der Buch-DVD. Während der Arbeit überschreiben Sie die Startdateien. Falls Sie diese Dateien wiederherstellen wollen, kopieren Sie sie von der Buch-DVD.

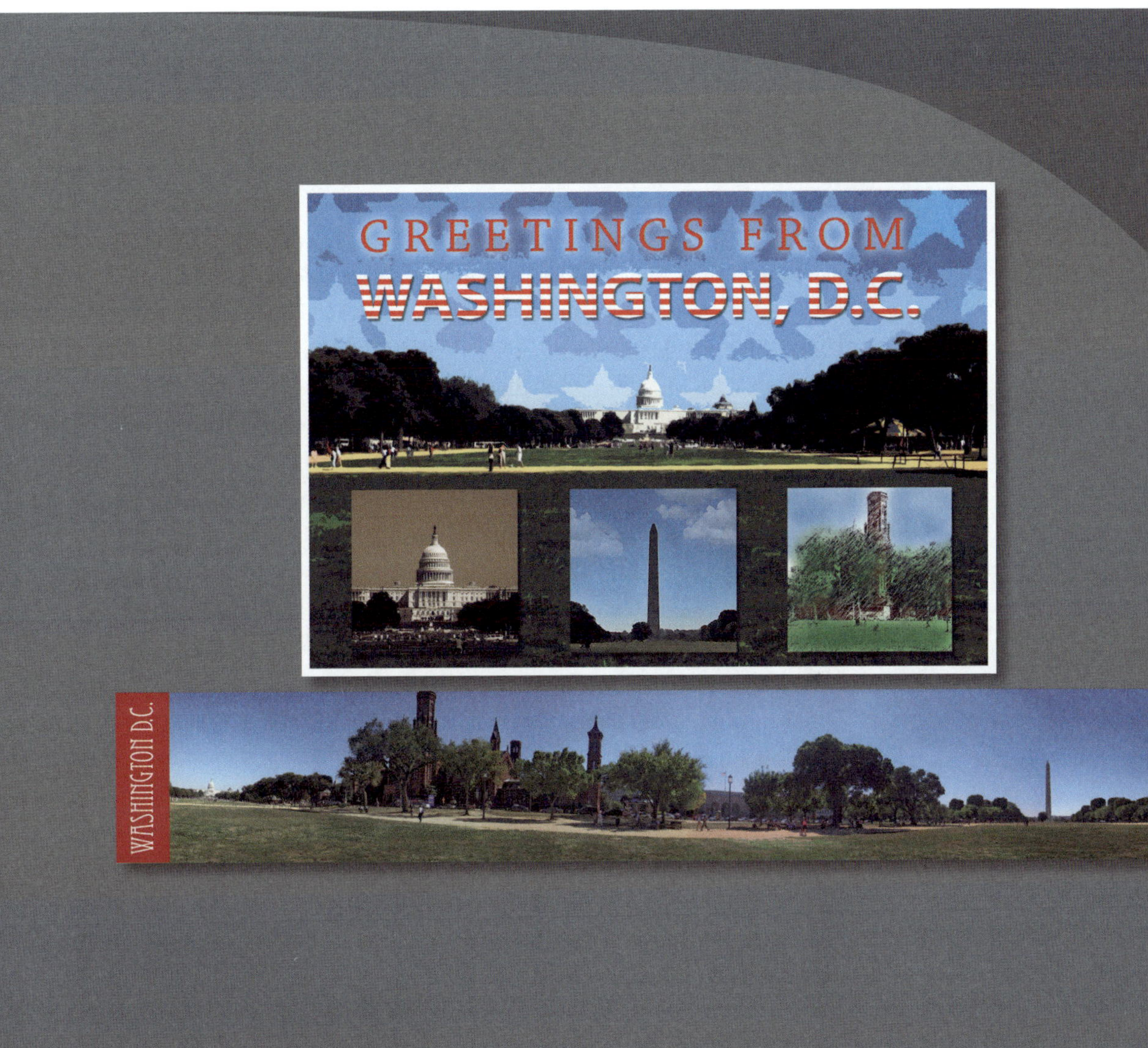

Die Vielzahl der in Adobe Photoshop eingebauten Filter ermöglicht es Ihnen, schlichte Bilder durch außergewöhnliche Effekte zu verbessern. Sie wählen Filter, die traditionelle Maltechniken wie Aquarell simulieren, oder solche, die Bilder scharfzeichnen, verzerren oder mit Mosaikeffekten versehen. Außerdem ändern Sie Bilder mit Einstellungsebenen und Mal-Modi.

Vorbereitungen

Sie erstellen in dieser Lektion Souvenirs einer Reise nach Washington. Sie gestalten aus mehreren Bildern eine Postkarte und »stitchen« anschließend ein Panorama für ein Poster. Sie sehen sich jedoch zuerst die fertigen Lektionsdateien an.

1 Starten Sie Photoshop und halten Sie sofort danach die Tasten Strg+Alt+Umschalt (Windows) bzw. Befehl+Wahl+Umschalt (Mac OS) gedrückt, um die standardmäßigen Voreinstellungen zu erhalten (siehe »Die Standardeinstellung wiederherstellen« auf Seite 13).

2 Klicken Sie im Meldungsfenster zur Bestätigung auf »Ja«, um die Standardeinstellungen wiederherzustellen.

3 Klicken Sie unten in der Anwendungsleiste auf »Mini Bridge starten«, um das Mini-Bridge-Bedienfeld zu öffnen (Mini Bridge starten Sie mit einem Klick auf den gleichnamigen Reiter unter links). Falls Bridge noch nicht im Hintergrund läuft, klicken Sie auf »Bridge starten«.

4 Wählen Sie im Mini-Bridge-Bedienfeld im Menü links die Option »Favoriten«, doppelklicken Sie auf den Ordner *Lektionen* und wählen Sie dann den Ordner *Lektion09*.

5 Betrachten Sie die Miniatur der Datei *09A_End.psd* und drücken Sie die Leertaste für eine volle Bildschirmansicht.

Ein Bild einer Postkarte mit einer Fotomontage erscheint. Die Montage enthält vier Bilder, von denen jedes mit einem bestimmten Filter oder Effekt versehen ist.

6 Drücken Sie die Leertaste, um wieder zu Photoshop zu gelangen. Sehen Sie sich die Miniatur der Datei *09B_End.psd* an und drücken Sie wieder die Leertaste für eine volle Bildschirmansicht.

Bei dieser Datei handelt es sich um ein Poster mit einem Panoramabild und Text. Doch zuerst gestalten Sie die Postkarte.

7 Drücken Sie die Leertaste, um wieder zu Photoshop zu gelangen. Doppelklicken Sie auf die Miniatur der Datei *09A_Start.jpg*, um die Datei in Photoshop zu öffnen.

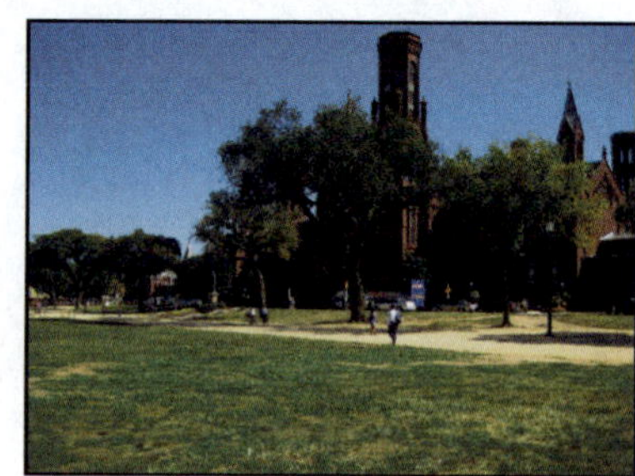

Bilder montieren

Die Postkarte ist eine Montage aus vier unterschiedlichen Bildern. Sie stellen die einzelnen Bilder frei, platzieren sie auf separaten Ebenen und montieren sie anschließend. Mit Hilfslinien richten Sie die Bilder genau aus. Bevor Sie dann die Bilder weiter verändern, fügen Sie Text hinzu und versehen ihn mit Effekten.

Bilder öffnen und freistellen

Sie öffnen jetzt vier Dateien und ändern ihre Größe. Da Sie bei dieser Aufgabe gestalterische Entscheidungen treffen müssen (das heißt, mit welchem Beschnitt sieht das Bild optimal aus), führen Sie diese Schritte manuell aus. Starten Sie mit der Datei *9A_Start.jpg*, da sie bereits geöffnet ist.

1 Wählen Sie in der Optionsleiste das Freistellungswerkzeug (⊄). Wählen Sie in der Optionsleiste aus dem Menü links die Option »Größe und Auflösung«. Geben Sie im Dialogfeld »Größe und Auflösung des freigestellten Bereichs« **500 Px** für die Breite, **500 Px** für die Höhe und **300** Pixel/Zoll für die Auflösung ein. Klicken Sie auf OK.

● **Hinweis:** Geben Sie 500 Pixel und nicht 500 cm ein!

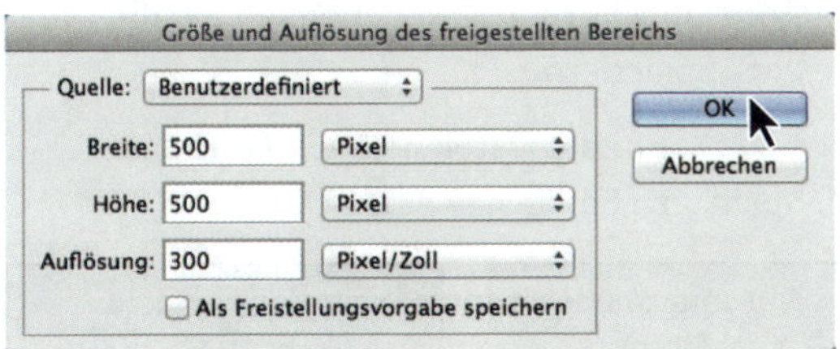

Das freigestellte Bild wird die Größe 500 x 500 Pixel haben.

2 Stellen Sie den Freistellungsrahmen so ein, dass sich der Turm (Smithsonian Institution) im Zentrum des Freistellungsbereichs befindet. Der Freistellungsrahmen lässt sich auch mit den Pfeiltasten der Tastatur präzise an die gewünschte Position verschieben.

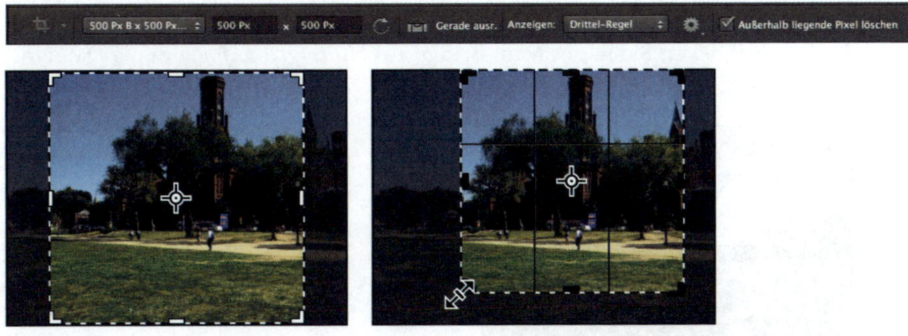

3 Wenn Ihnen der Beschneidungsbereich zusagt, aktivieren Sie in der Optionsleiste die Option »Außerhalb liegende Pixel löschen«. Wenn nötig drücken Sie dann die Eingabetaste, um die Freistellung anzuwenden.

Da Sie mit mehreren Dateien arbeiten, geben Sie der Datei *09A_Start.jpg* einen neuen, aussagefähigen Namen. Außerdem speichern Sie die Datei im Photoshop-Format, da ein JPEG bei wiederholtem Speichern und Öffnen an Qualität verliert.

4 Wählen Sie **Datei: Speichern unter**, dann das Photoshop-Format und speichern Sie das freigestellte Bild mit dem Namen **Museum.psd** im Ordner *Lektion09*.

5 Doppelklicken Sie im Mini-Bridge-Bedienfeld auf *Capitol_Building.jpg* und dann auf *Washington_Monument.jpg*, um beide Dateien zu öffnen.

Die Bilder öffnen sich mit jeweils eigenem Register in Photoshop.

6 Wählen Sie die Datei *Washington_Monument.jpg* und dann **Datei: Speichern unter**. Wählen Sie das Photoshop-Format und benennen Sie die Datei mit **Monument.psd**. Klicken Sie auf »Speichern«.

7 Klicken Sie auf das Register *Capitol_Building.jpg*. Wählen Sie **Speichern: Speichern unter**, dann das Photoshop-Format und benennen Sie die Datei mit **Capitol.psd**. Klicken Sie auf »Speichern«.

8 Wiederholen Sie die Schritte 1 bis 3, um die Dateien *Capitol.psd* und *Monument.psd* freizustellen. Speichern Sie die jeweilige Datei.

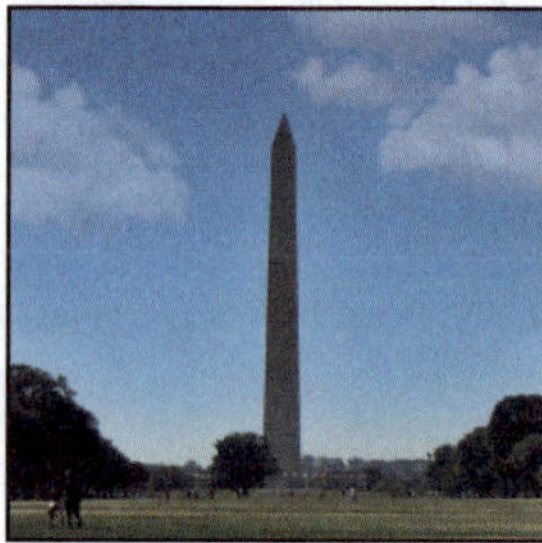

Freigestellte Versionen der Dateien *Museum.psd*, *Capitol.psd* und *Monument.psd*

9 Doppelklicken Sie in der Mini Bridge auf *Hintergrund.jpg*, um die Datei in Photoshop zu öffnen.

10 Wählen Sie das Verschieben-Werkzeug, um den Freistellungsrahmen zu entfernen.

11 Wählen Sie **Datei: Speichern unter**. Wählen Sie das Photoshop-Format, benennen Sie die Datei mit **09A_Arbeit.psd** und klicken Sie auf »Speichern«. Doppelklicken Sie auf das Mini-Bridge-Register, um das Bedienfeld zu schließen. Lassen Sie jedoch alle vier Dateien für die nächste Übung noch geöffnet.

Bilder mit Hilfslinien platzieren

Hilfslinien sind Linien, mit denen sich Elemente in einem Dokument horizontal und/oder vertikal ausrichten lassen und die nicht ausgedruckt werden. Über den Befehl »Ausrichten an« verhalten sich Hilfslinien wie Magnete, das heißt, Objekte, die Sie nahe an eine Hilfslinie ziehen, rasten an ihr ein, sobald Sie die Maustaste loslassen. Sie versehen nun das Hintergrundbild mit Hilfslinien, die Sie dann als Basis für die Montage verwenden.

1 Wählen Sie **Ansicht: Lineale**. Ein vertikales Lineal erscheint links im Fenster und ein horizontales oben im Fenster.

2 Wählen Sie **Fenster: Info**, um das Infobedienfeld zu öffnen.

3 Ziehen Sie aus dem horizontalen Lineal zur Mitte des Bildfensters und beobachten Sie dabei die Anzeige der Y-Koordinate im Infobedienfeld. Lassen Sie die Maustaste los, wenn Y ca. 7,5 cm ist. Eine horizontale Linie läuft in der Bildmitte durch das ganze Bild.

Hinweis: Falls die Linealeinteilung nicht metrisch (cm) ist, klicken Sie mit der rechten Maustaste oder mit gedrückter Ctrl-Taste in ein Lineal und wählen Sie die gewünschte Linealeinteilung im Kontextmenü.

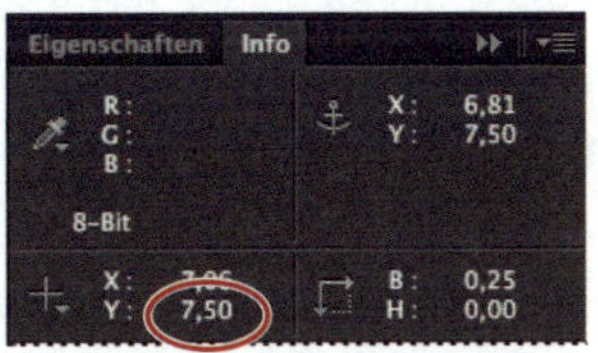

4 Ziehen Sie eine weitere Hilfslinie diesmal aus dem senkrechten Lineal zur Bildmitte und lassen Sie die Maustaste los, wenn X ca. 7,5 cm ist.

Tipp: Bewegen Sie Hilfslinien mit dem Verschieben-Werkzeug.

5 Wählen Sie **Ansicht: Ausrichten an** und achten Sie darauf, dass der Befehl **Hilfslinien** gewählt bzw. mit einem Häkchen versehen ist. Ansonsten wählen Sie den Befehl jetzt.

6 Ziehen Sie eine weitere Hilfslinie aus dem senkrechten Lineal zur Bildmitte. Obwohl Sie die Linie weiter ziehen können, rastet sie genau in der Bildmitte ein.

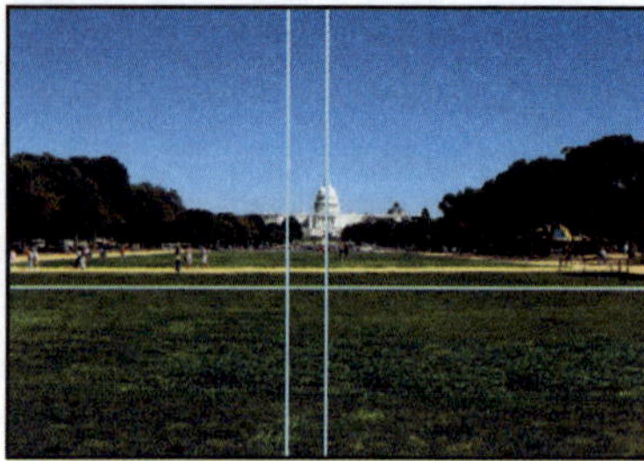

7 Wählen Sie **Fenster: Anordnen: 4**. Jetzt sind alle vier Bilder gleichzeitig zu sehen, und zwar jedes in seinem eigenen Fenster.

8 Wählen Sie das Verschieben-Werkzeug (▸✣) und ziehen Sie die z. B. mit Strg- bzw. Befehl-Alt gewählte Datei *Museum.psd* auf das Bild *09A_Arbeit.psd*. Photoshop platziert das Bild *Museum.psd* auf einer separaten Ebene in der Datei *09A_Arbeit.psd*.

9 Ziehen Sie die Bilder *Monument.psd* und *Capitol.psd* auf die Datei *09A_Arbeit.psd*.

10 Schließen Sie die Dateien *Monument.psd, Capitol.psd* und *Museum.psd,* ohne sie zu speichern.

11 Benennen Sie im Ebenenbedienfeld die Ebenen entsprechend den jeweiligen Bildern: **Museum**, **Monument** und **Capitol** um – also *Ebene 1* in **Museum**, *Ebene 2* in **Monument** und *Ebene 3* in **Capitol**.

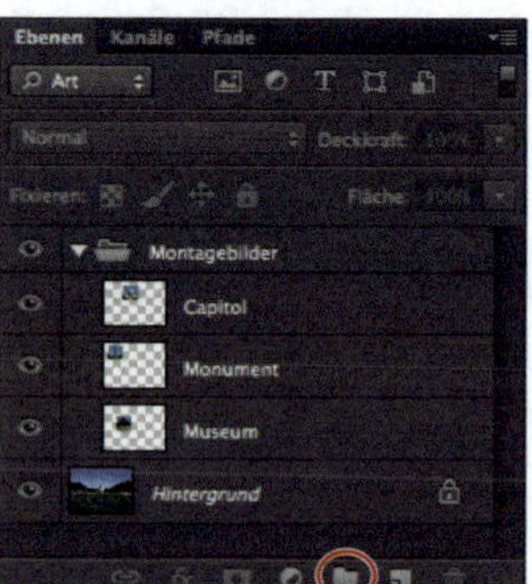

12 Klicken Sie unten im Ebenenbedienfeld auf die Schaltfläche »Neue Gruppe erstellen« und benennen Sie die Gruppe mit **Montagebilder**.

13 Ziehen Sie die Ebenen *Capitol, Monument* und *Museum* in die Gruppe Montagebilder.

14 Wählen Sie die Ebene *Monument* und dann im Werkzeugbedienfeld das Verschieben-Werkzeug (▸✣). Verschieben Sie die *Monument*-Ebene in die Mitte der Arbeitsfläche. Richten Sie den oberen Bildrand an der horizontalen Hilfslinie aus.

15 Wählen Sie die *Capitol*-Ebene und ziehen Sie das Bild so nach links neben das Monument, dass es oben an der horizontalen Hilfslinie einrastet. Sorgen Sie für gleiche Abstände zwischen dem Monument und dem linken Postkartenrand. Positionieren Sie jetzt noch die *Museum*-Ebene rechts neben dem Monument.

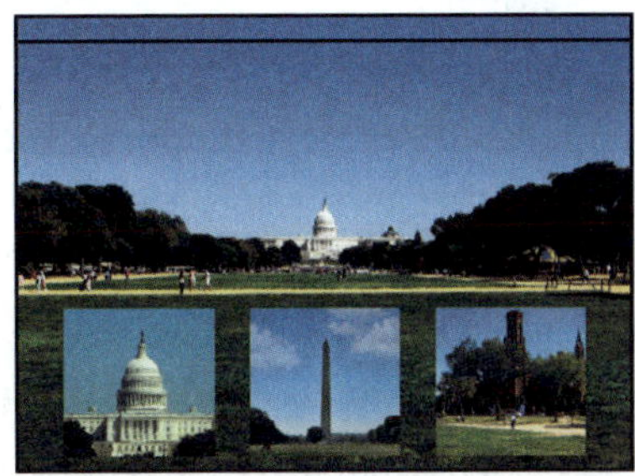

16 Wählen Sie **Ansicht: Einblenden: Hilfslinien**, um die Hilfslinien wieder auszublenden. Wählen Sie **Ansicht: Lineale**, um auch die Lineale auszublenden.

17 Wählen Sie **Datei: Speichern**. Klicken Sie auf OK, falls das Dialogfeld mit den Photoshop-Formatoptionen erscheint.

Extra

Sie konnten die vier Bilder einfach über die zentrierten Hilfslinien ausrichten, allerdings sind magnetische Hilfslinien ideal, um Fotos und Objekte mit noch größerer Präzision auszurichten. Verwenden Sie Ihre Arbeitsdatei in dem Zustand am Ende der Übung »Bilder mit Hilfslinien platzieren« und richten Sie die Fotos auf andere Weise aus. Oder fahren Sie mit der Lektion fort und probieren Sie diese Technik ein anderes Mal aus.

1 Wählen Sie im Ebenenbedienfeld die Ebene *Museum*. Ziehen Sie mit dem Verschieben-Werkzeug das Bild so, dass es nicht mehr sauber ausgerichtet ist.

2 Wählen Sie **Ansicht: Einblenden: Magnetische Hilfslinien**.

3 Ziehen Sie mit dem Verschieben-Werkzeug das Bild *Museum* so im Bildfenster, dass seine obere Kante an der oberen Kante des Monuments ausgerichtet ist.

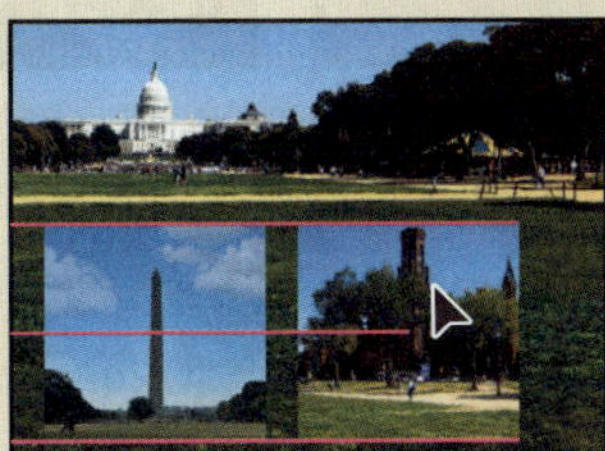

4 Wählen Sie **Ansicht: Einblenden: Magnetische Hilfslinien**, um die Hilfslinien wieder auszublenden.

Text hinzufügen

Sie versehen die Postkarte mit Text, den Sie dann mit einigen Effekten verschönern.

1 Wählen Sie die *Hintergrund*-Ebene – die Text-Ebene befindet sich direkt darüber.

2 Wählen Sie das horizontale Text-Werkzeug (**T**). Klicken Sie anschließend in den Himmel und tippen Sie **Greetings From**. Klicken Sie in der Optionsleiste auf die Schaltfläche »Aktuelle Bearbeitung bestätigen«, um den Text zu übernehmen. Photoshop erstellt eine neue Text-Ebene.

3 Die Text-Ebene *Greetings From* ist gewählt. Wählen Sie **Fenster: Zeichen** und nehmen Sie im Zeichenbedienfeld die folgenden Einstellungen vor:

- Schriftfamilie: Chapparal Pro, Regular
- Schriftgrad: **36 Pt**
- Laufweite: **220**
- Farbe: Rot
- Großbuchstaben (**TT**)
- Glättungsmethode: Abrunden

4 Wählen Sie das Verschieben-Werkzeug (▸✣) und zentrieren Sie den Text oben auf der Arbeitsfläche. Der Text rastet an dieser Position ein, obwohl die Hilfslinien ausgeblendet sind. Grund: Die Option »Ausrichten: An Hilfslinien« ist noch gewählt.

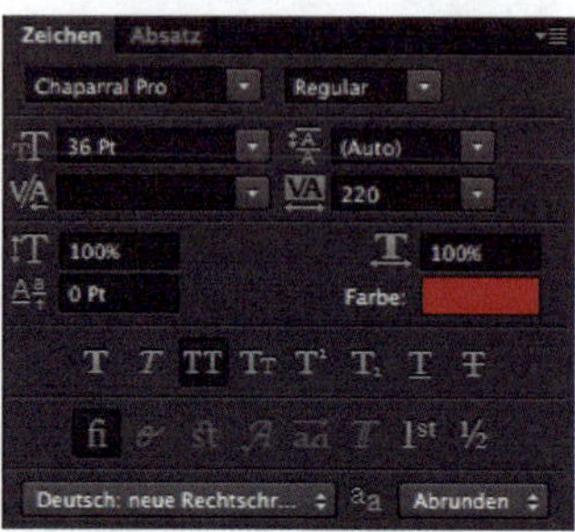

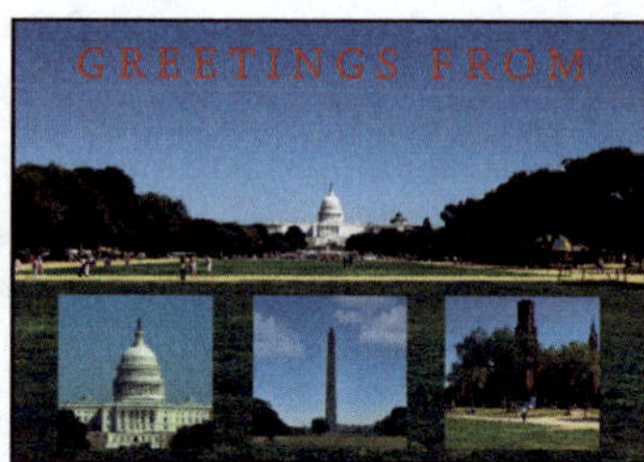

5 Wählen Sie erneut das Text-Werkzeug, klicken Sie auf die Arbeitsfläche und geben Sie **Washington, D.C.** ein. Klicken Sie auf die Schaltfläche »Aktuelle Bearbeitungen bestätigen«.

Photoshop nutzt die aktuellen Einstellungen im Zeichenbedienfeld für den neuen Text.

6 Nehmen Sie im Zeichenbedienfeld die folgenden Einstellungen vor:

- Schriftfamilie: Myriad Pro, Bold
- Schriftgrad: **48** Pt
- Laufweite: **0**

- Farbe: Weiß

(Übernehmen Sie die Einstellung *Großbuchstaben* und die Glättungsmethode *Abgerundet.*)

7 Ziehen Sie mit dem Verschieben-Werkzeug den Text *Washington, D.C.* in die Mitte der Arbeitsfläche unter den bereits vorhandenen Text.

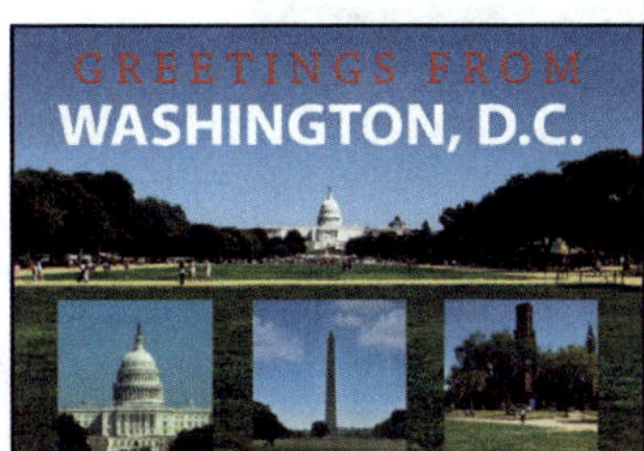

8 Wählen Sie im Ebenenbedienfeld die Textebene *Greetings From.* Klicken Sie unten im Ebenenbedienfeld auf die Schaltfläche »Ebenenstil hinzufügen« (*fx*) und wählen Sie den Stil *Schein nach außen.*

9 Nehmen Sie im Dialogfeld »Ebenenstil« unter »Schein nach außen« diese Einstellungen vor:

- Füllmethode: Negativ multiplizieren
- Deckkraft: **40** %
- Farbe: Weiß
- Überfüllen: **14** %
- Größe: **40** Px

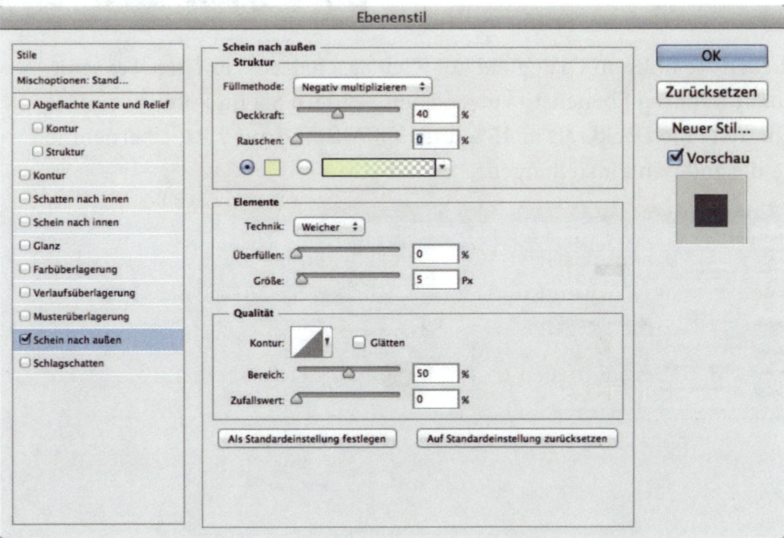

10 Klicken Sie auf OK, um den Stil zu übernehmen.

11 Klicken Sie im Werkzeugbedienfeld auf das Farbfeld »Vordergrundfarbe« und wählen Sie im Farbwähler ein Rot. Klicken Sie auf OK.

Sie versehen nun den unteren Text mit Streifen in der Vordergrundfarbe.

12 Wählen Sie die Textebene *Washington, D.C.*, klicken Sie auf die Schaltfläche »Ebenenstil hinzufügen« (*fx*) und wählen Sie *Verlaufsüberlagerung*.

13 Klicken Sie im Dialogfeld »Ebenenstil« im Bereich »Verlaufsüberlagerung« auf den Pfeil neben dem Verlaufsfeld, um das Popup-Menü »Verlauf« zu öffnen. Wählen Sie den Verlauf mit den roten und transparenten Streifen (das vorletzte Feld im Menü). Ansonsten übernehmen Sie die Standardeinstellungen für die Verlaufsüberlagerung.

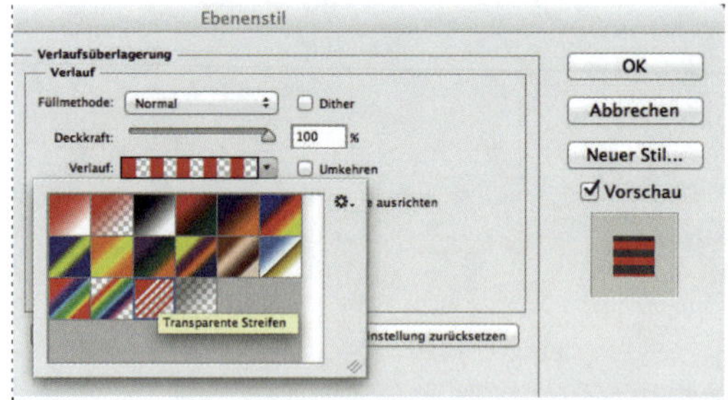

14 Klicken Sie links im Dialogfeld auf »Schlagschatten«, um den Text mit einem weiteren Ebenenstil zu versehen. Ändern Sie im Bereich »Schlagschatten« die Deckkraft in **45**% und den Abstand auf **9** Px. Übernehmen Sie die anderen Einstellungen.

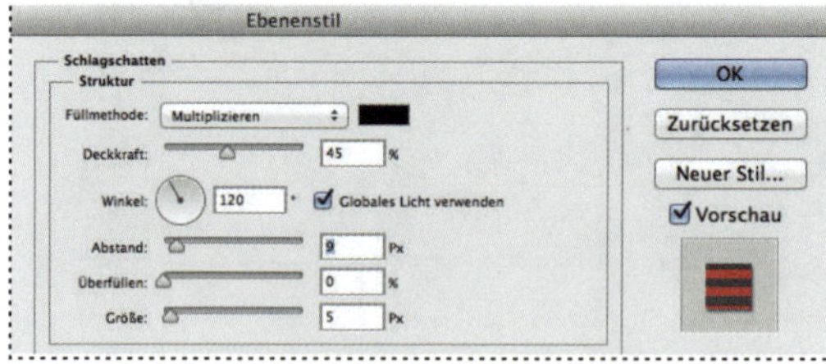

15 Klicken Sie auf OK, um die Stile zuzuweisen und das Dialogfeld »Ebenenstil« zu schließen. Wählen Sie **Datei: Speichern**.

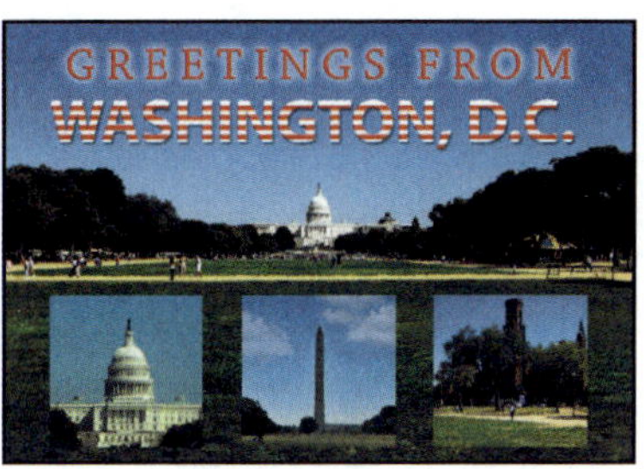

Filter zuweisen

Da Adobe Photoshop über eine so große Anzahl an Filtern für spezielle Effekte verfügt, ist es am besten, wenn Sie unterschiedliche Filter und Filteroptionen ausprobieren. Sie können sich die verschiedenen Filtereffekte in der Filtergalerie ansehen, ohne sie auf ein Bild anzuwenden.

Sie haben mit Filtern bereits in früheren Lektionen gearbeitet. In dieser Lektion wenden Sie den Filter *Strichumsetzung* auf das Museumsbild an, um den Effekt einer Zeichnung per Hand zu erhalten.

Kürzere Rechenzeiten mit Filtern

Einige Filtereffekte sind speicherintensiv, besonders bei hochauflösenden Bildern. Mit den folgenden Techniken verkürzen Sie die Rechenzeit:

- Experimentieren Sie mit Filtern und Einstellungen nur auf einem Teil des Gesamtbildes.
- Weisen Sie den Effekt den Kanälen einzeln zu (beispielsweise jedem RGB-Kanal), wenn das Bild groß und der Arbeitsspeicher knapp ist. (Die Effekte einiger Filter wirken sich auf einzelne Kanäle anders aus als auf den zusammengesetzten RGB-Kanal, besonders wenn der Filter die Pixel zufällig modifiziert.)
- Geben Sie mit »Bearbeiten: Entleeren« mehr Arbeitsspeicher frei.
- Weisen Sie Photoshop mehr Arbeitsspeicher zu. Oder schließen Sie alle anderen Programme für mehr Arbeitsspeicher.
- Ändern Sie Einstellungen, um die Geschwindigkeit speicherintensiver Filter wie Beleuchtungseffekte, Farbpapier-Collage, Buntglas-Mosaik, Chrom, Kräuseln, Spritzer, Verwackelte Striche und Glas zu verbessern. Erhöhen Sie z. B. die Zellengröße des Filters »Buntglas-Mosaik«. Erhöhen Sie beim Filter »Farbpapier-Collage« den Abstraktionsgrad und verringern Sie die Umsetzungsgenauigkeit – oder ändern Sie beide Werte.
- Wenn Sie eh nur auf einem Graustufen-Drucker ausgeben wollen, konvertieren Sie eine Kopie Ihres Bildes in Graustufen, bevor Sie Filter zuweisen. Das Zuweisen eines Filters auf ein Farbbild und die anschließende Umwandlung in Graustufen führt zu etwas anderen Ergebnissen, als wenn Sie die Graustufen-Version des Bildes filtern.

1 Wählen Sie im Ebenenbedienfeld die Ebene *Museum*.

2 Klicken Sie im Werkzeugbedienfeld auf die Schaltfläche »Standardfarben für Vordergrund und Hintergrund« (■), um wieder die Vordergrundfarbe Schwarz zu erhalten.

Der Filter *Strichumsetzung* verwendet die Vordergrundfarbe.

3 Wählen Sie **Filter: Filtergalerie**.

Die Filtergalerie umfasst ein Vorschaufenster, die Liste der verfügbaren Filter und die Einstellungen für den gewählten Filter – ideal für das Ausprobieren von Filtereffekten, bevor Sie sie dann dem Bild zuweisen.

4 Klicken Sie auf das Dreieck neben »Zeichenfilter«, um diesen Abschnitt zu erweitern. Wählen Sie dann »Strichumsetzung«. Die Vorschau zeigt sofort die Wirkung des Filters mit seinen Standardwerten.

5 Stellen Sie im Fenster rechts die Hell/Dunkel-Balance auf **25** ein. Übernehmen Sie die anderen Standardeinstellungen (Strichlänge 15 und Richtung von links unten nach rechts oben). Photoshop aktualisiert die Vorschau entsprechend.

Video: Das Video »Verflüssigen« auf der Buch-DVD zeigt mehr zu diesem Thema. Weitere Informationen finden Sie unter »Den Ordner Video-Training installieren« auf Seite 13.

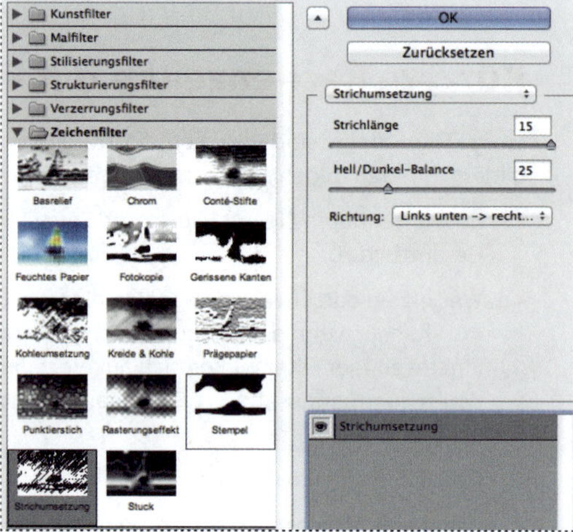

6 Klicken Sie auf OK, um den Filter anzuwenden und die Filtergalerie zu schließen.

7 Wählen Sie **Datei: Speichern**.

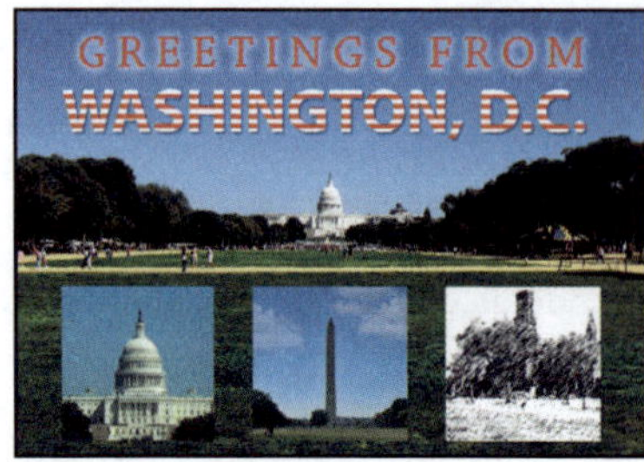

Filter

Wenn Sie einen Filter verwenden möchten, wählen Sie den entsprechenden Befehl aus einem der Untermenüs im Menü »Filter«. Beachten Sie bei der Auswahl von Filtern Folgendes:

- Der zuletzt ausgewählte Filter wird oben im Menü angezeigt.
- Filter werden auf die aktive, sichtbare Ebene angewendet.
- Filter können nicht auf Bitmaps oder indizierte Farbbilder angewendet werden.
- Einige Filter funktionieren nur mit RGB-Bildern.
- Einige Filter werden vollständig im RAM verarbeitet.
- Eine Liste der Filter für Bilder mit 16 Bit sowie 32 Bit pro Kanal finden Sie in der Photoshop-Hilfe.
- Die Photoshop-Hilfe bietet spezielle Information zu den einzelnen Filtern.

Julieanne Kost, Adobe Photoshop-Expertin

Tipps von der Photoshop-Expertin

Tastaturbefehle für Filter

Tastaturbefehle sind eine große Zeitersparnis bei der Arbeit mit Filtern:

- Um den zuletzt benutzten Filter und dessen zuletzt eingestellte Werte erneut zuzuweisen, drücken Sie Strg+F (Windows) bzw. Befehl+F (Mac OS).
- Um das Dialogfeld für den zuletzt zugewiesenen Filter anzuzeigen, drücken Sie Strg+Alt+F (Windows) bzw. Befehl+Wahl+F (Mac OS).
- Um den Effekt des zuletzt zugewiesenen Filters zu reduzieren, drücken Sie Strg+Umschalt+F (Windows) bzw. Befehl+Umschalt+F (Mac OS).

Handkolorierte Bereiche auf einer Ebene

Bevor die Farbfotografie populär wurde, wurden Schwarzweißfotos häufig von Hand koloriert. Sie können den gleichen Effekt auf bestimmte Bereiche einer Ebene anwenden. Sie kolorieren in dieser Übung das Museumsbild und fügen anschließend Sterne in das Hintergrundbild ein.

Maleffekte zuweisen

Sie arbeiten mit verschiedenen Pinseln, deren Deckkraft und Füllmethode Sie variieren, um den Himmel, das Gras und das Gebäude im Museumsbild einzufärben.

1 Klicken Sie im Ebenenbedienfeld mit gedrückter Strg- (Windows) bzw. Befehlstaste (Mac OS) auf die Bildminiatur der *Museum*-Ebene – der Inhalt der Ebene ist jetzt gewählt.

Da Sie innerhalb einer Auswahl malen, brauchen Sie sich um das Hintergrundbild und die anderen Bilder keine Gedanken zu machen. Achten Sie aber darauf, dass die Auswahlbegrenzung im Bild zu sehen ist, und beginnen Sie dann mit dem Malen.

2 Vergrößern Sie das Museumsbild, damit die Details klar zu erkennen sind.

Tipp: Um die Pinseldeckkraft zu ändern, geben Sie auf der Tastatur eine Zahl von 0 bis 9 ein (dabei entspricht 1 = 10 %, 9 = 90 % und 0 = 100 %).

3 Wählen Sie in der Optionsleiste einen Pinsel (✓) mit einer **90** Pixel großen Spitze und der Härte **0**. Wählen Sie im Menü »Modus« die Option »Abdunkeln« und für die Deckkraft den Wert **20** %.

4 Klicken Sie im Werkzeugbedienfeld auf das Feld »Vordergrundfarbe einstellen« und wählen Sie ein helles Blau (nicht zu hell). Sie kolorieren mit dieser Farbe den Himmel.

5 Malen Sie jetzt im Himmel des Museumsbilds. Da die Deckkraft auf 20% eingestellt ist, können Sie erneut in dem Bereich malen und ihn so dunkler machen. Malen Sie auch an den Rändern – die Farbe kann nicht über die Ränder hinaus gehen. Ändern Sie während des Malens die Pinselgröße und die Deckkraft. Eventuell benötigen Sie einen kleineren Pinsel für die Bereiche zwischen den Baumspitzen. Wenn Sie einen Fehler machen sollten, drücken Sie Strg+Z (Windows) oder Befehl+Z (Mac OS), um ihn rückgängig zu machen. Da das Bild wie handgemalt aussehen soll, muss es nicht perfekt sein.

6 Kolorieren Sie auf die gleiche Weise die Bäume und das Gras. Wählen Sie die Vordergrundfarbe Grün und einen weichen **70**-Pixel-Pinsel. Wählen Sie den Modus »Abdunkeln« und **80 %** Deckkraft. Übermalen Sie die schwarzen und weißen Bereiche wie in der folgenden Illustration.

Tipp: Wenn Sie ein Bild manuell kolorieren, arbeiten Sie sich vom Hintergrund aus immer mehr nach vorn, um Streuungen zu übermalen.

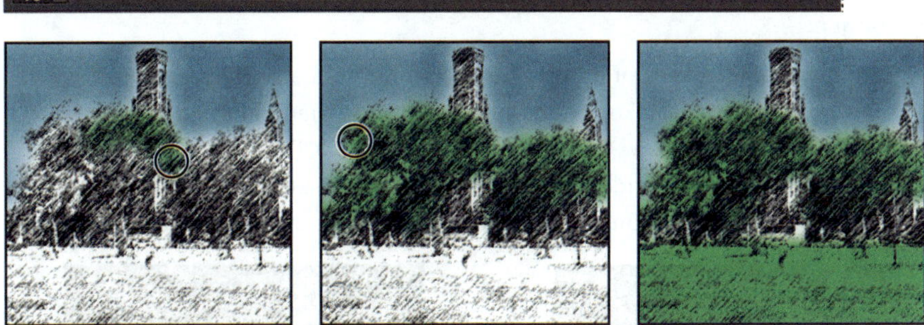

7 Bemalen Sie nun die Fassade des Museums mit einem dunklen Rot. Beginnen Sie mit einem **40**-Pixel-Pinsel, dem Modus »Aufhellen« und **80 %** Deckkraft.

Der Modus »Aufhellen« wirkt sich nur auf die schwarzen Linien und nicht auf die weißen Bereiche aus.

8 Entspricht die Zeichnung Ihren Vorstellungen, wählen Sie **Auswahl: Ebenenauswahl aufheben** und anschließend **Datei: Speichern**.

Auswahlbereiche speichern

Video: Das Video »Verflüssigen« auf der Buch-DVD zeigt mehr zum Thema. Weitere Informationen finden Sie unter »Den Ordner Video-Training installieren« auf Seite 17.

Um den Himmel im Hintergrund mit handgemalten Sternen zu füllen, müssen Sie zuerst eine Auswahl des Himmels speichern. Sie speichern das Hintergrundbild als Smart Objekt, um es später mit Smartfiltern versehen zu können.

1 Räumen Sie etwas auf und schließen Sie im Ebenenbedienfeld den Ordner *Montagebilder*. Klicken Sie dann im Ebenenbedienfeld mit der rechten Maustaste (Windows) oder mit gedrückter Ctrl-Taste (Mac OS) auf den Text der Hintergrundebene und wählen Sie »In Smartobjekt konvertieren«. (Die Hintergrundebene befindet sich ganz unten im Ebenenstapel.)

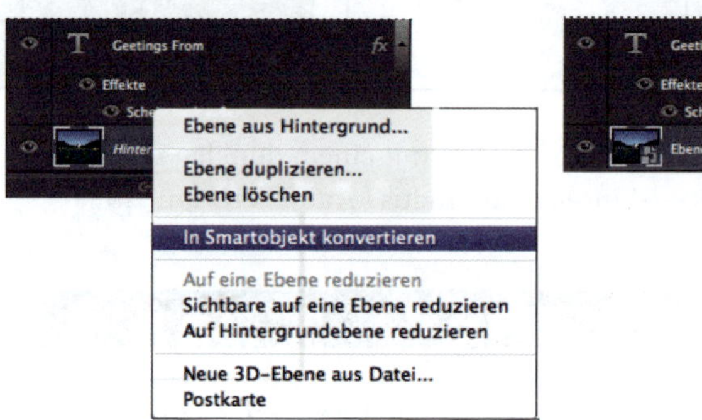

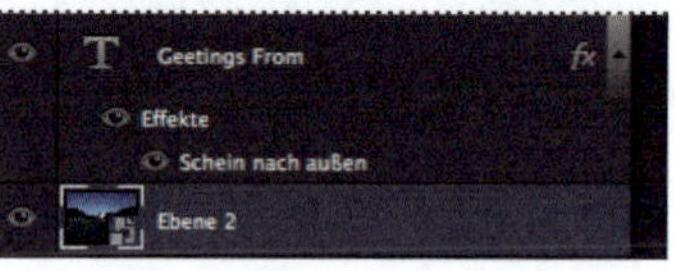

Der Ebenenname ändert sich in *Ebene 2*. Ein Symbol erscheint in der Ebenenminiatur und weist darauf hin, dass die Ebene jetzt ein Smart Objekt ist. Filter bzw. *Smartfilter*, die Smart Objekten zugewiesen werden, sind nicht zerstörend (nicht destruktiv) – so können Sie diese Filter später weiterbearbeiten.

2 Benennen Sie *Ebene 2* in **Capitol-Promenade** um.

3 Doppelklicken Sie auf die Bildminiatur in der Ebene *Capitol-Promenade* und dann im Meldungsfenster auf OK.

Das Smart Objekt öffnet sich in einem eigenen Bildfenster. Sie können es ohne Auswirkungen auf andere Objekte bearbeiten.

4 Wählen Sie mit dem Schnellauswahl-Werkzeug (✐)den Himmel. Wenn Sie die Auswahl reduzieren, klicken Sie in der Optionsleiste auf die Schaltfläche »Von Auswahl subtrahieren« und dann in den entsprechenden Bereich. Die Auswahl muss nicht perfekt sein.

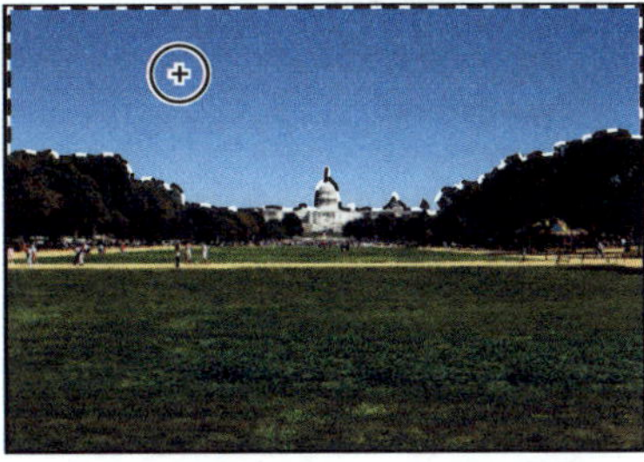

Informationen über das Schnellaus-Wahlwerkzeug und andere Auswahlwerkzeuge finden Sie in Lektion 3, »Auswahlbereiche«.

5 Der Himmel ist gewählt. Klicken Sie in der Optionsleiste auf »Kante verbessern«. Ändern Sie die folgenden Einstellungen und klicken Sie anschließend auf OK:

- Abrunden: **25**
- Weiche Kante: **30**
- Kante verschieben: **-20**

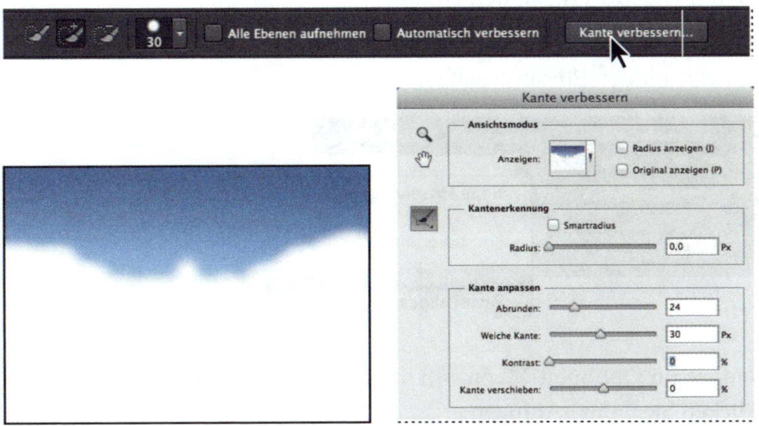

Die Einstellungen macht die Kanten der Auswahl des Himmels weicher.

6 Wählen Sie **Auswahl: Auswahl speichern**. Benennen Sie die Auswahl im Dialogfeld mit **Himmel** und klicken Sie auf OK.

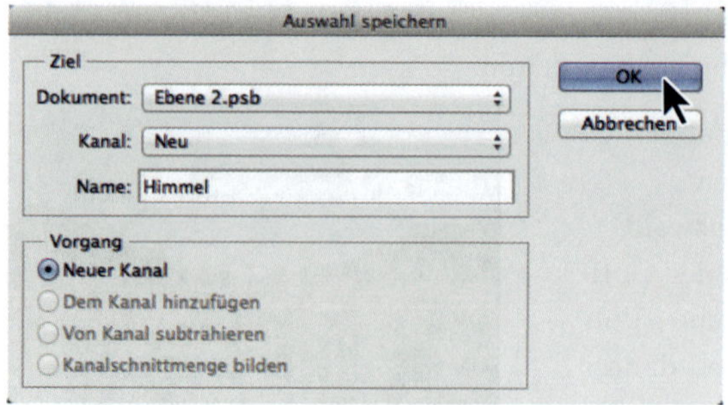

7 Wählen Sie **Auswahl: Auswahl aufheben**.

Maleffekte zuweisen

Sie versehen nun den gerade gewählten Himmel mit Sternen. Dafür benutzen Sie einen sternförmigen Pinsel.

1 Klicken Sie auf das Werkzeugbedienfeld und drücken Sie die Taste D für die standardmäßigen Vordergrund- und Hintergrundfarben. Drücken Sie dann die Taste X, um zwischen Vorder- und Hintergrund zu wechseln. Die Vordergrundfarbe ist jetzt Weiß.

Sie malen nun weiße Sterne in den Himmel.

2 Wählen Sie das Pinsel-Werkzeug ( )und öffnen Sie in der Optionsleiste das Fenster mit den Pinselvorgaben.

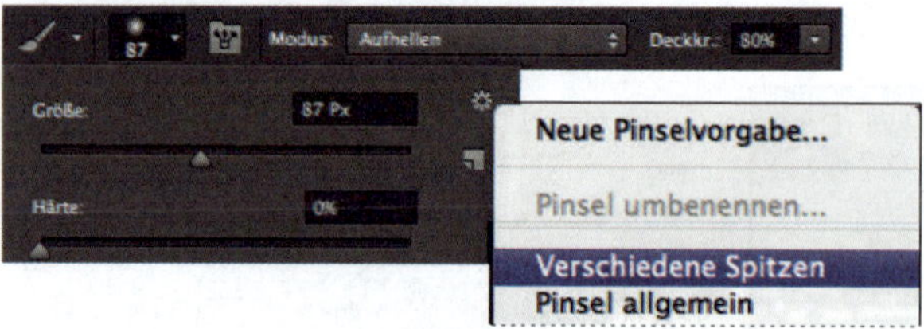

3 Wählen Sie im Optionen-Menü ( )i oben rechts »Verschiedene Spitzen« und klicken Sie dann »Anfügen«.

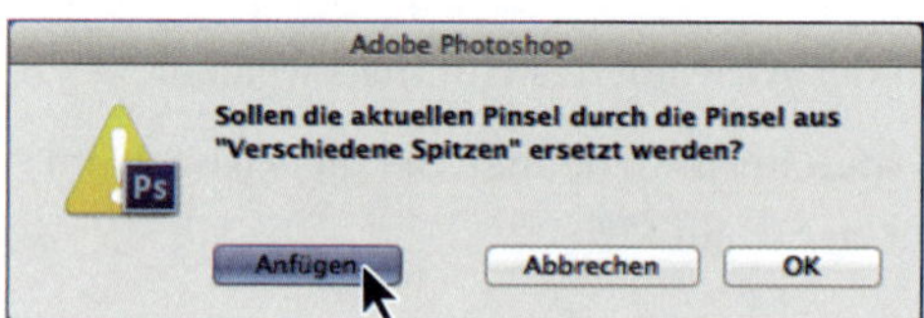

Sie benutzen einen sternenförmigen Pinsel aus dem Set *Verschiedene Spitzen*.

4 Wählen Sie in der Auswahl für die Pinselgrößen den Pinsel *Stern - groß*. Vergrößern Sie ihn auf **300** Pixel, wählen Sie den Modus »Normal« und eine Deckkraft von **100 %**.

Nachdem Sie den Pinsel eingestellt haben, müssen Sie die bereits gespeicherte Auswahl wieder laden.

5 Wählen Sie **Auswahl: Auswahl laden**. Wählen Sie dann im Dialogfeld »Auswahl laden« unter »Kanal« die Option »Himmel«. Klicken Sie auf OK.

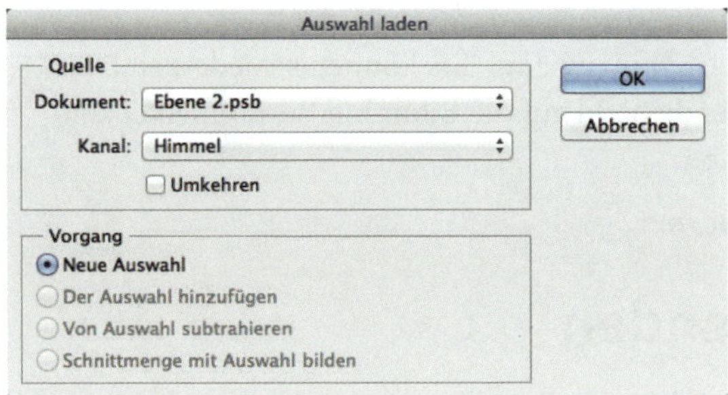

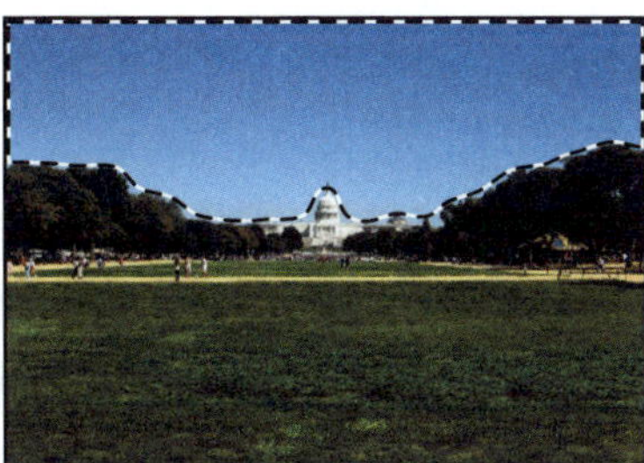

6 Klicken Sie unten im Ebenenbedienfeld auf das Symbol »Neue Ebene erstellen«. Benennen Sie die Ebene mit **Malerei**.

7 Nachdem Sie die Sterne gemalt haben, stellen Sie im Ebenenbedienfeld die Deckkraft auf **50** % ein und wählen (ebenfalls im Ebenenbedienfeld) die Füllmethode »Ineinanderkopieren«.

● **Hinweis:** Wenn Sie neu beginnen möchten, löschen Sie einfach die Ebene *Malerei* und erstellen Sie eine neue Ebene. Sie löschen eine Ebene, indem Sie sie auf das Symbol »Ebene löschen« unten im Ebenenbedienfeld ziehen.

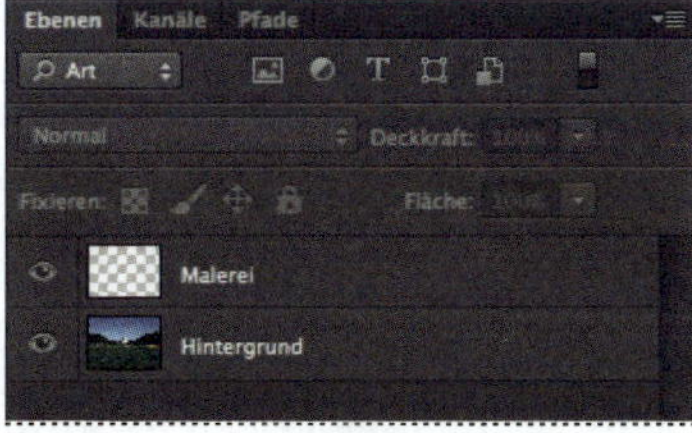

8 Nachdem Sie die Sterne gemalt haben, stellen Sie im Ebenenbedienfeld die Deckkraft auf **50** % ein und wählen (ebenfalls im Ebenenbedienfeld) die Füllmethode »Ineinanderkopieren«.

9 Wählen Sie **Datei: Speichern** und schließen Sie das Smart Objekt. Wenn Photoshop das Bild *09A_Arbeit.psd* zeigt, wählen Sie **Ansicht: Ganzes Bild** – das Bildfenster zeigt die komplette Postkarte.

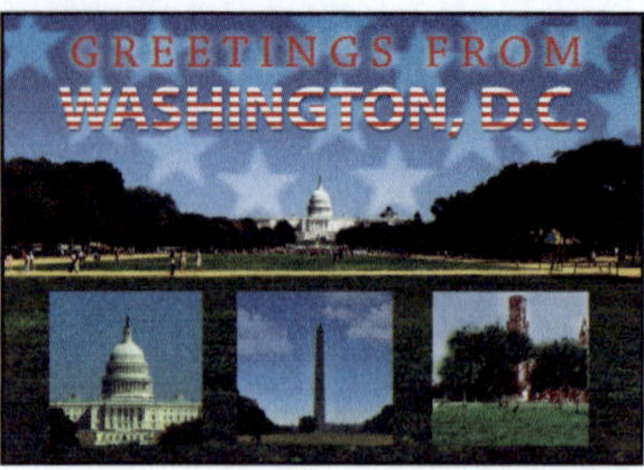

Die Sterne wurden der Postkarte hinzugefügt. Sie können sie jederzeit bearbeiten, indem Sie im Ebenenbedienfeld auf die Bildminiatur doppelklicken und so das Smart Objekt öffnen.

10 Wählen Sie **Datei: Speichern**.

Smartfilter anwenden

Im Gegensatz zu regulären Filtern, die ein Bild permanent ändern, sind Smartfilter nicht zerstörend (nicht destruktiv): Sie lassen sich einstellen, aus- und einschalten sowie entfernen. Smartfilter lassen sich allerdings nur auf eine Smart-Objekt-Ebene anwenden, wodurch Sie die Ebene selbst nicht mehr bearbeiten können, sondern nur ihre Smartfilter-Effekte.

Sie haben bereits die Ebene *Capitol-Promenade* in ein Smart Objekt umgewandelt. Sie wenden jetzt einige Smartfilter auf die Ebene an und fügen Ebenenstile hinzu.

1 Wählen Sie im Ebenenbedienfeld die Ebene *Capitol-Promenade* und dann **Filter: Filtergalerie**.

Photoshop öffnet die Filtergalerie.

2 Erweitern Sie in der Filtergalerie den Ordner *Kunstfilter* und wählen Sie den Filter *Farbpapier-Collage*.

Der Filter lässt ein Bild wie eine Collage aus grob ausgeschnittenem Farbpapier erscheinen.

3 Stellen Sie rechts im Dialogfeld die folgenden Werte ein: Anzahl Stufen = **8**, Abstraktionsgrad = **4** und Umsetzungsgenauigkeit = **3**. Klicken Sie auf OK.

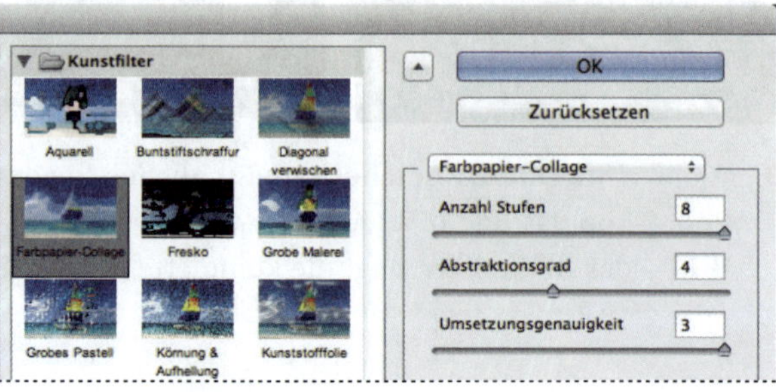

Smartfilter erscheinen im Ebenenbedienfeld unter der *Smart Objekt*-Ebene, der sie zugewiesen sind. Ebenen mit Filtereffekten haben ein Symbol rechts neben dem Ebenennamen.

4 Doppelklicken Sie im Ebenenbedienfeld auf den Filter *Farbpapier-Collage*, um die Filtergalerie erneut zu öffnen. Klicken Sie unten im Fenster mit den zugewiesenen Filtern auf die Schaltfläche »Neue Effektebene« (▣) und wählen Sie einen Filter. Experimentieren Sie mit den Einstellungen, bis Ihnen das Ergebnis zusagt. Klicken Sie aber noch nicht auf OK.

Wir haben im Ordner *Kunstfilter* den Filter *Körnung & Aufhellung* gewählt (Körnung = **2**, Aufhellungsbereich = **6** und Intensität = **1**).

Smartfilter lassen sich mischen sowie ein- und ausschalten.

5 Ziehen Sie in der Filtergalerie den Filter *Farbpapier-Collage* in der Liste mit den zugewiesenen Filtern über den zweiten Filter, den Sie zugewiesen haben. Der Effekt ändert sich. Klicken Sie auf OK, um die Filtergalerie zu schließen.

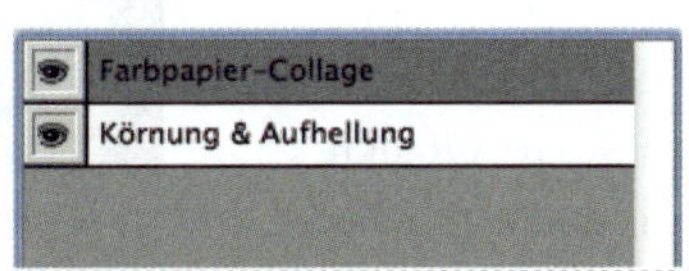

Die Reihenfolge der Filter kann einen Effekt verändern. Ein Effekt lässt sich auch ausblenden, indem Sie auf das Augensymbol (●) neben dem Namen in der Filterliste klicken.

Sie benutzen jetzt Filter, um auch die anderen Bilder auf der Postkarte wie gemalt aussehen zu lassen – ohne sie jedoch einzeln per Hand malen zu müssen. Deshalb wandeln Sie die Bilder zuerst in Smart Objekte um.

6 Öffnen Sie im Ebenenbedienfeld wieder den Ordner *Montagebilder*. Wählen Sie die Ebene *Capitol* und dann **Filter: Für Smartfilter konvertieren**. Klicken Sie im Dialogfeld auf OK.

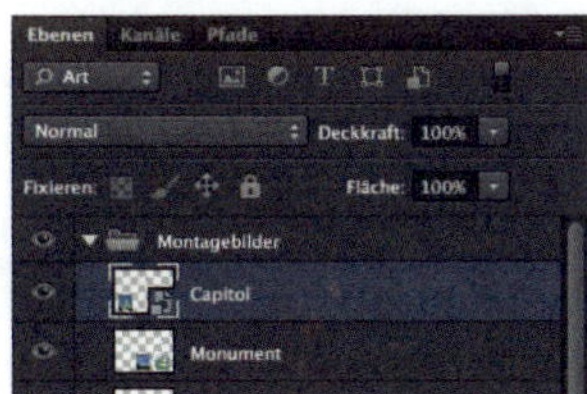

Die Ebene *Capitol* ist jetzt ein Smart Objekt.

7 Wählen Sie die Ebene *Monument* und dann **Filter: Für Smartfilter konvertieren**. Auch diese Ebene ist jetzt ein Smart Objekt.

8 Wählen Sie die Ebene *Capitol* und dann **Filter: Filtergalerie**. Wählen Sie einen Filter Ihrer Wahl. Experimentieren Sie mit den Einstellungen, bis Ihnen der Effekt zusagt. Klicken Sie dann auf OK, um den Filter zuzuweisen.

Wir haben den Malfilter *Kreuzschraffur* mit diesen Werten gewählt: Strichlänge = **12**, Bildschärfe = **9** und Stärke = **1**.

9 Wählen Sie die Ebene *Monument* und dann **Filter: Filtergalerie**. Wählen Sie einen Filter und klicken Sie auf OK, um ihn anzuwenden.

Sie können nahezu jeden Filter als Smartfilter benutzen, einschließlich die Filter von Drittherstellern. Einzige Ausnahme sind die Filter *Extrahieren, Verflüssigen, Mustergenerator* und *Fluchtpunkt*. Grund: Diese Filter benötigen die Pixel des Originalbilds. Außerdem lassen sich Smart Objekte mit den Einstellungen in »Tiefen/Lichter« und »Variationen« bearbeiten.

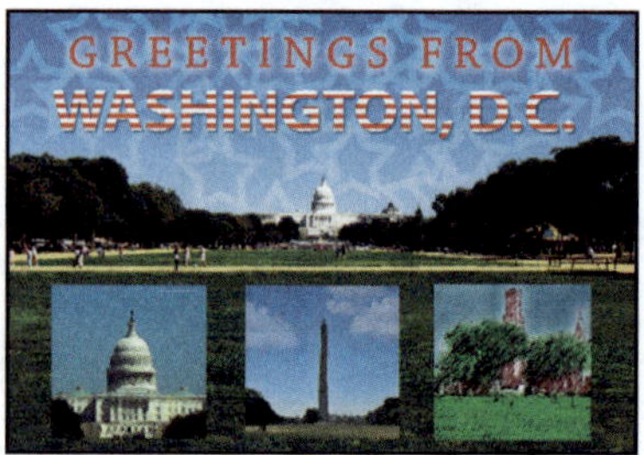

10 Wählen Sie **Datei: Speichern**.

Schlagschatten und Rand hinzufügen

Die Postkarte ist fast fertig. Um die Bilder etwas stärker hervorzuheben, versehen Sie sie mit einem Schlagschatten. Anschließend bekommt die Postkarte noch einen Rand.

1 Wählen Sie die Ebene *Capitol* und klicken Sie unten im Ebenenbedienfeld auf das Symbol »Ebenenstil hinzufügen« (*fx*). Wählen Sie die Option »Schlagschatten«.

2 Stellen Sie im Dialogfeld »Ebenenstil« die folgenden Werte ein: Deckkraft = **40** %, Abstand = **15** Px, Überfüllen = **9** % und Größe = **9** Px. Klicken Sie anschließend auf OK.

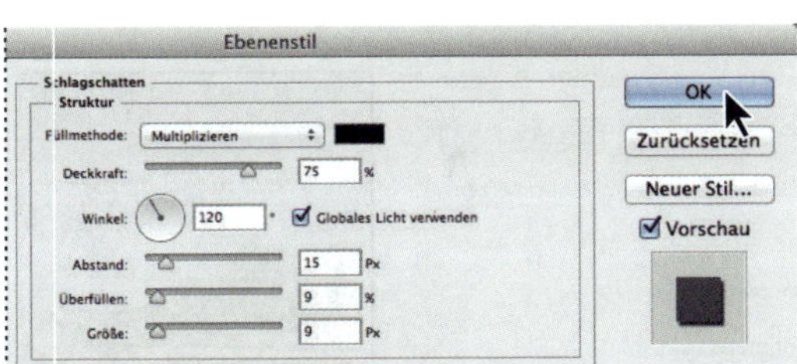

3 Ziehen Sie im Ebenenbedienfeld mit gedrückter Alt- (Windows) bzw. Wahltaste (Mac OS) den *Schlagschatten*-Effekt aus der Ebene *Capitol* auf die Ebene *Monument*.

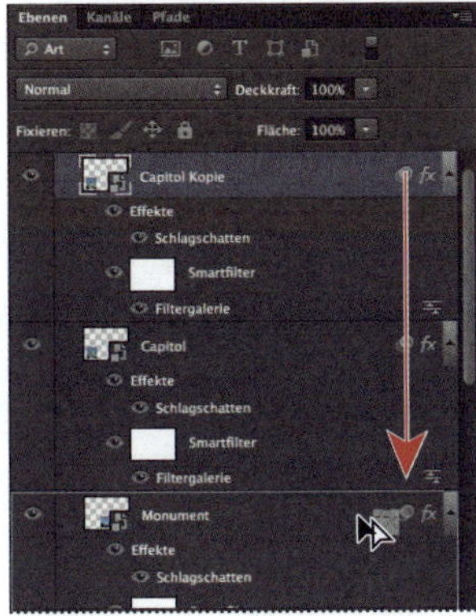

4 Ziehen Sie mit gedrückter Alt-/Wahltaste den *Schlagschatten*-Effekt auch auf die Ebene *Museum*.

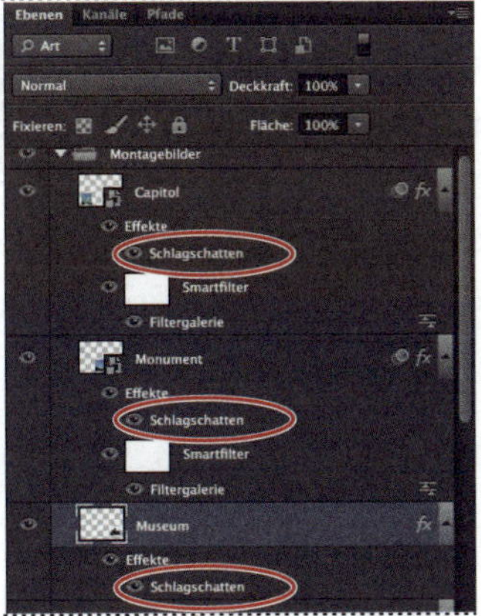

5 Schließen Sie im Ebenenbedienfeld wieder den Ordner *Montagebilder*.

Sie vergrößern jetzt die Arbeitsfläche, um einen Rand außerhalb der Bilder hinzuzufügen.

6 Wählen Sie **Bild: Arbeitsfläche** und geben Sie für die Breite 17,8 cm und für die Höhe 12,7 cm ein. Klicken Sie auf OK.

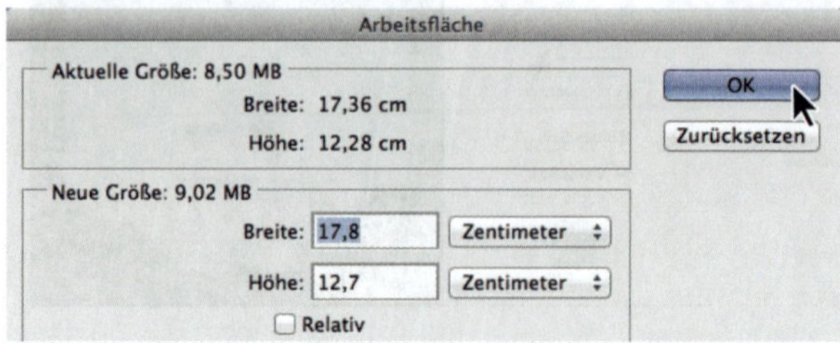

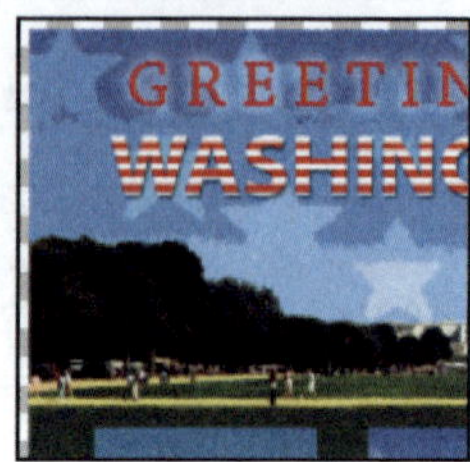

Das Bild hat einen transparenten Rand, den Sie nun weiß einfärben.

7 Drücken Sie die Taste D, um im Werkzeugbedienfeld die standardmäßigen Vorder- und Hintergrundfarben einzustellen – die Hintergrundebene ist jetzt weiß.

8 Klicken Sie im Ebenenbedienfeld auf das Symbol »Neue Ebene erstellen« (▣). Ziehen Sie die neue Ebene ganz nach unten im Ebenenstapel. Benennen Sie diese Ebene mit **Rand**.

9 Die *Rand*-Ebene ist aktiviert. Wählen Sie **Auswahl: Alles auswählen**.

10 Wählen Sie **Bearbeiten: Fläche füllen** und im Dialogfeld aus dem Menü »Verwenden« die Option »Hintergrundfarbe«. Klicken Sie auf OK.

11 Wählen Sie **Datei: Speichern**.

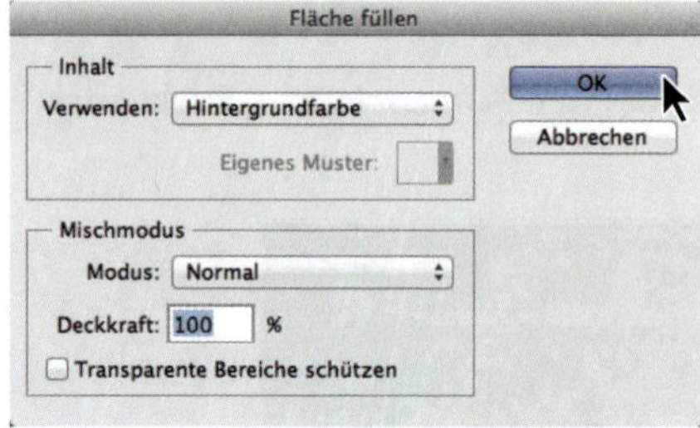

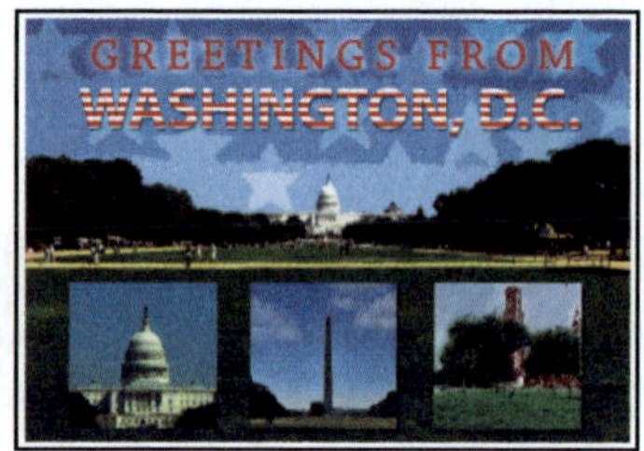

Die Postkarte kann jetzt ausgedruckt und per Post verschickt werden.

11 Schließen Sie die Datei *09A_Arbeit.psd*. Sie benötigen jetzt andere Dateien für ein Panorama.

Farben über mehrere Bilder hinweg anpassen

Sie generieren aus vier Bildern ein Panorama für ein Poster. Um im Panorama nahtlose Übergänge zu erhalten, passen Sie die Farben in den einzelnen Bildern so an, dass sie ausgehend von den vorherrschenden Farben im Ausgangsbild im späteren Zielbild (dem Panorama) übereinstimmen. Zuerst öffnen Sie das Bild, das als Ausgangsbild genutzt werden soll.

1 Klicken Sie auf das Mini-Bridge-Register, um das entsprechende Bedienfeld zu öffnen. Doppelklicken Sie auf die Datei *IMG_1441.psd*, um sie zu öffnen.

Der Ordner enthält sechs fortlaufend nummerierte Dateien. Sie passen für diese Dateien die Farben an.

2 Doppelklicken Sie im Mini-Bridge-Bedienfeld auf die Datei *IMG_1442.psd*, um sie zu öffnen.

Die Datei *IMG_1442.psd* ist in einigen Bereichen überbelichtet und etwas verblasst. Sie arbeiten mit dem Befehl »Gleiche Farbe«, um die Farben an die in der Datei *IMG_1441.psd* (Quelldatei) anzupassen.

3 Die Datei *IMG_1442.psd* ist aktiviert. Wählen Sie **Bild: Korrekturen: Gleiche Farbe**. Führen Sie im Dialogfeld »Gleiche Farbe« Folgendes aus:

- Aktivieren Sie die Vorschau, sofern noch nicht gewählt.
- Wählen Sie im Menü »Quelle« die Datei *IMG_1441.psd.*
- Wählen Sie im Menü »Ebene« die Hintergrundebene. In einem Quellbild lässt sich jede Ebene wählen, das vorliegende Bild hat jedoch nur eine Ebene.
- Experimentieren Sie mit den Einstellungen *Luminanz, Farbintensität* und *Verblassen.*
- Klicken Sie auf OK, wenn die Farben in den Bildern übereinstimmen.

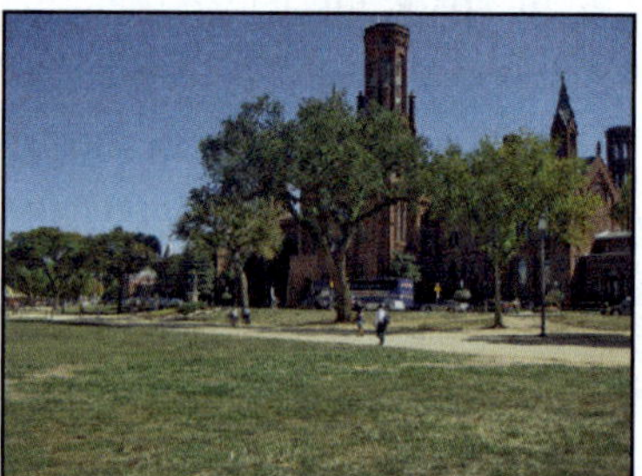

4 Wählen Sie **Datei: Speichern**, um die Datei *IMG_1442.psd* mit den neuen Farben zu speichern. Doppelklicken Sie dann auf das Mini-Bridge-Register, um das Mini-Bridge-Bedienfeld zu schließen.

Sie können »Gleiche Farbe« für jede Quelldatei nutzen und auf diese Weise interessante und ungewöhnliche Effekte erzielen. Diese Funktion eignet sich auch für spezielle Farbkorrekturen (wie Hauttöne) in Fotos. Sie können mit »Gleiche Farbe« auch unterschiedliche Ebenen innerhalb einer Datei anpassen. Weitere Informationen finden Sie in der Photoshop-Hilfe.

Aufgaben automatisieren

Eine *Aktion* besteht aus einem oder mehreren Befehlen, die Sie aufzeichnen und danach ausführen, um sie auf eine einzelne oder mehrere Dateien anzuwenden. Sie arbeiten jetzt mit Aktionen, um in den Bildern für das Panorama die Farben anzupassen, die Bilder zu schärfen und zu speichern.

Neben den Aktionen gibt es noch andere Möglichkeiten, um Aufgaben in Adobe Photoshop zu automatisieren. Mehr über das Aufzeichnen von Aktionen finden Sie in der Photoshop-Hilfe.

Sie haben bereits in einem der Bilder die Farbe angepasst. Sie schärfen jetzt ein Bild mit dem Filter »Unscharf maskieren« und speichern es im Ordner *Panoramabilder*.

1 Die Datei *IMG_1442.psd* ist aktiviert. Wählen Sie **Filter: Scharfzeichnungsfilter: Unscharf maskieren**.

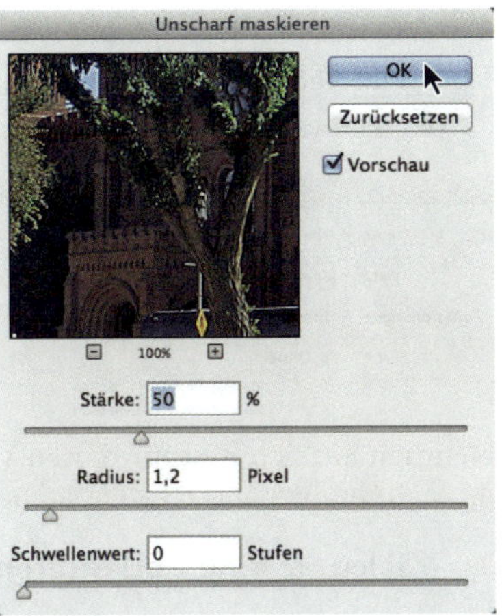

2 Ändern Sie im Dialogfeld »Unscharf maskieren« den Radius in **1,2** und übernehmen Sie die anderen Einstellungen. Klicken Sie auf OK.

3 Wählen Sie **Datei: Speichern unter** und das Format TIFF. Speichern Sie mit dem gleichen Namen (*IMG_1442*) in einem neuen Ordner mit der Bezeichnung *Panoramabilder*. Klicken Sie anschließend auf »Speichern«.

4 Wählen Sie im Dialogfeld »TIFF-Optionen« unter Bildkomprimierung die Option »LZW« und klicken Sie auf OK.

5 Schließen Sie die Datei *IMG_1442.tif*.

Das Aufzeichnen einer Aktion vorbereiten

Sie verwenden das Aktionenbedienfeld, um individuelle Aktionen aufzuzeichnen, auszuführen, zu bearbeiten und zu löschen. Mit dem Aktionenbedienfeld lassen sich Aktionen-Dateien auch speichern und laden. Sie öffnen zuerst das Aktionenbedienfeld und dann weitere Dateien.

1 Wählen Sie **Fenster: Aktionen**, um das Aktionenbedienfeld einzublenden.

2 Klicken Sie unten im Aktionenbedienfeld auf die Schaltfläche »Neuen Satz erstellen« (▬). Benennen Sie den neuen Satz mit **Meine Aktionen** und klicken Sie auf OK.

3 Wählen Sie **Datei: Öffnen**. Navigieren Sie zum Ordner *Lektion09*. Wählen Sie mit gedrückter Umschalttaste die Dateien *IMG_1443.psd*, *IMG_1444.psd*, *IMG_1445.psd* und *IMG_1446.psd*. Klicken Sie auf »Öffnen«.

Photoshop zeigt jetzt fünf Register für fünf geöffnete Dateien an.

● **Hinweis:** Sie müssen alle Schritte in dieser Aufgabe ohne Unterbrechung ausführen. Falls Sie von vorne beginnen wollen, gehen Sie zu Schritt 8, um die Aufzeichnung zu stoppen. Löschen Sie anschließend die Aktion, indem Sie sie auf die Schaltfläche »Löschen« unten im Aktionenbedienfeld ziehen. Um bereits dem Bild zugewiesene Aktionen zu löschen, benutzen Sie das Protokollbedienfeld und löschen Sie alle Zustände nach dem Freistellen. Starten Sie anschließend wieder mit Schritt 1.

Aktionen aufzeichnen

Sie zeichnen die Schritte für *Farbe angleichen* sowie *Schärfen* und *Speichern* des Bildes als Aktion auf.

1 Wählen Sie das Register *IMG_1443.psd*. Klicken Sie dann im Aktionenbedienfeld auf die Schaltfläche »Neue Aktion erstellen« (▣).

2 Geben Sie im Dialogfeld »Neue Aktion« den Namen **Farbe und Schärfen** ein und achten Sie darauf, dass im Popup-Menü »Set« das Set *Meine Aktionen* gewählt ist. Klicken Sie dann auf »Aufzeichnen«.

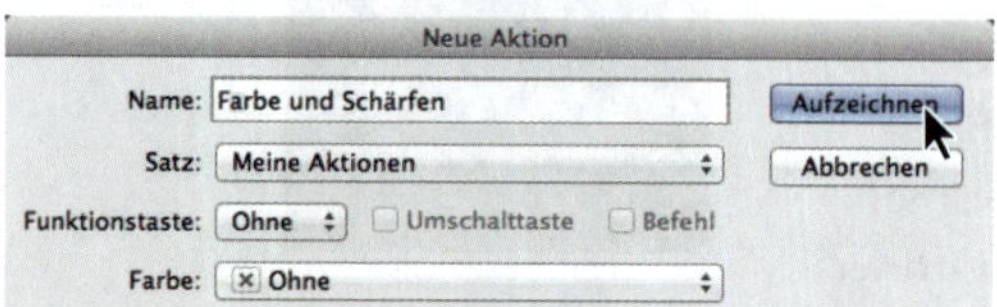

Nehmen Sie sich Zeit für diesen Vorgang. Ihr Arbeitstempo hat keinen Einfluss auf die Wiedergabezeit einer aufgezeichneten Aktion.

3 Wählen Sie **Bild: Korrekturen: Gleiche Farbe**.

4 Wählen Sie im Dialogfeld als Quelle das Bild *IMG_1441.psd*, im »Ebenen«-Menü die Option »Hintergrund« und führen Sie alle weiteren Änderungen wie für die Datei *IMG_1442.psd* aus. Klicken Sie auf OK.

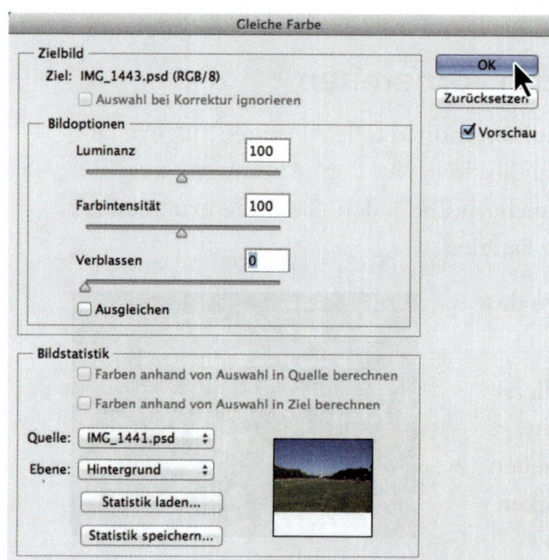

5 Wählen Sie **Filter: Scharfzeichnungsfilter: Unscharf maskieren**. Die Einstellungen im Dialogfeld »Unscharf maskieren« stimmen mit

den Einstellungen überein, die Sie für die Datei *IMG_1442.psd* benutzt haben. Klicken Sie auf OK.

Photoshop behält die letzten Filtereinstellungen in den jeweiligen Dialogfeldern, bis Sie sie wieder ändern.

6 Wählen Sie **Datei: Speichern unter**. Wählen Sie im Dialogfeld das Format TIFF, übernehmen Sie den Namen (*IMG_1443*) und speichern Sie die Datei im Ordner *Panoramabilder*. Klicken Sie auf »Speichern«. Achten Sie darauf, dass im Dialogfeld »TIFF-Optionen« die Option »LZW« gewählt ist. Klicken Sie auf OK.

7 Schließen Sie das Bild.

8 Klicken Sie unten im Aktionenbedienfeld auf die Schaltfläche »Ausführen/Aufzeichnung beenden« (■), um die Aufzeichnung zu beenden.

Die gerade aufgezeichnete Aktion ist jetzt im Aktionenbedienfeld gespeichert. Klicken Sie auf die Pfeile neben den Aktionssätzen (Sets), um die verschiedenen Sätze mit den darin enthaltenen Schritten zu erweitern. Prüfen Sie die aufgezeichneten Schritte.

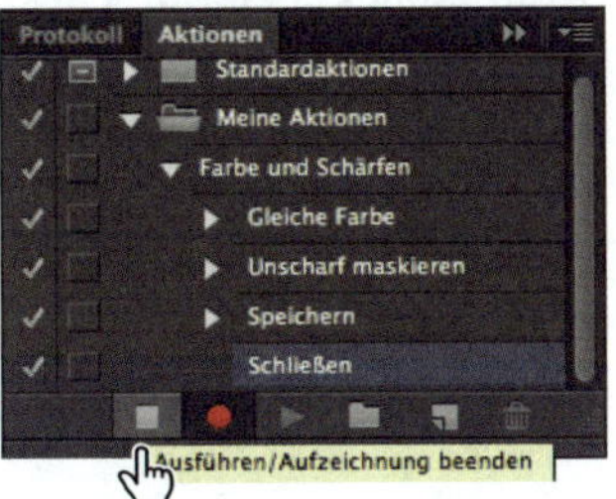

Eine Aktion ausführen

Sie führen nun die Aktion zur Farbangleichung und zum Schärfen für eine der drei geöffneten Dateien bzw. Bilder aus.

1 Klicken Sie auf das Register der Datei *IMG_1444.psd*, um dieses Bild zu aktivieren.

2 Wählen Sie im Aktionenbedienfeld die Aktion *Farbe und Schärfen* im Aktionssatz *Meine Aktionen*. Klicken Sie dann auf die Schaltfläche »Auswahl ausführen« (▶).

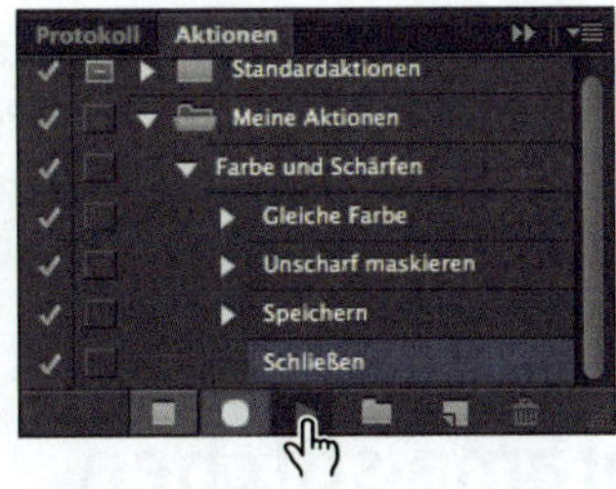

Photoshop passt automatisch die Farbe im Bild *IMG_1444.psd* an, schärft das Bild und speichert es als TIFF-Datei – die Datei ist in diesen Eigenschaften mit der Datei *IMG_1443.tif* identisch. Da Sie auch das Schließen der Datei aufgezeichnet haben, hat Photoshop das Bild *IMG_1444* automatisch geschlossen.

Eine Aktion im Stapel ausführen

Aktionen bringen eine große Zeitersparnis bei Routinetätigkeiten im Zusammenhang mit Dateien. Trotzdem können Sie den Arbeitsfluss noch weiter verbessern, wenn Sie Aktionen auf alle geöffneten Dateien anwenden. In diesem Projekt gibt es noch zwei weitere Dateien, die für das Panorama vorzubereiten sind. Deshalb führen Sie Ihre automatisierte Aktion für beide Dateien gleichzeitig aus.

● **Hinweis:** Hat die Datei IMG_1441.psd nicht das dritte Register, wird sie von Photoshop geschlossen, bevor die Farbe für die restlichen Bilder angeglichen wird. »Gleiche Farbe« funktioniert nur mit geöffneter Quelldatei. Ein Neuanordnen der Register wirkt sich nicht auf die Reihenfolge aus, mit der Photoshop die Aktion ausführt.

1 Die Dateien *IMG_1445.psd* und *IMG_1446.psd* sind geöffnet. Schließen Sie die Datei *IMG_1441.psd* und öffnen Sie sie dann wieder – die Datei hat nun das dritte Register.

2 Wählen Sie **Datei: Automatisieren: Stapelverarbeitung**.

3 Achten Sie darauf, dass im Dialogfeld »Stapelverarbeitung« unter »Abspielen« im Popup-Menü »Satz« der Aktionssatz *Meine Aktionen* und im Popup-Menü »Aktion« die Aktion *Farbe und Schärfen* gewählt sind.

4 Wählen Sie aus dem Popup-Menü »Quelle« die Option »Geöffnete Dateien«. Übernehmen Sie für »Ziel« die Option »Ohne« und klicken Sie auf OK.

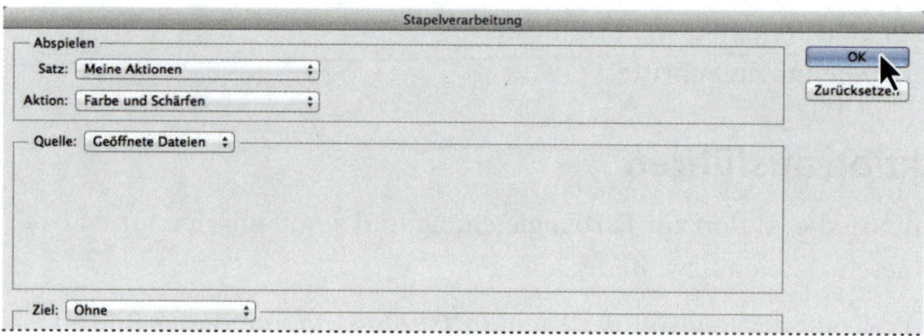

Die Aktion wird für die Dateien *IMG_1445.psd* und *IMG_1446.psd* ausgeführt. Beide Dateien haben jetzt übereinstimmende Farben, sind geschärft und wurden im TIFF-Format gespeichert. Die gleiche Aktion wurde auch für *IMG_1441.psd* ausgeführt, obwohl hier die Farbe an sich selbst angeglichen wurde.

Sie haben in dieser Übung drei Dateien im Stapel verarbeitet bzw. gleichzeitig geändert. Sie ersparen sich durch diese Aktionen viel Zeit und Mühe, besonders wenn Sie es mit Dutzenden oder gar Hunderten von Dateien zu tun haben, die übereinstimmende und sich wiederholende Routinearbeiten erfordern.

Ein Panorama stitchen

Die benötigten Dateien sind farblich angeglichen, geschärft und gespeichert. Auf diese Weise vermeiden Sie unvorhersehbare Abweichungen im Panorama. Jetzt fügen Sie die Bilder zusammen bzw. Sie »stitchen« das Panorama! Anschließend vervollständigen Sie das Poster mit einem Rand und mit Text.

1 Alle Dateien sind in Photoshop geschlossen. Wählen Sie **Datei: Automatisieren: Photomerge**.

2 Wählen Sie links im Bereich »Layout« die Option »Auto«. Klicken Sie dann unter »Quelldateien« auf die Schaltfläche »Durchsuchen« und navigieren Sie zum Ordner *Lektion10/Panoramabilder*. Wählen Sie das erste Bild, drücken Sie die Umschalttaste und wählen Sie dann das letzte Bild. Alle Bilder im Ordner sind selektiert.

3 Wählen Sie unten im Dialogfeld »Photomerge« die Optionen »Bilder zusammen überblenden«, »Vignettierungsentfernung« und »Korrektur der geometrischen Verzerrung«. Klicken Sie anschließend auf OK.

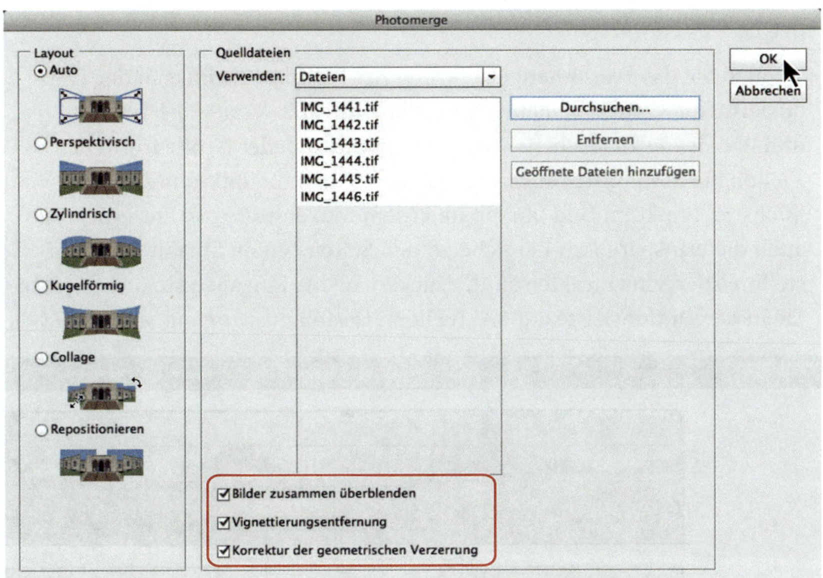

Photoshop erzeugt ein Panorama. Da dieser Vorgang ziemlich komplex ist, dauert er entsprechend. Danach sollte Photoshop ein Bild anzeigen, das ähnlich wie die folgende Illustration aussieht – mit sechs Ebenen im Ebenenbedienfeld, also je Bild eine Ebene. Photoshop hat überlappende Bildbereiche angeglichen und eventuelle »Schieflagen« durch Ausrichten der Bilder korrigiert. Dabei sind einige leere Bereiche zurückgeblieben. Sie räumen deshalb das Panorama auf, indem Sie einige Bereiche mit Himmel füllen und das Bild freistellen.

4 Wählen Sie alle Ebenen im Ebenenbedienfeld und dann **Ebene: Auf eine Ebene reduzieren**.

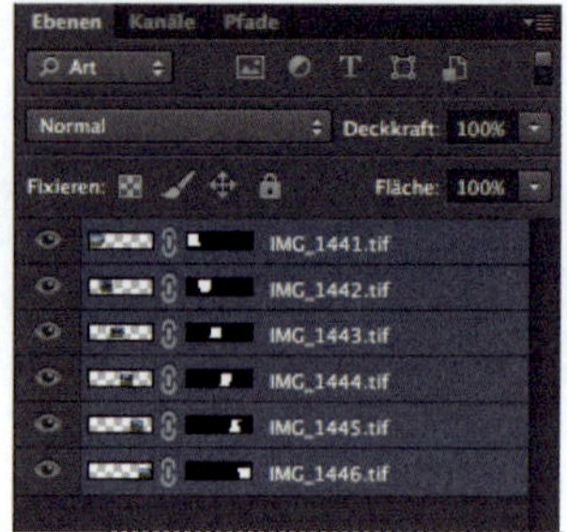

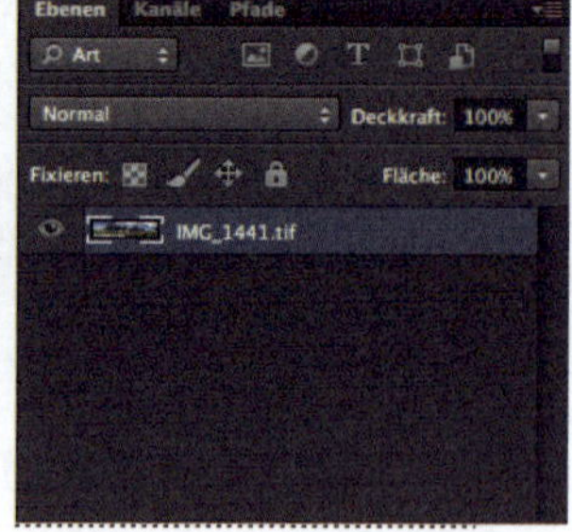

5 Wählen Sie **Datei: Speichern unter**. Wählen Sie das Photoshop-Format, benennen Sie die Datei mit **09B_Arbeit.psd** und speichern Sie sie im Ordner *Lektion10*.

6 Wählen Sie das Freistellungswerkzeug (⌗). Wählen Sie links in der Optionsleiste die Option »Uneingeschränkt«, um alle Werte für Höhe, Breite und Auflösung zu löschen – Sie können jetzt in jeder Größe freistellen. Ziehen Sie das Freistellungsrechteck vom Grasrand links unten zum höchsten Punkt im Bild (knapp über dem Museumsturm). Entfernen Sie auch die transparenten Bereiche an den Seiten. Wenn Sie mit dem Freistellungsbereich zufrieden sind, drücken Sie die Eingabetaste oder klicken Sie in der Optionsleiste auf »Aktuellen Freistellungsvorgang beenden« (✓).

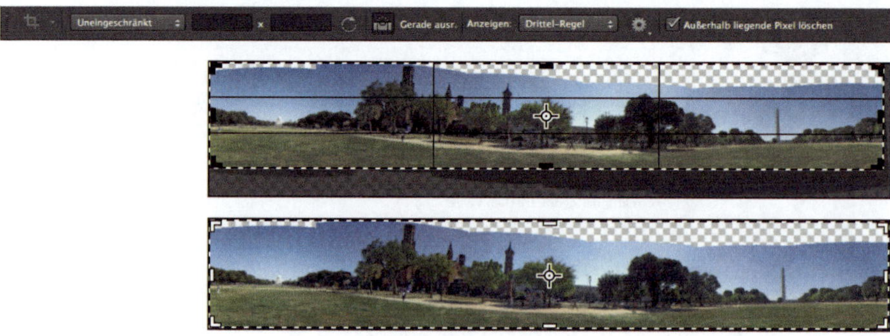

7 Wählen Sie im Werkzeugbedienfeld das Zauberstab-Werkzeug (), das unter dem Schnellauswahl-Werkzeug verborgen ist.

8 Klicken Sie im transparenten Bereich rechts und dann mit gedrückter Umschalttaste in den entsprechenden Bereich links - beide transparenten Bereiche sind nun gewählt.

9 Wählen Sie **Bearbeiten: Fläche füllen**.

10 Wählen Sie im Dialogfeld »Fläche füllen« im Menü »Verwenden« die Option »Inhaltssensitiv« und klicken Sie auf OK.

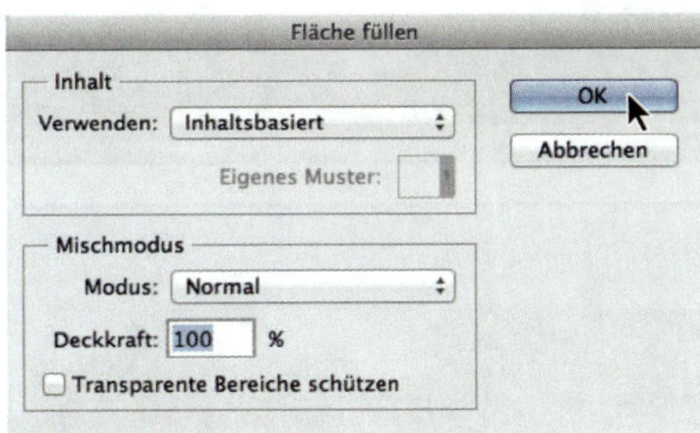

Photoshop füllt den transparenten Bereich mit einer Farbe und mischt sie mit dem vorhandenen Himmel.

11 Wählen Sie **Auswahl: Auswahl aufheben**.

12 Wählen Sie **Datei: Speichern**.

Das Bild fertigstellen

▶ **Tipp:** Wenn transparente Bereiche an den Bildkanten vorhanden sind, wählen Sie den Filter »Adaptive Weitwinkelkorrektur« mit der Option »Skalieren«.

Das Panorama sieht bereits gut aus, doch sind einige Linien wegen des Weitwinkels unrealistisch – beispielsweise sind einige Gebäude ziemlich schief. Sie korrigieren mit dem Filter »Adaptive Weitwinkelkorrektur« die Perspektive. Anschließend fügen Sie an einer Seite noch etwas Text hinzu.

1 Wählen Sie **Filter: Adaptive Weitwinkelkorrektur**.

2 Wählen Sie im Dialogfeld »Adaptive Weitwinkelkorrektur« das Constraint-Werkzeug (). Sie definieren mit diesem Werkzeug geradlinige Bereiche im Bild. Der Filter korrigiert dann das restliche Bild so, dass es mit der angegebenen Perspektive übereinstimmt.

3 Klicken Sie für einen Punkt auf dem Boden unter dem ersten Turm und dann für einen weiteren Punkt unter dem großen Baum - Sie haben eine Gerade gezeichnet.

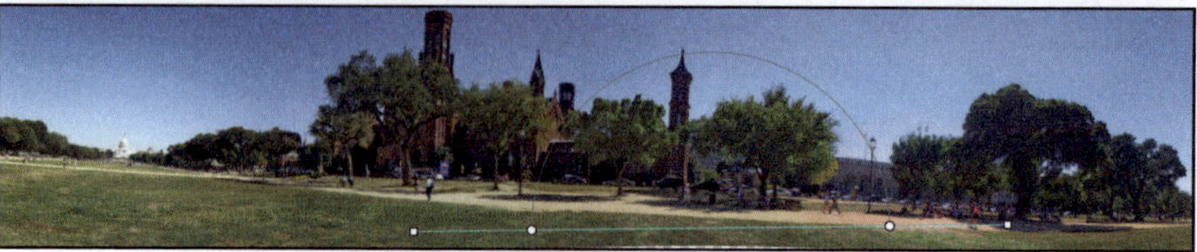

Sobald Sie die Maus am zweiten Punkt loslassen, korrigiert der Filter die Perspektive im Bild. Sie passen nun den Boden unter dem Washington Monument an, so dass es senkrecht steht.

4 Klicken Sie in die Mitte der drei Bäume neben dem Monument und dann erneut im Gras rechts vom Monument. Sie haben eine Diagonale wie im Bild unten gezogen.

5 Um den Winkel einzustellen, ziehen Sie den Drehen-Anfasser um einige Grad nach oben.

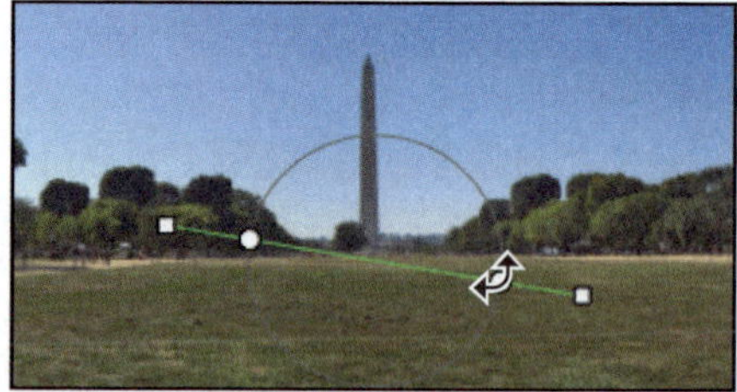

Sie können jetzt die Drehung der anderen Linien so lange korrigieren, bis Sie das Filter-Dialogfeld schließen.

6 Klicken Sie abschließend auf OK, um den Filter mit den entsprechenden Änderungen dem Bild zuzuweisen.

Das Poster bekommt noch an der rechten Seite etwas Text und ist dann komplett.

Fragen

1 Warum speichert man Auswahlen?

2 Wie erhalten Sie eine Vorschau von Filtereffekten?

3 Wie unterscheiden sich Smartfilter und normale Filter beim Zuweisen von Effekten auf ein Bild?

4 Beschreiben Sie einen Einsatzbereich für »Gleiche Farbe«.

Antworten

1 Durch das Speichern einer Auswahl lassen sich zeitaufwändige Auswahlbereiche wiederverwenden und Bildteile gleichmäßig auswählen. Außerdem können Sie Auswahlbereiche kombinieren oder neue Bereiche erstellen, indem Sie Teile hinzufügen oder entfernen.

2 Filter und deren Einstellungen testet man in der Filtergalerie und erkennt sofort die Auswirkungen auf das Bild.

3 Smartfilter sind nicht zerstörend (nicht destruktiv): Sie lassen sich jederzeit einstellen, ein- und ausschalten sowie löschen. Normale Filter ändern dagegen ein Bild permanent – einmal zugewiesen, lassen sie sich nicht mehr entfernen. Smartfilter kann man nur in einer *Smart Objekt*-Ebene anwenden: Die Ebene als solche lässt sich nicht länger bearbeiten, sondern nur ihre Smartfilter-Effekte.

4 Mit der Funktion »Gleiche Farbe« können Sie die Farben zwischen verschiedenen Bilder angleichen – beispielsweise die Hauttöne in Fotos – oder die Farben in verschiedenen Ebenen desselben Bildes. Mit »Gleiche Farbe« lassen sich auch außergewöhnliche Farbeffekte erzielen.

10 VIDEO BEARBEITEN

Überblick

In dieser Lektion lernen Sie Folgendes:

- Videozeitleiste in Photoshop erstellen
- Medien einer Videogruppe im Zeitleistenbedienfeld hinzufügen
- Videoclips und Standbilder mit Bewegungseffekten versehen
- Text und Effekte mit Keyframes animieren
- Videoclips und Übergänge
- Videodatei vertonen
- Video rendern

Für diese Lektion benötigen Sie etwa 90 Minuten. Falls erforderlich, löschen Sie auf Ihrer Festplatte den Lektionsordner aus der vorherigen Lektion und kopieren stattdessen den Ordner *Lektion10* auf die Festplatte. Während dieser Lektion überschreiben Sie die Startdatei. Wenn Sie die Startdatei wiederherstellen wollen, kopieren Sie sie einfach von der Buch-DVD.

Sie können jetzt auch Videodateien in Photoshop bearbeiten und viele Effekte aus der Bildbearbeitung verwenden. Gestalten Sie einen Film aus Videodateien, Standbildern, Smart Objekten, Audiodateien und Textebenen. Bestimmen Sie Übergänge und animieren Sie Effekte mit Hilfe von Keyframes.

Vorbereitungen

Sie bearbeiten in dieser Lektion ein Video, das mit einer Handy-Kamera aufgenommen wurde. Sie erstellen eine Videozeitleiste, importieren Clips, fügen Übergänge und andere Videoeffekte hinzu und rendern schließlich das fertige Video. Doch zuerst sehen Sie sich das bereits fertige Projekt an, um einen Eindruck von dem zu bekommen, was auf Sie wartet.

1 Starten Sie Photoshop und halten Sie sofort danach die Tasten Strg+Alt+Umschalt (Windows) bzw. Befehl+Wahl+Umschalt (Mac OS) gedrückt, um die standardmäßigen Voreinstellungen zu erhalten. (Siehe »Die Standardeinstellungen wiederherstellen« auf Seite 13.)

2 Klicken Sie im Meldungsfenster zur Bestätigung auf »Ja«, um die Voreinstellungen zurückzusetzen.

3 Wählen Sie **Datei: In Bridge suchen**.

4 Doppelklicken Sie in Adobe Bridge im FAVORITEN-Fenster auf den Ordner *Lektionen*. Doppelklicken Sie im INHALT-Fenster auf den Ordner *Lektion10*.

5 Doppelklicken Sie auf die Datei *10End.mp4*, um sie in QuickTime zu öffnen.

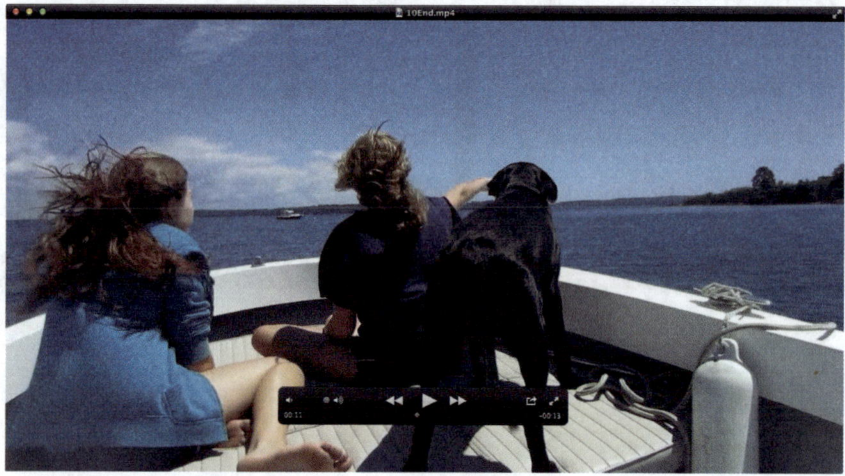

6 Klicken Sie in QuickTime auf die Abspielen-Taste und schauen Sie sich das fertige Video an.

Das kurze Video ist ein Zusammenschnitt von Clips, die während eines Strandausflugs entstanden sind. Das Video enthält Übergänge, Ebeneneffekte, animierten Text und ein Musikstück.

7 Schließen Sie QuickTime und gehen Sie zurück zur Bridge.

8 Doppelklicken Sie auf die Datei *10End.psd*, um sie in Photoshop zu öffnen.

Photoshop zeigt das Zeitleistenbedienfeld und Hilfslinien im Dokumentfenster. Die Hilfslinien kennzeichnen den Bereich, der bei der späteren Videoübertragung zu sehen ist. Das Zeitleistenbedienfeld enthält alle Videoclips und die Audiospur.

9 Schließen Sie die Datei wieder.

Neues Videoprojekt erstellen

Die Arbeit mit Video unterscheidet sich ein wenig von der reinen Bildbearbeitung in Photoshop. Vielleicht ist es am einfachsten, erst ein Projekt einzurichten und dann die benötigten Assets zu importieren. Sie wählen eine Videovoreinstellung für dieses Projekt und fügen dann neun Video- und Bilddateien für Ihren Film hinzu.

Eine neue Datei einrichten

Photoshop CS6 bietet verschiedene Film- und Videovoreinstellungen. Sie erstellen jetzt eine neue Datei und wählen eine passende Voreinstellung.

1 Wählen Sie **Datei: Neu**.

2 Benennen Sie die Datei mit **10Start.psd**.

3 Wählen Sie im Menü »Vorgabe« die Option »Film & Video«.

4 Wählen Sie im Menü »Größe« die Option »HDV/HDTV 720p/29,97«.

5 Übernehmen Sie die anderen Einstellungen und klicken Sie auf OK.

Hinweis: Das Video in dieser Lektion wurde mit einem Apple iPhone aufgenommen – dehalb also eine HDV-Voreinstellung. Die 720p-Voreinstellung liefert eine gute Qualität bei einer relativ geringen Datenmenge für ein unkompliziertes Online-Streaming.

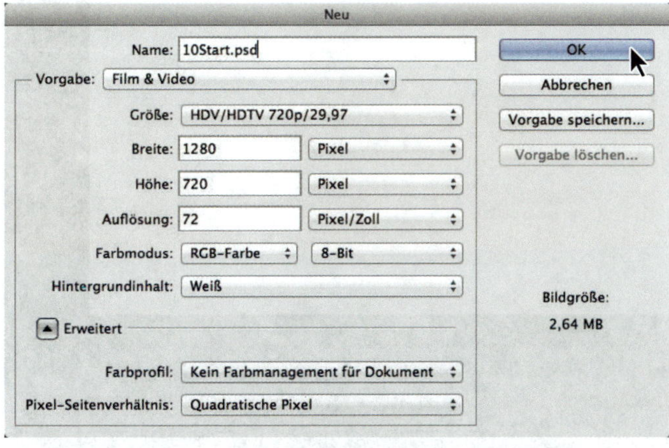

6 Wählen Sie **Datei: Speichern unter** und speichern Sie im Ordner *Lektion10*.

Assets importieren

Photoshop CS6 enthält Werkzeuge, die speziell für die Arbeit mit Video gedacht sind, beispielsweise das Zeitleistenbedienfeld. Das Zeitleistenbedienfeld ist eventuell schon geöffnet, da Sie sich bereits die fertige Enddatei angesehen haben. Sie benutzen das Zeitleistenbedienfeld, um Ebenen in einem Video zu arrangieren, deren Eigenschaften zu animieren, die Start- und Endpunkte für die einzelnen Ebenen zu bestimmen und Übergängen zuzuweisen. Um sicherzustellen, dass Sie auf die benötigten Ressourcen zugreifen können, wählen Sie den Arbeitsbereich *Bewegung* und organisieren die Bedienfelder, bevor Sie die Dateien für das Video importieren.

1 Wählen Sie **Fenster: Arbeitsbereich: Bewegung**.

2 Ziehen Sie die obere Kante des Zeitleistenbedienfelds nach oben, so dass das Fenster die untere Hälfte des Arbeitsbereichs ausfüllt.

3 Wählen Sie das Zoom-Werkzeug (🔍) und wählen Sie wenn nötig in der Optionsleiste »Fenstergröße anpassen«, so dass Sie die komplette Arbeitsfläche in der oberen Bildschirmhälfte sehen.

4 Klicken Sie auf »Videozeitleiste erstellen«. Photoshop erstellt eine neue Videozeitleiste, einschließlich zweier Standardspuren: *Ebene 0* und *Audiospur*.

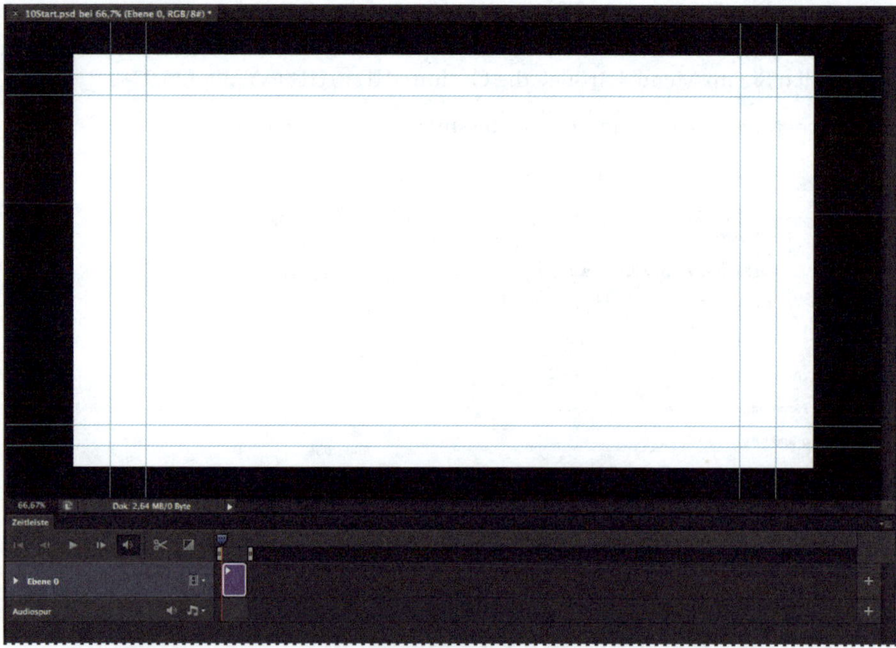

5 Klicken Sie auf das Video-Menü (das Filmsymbol) in der Spur *Ebene 0* und wählen Sie »Medien hinzufügen«.

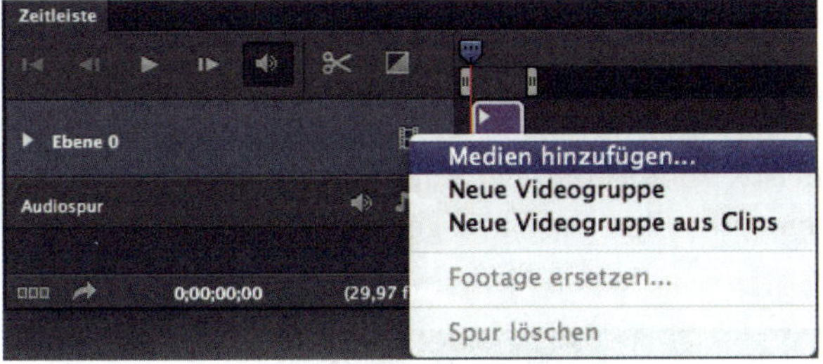

Hinweis: Verwenden Sie die Schaltfläche »Medien hinzufügen« ohne vorher festgelegte Abmessungen, bestimmt diese Photoshop anhand des ersten Videos, das Sie importieren - oder, wenn Sie nur Einzelbilder importieren, anhand der Bildabmessungen.

6 Navigieren Sie zum Ordner *Lektion10.*

7 Wählen Sie mit gedrückter Umschalttaste die Video- und Foto-Assets (nummeriert von 1 bis 9) und klicken Sie auf »Öffnen«.

Photoshop importiert alle neun gewählten Assets in dieselbe Spur, nun mit der Bezeichnung *Videogruppe 1,* im Zeitleistenbedienfeld. Standbilder haben einen violetten und Videoclips einen blauen Hintergrund. Die Assets erscheinen im Ebenenbedienfeld als einzelne Ebenen in der Ebenengruppe *Videogruppe 1. Ebene 0* wird nicht benötigt, Sie werden sie löschen.

8 Wählen Sie *Ebene 0* im Ebenenbedienfeld und klicken Sie unten im Bedienfeld auf die Schaltfläche »Ebene löschen«. Klicken Sie auf »Ja«, um den Löschvorgang zu bestätigen.

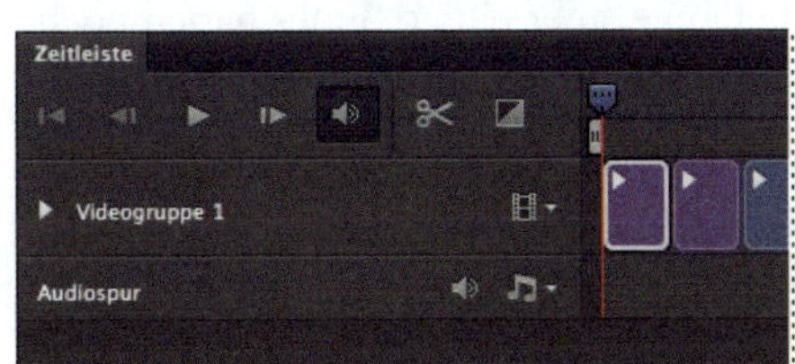

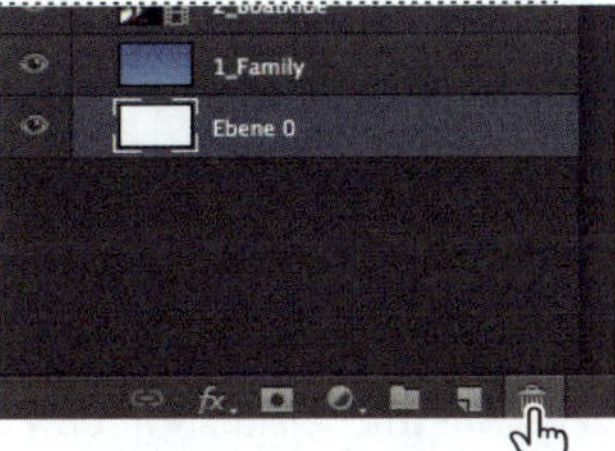

Dauer von Clips in der Zeitleiste ändern

Die Clips haben ganz verschiedene Längen, das heißt, dass die Spielzeit unterschiedlich ist. Die Clips sollen in diesem Video gleich lang sein – Sie kürzen also jeden Clip auf drei Sekunden. Die Länge eines Clips (seine *Dauer*) wird in Sekunden und Frames gemessen: 03:00 sind 3 Sekunden, 02:25 sind 2 Sekunden und 25 Frames.

Hinweis: Sie kürzen hier jeden Clip auf die gleiche Länge, doch je nach Projekt können die Clips auch verschieden lang sein.

1 Ziehen Sie unten im Zeitleistenbedienfeld den Regler *Zeitleistengröße einstellen* nach rechts, um die Zeitleiste zu vergrößern. Die einzelnen Clips

erscheinen nun mit einer Miniatur und ausreichend Details in der Zeitleiste, so dass Sie die Länge der Clips präzise ändern können.

2 Ziehen Sie die rechte Kante des ersten Clips (*1_Family*) auf die Position 03:00 in der Zeitleiste. Photoshop zeigt während des Ziehens den Endpunkt und die Dauer an – Sie wissen also genau, wann Sie anhalten müssen.

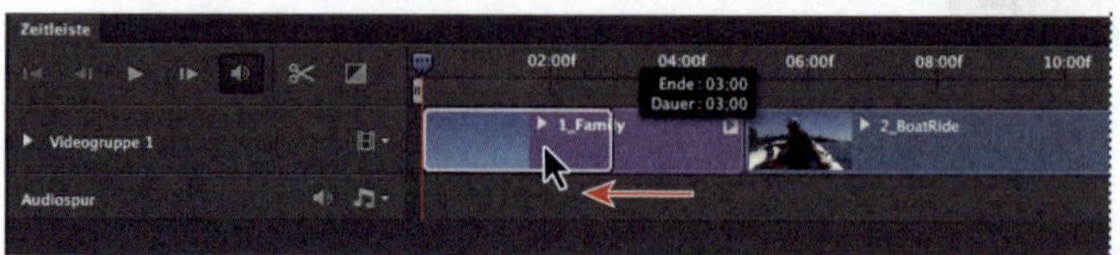

3 Ziehen Sie die rechte Kante des zweiten Clips (*2_BoatRide*) für die Dauer 03:00.

Das Kürzen eines Videoclips zieht diesen nicht zusammen, sondern entfernt Teile des Clips aus dem Video. Sie wollen in vorliegenden Fall nur die ersten drei Sekunden der einzelnen Clips verwenden. Sollten Sie einen anderen Teil eines Videoclips benötigen, müssten Sie den Clip an jedem Ende mehr oder weniger kürzen.

4 Wiederholen Sie Schritt 3 für jeden noch verbleibenden Clip – anschließend hat jeder Clip die Dauer von drei Sekunden.

Die Clips haben zwar nun die passende Länge, aber einige Bilder haben noch die falsche Größe. Bevor Sie fortsetzen, passen Sie die Größen entsprechend an.

▶ **Tipp:** Der Pfeil an der linken Seite eines Clips (direkt rechts neben der Clip-Miniatur) legt die Attribute frei, die Sie mit Hilfe von Keyframes animieren können. Der Pfeil an der rechten Seite eines Clips öffnet das Dialogfeld »Bewegung«.

5 Wählen Sie im Ebenenbedienfeld die Ebene *1_Family*. Der Clip ist jetzt auch im Zeitleistenbedienfeld gewählt.

6 Klicken Sie im Zeitleistenbedienfeld auf das Dreieck in der oberen rechten Ecke des Clips *1_Family*, um das Dialogfeld »Bewegung« zu öffnen.

7 Wählen Sie im Menü die Option »Schwenken und Zoomen« und achten Sie darauf, dass »An Arbeitsfläche anpassen« aktiviert ist. Klicken Sie dann in einem leeren Bereich des Zeitleistenbedienfelds, um das Dialogfeld »Bewegung« wieder zu schließen.

Das Bild ist an die Arbeitsfläche angepasst und genau das wollten Sie. Allerdings möchten Sie in Wirklichkeit weder schwenken noch zoomen. Sie entfernen nun diesen Effekt.

8 Öffnen Sie erneut das Dialogfeld »Bewegung« für den Clip *1_Family* und wählen Sie im Menü die Option »Keine Bewegung«. Klicken Sie in einem leeren Bereich des Zeitleistenbedienfelds, um das Dialogfeld »Bewegung« zu schließen.

9 Wählen Sie **Datei: Speichern**. Klicken Sie im Dialogfeld mit den Photoshop-Formatoptionen auf OK.

Text mit Keyframes animieren

Animationen, Effekte und andere Änderungen lassen sich mit Keyframes über einen bestimmten Zeitraum steuern. Ein Keyframe markiert den Zeitpunkt, an dem Sie einen Wert festlegen wie eine Position, eine Größe oder einen Stil. Um eine Veränderung über eine bestimmte Zeitspanne festzulegen, benötigen Sie mindestens zwei Keyframes: einen für den Zustand zu Beginn der Änderung und einen für den Zustand am Ende. Photoshop interpoliert die Werte für die dazwischen befindlichen Positionen, so dass die Veränderung weich verläuft. Sie benutzen Keyframes, um den Filmtitel *Beach Day* (Strandausflug) von links nach rechts über das Startbild zu bewegen.

1 Klicken Sie auf das Video-Menü in der Spur *Videogruppe 1* und wählen Sie die Option »Neue Videogruppe«. Photoshop fügt *Videogruppe 2* dem Zeitleistenbedienfeld hinzu.

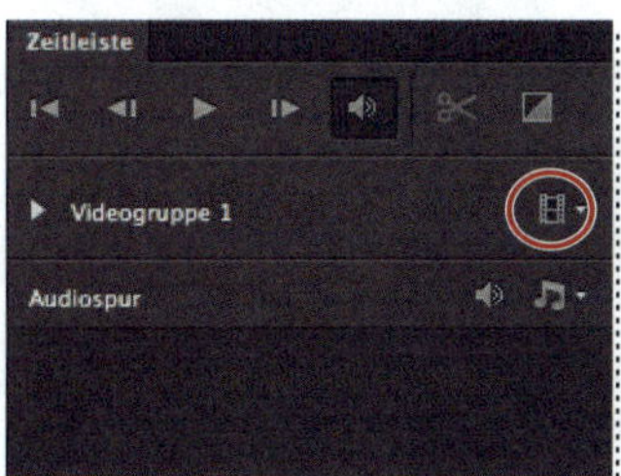

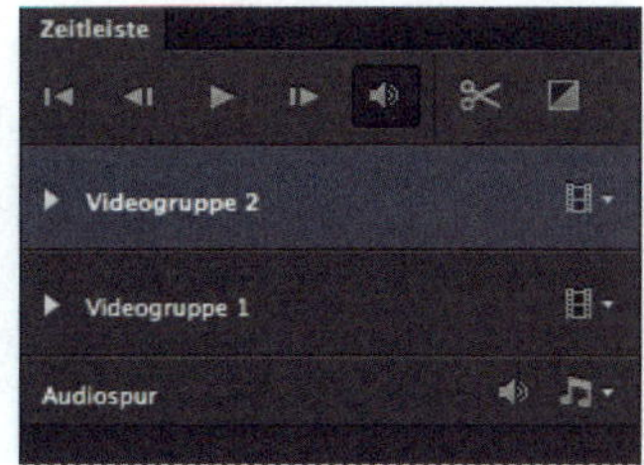

2 Wählen Sie das horizontale Text-Werkzeug (T) und klicken Sie dann auf die linke Bildkante etwa halbwegs zwischen oben und unten. Photoshop erstellt die neue Textebene *Ebene 1* in der Spur *Videogruppe 2*.

3 Wählen Sie in der Optionsleiste eine serifenlose Schrift wie die *Myriad Pro* mit der Schriftgröße **600 Pt** und der Schriftfarbe Weiß.

4 Geben Sie **BEACH DAY** ein.

Der Text nimmt nur einen Teil der verfügbaren Bildbreite ein. Das ist in Ordnung, da Sie den Text so animieren, dass er über das Bild läuft.

5 Ändern Sie im Ebenenbedienfeld die Deckkraft der Ebene *BEACH DAY* in **25%**.

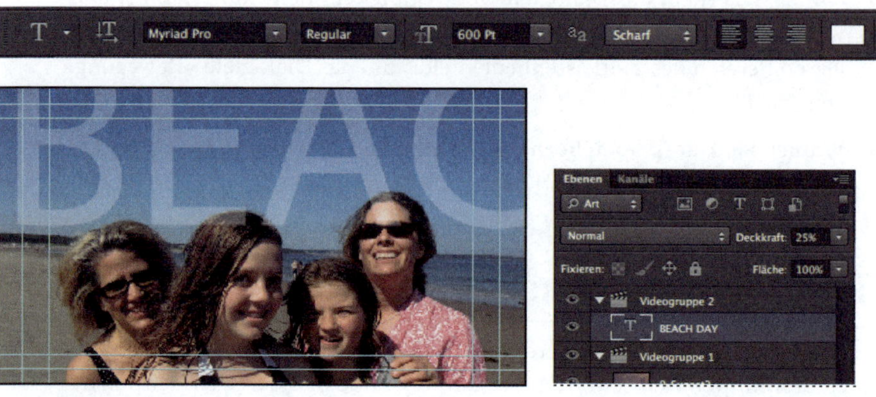

6 Ziehen Sie im Zeitleistenbedienfeld den Endpunkt der Textebene auf 03:00, so dass die Dauer mit der Ebene *1_Family* übereinstimmt.

7 Klicken Sie wenn nötig auf den Pfeil neben der Miniatur des Clips *BEACH DAY*, um die Attribute des Clips anzuzeigen.

8 Achten Sie darauf, dass sich der Abspielknopf am Anfang der Zeitleiste befindet.

9 Klicken Sie auf das Stoppuhrsymbol neben der Eigenschaft *Transformieren*, um den Anfangs-Keyframe für die Ebene zu setzen. Der Keyframe erscheint als gelbe Raute in der Zeitleiste.

▶ **Tipp:** Photoshop zeigt die genaue Position des Abspielknopfes in der unteren linken Ecke des Zeitleistenbedienfelds an.

10 Wählen Sie das Verschieben-Werkzeug (▸✢) und ziehen Sie dann die Textebene über die Arbeitsfläche, so dass sie senkrecht zentriert ist. Ziehen Sie die Ebene nach rechts, so dass nur noch die linke Kante des Buchstabens *B* im Wort *BEACH* auf der Arbeitsfläche zu sehen ist.

11 Verschieben Sie den Abspielknopf zum letzten Frame des ersten Clips (02:29f).

12 Ziehen Sie mit gedrückter Umschalttaste die Textebene nach links über die Arbeitsfläche, so dass nur noch die rechte Kante des *Y* im Wort *DAY* zu sehen ist. Die gedrückte Umschalttaste sorgt dafür, dass sich die Schrift beim Bewegen auf einer imaginären Geraden bewegt.

Photoshop erstellt einen neuen Keyframe, da Sie die Position geändert haben. Am besten geht das, wenn das Verschieben in kleinen Schritten geschieht.

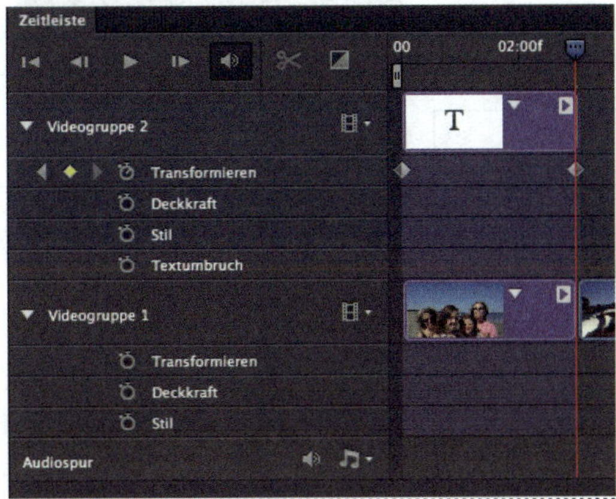

13 Bewegen Sie den Abspielknopf über die ersten drei Sekunden der Zeitleiste für eine Vorschau der Animation. Der Titel bewegt sich durch das Bild.

14 Wählen Sie **Datei: Speichern**.

Effekte erzeugen

Einer der Vorteile bei der Arbeit mit Videodateien in Photoshop besteht darin, dass Sie Effekte mit Einstellungsebenen, Stilen und einfachen Transformationen erzeugen können.

Einstellungsebenen auf Videoclips anwenden

Sie haben Einstellungsebenen bisher nur auf Standbilder angewandt, obwohl die Einstellungsebenen ebenso gut mit Videoclips funktionieren. Weisen Sie eine Einstellungsebene innerhalb einer Videogruppe zu, wirkt sich die Einstellungsebene nur auf die folgende (darunter befindliche) Ebene aus.

Hinweis: Wenn Sie die Videodatei mit dem Platzieren-Befehl dem Projekt hinzugefügt haben, befindet sich diese Datei nicht in der Videogruppe, Sie müssen also eine Ebenenmaske hinzufügen, um die Einstellungsebene auf eine einzige Ebene zu begrenzen.

1 Wählen Sie die Ebene *3_DogAtBeach* im Ebenenbedienfeld.

2 Verschieben Sie im Zeitleistenbedienfeld den Abspielknopf an den Anfang der Ebene *3_DogAtBeach*, um den zugewiesenen Effekt zu sehen.

3 Klicken Sie im Korrekturenbedienfeld, auf die Schaltfläche »Schwarzweiß«.

4 Übernehmen Sie die Voreinstellung im Eigenschaftenbedienfeld und aktivieren Sie »Farbtonung«. Die standardmäßige Tonungsfarbe erzeugt einen Sepiaeffekt, der sich für diesen Clip gut eignet. Experimentieren Sie mit

den Reglern und der Tonungsfarbe, um den Schwarzweißeffekt entsprechend zu modifizieren.

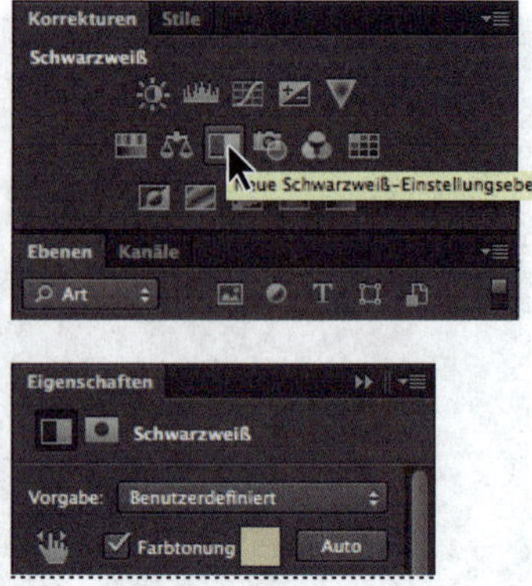

5 Bewegen Sie im Zeitleistenbedienfeld den Abspielknopf über den Clip *3_DogAtBeach* für eine Vorschau des Effekts.

Einen Zoomeffekt animieren

Selbst einfache Transformationen werden zu interessanten Effekten, sobald Sie die Transformationen animieren – so wie das Einzoomen in den Clip *4_Dogs*.

1 Bewegen Sie im Zeitleistenbedienfeld den Abspielknopf an den Anfang des Clips *4_Dogs* (09:01). Das Bild ist so groß, dass nur noch ein weißer Teil des Himmels zu sehen ist.

2 Klicken Sie auf den Pfeil im Clip *4_Dogs*, um das Dialogfeld »Bewegung« zu öffnen.

3 Wählen Sie im Popup-Menü die Option »Zoom« und im Zoom-Menü selbst die Option »Einzoomen«. Achten Sie darauf, dass die Option »An Arbeitsfläche anpassen« aktiviert ist. Klicken Sie anschließend in einen leeren Bereich des Zeitleistenbedienfelds, um das Dialogfeld »Bewegung« wieder zu schließen.

▶ **Tipp:** Sie gelangen auf den nächsten Keyframe, indem Sie im Zeitleistenbedienfeld auf den rechten Pfeil neben dem Attribut klicken. Klicken Sie auf den linken Pfeil, um zum vorherigen Keyframe zu gelangen.

4 Ziehen Sie den Abspielknopf über den Clip für eine Vorschau des Effekts. Sie vergrößern jetzt das Bild im letzten Keyframe, um den Zoomeffekt dramatischer zu machen.

5 Klicken Sie auf den linken Pfeil des Clips *4_Dogs*, um dessen Attribute anzuzeigen.

6 Klicken Sie auf den rechten Pfeil neben dem Attribut Transformieren, um den letzten Keyframe zu wählen. Wählen Sie **Bearbeiten: Frei transformieren**. Geben Sie in der Optionsleiste für Breite und Höhe den Wert **100%** ein. Drücken Sie die Eingabetaste, um die Transformation abzuschließen.

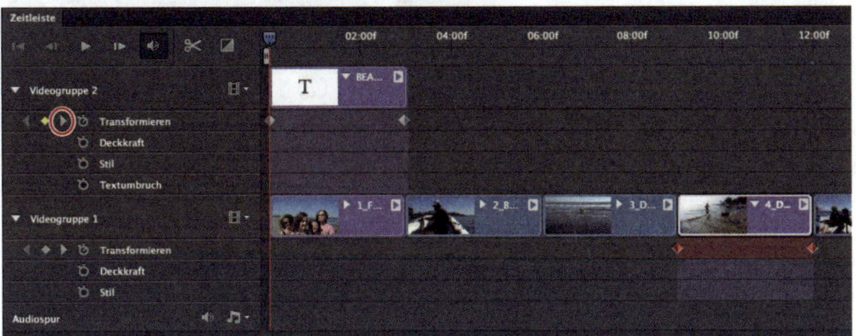

Video: Das Video »Rotoskoping« auf der Buch-DVD zeigt mehr zum Thema. Weitere Informationen finden Sie unter »Den Ordner Video-Training installieren« auf Seite 17.

7 Ziehen Sie den Abspielknopf über den *Clip 4_Dogs* für eine erneute Vorschau.

8 Wählen Sie **Datei: Speichern**.

Stile-Effekte animieren

Sie können Clips im Zeitleistenbedienfeld mit Ebenenstilen versehen. Zuerst passen Sie das Bild an die Arbeitsfläche an. Dann weisen Sie einen Stil zu und entfernen ihn wieder (zweimal) – der Stil scheint im Video zu blinken.

1 Bewegen Sie den Abspielknopf an den Anfang des Clips *6_Avery* (15:01) – das Bild ist zu groß für die Arbeitsfläche.

2 Öffnen Sie für diesen Clip das Dialogfeld »Bewegung« und wählen Sie im Popup-Menü die Option »Schwenken und Zoomen«. Die Option »An Arbeitsfläche anpassen« ist aktiviert. Klicken Sie nun in einem leeren Bereich des Zeitleistenbedienfelds, um das Dialogfeld »Bewegung« zu schließen und das Bild anzupassen.

3 Öffnen Sie erneut das Dialogfeld »Bewegung« und wählen Sie im Popup-Menü die Option »Keine Bewegung« – das Schwenken und Zoomen ist ausgeschaltet. Klicken Sie in einem leeren Bereich des Zeitleistenbedienfelds, um das Dialogfeld zu schließen.

4 Wählen Sie **Fenster: Stile**, um das Stilebenenbedienfeld zu öffnen.

5 Klicken Sie auf den Pfeil neben der Miniatur im Clip *6_Avery*, um dessen Attribute im Zeitleistenbedienfeld anzuzeigen. Klicken Sie dann auf das Stoppuhrsymbol für den *Stil*-Keyframe.

6 Bewegen Sie den Abspielknopf etwa an das Ende des ersten Viertels des Clips. Wählen Sie jetzt im Stilebenenbedienfeld den Stil *Negativ (Bild)*.

Photoshop fügt einen Keyframe hinzu.

7 Bewegen Sie den Abspielknopf in die Mitte des Clips. Wählen Sie den Stil *Standardstil (leer)*, um den Effekt zu entfernen. Photoshop fügt einen weiteren Keyframe hinzu.

8 Bewegen Sie den Abspielknopf auf den Anfang des letzten Viertels des Clips und weisen Sie erneut den Stil *Negativ (Bild)* zu. Photoshop fügt einen vierten Keyframe hinzu.

9 Bewegen Sie den Abspielknopf an das Clipende (17:29) und wählen Sie den Stil *Standardstil (leer)*. Photoshop fügt den letzten Keyframe hinzu.

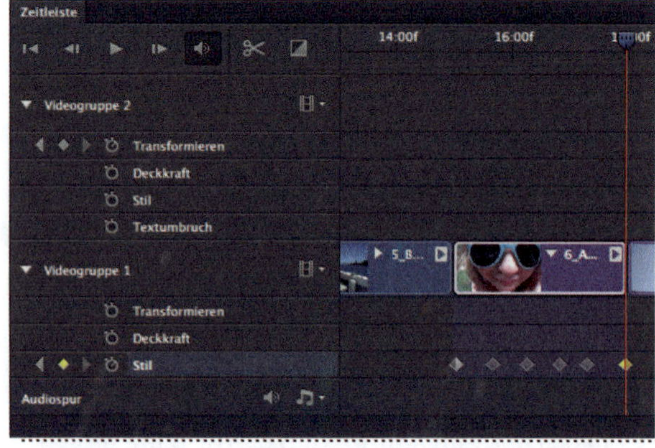

10 Bewegen Sie den Abspielknopf über die Zeitleiste für eine Vorschau.

Bild für einen Bewegungseffekt animieren

Sie animieren nun eine weitere Transformation, um den Eindruck von Bewegung zu erzeugen. Das Bild soll mit den Beinen des Springers beginnen und mit seinen Händen enden.

1 Bewegen Sie den Abspielknopf an das Ende des Clips *7_jumping* (20:29). Der Springer befindet sich in seiner Endposition.

2 Zeigen Sie die Attribute für den Clip an und klicken Sie auf das Stoppuhrsymbol für das Attribut *Position*, um einen Keyframe hinzuzufügen.

3 Bewegen Sie den Abspielknopf an den Anfang des Clips (18:01). Verschieben Sie das Bild mit gedrückter Umschalttaste, so dass sich die Füße am unteren Rand der Arbeitsfläche befinden.

Photoshop fügt einen Keyframe hinzu.

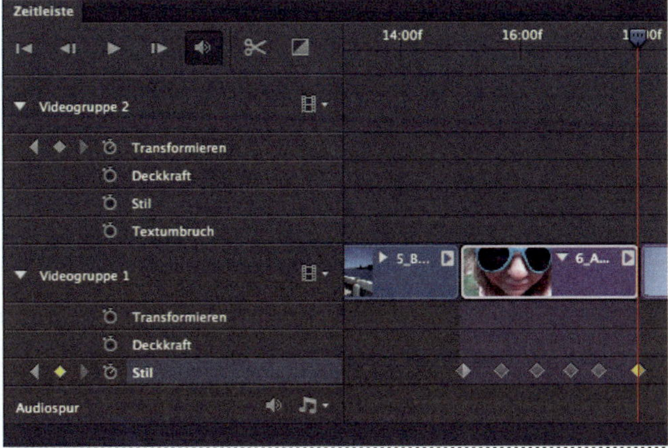

4 Bewegen Sie den Abspielknopf über die Zeitleiste für eine Vorschau der Animation.

5 Wählen Sie **Datei: Speichern**.

Schwenken und Zoomen hinzufügen

Sie können einfach Funktionen wie die Schwenk- und Zoomeffekte (bekannt aus Dokumentarfilmen) hinzufügen. Sie wenden diese Effekte auf die Sonnenuntergänge an, um das Video mit einem dramatischen Abschluss zu versehen.

1 Bewegen Sie den Abspielknopf an den Anfang des Clips *8_Sunset.*

2 Öffnen Sie das Dialogfeld »Bewegung« und wählen Sie dann im Popup-Menü die Option »Schwenken«. »An Arbeitsfläche anpassen« ist gewählt. Klicken Sie dann in einen leeren Bereich des Zeitleistenbedienfelds, um das Dialogfeld »Bewegung« zu schließen.

3 Bewegen Sie den Abspielknopf an den Anfang des Clips *9_Sunset2.*

4 Öffnen Sie das Dialogfeld »Bewegung« für diesen Clip. Wählen Sie im Popup-Menü die Option »Schwenken und Zoomen« und im Zoom-Menü die Option »Auszoomen«. Die Option »An Arbeitsfläche anpassen« ist aktiviert. Wählen Sie anschließend einen leeren Bereich im Zeitleistenbedienfeld, um das Dialogfeld »Bewegung« zu schließen.

5 Bewegen Sie den Abspielknopf über beide Clips für eine Vorschau des Effekts.

Video: Das Video »Rotoskoping« auf der Buch-DVD zeigt mehr zu diesem Thema. Weitere Informationen finden Sie unter »Den Ordner Video-Training installieren« auf Seite 13.

Übergänge hinzufügen

Ein Übergang verschiebt eine Szene von einer Aufnahme zur nächsten. Ziehen Sie einfach einen Übergang an die gewünschte Stelle, um Clips mit Übergängen zu versehen.

1 Klicken Sie auf die Schaltfläche »Zum ersten Frame« (⏮) oben links im Zeitleistenbedienfeld, um den Abspielknopf an den Anfang der Zeitleiste zu setzen.

2 Klicken Sie auf die Schaltfläche »Übergänge« (◩) oben links im Zeitleistenbedienfeld. Wählen Sie *Überblenden* und ändern mit dem entsprechenden Regler die Dauer in **0,25 s** (eine viertelsekunde).

3 Ziehen Sie den Übergang *Überblenden* zwischen die Clips *1_Family* und *2_BoatRide.*

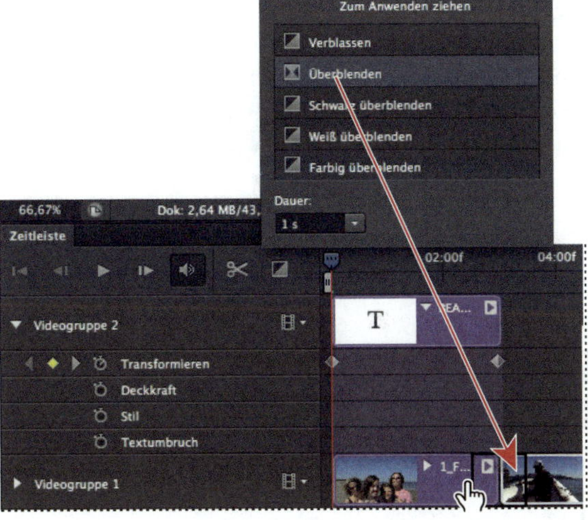

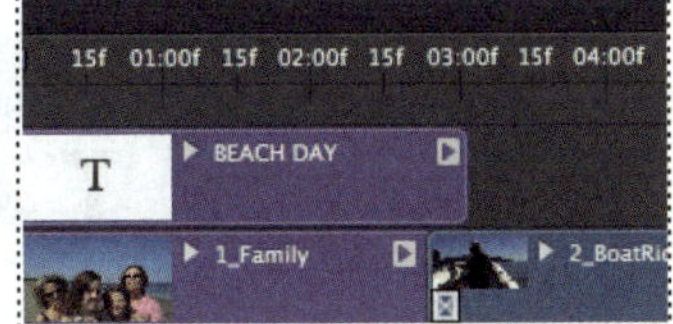

Photoshop passt die Enden der Clips an, um den Übergang anzuwenden. Der zweite Clip ist in der unteren Ecke mit einem kleinen weißen Symbol versehen.

4 Ziehen Sie den Übergang *Überblenden* nun auch zwischen alle andere Clips.

5 Ziehen Sie einen *Schwarz überblenden*-Übergang auf das Ende des Gesamtclips.

6 Der Übergang soll weicher werden. Erweitern Sie den Übergang *Schwarz überblenden*, indem Sie seine linke Seite auf etwa ein Drittel der Gesamtlänge des Clips ausdehnen.

7 Wählen Sie **Datei: Speichern**.

Audio hinzufügen

Sie können eine Videodatei in Photoshop mit einer separaten Audiospur versehen. Tatsächlich verfügt das Zeitleistenbedienfeld bereits über eine standardmäßige Audiospur. Sie fügen nun eine MP3-Datei mit dem Soundtrack für dieses kurze Video hinzu.

1 Klicken Sie unten im Zeitleistenbedienfeld auf das Notensymbol rechts neben *Audiospur* und wählen Sie im Popup-Menü die Option »Audio hinzufügen«.

Tipp: Sie können eine Audiospur auch hinzufügen, indem Sie im Zeitleistenbedienfeld auf das Pluszeichen am äußersten rechten Ende der Spur klicken.

2 Wählen Sie im Ordner *Lektion10* die Datei *Beachsong.mp3* und klicken Sie auf »Öffnen«.

Der Soundtrack befindet sich jetzt in der Zeitleiste, ist aber viel länger als das Video. Sie benutzen die Funktion »Am Abspielknopf teilen«, um die Audiospur zu kürzen.

3 Bewegen Sie den Abspielknopf an das Ende des Clips 9_*Sunset2* (25:02) und klicken Sie dann auf die Schaltfläche »Am Abspielknopf teilen« – die Audiospur ist nun an der entsprechenden Stelle geteilt.

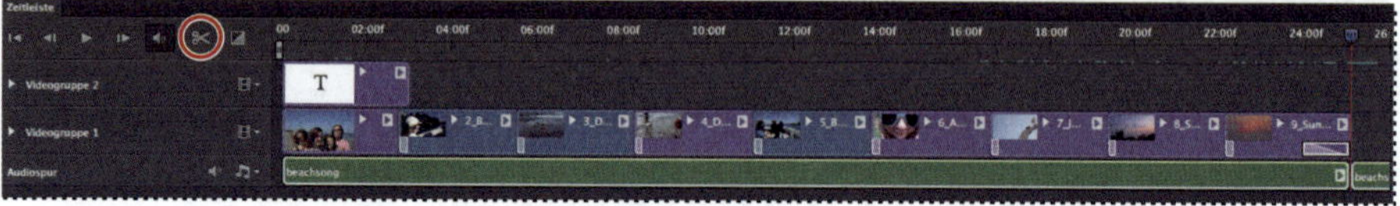

4 Wählen Sie die zweite Hälfte der Audiospur, die am Ende des Clips 9_*Sunset2* beginnt.

5 Drücken Sie auf der Tastatur die Entfernen- bzw. Löschentaste, um den gewählten Audioclip zu entfernen.

Die Länge der Audiodatei stimmt nun mit der Länge des Videoclips überein. Sie fügen noch den Übergang *Verblassen* hinzu, um den Clip allmählich enden zu lassen.

6 Klicken Sie auf den kleinen Pfeil am rechten Rand des Audioclips, um das Dialogfeld »Audio« zu öffnen. Stellen Sie den Regler für *Ausblenden* auf **5** Sekunden ein.

Störenden Ton stummschalten

Sie haben sich bis jetzt Teile des Videos angesehen, indem Sie den Abspielknopf über die Zeitleiste bewegt haben. Sie sehen sich nun das komplette Video mit Hilfe der Abspielen-Schaltfläche im Zeitleistenbedienfeld an und blenden die Nebengeräusche in den ursprünglichen Videoclips aus.

1 Klicken Sie oben links im Zeitleistenbedienfeld auf die Schaltfläche »Abspielen« (▶) für eine Vorschau des Videos.

Das Video sieht gut aus, doch gibt es noch unschöne Hintergrundgeräusche von einigen Videoclips. Diese Geräusche blenden Sie nun aus.

2 Klicken Sie auf das kleine Dreieck am Ende des Clips *2_BoatRide*.

3 Klicken Sie auf das Register »Audio«, um die entsprechenden Optionen anzuzeigen. Aktivieren Sie die Option »Stummschalten«. Klicken Sie dann in einem leeren Bereich des Zeitleistenbedienfelds, um das Dialogfeld zu schließen.

4 Wiederholen Sie die Schritte 2 bis 3 für die Ebenen bzw. Clips *3_DogAtBeach* und *5_BoatRide2*.

5 Spielen Sie erneut das Video ab. Jetzt ist nur noch der Ton aus der hinzugefügten Audiodatei zu hören.

6 Wählen Sie **Datei: Speichern**.

▶ **Tipp:** Um eine fließendere Vorschau zu erhalten, schalten Sie beim erstmaligen Abspielen des Videos im Zeitleistenbedienfeld die Audiospur stumm, indem Sie links in der Audiospur auf das Lautsprechersymbol klicken. Auf diese Weise kann Photoshop mehr Zwischenspeicher bereitstellen, was zu einer besseren Vorschauqualität führt.

Video rendern

Sie sind jetzt bereit, das Projekt als Video zu rendern. Photoshop bietet dafür verschiedene Rendering-Optionen. Sie wählen die passenden Optionen für ein Streaming-Video zur Veröffentlichung auf der Vimeo-Website. Informationen über andere Rendering-Optionen finden Sie in der Photoshop-Hilfe.

1 Wählen Sie **Datei: Exportieren: Video rendern** oder klicken unten links im Zeitleistenbedienfeld auf die Schaltfläche »Video rendern« (➦).

2 Benennen Sie im Dialogfeld »Video rendern« die Datei mit **10Final.mp4**.

3 Klicken Sie auf »Ordner auswählen«, navigieren Sie zum Ordner *Lektion10* und klicken Sie dann auf OK bzw. »Wählen«.

4 Wählen Sie im Menü »Vorgabe« die Option »Vimeo HD 720p 25«.

5 Klicken Sie auf »Rendern«.

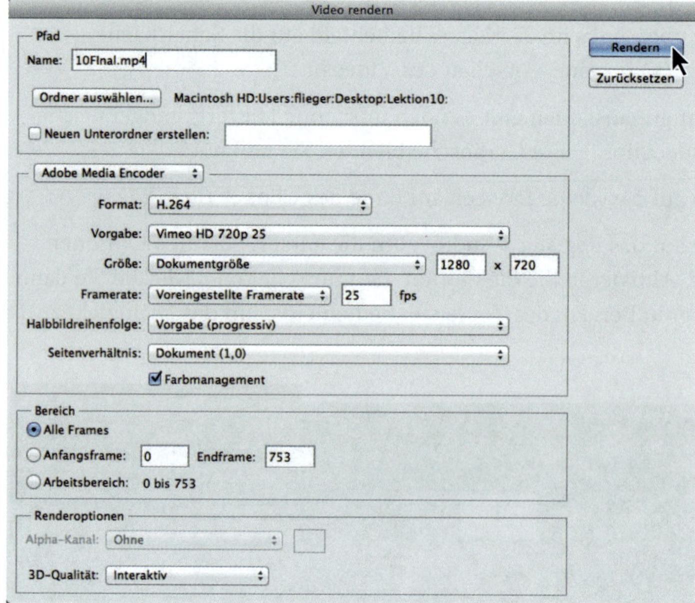

Je nach Computersystem kann dieser Vorgang einige Zeit dauern.

Photoshop zeigt beim Export des Videos einen Fortschrittsbalken an. Je nach Computer kann der Vorgang des Renderns mehrere Minuten in Anspruch nehmen.

6 Suchen Sie in Bridge im Ordner *Lektion10* die Datei *10Final.mp4*. Doppelklicken Sie auf die Datei, um Ihr Video abzuspielen.

Fragen

1 Was ist ein Keyframe und wie erzeugen Sie einen?

2 Wie fügen Sie einen Übergang zwischen zwei Clips hinzu?

3 Wie rendern Sie ein Video?

Antworten

1 Ein Keyframe markiert den Zeitpunkt für einen bestimmten Wert, z. B. für Position, Größe oder Stil. Um eine Änderung über eine bestimmte Zeitspanne einzurichten, müssen Sie über mindestens zwei Keyframes verfügen: einen für den Zustand am Anfang der Änderung und einen für den Zustand am Ende. Klicken Sie für einen Keyframe am Anfang auf das Stoppuhrsymbol neben dem Attribut, das Sie für die Ebene animieren möchten. Photoshop erzeugt immer dann neue Keyframes, wenn Sie die Werte dieses Attributes ändern.

2 Klicken Sie für einen Übergang auf das Übergangssymbol oben links im Zeitleistenbedienfeld und ziehen Sie anschließend einen Übergang auf den entsprechenden Clip.

3 Um ein Video zu rendern, wählen Sie **Datei: Exportieren: Video rendern**. Oder klicken Sie unten links im Zeitleistenbedienfeld auf die Schaltfläche »Video rendern«. Wählen Sie dann die Videoeinstellungen für das von Ihnen gewünschte Ausgabeformat.

11 MALEN MIT DEM MISCH-PINSEL-WERKZEUG

Überblick

In dieser Lektion lernen Sie Folgendes:

- Eigene Pinseleinstellungen
- Den Pinsel säubern
- Farben mischen
- Erodierbare Pinselspitze benutzen
- Eigene Pinsel-Voreinstellung erzeugen
- Farben mit nassen und trockenen Pinseln mischen

Für diese Lektion benötigen Sie etwa eine Stunde. Falls erforderlich, löschen Sie auf Ihrer Festplatte den Lektionsordner aus der vorherigen Lektion und kopieren stattdessen den Ordner *Lektion11* auf die Festplatte. Während dieser Lektion überschreiben Sie die Startdatei. Wenn Sie die Startdatei wiederherstellen wollen, kopieren Sie sie einfach von der Buch-DVD.

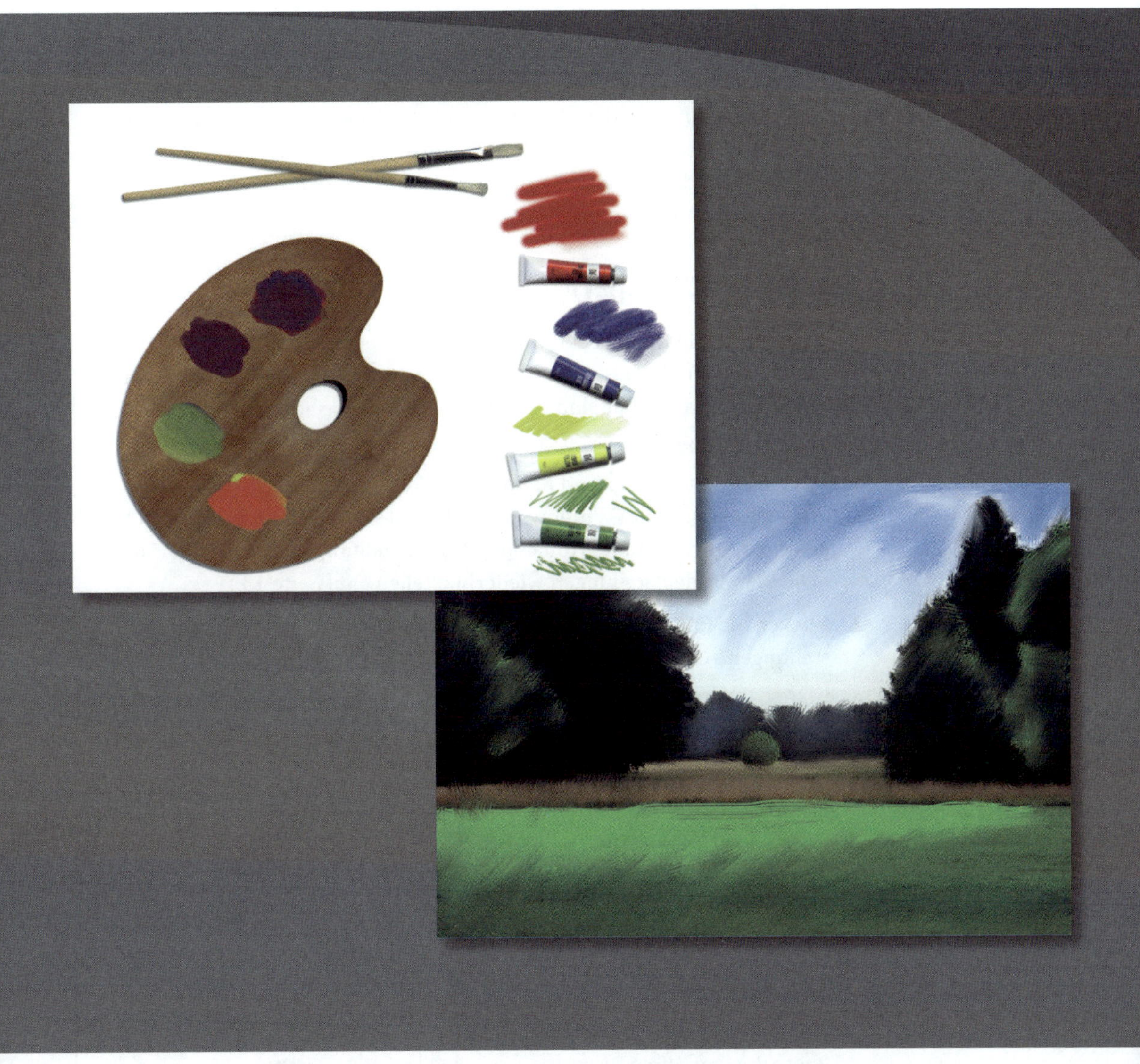

Das Misch-Pinsel-Werkzeug ermöglicht eine flexible Arbeitsweise. Damit lassen sich Farben und Piselstriche so mischen als würden Sie auf einer tatsächlichen Leinwand malen.

Über das Misch-Pinsel-Werkzeug

Sie haben in den bisherigen Lektionen mit den Pinseln in Photoshop die unterschiedlichsten Aufgaben ausgeführt. Das Misch-Pinsel-Werkzeug ist ein besonderer Pinsel, da Sie mit ihm die Farben vermischen können. Sie ändern die Nässe des Pinsels und wie sich die aktuelle Pinselfarbe mit der bereits auf dem Malgrund vorhandenen Farbe vermischt.

Die Pinsel haben realistische Borsten. Sie können also Strukturen hinzufügen, die an große Maler und deren Gemälde erinnern. Diese Funktion ist besonders in Verbindung mit dem Misch-Pinsel-Werkzeug nützlich. Durch die Kombination unterschiedlicher Borsteneinstellungen und Nässe der Pinselspitzen sowie Farbauftrag und Farbmischung verfügen Sie über alle Möglichkeiten, exakt das gewünschte Aussehen zu gestalten.

Vorbereitungen

Sie machen sich in dieser Lektion mit dem Misch-Pinsel-Werkzeug vertraut, aber auch mit den Pinselspitzen und den Optionen für die Borsten, die in Photoshop CS6 verfügbar sind. Erst sehen Sie sich das fertige Projekt an, das Sie gestalten werden.

1 Starten Sie Photoshop und halten Sie sofort danach die Tasten Strg+Alt+Umschalt (Windows) bzw. Befehl+Wahl+Umschalt (Mac OS) gedrückt, um die standardmäßigen Voreinstellungen zu erhalten. (Siehe »Die Standardeinstellungen wiederherstellen« auf Seite 13.)

2 Klicken Sie im Meldungsfenster zur Bestätigung auf »Ja«, um die Voreinstellungen zurückzusetzen.

3 Wählen Sie **Datei: In Bridge suchen**, um Adobe Bridge zu öffnen.

4 Doppelklicken Sie in Adobe Bridge im FAVORITEN-Fenster auf den Ordner *Lektionen*. Doppelklicken Sie im INHALT-Fenster auf den Ordner *Lektion11*.

● **Hinweis:** Wenn Sie häufig in Photoshop malen, sollten Sie mit einem Tablet (z. B. Wacom Intuos) statt einer Maus arbeiten. Photoshop erkennt, wie Sie den Stift halten und benutzen und passt Stärke, Druck und Winkel des Pinsels entsprechend an.

5 Sehen Sie sich die *End*-Dateien der Lektion 11 an. Sie verwenden das Bild mit der Palette, um die Pinseloptionen und das Mischen von Farben kennenzulernen. Anschließend verwandeln Sie ein Landschaftsbild in ein Aquarell.

6 Doppelklicken Sie auf die Datei *11Palette_start.psd*, um sie in Photoshop zu öffnen.

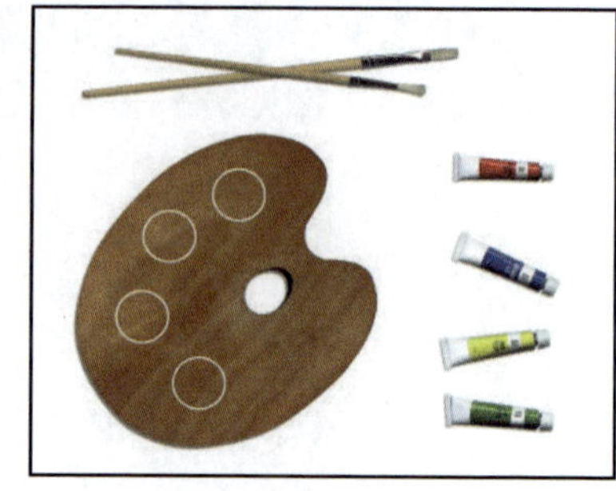

7 Wählen Sie **Datei: Speichern unter** und nennen Sie die Datei

11Palette_Arbeit.psd. Klicken Sie auf OK, wenn das Dialogfeld mit Photoshop-Formatoptionen erscheint.

Pinseleinstellungen wählen

Das Bild besteht aus einer Palette mit vier Farbtuben, die Sie zum Aufnehmen der Farben benutzen, mit denen Sie arbeiten. Sie ändern während des Malens mit verschiedenen Farben die Einstellungen für die Pinselform und den Nassauftrag der Farbe.

1 Wählen Sie das Zoom-Werkzeug (🔍) und vergrößern Sie die Farbtuben.

2 Wählen Sie das Pipette-Werkzeug (✎)und nehmen Sie das Rot von der roten Tube auf – die Vordergrundfarbe ändert sich entsprechend.

3 Wählen Sie das Misch-Pinsel-Werkzeug (✎), das unter dem Pinsel-Werkzeug (✎) verborgen ist.

● **Hinweis:** Ja nach Komplexität eines Projekts verzögert sich das Mischen von Farben, da dieser Prozess speicherintensiv ist.

4 Wählen Sie **Fenster: Pinsel**, um das Pinselbedienfeld zu öffnen. Wählen Sie den ersten Pinsel.

Das Pinselbedienfeld enthält Pinselvoreinstellungen und verschiedene Optionen für eigene Pinsel.

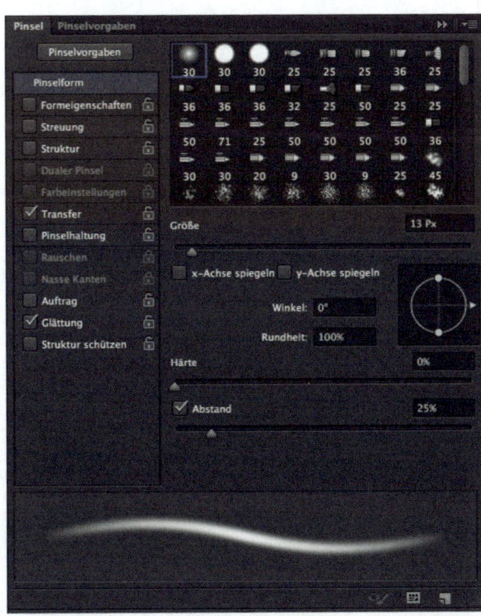

Mit den Nässeoptionen und Pinseln experimentieren

Der Effekt des Pinsels wird in der Optionsleiste mit den Optionen in den Fenstern »Nass«, »Auftrag« und »Mix« festgelegt. *Nass* steuert die Farbmenge, die der Pinsel vom Untergrund aufnimmt. *Auftrag* legt fest, wie viel Farbe der Pinsel enthält, wenn Sie mit dem Malen beginnen (wie bei einem richtigen Pinsel wird die Farbe beim Malen weniger). *Mix* bestimmt das Verhältnis zwischen der Farbe vom Hintergrund und der Farbe vom Pinsel.

Die Einstellungen lassen sich unabhängig voneinander verändern. Einfacher (und schneller) ist jedoch die Wahl einer Vorgabe aus dem Popup-Menü.

1 Wählen Sie in der Optionsleiste aus dem Popup-Menü des Mischpinsels die Option »Trocken«.

Wenn Sie »Trocken« wählen, sind *Nass* auf **0** % und *Auftrag* auf **50** % eingestellt, während *Mix* nicht zur Verfügung steht. Mit der Voreinstellung »Trocken« malen Sie deckend – Farben lassen sich auf einem trockenen Untergrund nicht löschen.

2 Malen Sie in dem Bereich über der roten Tube – die Farbe ist rot und deckend. Malen Sie weiter und lassen Sie die Maustaste gedrückt – höchstwahrscheinlich nimmt die Farbe ab, um dann ganz auszugehen.

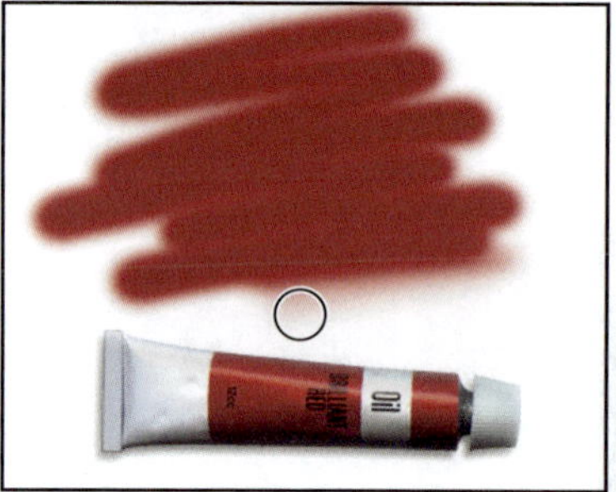

3 Nehmen Sie das Blau von der blauen Farbtube auf. Benutzen Sie dazu das Pipette-Werkzeug. Wählen Sie nach der Farbaufnahme wieder das Misch-Pinsel-Werkzeug.

4 Wählen Sie im Pinselbedienfeld den Pinsel *Rund, gefächert*. Wählen Sie in der Optionsleiste aus dem Popup-Menü die Option »Nass«.

5 Malen Sie oberhalb der blauen Tube. Die Farbe vermischt sich mit dem weißen Hintergrund.

6 Wählen Sie aus dem Menü in der Optionsleiste die Option »Trocken« und malen Sie erneut oberhalb der blauen Tube. Es erscheint eine viel dunklere und deckendere Farbe, die sich nicht mit dem weißen Hintergrund vermischt.

Die Borsten des gefächerten Pinsels sind offensichtlicher als die des bisherigen Pinsels. Die jeweiligen Borsteneigenschaften verändern die Struktur des Farbauftrags.

7 Verringern Sie im Pinselbedienfeld den Borstenanteil auf **40** %. Malen Sie noch etwas mehr mit dem blauen Pinsel und beachten Sie die veränderte Struktur. Die Borsten im Pinselstrich sind noch besser zu erkennen.

Tipp: Die Borstenpinselvorschau zeigt beim Malen die Richtung der Borsten. Um die Borstenpinselvorschau ein- oder auszublenden, klicken Sie auf die Schaltfläche »Borstenpinselvorschau ein-/ausblenden« unten im Pinsel- bzw. Pinselvorgabenbedienfeld. Die Borstenpinselvorschau ist nur bei aktiviertem Open GL verfügbar.

8 Nehmen Sie das Gelb von der gelben Tube auf. Wählen Sie im Pinselbedienfeld den Pinsel *flach, spitz* (rechts neben *rund, gefächert*). Wählen Sie aus dem Menü in der Optionsleiste die Option »Trocken« und malen Sie oberhalb der gelben Tube.

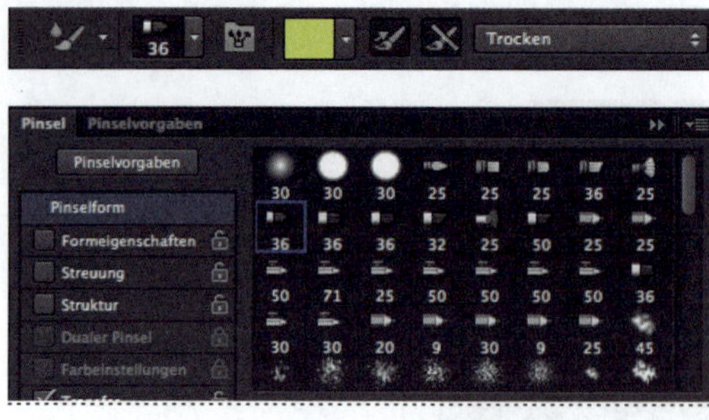

9 Wählen Sie aus dem Menü in der Optionsleiste die Option »Sehr nass« und malen Sie etwas mehr. Das Gelb vermischt sich jetzt mit dem weißen Hintergrund.

● **Hinweis:** Wenn Sie mit Alt die Farbe vom Untergrund aufnehmen, enthält der Pinsel sämtliche Farbvariationen des Aufnahmebereichs. Wollen Sie ausschließlich Volltonfarben aufnehmen, wählen Sie in der Optionsleiste des Misch-Pinsel-Werkzeugs im Menü »Aktuelle Pinselladung« die Option »Nur Volltonfarben laden.

Erodierbare Pinselspitze

Sie können in Photoshop CS6 eine erodierbare Pinselspitze wählen, so dass sich die Pinselbreite während des Malens verändert. Sie finden die erodierbaren Pinselspitzen im Pinselbedienfeld bei den Buntstift-Symbolen, da auch reale Bunt- und Pastellstifte erodierbare Spitzen haben. Sie experimentieren nun mit punktförmigen und flachen erodierbaren Pinselspitzen.

1 Nehmen Sie die grüne Farbe der grünen Tube auf und wählen Sie in der Optionsleiste »Trocken/dick aufgetr.«.

2 Wählen Sie die Pinselform *Erodierbar, spitz*. Ändern Sie die *Größe* in **9 px** und die *Weichheit* in **100%**.

Der Wert für Weichheit legt fest, wie schnell die Pinselspitze erodiert – je größer der Wert, desto schneller die Erosion.

3 Zeichnen Sie eine Zickzacklinie oberhalb der grünen Tube.

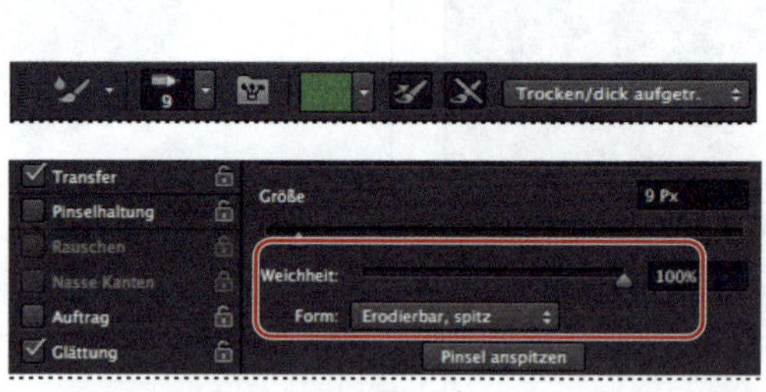

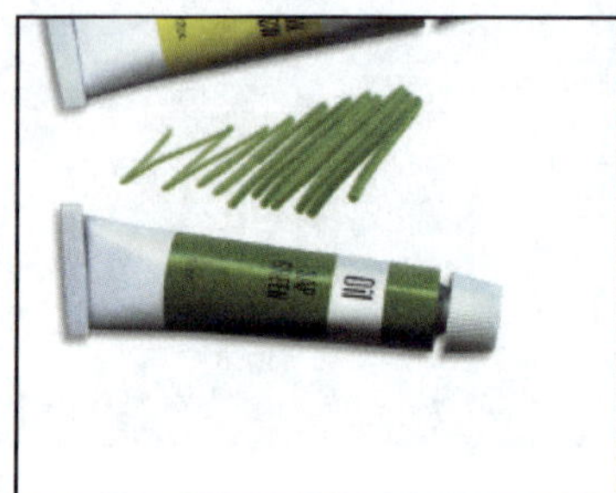

Die Linie wird in dem Maße dicker, wie die Pinselspitze erodiert.

4 Klicken Sie im Pinselbedienfeld auf »Pinsel anspitzen« und zeichnen Sie eine weitere Linie.

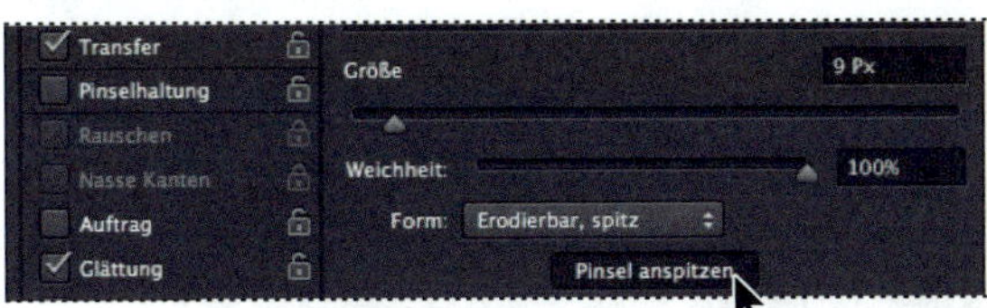

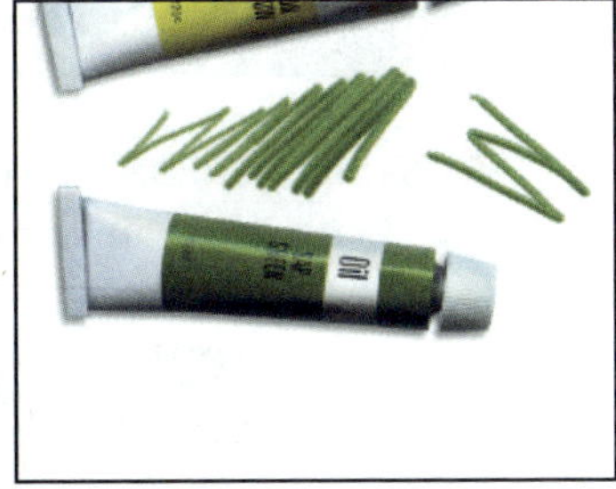

Die angespitzte Pinselspitze zeichnet eine viel dünnere Linie.

5 Wählen Sie im Pinselbedienfeld im Menü »Form« die Option »Erodierbares Dreieck« und zeichnen Sie eine Zickzacklinie.

Je nach gewünschtem Effekt können Sie noch andere erodierbare Pinselspitzen wählen.

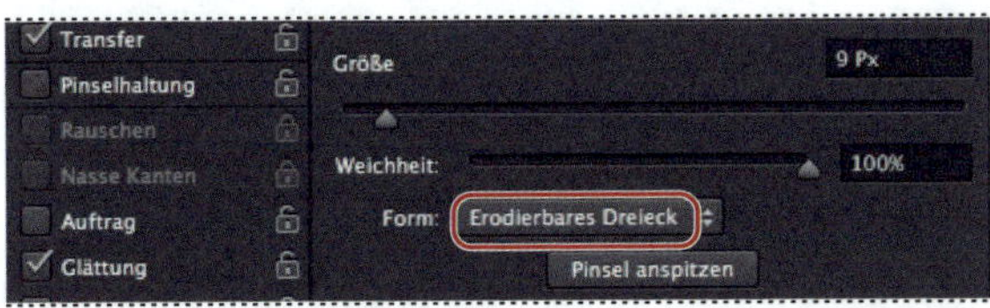

Farben mischen

Sie haben bereits feuchte und trockene Pinsel genutzt, die Pinseleinstellungen geändert und Farben mit der Hintergrundfarbe vermischt. Sie konzentrieren sich nun mehr auf das Mischen von Farben untereinander, indem Sie Farben der Malerpalette hinzufügen.

1 Vergrößern Sie, um die Palette und die Farben größer anzuzeigen.

2 Wählen Sie im Ebenenbedienfeld die Ebene *Farbmischung*, damit sich die von Ihnen aufgetragene Farbe nicht mit der braunen Palette auf der Hintergrundebene vermischt.

Das Misch-Pinsel-Werkzeug mischt Farben nur auf der aktiven Ebene, es sei denn, Sie aktivieren in der Optionsleiste die Option »Alle Ebenen«.

3 Nehmen Sie das Rot der roten Farbtube auf. Wählen Sie im Pinselbedienfeld den fünften Pinsel *Rund, stumpf* und dann im Popup-Menü in der Optionsleiste »Nass«. Malen Sie im oberen Kreis der Palette.

4 Klicken Sie in der Optionsleiste auf das Symbol »Pinselfarbe nach jedem Strich entfernen«, um diese Option zu deaktivieren.

5 Nehmen Sie das Blau der blauen Farbtube auf und malen Sie im bisherigen Palettenkreis, um das Rot mit dem Blau für ein Violett zu mischen.

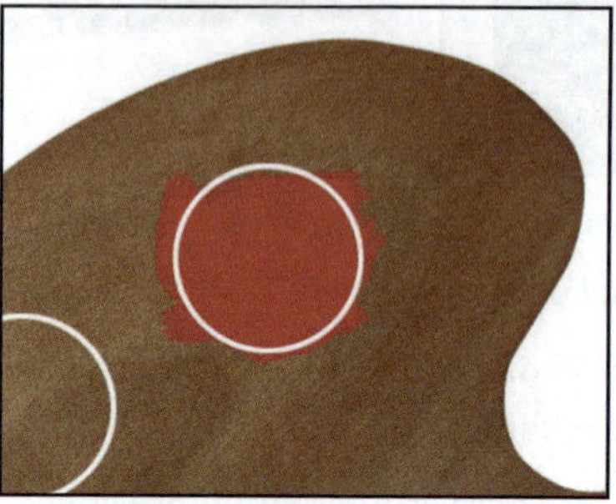

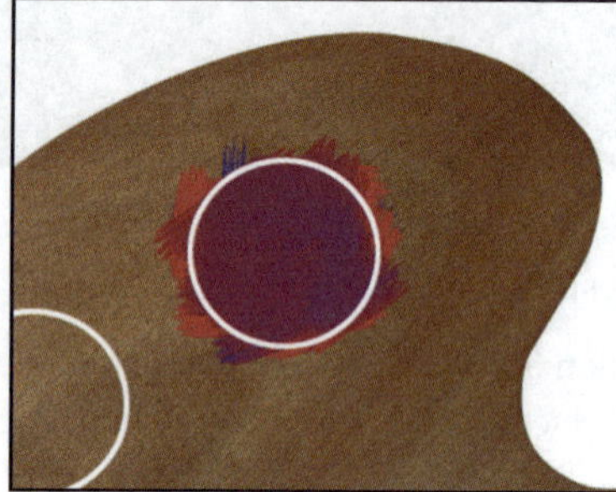

6 Malen Sie im nächsten Kreis. Sie malen jetzt mit Violett, da die Farbe bis zum Reinigen im Pinsel bleibt.

7 Wählen Sie in der Optionsleiste aus dem Menü »Aktuelle Pinselladung« die Option »Pinsel reinigen«. Die Vorschau ändert sich und zeigt Transparenz an – der Pinsel hat keine Farbe geladen.

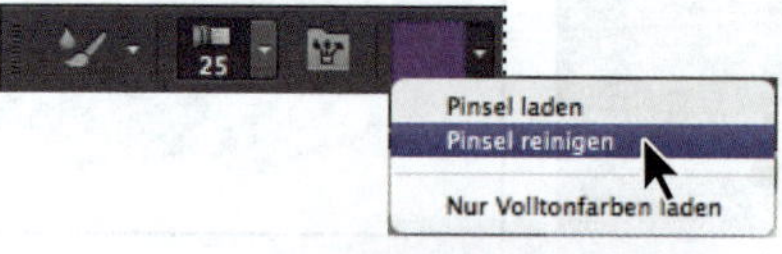

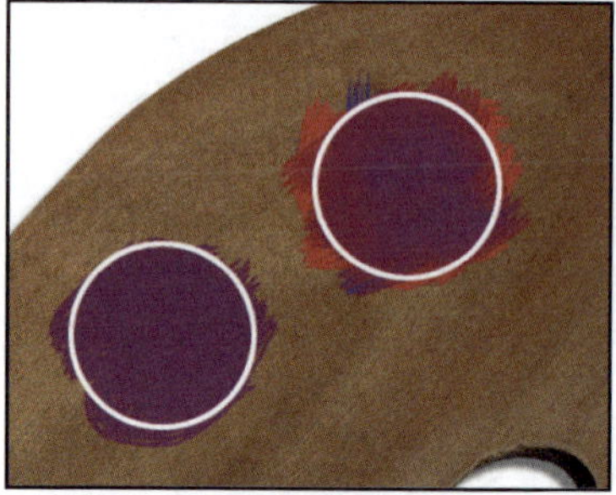

Um die Pinselladung aus einem Pinsel zu entfernen, wählen Sie in der Optionsleiste im Menü »Aktuelle Pinselladung« die Option »Pinsel reinigen«. Sie entfernen die Pinselladung, indem Sie eine andere Farbe aufnehmen.

Soll Photoshop nach jedem Pinselstrich den Pinsel reinigen, klicken Sie in der Optionsleiste auf das Symbol »Pinselfarbe nach jedem Strich entfernen«. Um den Pinsel nach jedem Strich mit der Vordergrundfarbe zu laden, klicken Sie in der Optionsleiste auf das Symbol »Pinsel nach jedem Strich laden«. Beide Optionen sind standardmäßig aktiviert.

8 Wählen Sie in der Optionsleiste aus dem Popup-Menü »Aktuelle Pinselladung« die Option »Pinsel laden«, um den Pinsel mit blauer Farbe zu laden. Malen Sie in der Hälfte des nächsten Kreises.

9 Nehmen Sie das Gelb der gelben Farbtube auf und malen Sie mit einem nassen Pinsel über dem Blau, um beide Farben zu mischen.

10 Füllen Sie den letzten Kreis mit gelber und roter Farbe. Mischen Sie dann die beiden Farben mit einem nassen Pinsel für ein Orange.

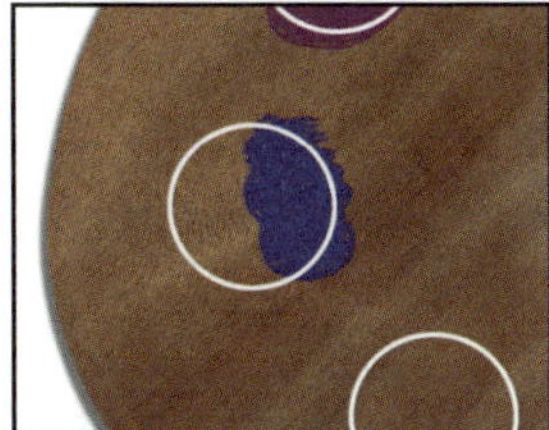
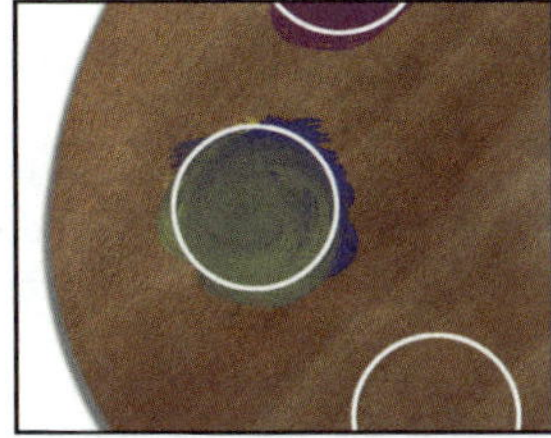
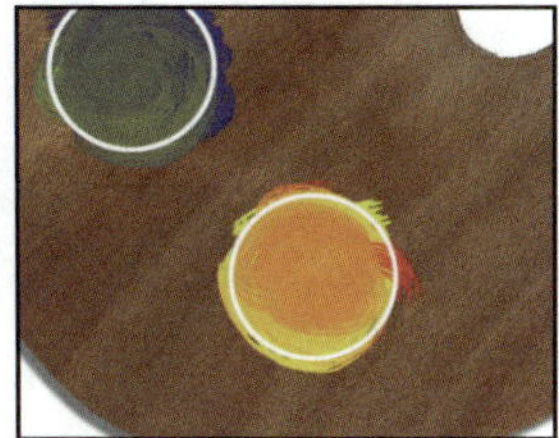

11 Blenden Sie im Ebenenbedienfeld die Ebene *Kreise* aus und damit die Konturen der Palette.

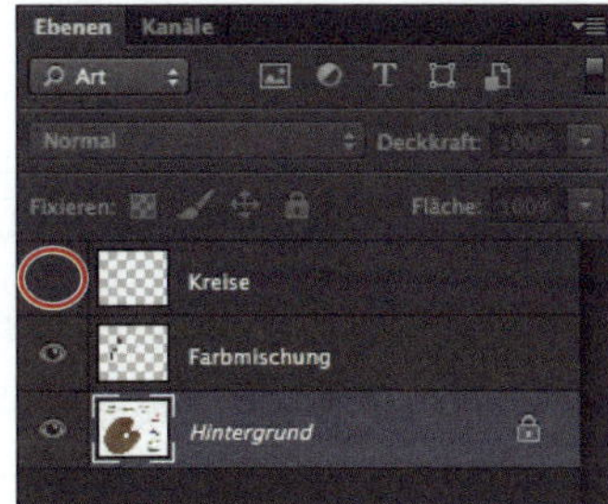

12 Wählen Sie **Datei: Speichern**.

Julieanne Kost, Adobe Photoshop-Expertin

Tipps von der Photoshop-Expertin

Tastaturbefehle für das Misch-Pinsel-Werkzeug

Es gibt keine standardmäßigen Tastaturbefehle für das Misch-Pinsel-Werkzeug, doch Sie können eigene Befehle erstellen.

So erstellen Sie benutzerdefinierte Tastaturbefehle:

1 Wählen Sie »Bearbeiten: Tastaturbefehle«.

2 Wählen Sie im Menü »Tastaturbefehle für« die Option »Werkzeuge«.

3 Rollen Sie bis ans Ende der Liste.

4 Wählen Sie einen Befehl und geben Sie dann den eigenen Tastaturbefehl ein. Tastaturbefehle können Sie für die folgenden Befehle erstellen:

- Mischpinsel laden
- Mischpinsel reinigen
- Automatisches Laden des Mischpinsels
- Automatische Reinigung des Mischpinsels

Eigene Pinselvoreinstellung

Video: Das Video »Borsteneigenschaften« auf der Buch-DVD zeigt mehr zu diesem Thema. Weitere Informationen finden Sie unter »Den Ordner Video-Training installieren« auf Seite 17.

Photoshop umfasst zahlreiche, äußerst praktische Pinselvoreinstellungen. Wenn Sie dagegen einen Pinsel für ein eigenes Projekt optimieren möchten, könnte eine eigene Pinselvoreinstellung eventuell sinnvoller sein. Sie erzeugen jetzt eine eigene Pinselvoreinstellung.

1 Nehmen Sie im Pinselbedienfeld die folgenden Einstellungen vor:

- Größe: **36** Px
- Form: *Rund, gefächert*
- Borsten: **35** %
- Länge: **32** %
- Stärke: 2 %
- Steifheit: **75** %
- Winkel: **0** %
- Abstand: **2** %

2 Wählen Sie aus dem Menü des Pinselbedienfelds die Option »Neue Pinselvorgabe«.

3 Benennen Sie den Pinsel mit **Landschaft** und klicken Sie auf OK.

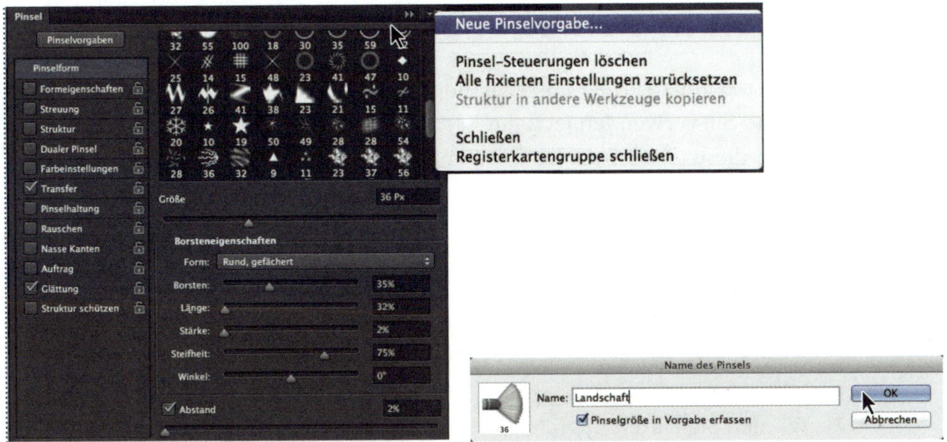

4 Klicken Sie oben links im Pinselbedienfeld auf »Pinselvorgaben«, um das Pinselvorgabenbedienfeld zu öffnen.

Das Pinselvorgabenbedienfeld zeigt die Pinselstriche der jeweiligen Pinsel bzw. Pinselvorgaben. Wenn Sie den benötigten Pinsel bereits kennen, sollten Sie ihn über seinen Namen suchen. Sie listen die Pinsel jetzt nach ihren Namen auf, um die eigene Voreinstellung für die nächste Übung zu finden.

5 Wählen Sie im Menü des Pinselvorgabenbedienfelds die Option »Große Liste«.

6 Rollen Sie in der Liste nach unten. Die von Ihnen erzeugte Pinselvoreinstellung *Landschaft* findet sich am Ende der Liste.

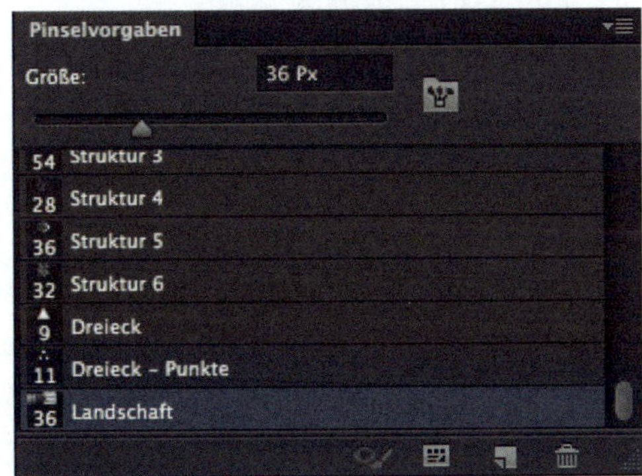

7 Schließen Sie die Datei *11Palette_Arbeit.psd*.

Farben mit einem Foto mischen

Sie haben bereits Farben untereinander und mit einem weißen Hintergrund gemischt. Sie verwenden jetzt ein Foto als Malgrund, fügen Farben hinzu und mischen diese untereinander sowie mit den Hintergrundfarben, um ein Landschaftsfoto in ein Aquarell umzuwandeln.

1 Wählen Sie **Datei: Öffnen**. Doppelklicken Sie im Ordner *Lektion11* auf die Datei *11Landschaft_Start.jpg*, um sie zu öffnen.

2 Wählen Sie **Datei: Speichern unter**. Benennen Sie die Datei mit **11Landschaft_Arbeit.jpg** und klicken Sie auf »Speichern«. Klicken Sie im Dialogfeld »JPEG-Optionen« auf OK.

Video: Das Video »Fotos mit dem Mischpinsel bearbeiten« auf der Buch-DVD zeigt mehr zu diesem Thema. Weitere Informationen finden Sie unter »Den Ordner Video-Training installieren« auf Seite 13.

Sie beginnen mit dem Malen des Himmels. Doch zuerst bestimmen Sie die Farbe und wählen den Pinsel.

3 Klicken Sie unten im Werkzeugbedienfeld auf das Feld »Vordergrundfarbe einstellen«. Wählen Sie ein mittleres Blau (beispielsweise R=185, G=204, B=228) und klicken Sie auf OK.

4 Falls erforderlich wählen Sie das Misch-Pinsel-Werkzeug (). Wählen Sie aus dem Popup-Menü in der Optionsleiste die Option »Trocken«. Wählen Sie im Pinselvorgabenbedienfeld den Pinsel *Landschaft*.

Vorgaben werden auf Ihrem Computer gespeichert – sie können deshalb für jedes Bild genutzt werden.

5 Malen Sie über den Himmel und bis dicht an die Bäume. Da Sie mit einem trockenen Pinsel arbeiten, vermischt sich die Farbe nicht mit den darunter befindlichen Farben.

6 Wählen Sie ein Dunkelblau (beispielsweise R=103, G=151, B=212) und versehen Sie den oberen Himmelsbereich mit einer dunkleren Farbe – weiterhin mit dem trockenen Pinsel.

7 Wählen Sie wieder ein Hellblau und aus dem Popup-Menü in der Optionsleiste die Option »Sehr nass, dick aufgetragen«. Gehen Sie mit diesem Pinsel diagonal über den Himmel, um beide Farben mit dem Hintergrund zu vermischen. Malen Sie bis dicht an die Bäume und glätten Sie den kompletten Himmel.

Video: Das Video »Fotos mit dem Mischpinsel bearbeiten« auf der Buch-DVD zeigt mehr zum Thema. Weitere Informationen finden Sie unter »Den Ordner Video-Training installieren« auf Seite 17.

Dunklere Farbe mit trockenem Pinsel hinzufügen

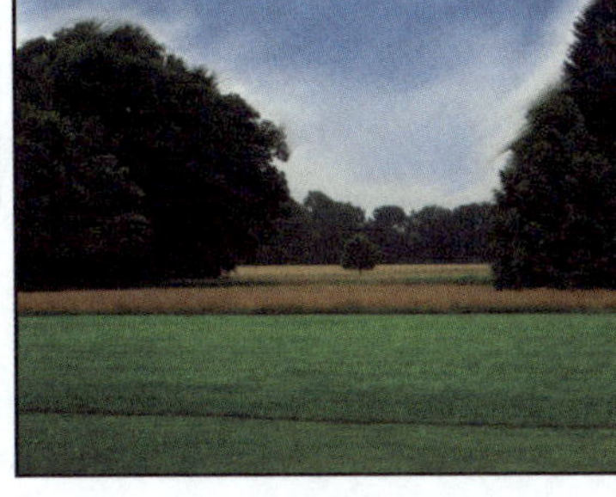

Farben mit nassem Pinsel vermischen

Wenn Ihnen der Himmel gefällt, wenden Sie sich dem Grass und den Bäumen zu.

8 Wählen Sie ein Hellgrün (wir haben R=92, G=157 und B=13 gewählt). Wählen Sie im Popup-Menü in der Optionsleiste die Option »Trocken«. Malen Sie im oberen Bereich der Grünfläche, um sie aufzuhellen.

9 Nehmen Sie ein Dunkelgrün direkt vom Gras auf. Wählen Sie aus dem Menü der Optionsleiste die Option »Sehr nass, dick aufgetragen«. Ziehen Sie dann diagonale Malstriche, um die Farben im Grass zu vermischen.

Tipp: Sie wissen, dass Sie mit gedrückter Alt-Taste eine Farbe wie mit der Pipette aufnehmen können. Um mit der Alt-Taste ausschließlich Volltonfarben aufzunehmen, wählen Sie in der Optionsleiste im Menü »Aktuelle Pinselladung« die Option »Nur Volltonfarben laden«.

Hellgrün mit trockenem Pinsel hinzufügen

Farben mit nassem Pinsel mischen

10 Nehmen Sie ein Hellgrün auf und hellen Sie dann mit einem trockenen Pinsel die helleren Bereiche der Bäume und den kleinen Baum in der Bildmitte auf. Wählen Sie anschließend ein Dunkelgrün (beispielsweise R=26, G=79, B=34) und aus dem Menü der Optionsleiste die Option »Sehr nass, dick aufgetragen«. Malen Sie mit dem nassen Pinsel, um die Farben in den Bäumen zu vermischen.

Aufhellen der Bäume

Farben vermischen

▶ **Tipp:** Malen Sie für unterschiedliche Effekte in verschiedenen Richtungen – Sie können mit dem Misch-Pinsel-Werkzeug all das malen, was Ihnen gerade so einfällt.

So weit, so gut. Was noch zum Malen bleibt, sind die Bäume im Hintergrund und die braunen Gräser.

11 Wählen Sie eine bläulichere Farbe für die Bäume im Hintergrund (beispielsweise R=65, G=91, B=116). Malen Sie mit einem trockenen Pinsel, um das Blau oben hinzuzufügen. Wählen Sie dann aus dem Popup-Menü in der Optionsleiste die Option »Nass« und malen Sie, um das Blau in die Bäume zu mischen.

12 Nehmen Sie ein Braun von den hohen Gräsern auf und wählen Sie anschließend aus dem Menü der Optionsleiste die Option »Sehr nass, dick aufgetragen«. Malen Sie auf- und abwärts entlang dem oberen Teil der langen Gräser, um die Anmutung eines Feldes zu erzielen. Malen Sie im hinteren Bereich hinter dem kleinen Baum in der Bildmitte rück- und wieder vorwärts, um weiche Pinselstriche zu erzeugen.

Glückwunsch! Sie haben mit Ihren eigenen Farben und Pinselstrichen ein Kunstwerk geschaffen.

Pinselvarianten

Sie können über die Einstellungen in diesem Projekt hinaus zahlreiche Varianten von Pinselspitzen und Pinseleinstellungen ausprobieren. Besonders interessant sind die Optionen *Pinselhaltung* und *Formeigenschaften*.

Die *Pinselhaltung*-Einstellungen ändern Neigung, Drehung und Druck eines Pinsels. Wählen Sie im Pinselbedienfeld in der Liste links die Option »Pinselhaltung«. Bewegen Sie den Regler *Neigung X*, um den Pinsel von links nach rechts, und den Regler *Neigung Y*, um den Pinsel nach vorn und hinten zu neigen. Ändern Sie den Wert für *Drehung*, um die Borsten zu drehen. (Drehung ist offensichtlicher, wenn Sie mit einem flachen Pinsel arbeiten.) Ändern Sie die Einstellung für *Druck*, um festzulegen, wie sich stark sich der Pinseleffekt auf das Bild auswirkt.

Die *Formeigenschaften*-Einstellungen wirken sich auf die Gleichmäßigkeit des Pinselstrichs aus.

Wenn Sie ein Wacom-Tablet verwenden, erkennt Photoshop den Winkel und den Druck des Zeichenstifts und überträgt diese Parameter auf den Pinsel. Sie können mit dem Zeichenstift Einstellungen wie *Größen-Jitter* bestimmen. Wählen Sie dazu im Menü »Steuerung« Optionen wie *Zeichenstift-Druck* oder *Zeichenstift-Schrägstellung*.

Es gibt noch viele andere Optionen – mehr oder weniger subtil – für die unterschiedlichsten Pinseleffekte. Die verfügbaren Optionen sind abhängig von der gewählten Pinselspitze. Informationen finden Sie in der Photoshop-Hilfe.

▶ **Buchtipp:** Ausführliche Informationen und eine komplette Referenz mit über 4.000 Pinseleffekten finden Sie in **Digitale Pinsel in Photoshop**, *Susannah Hall, 416 S., Addison-Wesley, ISBN 978-3-8273-3067-3*.

Galerie

Die Malwerkzeuge und Pinselspitzen in Photoshop CS6 erlauben die unterschiedlichsten Maleffekte.

Erodierbare Pinselspitzen machen Ihre Arbeiten noch realistischer. Die Doppelseite hier zeigt Beispiele, die mit den Pinselspitzen und Werkzeugen in Photoshop CS6 entstanden sind.

Bild © sholby, www.sholby.net

Bild © Lynette Kent, www.LynetteKent.com

Bild © Janet Stoppee

Bild © Victoria Pavlov

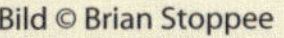
Bild © Brian Stoppee

Bild © John Derry

Bild © sholby, www.sholby.net

Bild © John Derry

Das Ergebnis aus dieser Lektion mit eigenen Farben und Pinselstrichen

Fragen

1 Welche Besonderheiten zeichnen das Misch-Pinsel-Werkzeug verglichen mit anderen Pinseln aus?

2 Wie laden Sie ein Misch-Pinsel-Werkzeug?

3 Wie reinigen Sie einen Pinsel?

4 Wie zeigen Sie Namen von Pinselvoreinstellungen an?

5 Was ist eine Borstenpinselvorschau und wie lässt sie sich ausblenden?

6 Was ist eine erodierende Pinselspitze?

Antworten

1 Das Misch-Pinsel-Werkzeug vermischt die Farben des Pinsels mit den Farben auf dem Untergrund.

2 Sie laden ein Misch-Pinsel-Werkzeug, indem Sie eine Farbe aufnehmen – entweder mit der Pipette oder mit Tastaturbefehlen (Klicken mit gedrückter Alt-/Wahltaste). Oder Sie wählen im Popup-Menü in der Optionsleiste die Option »Pinsel laden«, um den Pinsel mit der Vordergrundfarbe zu laden.

3 Um einen Pinsel zu reinigen, wählen Sie im Popup-Menü in der Optionsleiste die Option »Pinsel reinigen«.

4 Um Pinselvoreinstellungen nach Namen sortiert anzuzeigen, öffnen Sie das Pinselvorgabenbedienfeld. Anschließend wählen Sie im Menü des Pinselvorgabenbedienfelds die Option »Große Liste« bzw. »Kleine Liste«.

5 Die Borstenpinselvorschau zeigt die Bewegungsrichtung der Pinselstriche. Für diese Funktion muss Open GL aktiviert sein. Um die Borstenpinselvorschau ein- oder auszublenden, klicken Sie unten im Pinselbedienfeld oder Pinselvorgabenbedienfeld auf das Symbol »Borstenpinselvorschau ein-/ausblenden«.

6 Eine erodierbare Pinselspitze erodiert und ändert beim Malen bzw. Zeichnen ihre Dicke. Das ähnelt der Art und Weise, mit der eine Buntstift- oder Pastellspitze während des Erodierens die Form ändert.

12 MIT 3D-BILDERN ARBEITEN

Überblick

In dieser Lektion lernen Sie Folgendes:

- 3D-Form aus einer Ebene erzeugen
- 3D-Objekt importieren
- 3D-Text erstellen
- Den Effekt 3D-Postkarte zuweisen
- Objekte mit dem 3D-Achsen-Widget ändern
- Kamerasicht anpassen
- Koordinaten im Eigenschaftenbedienfeld bestimmen
- Lichtquellen einstellen
- 3D-Dateien animieren

Für diese Lektion benötigen Sie etwa 90 Minuten. Falls erforderlich, löschen Sie auf Ihrer Festplatte den Lektionsordner aus der vorherigen Lektion und kopieren stattdessen den Ordner *Lektion12* auf die Festplatte. Während dieser Lektion überschreiben Sie die Startdatei. Wenn Sie die Startdatei wiederherstellen wollen, kopieren Sie sie einfach von der Buch-DVD.

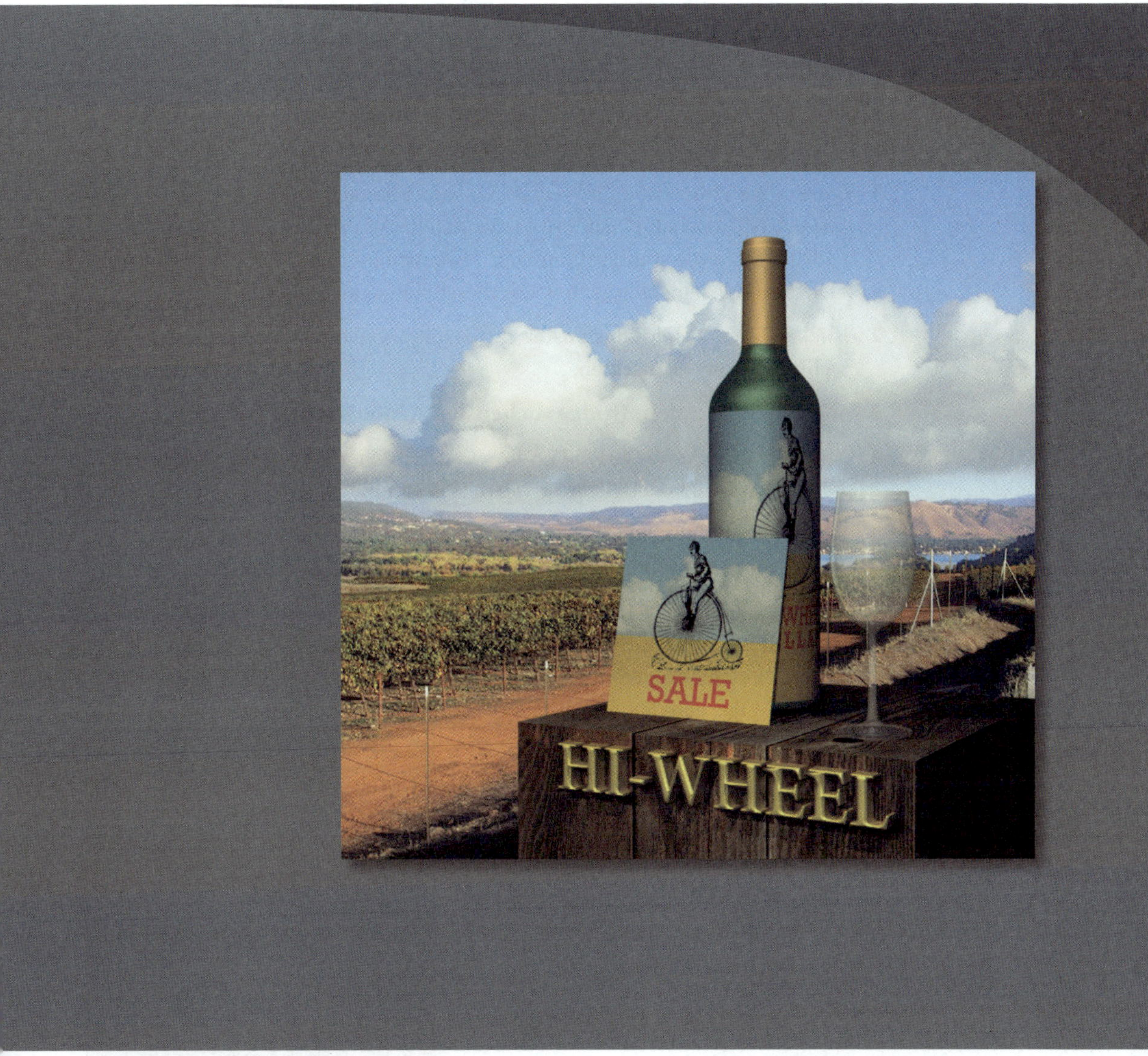

Herkömmliche 3D-Künstler verbringen Stunden, Tage und Wochen, um fotorealistische 3D-Bilder zu erzeugen. Die 3D-Möglichkeiten in Photoshop helfen Ihnen, anspruchsvolle und genaue 3D-Bilder zu gestalten, die Sie auch einfach ändern können.

Hinweis: Wenn Sie mit Windows XP arbeiten oder Ihre Grafikkarte OpenGL 2.0 nicht unterstützt, können Sie die 3D-Funktion in Photoshop nicht nutzen.

Vorbereitungen

Sie lernen in dieser Lektion die 3D-Möglichkeiten kennen, die aber nur dann verfügbar sind, wenn OpenGL 2.0 von Ihrer Grafikkarte unterstützt wird und entsprechend aktiviert ist. Informationen über Ihre Grafikkarte erhalten Sie über den Befehl **Bearbeiten: Voreinstellungen: Leistung** (Windows) bzw. **Photoshop: Voreinstellungen: Leistung** (Mac OS). Informationen über Ihre Grafikkarte finden Sie im Dialogfeld im Bereich »Grafikprozessor-Einstellungen«.

Sie gestalten in dieser Lektion eine dreidimensionale Szene für eine Weinwerbung. Zuerst aber sehen Sie sich die fertige Szene an.

1 Starten Sie Photoshop und halten Sie sofort danach die Tasten Strg+Alt+Umschalt (Windows) bzw. Befehl+Wahl+Umschalt (Mac OS) gedrückt, um die standardmäßigen Voreinstellungen zu erhalten. (Siehe »Die Standardeinstellungen wiederherstellen« auf Seite 17.)

2 Klicken Sie im Meldungsfenster zur Bestätigung auf »Ja«, um die Voreinstellungen zurückzusetzen.

3 Wählen Sie **Datei: In Bridge suchen**, um Adobe Bridge zu öffnen.

4 Klicken Sie in Adobe Bridge im FAVORITEN-Fenster auf den Ordner *Lektionen*. Doppelklicken Sie im INHALT-Fenster auf den Ordner *Lektion12*.

5 Sehen Sie sich in Bridge die Datei *12End.psd* an: eine dreidimensionale Weinflasche, ein Weinglas sowie ein Verkaufsaufsteller und 3D-Schrift auf einer Holzkiste.

6 Doppelklicken Sie auf die Datei *12End.mp4* für einen Film, in dem animiertes Licht den Sonnenaufgang simuliert. Verlassen Sie QuickTime, nachdem Sie sich den Film angesehen haben.

7 Doppelklicken Sie auf die Datei *12Start.psd*, um sie in Photoshop zu öffnen.

Die Datei enthält das Bild eines Weinguts, eine schwarze Hintergrundebene und zwei weitere Ebenen.

Eine 3D-Form aus einer Ebene erzeugen

Photoshop bringt bereits verschiedene 3D-Formen mit, wie geometrische Formen und solche von alltäglichen Objekten wie eine Weinflasche oder ein Ring. Wenn Sie 3D-Formen aus einer Ebene erzeugen, wickelt Photoshop die Ebene um das vorgegebene 3D-Objekt. Ein 3D-Objekt lässt sich drehen, verschieben und in der Größe verändern – Sie können das Objekt sogar aus verschiedenen Winkeln und mit farbigem Licht beleuchten.

Zuerst gestalten Sie einen Tisch für die Weinflasche, das Glas und den Aufsteller. Sie umwickeln für den Tisch einen 3D-Würfel mit der Ebene, auf der sich ein Bild mit Holz befindet.

1. Wählen Sie **Datei: Speichern unter**. Speichern Sie die Datei unter **12Arbeit.psd** im Ordner *Lektion12*. Klicken Sie auf OK, um das Dialogfeld mit den Photoshop-Formatoptionen zu schließen.
2. Zeigen Sie die *Holz*-Ebene an (im Ebenenbedienfeld für ein Augensymbol klicken) und wählen Sie dann diese Ebene.

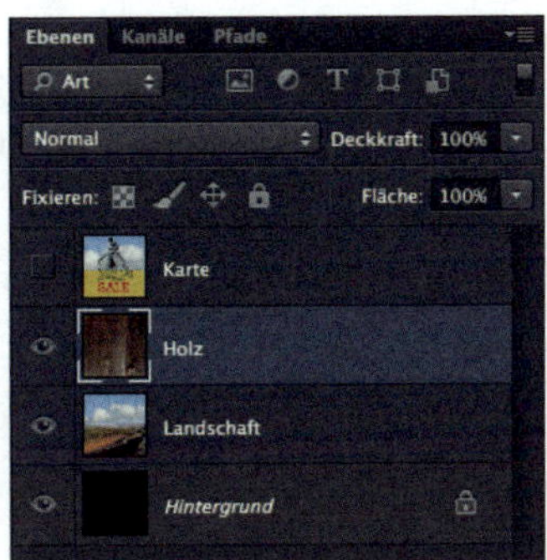

3. Wählen Sie **3D: Neues Mesh aus Ebene: Mesh-Vorgabe: Würfelflächen**.
4. Klicken Sie auf »Ja«, wenn Sie gefragt werden, ob Sie in den 3D-Arbeitsbereich wechseln möchten.

Der 3D-Arbeitsbereich umfasst das 3D-Bedienfeld, das Ebenenbedienfeld und das Eigenschaftenbedienfeld. Außerdem zeigt der 3D-Arbeitsbereich die Grundebene, einen Raster mit dem Grund relativ zum 3D-Objekt und das Fenster mit der Sekundäransicht, die das 3D-Objekt aus einer anderen Perspektive zeigt.

Photoshop wickelt das Holzbild um einen Würfel – Sie sehen dessen Front. Sie speichern nun die Datei, so dass Sie einfach diesen Status nach dem Experimentieren mit den 3D-Werkzeugen wieder zurückerhalten.

5 Wählen Sie **Datei: Speichern**.

3D-Objekte manipulieren

Der Vorteil bei der Arbeit mit 3D-Objekten besteht darin, dass man über drei Dimensionen verfügt. Photoshop CS6 umfasst mehrere Werkzeuge, mit denen sich ein 3D-Objekt einfach drehen, in der Größe verändern und neu positionieren lässt. Das 3D-Objekt-drehen-Werkzeug und die anderen mit ihm im Werkzeugbedienfeld gruppierten 3D-Werkzeuge manipulieren das Objekt als solches. Das 3D-Kamera-kreisen-Werkzeug und die mit ihm gruppierten Werkzeuge ermöglichen unterschiedliche Kamerapositionen und -winkel, was gravierende Auswirkungen auf das Objekt haben kann.

Sie verwenden die 3D-Werkzeuge immer dann, wenn im Ebenenbedienfeld eine 3D-Ebene gewählt ist. Eine 3D-Ebene verhält sich wie jede andere Ebene (Sie können Ebenenstile zuweisen, die Ebene maskieren usw.), kann jedoch auch ziemlich komplex sein.

Im Gegensatz zu einer normalen Ebene enthält eine 3D-Ebene ein oder mehrere *Meshes*. Sie können sich ein Mesh als Drahtgitter oder Gerüst vorstellen, das aus Tausenden einzelner Polygone besteht. In der soeben erstellten Ebene ist die Hutform ein Mesh. Ein Mesh kann mit *Materialien* verknüpft sein, also mit dem Aussehen eines Teils oder des ganzen Mesh. Die Materialien selbst sind wieder abhängig von einer oder mehreren *Maps*, die Komponenten für das Aussehen sind. Es gibt neun typische Maps, jede Art darf aber nur einmal vertreten sein. Sie können jedoch auch eigene Maps verwenden. Jede Map wiederum enthält eine *Textur* (Struktur) bzw. ein Bild, das bestimmt, wie die Maps und Materialien aussehen. Die Textur kann eine einfache Pixelgrafik sein oder ein Satz mit mehreren Ebenen. Ein und dieselbe Textur kann für viele unterschiedliche Maps und Materialien genutzt werden. In der gerade erzeugten Ebene ist das Bild mit der Steinmauer die Textur.

Neben den Meshes enthält eine 3D-Ebene ein oder mehrere *Lichter*, die sich auf das Aussehen von 3D-Objekten auswirken. Die Lichter sind fixiert, wenn Sie ein Objekt drehen oder verschieben. Zu einer 3D-Ebene gehören auch *Kameras*, die gesicherte Ansichten der Objekte in einer bestimmten Position sind. Der *Shader* (Schattierer) erzeugt das endgültige Aussehen ausgehend von den Materialien, Objekteigenschaften und den Rendereinstellungen.

Das klingt alles ziemlich kompliziert, doch wirklich wichtig im Augenblick ist die Tatsache, dass einige Werkzeuge die Objekte im 3D-Raum bewegen und einige die Kameras, die auf das Objekt gerichtet sind.

1 Wählen Sie im Werkzeugbedienfeld das Verschieben-Werkzeug (▸✥).

Sämtliche 3D-Möglichkeiten sind im Verschieben-Werkzeug eingebettet – es bekommt mit, sobald eine 3D-Ebene gewählt ist, und aktiviert die entsprechenden 3D-Werkzeuge.

2 Wählen Sie in der Optionsleiste im Bereich 3D-Modus das 3D-Objekt ziehen-Werkzeug.

3 Klicken Sie auf das Holz und ziehen Sie, um es seitwärts oder nach oben und unten zu verschieben.

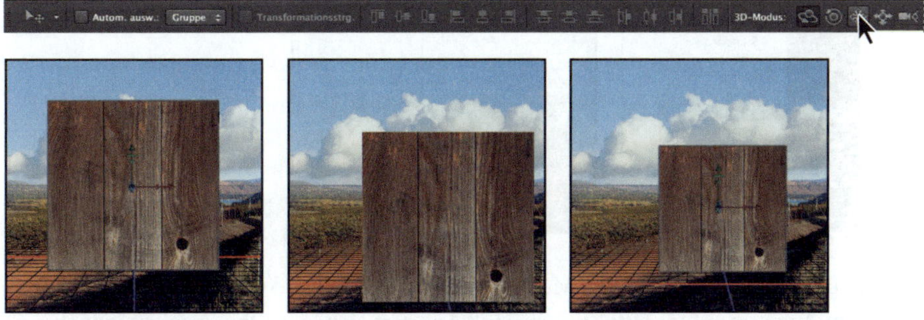

4 Wählen Sie in der Optionsleiste das 3D-Objekt-rollen-Werkzeug, und ziehen Sie anschließend den Würfel.

5 Experimentieren Sie mit den anderen Werkzeugen und beobachten Sie deren Wirkung auf das Objekt.

▶ **Tipp:** Während Sie ein Objekt bewegen, verschiebt sich auch das 3D-Achsen-Widget. Beispielsweise könnten die Pfeile an der X- und Y-Achse verfügbar sein, während die Z-Achse direkt in die Szene gerichtet ist. Das gelbe Feld im Mittelpunkt könnte ebenfalls durch eine Achse verdeckt sein.

Wenn Sie ein 3D-Objekt wählen, zeigt Photoshop das farbige 3D-Achsen-Widget an. Grün, Rot und Blau repräsentieren die verschiedenen Achsen: Rot für die X-Achse, Grün für die Y-Achse und Blau für die Z-Achse. (Denken Sie an RGB-Farbe, um sich die Reihenfolge ins Gedächtnis zu rufen.) Wenn Sie die Maus auf das Feld im Zentrum bewegen und dieses gelb wird, können Sie in dem Feld klicken und ziehen, um das Objekt gleichmäßig zu skalieren. Klicken Sie auf eine Pfeilspitze, um das Objekt auf der Achse zu bewegen, klicken Sie auf den Bogen, um das Objekt um diese Achse zu drehen, und klicken Sie auf den Block darunter, um das Objekt nur auf dieser Achse zu skalieren.

6 Drehen, skalieren und bewegen Sie den Würfel mit Hilfe des Widgets.

7 Klicken Sie mit der rechten Maustaste auf das Kamera-Widget in der unteren linken Ecke des Anwendungsfensters (das Widget hat zwei sichtbare Achsen) und wählen Sie »Oben«.

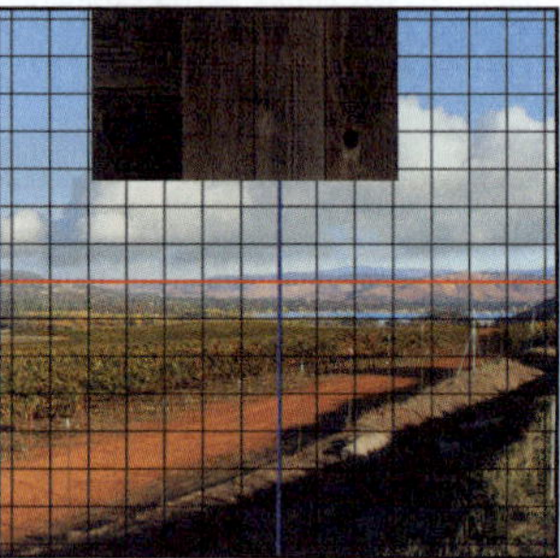

Die Optionen im Kamera-Menü bestimmen den Winkel, aus dem Sie das Objekt betrachten. Der Kamerawinkel ändert sich, das Objekt selbst jedoch nicht. Lassen Sie sich von dieser Abhängigkeit zum Hintergrundbild nicht in die Irre führen: Es handelt sich um kein 3D-Bild, weshalb Photoshop beim Bewegen der Kamera für ein 3D-Objekt dieses Bild an seiner Stelle belässt.

8 Wählen Sie andere Kameraansichten und prüfen Sie deren Einfluss auf die Perspektive.

9 Wählen Sie anschließend **Datei: Zurück zur letzten Version** – Sie sollten wieder die Frontalansicht des Würfels sehen.

3D-Objekte hinzufügen

Der hölzerne Würfel ist nur eines von fünf 3D-Elementen in der Szene. Sie gestalten sämtliche 3D-Objekte und kombinieren Sie anschließend in einer einzigen 3D-Ebene. In dieser Ebene arbeiten Sie mit den Objekten als Gruppe. Die Objekte teilen auf einer Ebene die Kameras und Lichter.

Eine 3D-Postkarte erstellen

Sie können in Photoshop CS6 ein 2D-Objekt in eine 3D-Postkarte umwandeln und dann die Perspektive im 3D-Raum ändern. Adobe hat die Bezeichnung *3D-Postkarte* gewählt, weil Ihr Bild quasi zu einer Postkarte wird, die Sie mit der Hand drehen und aus beliebigen Blickwinkeln betrachten können.

Sie nutzen die 3D-Postkarte-Funktion, um einen an der Weinflasche lehnenden Verkaufsaufsteller zu gestalten.

1 Klicken Sie auf das Ebenenregister, um das Ebenenbedienfeld zu aktivieren.

2 Machen Sie die Ebene *Karte* sichtbar und wählen Sie die Ebene.

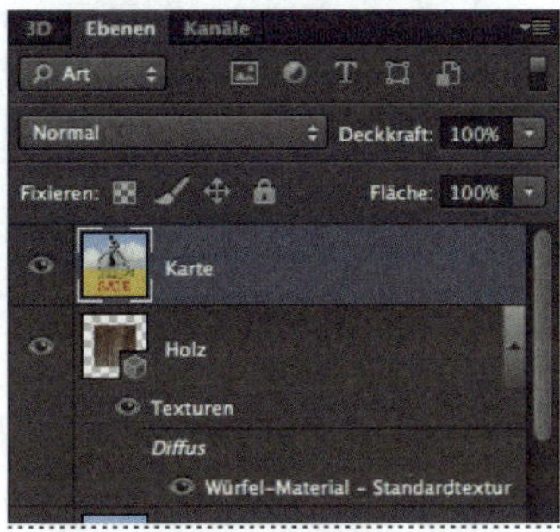

3 Wählen Sie **3D: Neues Mesh aus Ebene: Postkarte**.

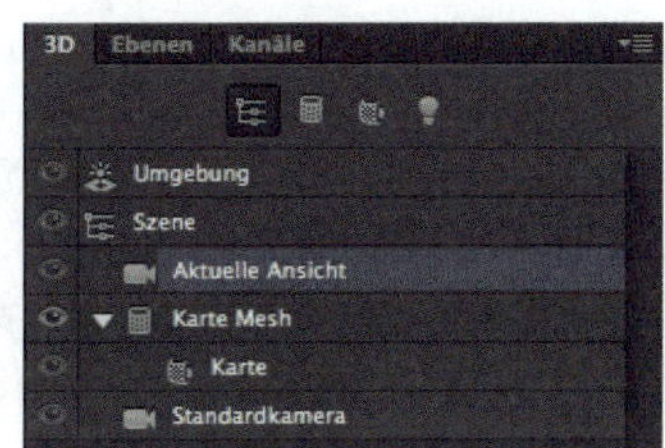

Das Bild selbst scheint sich nicht geändert zu haben, da Sie die Vorderseite betrachten. Wenn Sie jedoch das Bild später manipulieren, wird schnell klar, dass es sich um eine 3D-Postkarte handelt. Gehen Sie zwischenzeitlich einfach davon aus, dass Sie jetzt über ein 3D-Objekt verfügen, da Photoshop zum 3D-Bedienfeld umgeschaltet hat, oben links das Sekundäransicht-Fenster anzeigt, die 3D-Werkzeuge in der Optionsleiste aktiviert hat und das Kamera-Widget in der unteren linken Ecke des Anwendungsfenster zeigt.

3D-Mesh von neuer Ebene aus erzeugen

Sie haben eine 3D-Mesh-Voreinstellung benutzt, um die *Holz*-Ebene um einen Würfel zu wickeln. Eine Mesh-Voreinstellung lässt sich jedoch auch mit einer neuen leeren Ebene verwenden. Sie werden so eine Weinflasche gestalten.

1 Aktivieren Sie das Ebenenbedienfeld und achten Sie darauf, dass die *Karte*-Ebene gewählt ist.

2 Klicken Sie unten im Ebenenbedienfeld auf die Schaltfläche »Neue Ebene erstellen«.

Ebene 1 erscheint als neue Ebene über der *Karte*-Ebene.

3 *Ebene 1* ist gewählt. Wählen Sie den Befehl **3D: Neues Mesh aus Ebene: Mesh-Vorgabe: Weinflasche**.

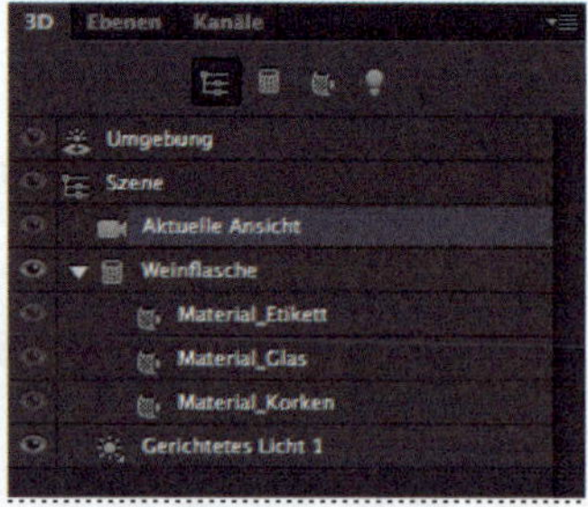

Die graue Form einer Weinflasche erscheint auf der Karte. Später versehen Sie die Form mit Material, so dass sie wie eine Weinflasche aus Glas aussieht.

4 Benennen Sie die Ebene im Ebenenbedienfeld mit **Flasche**.

3D-Datei importieren

Sie können in Photoshop CS6 3D-Dateien öffnen und mit ihnen arbeiten, die mit 3D-Programmen mit Formaten wie 3DS, KMZ (Google Earth) oder U3D erzeugt wurden. Außerdem können Sie mit Dateien im Collada-Format arbeiten, einem Dateiaustausch-Format, das z.B. von Autodesk unterstützt wird. Wenn Sie eine 3D-Datei als 3D-Ebene hinzufügen, enthält sie das 3D-Modell und einen transparenten Hintergrund. Die Ebene nutzt zwar die Dimensionen der Datei, doch lässt sie sich größenmäßig ändern.

Sie importieren jetzt ein 3D-Weinglas, das in einem anderen Programm erzeugt wurde.

1 Wählen Sie **3D: Neue 3D-Ebene aus Datei**.

2 Navigieren Sie zum Verzeichnis *Lektion12/Assets* und doppelklicken Sie auf die Datei *Weinglas.obj*.

Die Form des Weinglases erscheint zentriert im Dokumentfenster vor der Flasche.

3 Wählen Sie **Datei: Speichern**.

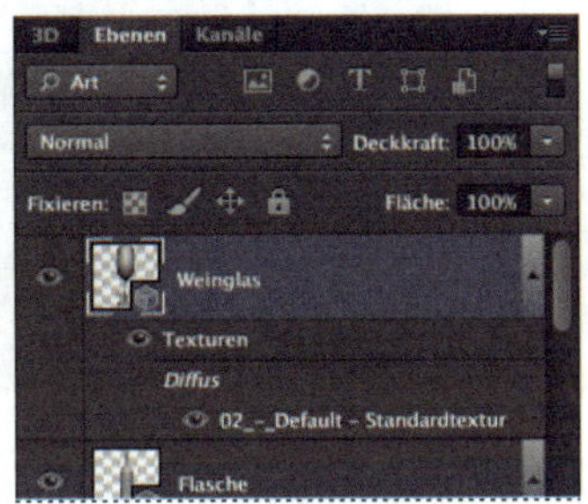

3D-Text erstellen

Selbst Text kann dreidimensional sein. Einmal erstellter 3D-Text lässt sich drehen, skalieren und bewegen. Sie können Materialien dem Text zuweisen, seine Beleuchtung ändern (und die damit einhergehenden Schatten) sowie den Text extrudieren. Sie erstellen nun 3D-Text für die Vorderfront des hölzernen Tisches.

1 Wählen Sie im Werkzeugbedienfeld das horizontale Text-Werkzeug (**T**).

2 Ziehen Sie eine Auswahl um die Fenstermitte.

3 Wählen Sie in der Optionsleiste eine Serifenschrift wie *Minion Pro*, den Schriftschnitt *Bold* und die Schriftgröße **72 Pt**.

4 Geben Sie **HI-WHEEL** in Großbuchstaben ein.

Minion Pro | Bold | 72 Pt

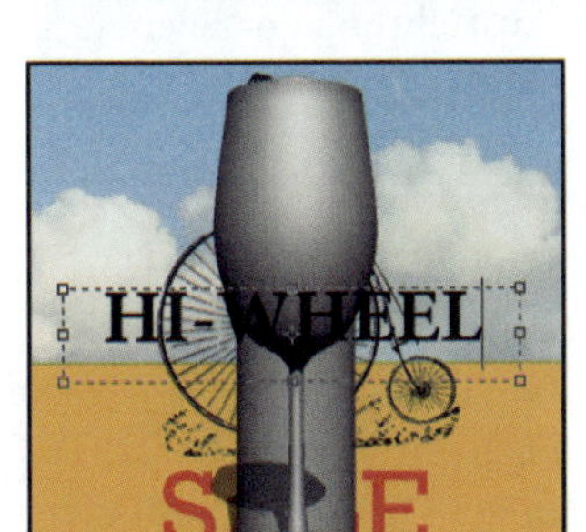

Sie verfügen jetzt zwar über Text, doch ist dieser noch nicht dreidimensional – das passiert jetzt.

5 Klicken Sie in der Optionsleiste auf die Schaltfläche »Mit diesem Text verknüpfte 3D-Daten aktualisieren«.

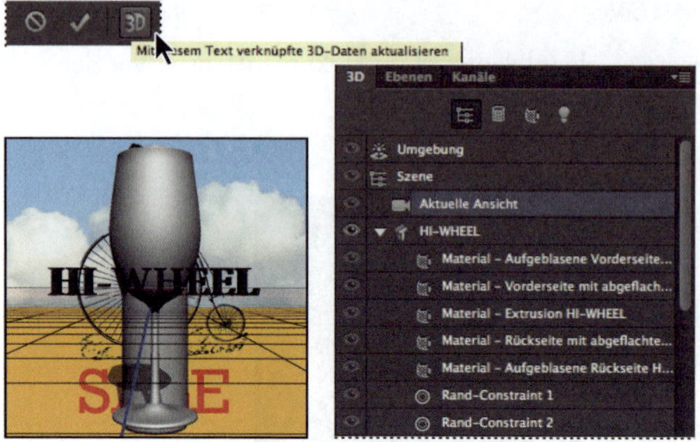

Der Text ist nun dreidimensional und Photoshop zeigt die Grundfläche und den Rest der 3D-Arbeitsumgebung.

Mehrere 3D-Ebenen in einer Szene

Auf einer 3D-Ebene können sich mehrere 3D-Meshes befinden. Meshes auf derselben Ebene teilen sich die Beleuchtungseffekte und lassen sich im gleichen 3D-Raum (auch als *Szene* bezeichnet) drehen – der 3D-Effekt wird noch realistischer.

Sie fassen die bis jetzt erzeugten 3D-Ebenen so zusammen, dass sich alle 3D-Objekte in einer einzigen Szene befinden.

1 Aktivieren Sie das Ebenenbedienfeld.

2 Wählen Sie mit gedrückter Umschalttaste die Ebenen *HI-WHEEL*, *Weinglas*, *Flasche*, *Karte* und *Holz*.

Alle fünf 3D-Ebenen sind gewählt und werden jetzt auf eine Ebene reduziert. Drücken Sie dabei die Umschalttaste, um die Ausrichtung der Ebenen beizubehalten.

3 Wählen Sie mit gedrückter Umschalttaste den Befehl **3D: 3D-Ebenen auf eine Ebene reduzieren**.

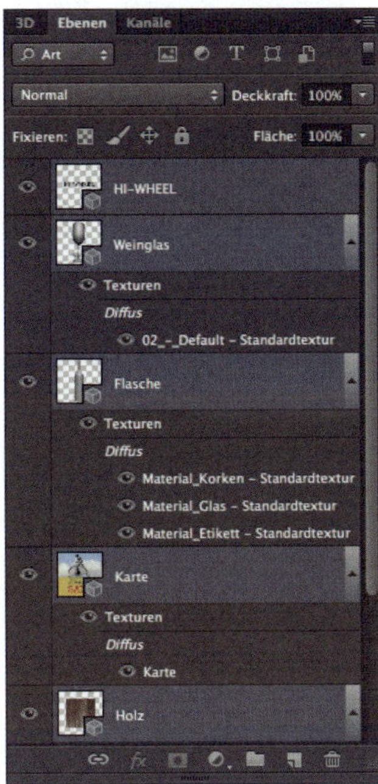

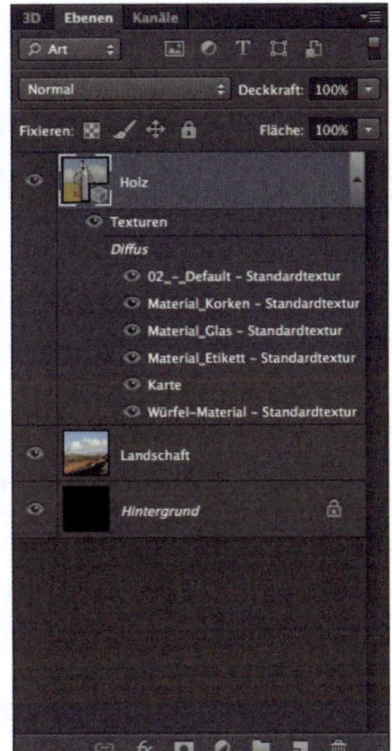

Photoshop reduziert die Ebenen auf die eine Ebene *Holz*. Da Sie bei der Auswahl der Ebenen die Umschalttaste gedrückt haben, wird die Position der einzelnen Objekte unverändert übernommen.

▶ **Tipp:** Wenn die reduzierten Ebenen anders als in diesem Bild aussehen, haben Sie höchstwahrscheinlich die Umschalttaste losgelassen, bevor die Ebenen reduziert waren. Wählen Sie **Bearbeiten: Rückgängig: auf eine Ebene reduzieren** und beginnen Sie mit dem Reduzieren von vorn.

4 Wählen Sie **Datei: Speichen**.

Objekte in einer Szene anordnen

Die Objekte sind zwar vollständig vorhanden, doch deren Anordnung ist wenig attraktiv. Sie arbeiten mit den Arbeitsflächen-Widgets und dem Eigenschaftenbedienfeld, um die einzelnen 3D-Objekte für eine ansprechende Szene zu skalieren und neu anzuordnen.

● **Hinweis:** Die Kamerasicht im Fenster mit der Sekundäransicht erfolgt unabhängig von der Kamerasicht der Szene. Ändern Sie den Sichtwinkel in der Sekundäransicht, um die Szene unterschiedlich zu betrachten, ohne sie in Photoshop ändern zu müssen.

Ändern der Kamerasicht

Die Sekundäransicht kann Ihnen die Szene aus verschiedener Perspektive anzeigen. Sie zeigen mit der Sekundäransicht bestimmte Objekte an und ändern dann die Kamerasicht für eine bessere Beurteilung bei der Neuanordnung.

1 Schwenken Sie, um die Objekte unterhalb der Holzkiste in der Sekundäransicht oben links im Dokumentfenster anzuzeigen.

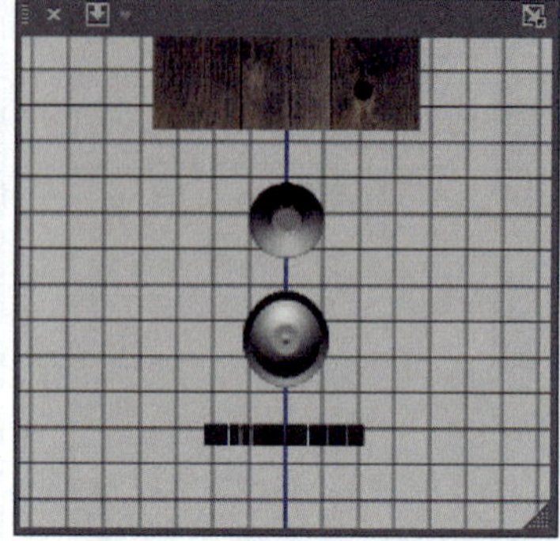

Die aktuelle Kamerasicht im Sekundärfenster erfolgt von oben. Die von Ihnen erzeugten Objekte befinden sich vor der Holzkiste.

2 Klicken Sie oben im Fenster mit der Sekundäransicht auf die Schaltfläche »Ansicht/Kamera auswählen« und wählen Sie die Option »Links«.

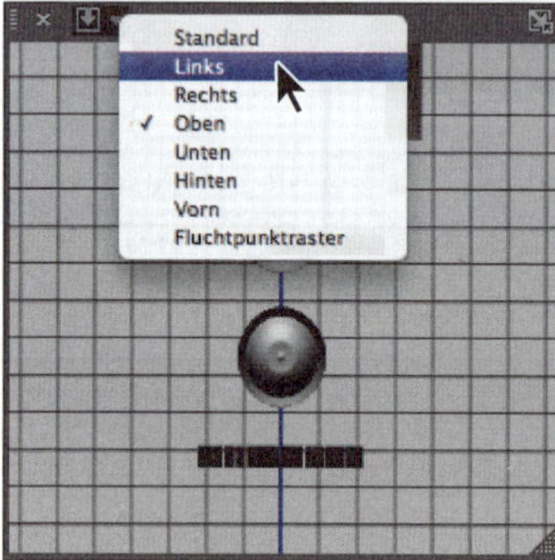

Das Fenster zeigt nun die Objekte – Sie benutzen diese Kamerasicht für die Szene.

3 Klicken Sie mit der rechten Maustaste auf das Kamera-Widget unten links im Dokumentfenster und wählen Sie »Links«.

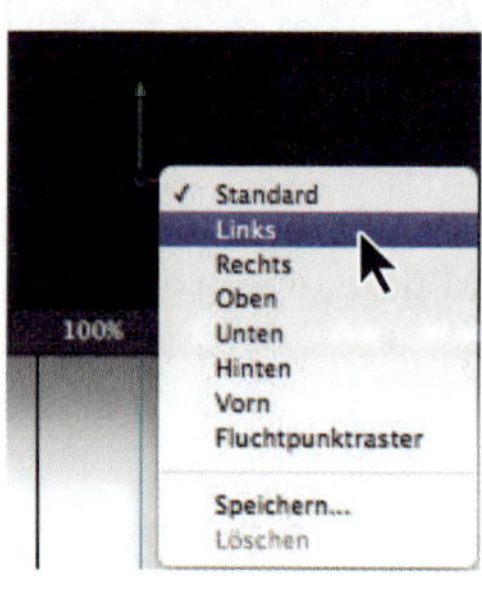

Objekte mit dem 3D-Achsen-Widget verschieben

Das Weinglas, die Weinflasche und die Karte sollen auf und nicht neben dem hölzernen Tisch stehen. Sie können die einzelnen 3D-Objekte auf einer 3D-Ebene manipulieren, indem Sie die entsprechenden Ordner im Ebenenbedienfeld wählen. Sie verschieben die Objekte mit dem 3D-Achsen-Widget oben auf den Tisch.

1 Aktivieren Sie das 3D-Bedienfeld links neben der Ebenenbedienfeldgruppe.

2 Wählen Sie mit gedrückter Umschalttaste die Ordner *Karte_Ebene, Flasche_Ebene* und *Weinglas_Ebene.*

3 Bewegen Sie den Zeiger über die Spitze des grünen Pfeils, bis Photoshop die Quickinfo anzeigt.

4 Klicken Sie auf die grüne Pfeilspitze und ziehen Sie die Objekte nach oben bis der Boden der Weinflasche oben auf dem hölzernen Würfel steht.

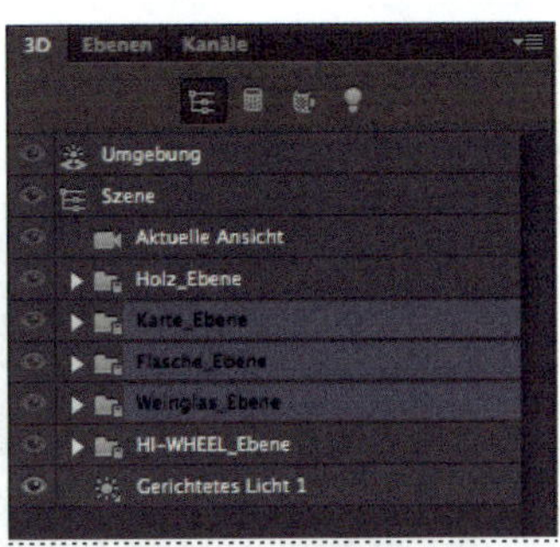

5 Klicken Sie auf die blaue Pfeilspitze und ziehen Sie die Objekte nach links, bis sie auf dem Würfel zentriert sind. Sie können die Objekte erneut mit dem grünen Pfeil nach oben oder unten ziehen. Die Anordnung muss nicht perfekt sein – Sie haben für entsprechende Anpassungen noch später ausreichend Gelegenheit.

▶ **Tipp:** Sie können die Größe des 3D-Achsen-Widgets ändern. Setzen Sie den Zeiger mit gedrückter Umschalttaste auf das kleine gelbe Quadrat »Einheitlich skalieren«. Klicken und ziehen Sie dann, um das 3D-Achsen-Widget zu vergrößern oder zu verkleinern.

Sie haben die Karte, die Flasche und das Glas verschoben – jetzt bewegen Sie noch den Text, der sich im Augenblick noch als kleines schwarzes Quadrat neben der Kiste befindet.

6 Erweitern Sie im 3D-Bedienfeld den Ordner *HI-WHEEL_Ebene* und wählen Sie den Text *HI-WHEEL.*

7 Ziehen Sie den Text *HI-WHEEL* mit dem grünen und blauen Pfeil im 3D-Achsen-Widget vor den Würfel.

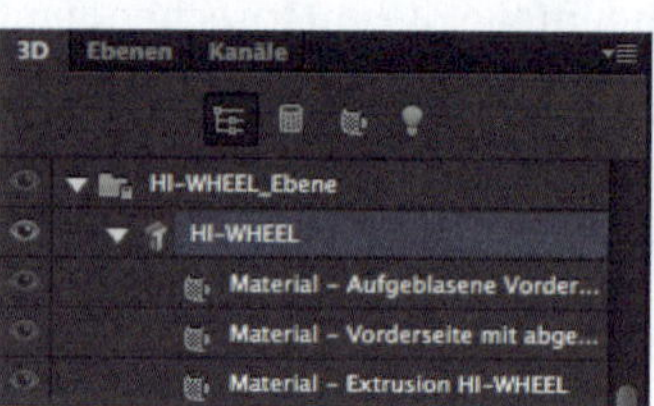

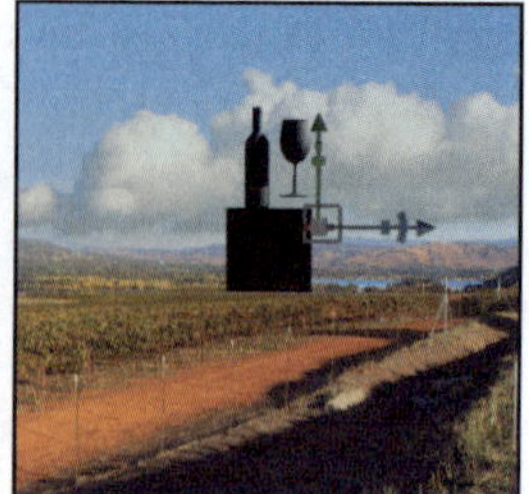

Die Kamerasicht ist weiterhin auf *Links* eingestellt. Um den Text vor die Kiste zu bewegen, muss er in dieser Ansicht rechts von der Kiste erscheinen.

8 Klicken Sie mit der rechten Maustaste auf das Kamera-Widget und wählen Sie »Standard«.

Der Kamerawinkel ändert sich und die Szene ist nun von vorn zu sehen.

9 Wählen Sie *Umgebung* im 3D-Bedienfeld.

10 Klicken Sie in der Optionsleiste auf die Schaltfläche »3D-Objekt-ziehen« und ziehen den kompletten Satz mit den Objekten in den unteren rechten Bereich der Arbeitsfläche (siehe folgende Abbildung).

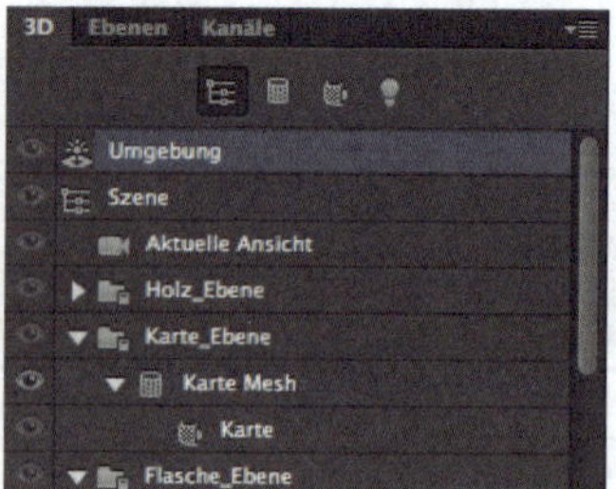

3D-Objekte mit dem Eigenschaftenbedienfeld positionieren

Sie sind schon gut vorangekommen, doch die Objekte befinden sich noch nicht an ihrer endgültigen Position.

1 Wählen Sie *Szene* im 3D-Bedienfeld.

Änderungen bei gewählter *Szene* wirken sich auf die komplette 3D-Szene aus.

2 Klicken Sie oben im Eigenschaftenbedienfeld auf die Schaltfläche »Koordinaten«, um die verfügbaren Optionen zu ändern.

3 Geben Sie in das Feld *Y-Drehung* den Wert **-30** ein.

▶ **Tipp:** Drücken Sie die Taste V, um zwischen den einzelnen Fenstern im Eigenschaftenbedienfeld umzuschalten.

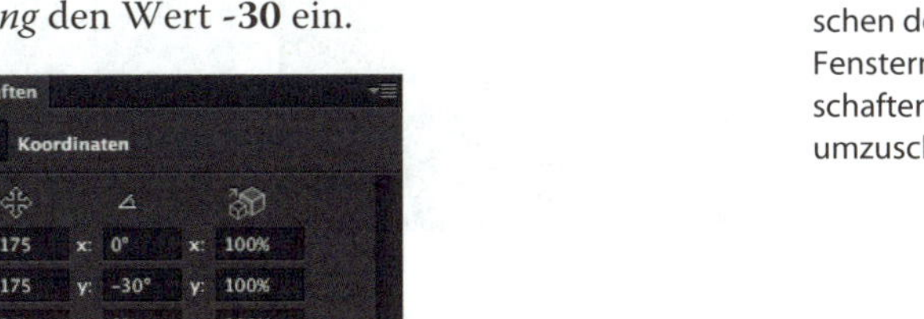

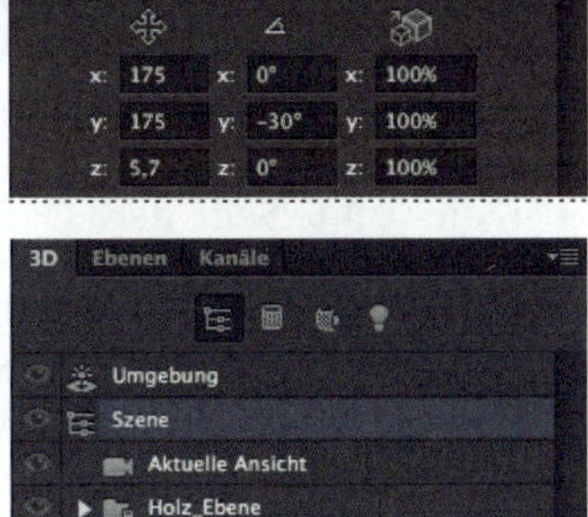

Die komplette 3D-Szene dreht sich um 30 Grad gegen den Hintergrund. Sie skalieren nun das Weinglas und richten es mit der Flasche aus.

4 Wählen Sie im 3D-Bedienfeld im Ordner *Weinglas_Ebene* das Mesh *objMesh*.

5 Geben Sie im Eigenschaftenbedienfeld den Wert **55%** für *X-Skalieren*, *Y-Skalieren* und *Z-Skalieren* ein.

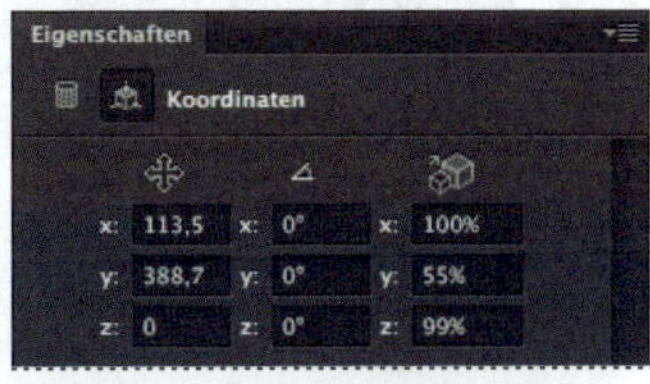

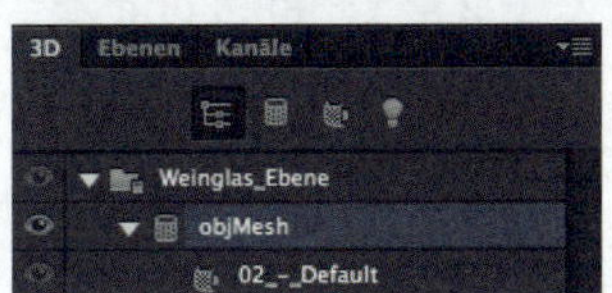

6 Wählen Sie im 3D-Bedienfeld mit gedrückter Umschalttaste die Ordner *Flasche_Ebene* und *Weinglas_Ebene*.

7 Klicken Sie in der Photoshop-Optionsleiste auf die Schaltfläche »Untere Kanten ausrichten« – beide Objekte stehen nun auf dem Würfel.

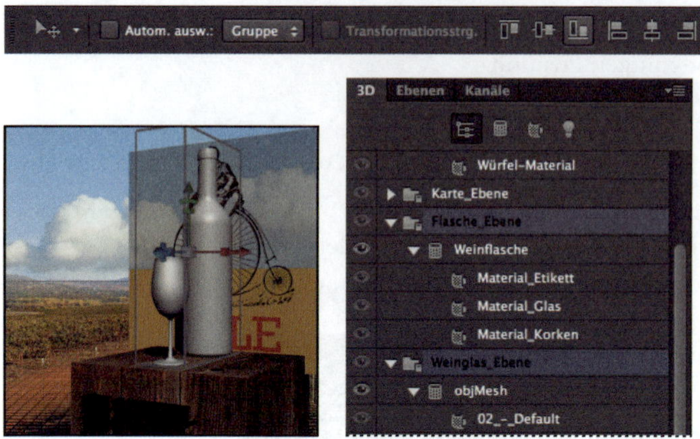

Das Weinglas ist besser zur Flasche proportioniert und an ihr ausgerichtet. Sie bewegen das Glas jetzt an die rechte Seite der Flasche und anschließend die Flasche an die linke Seite des Würfels.

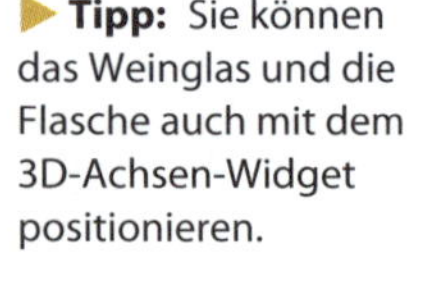

▶ **Tipp:** Sie können das Weinglas und die Flasche auch mit dem 3D-Achsen-Widget positionieren.

8 Wählen Sie im 3D-Bedienfeld das Mesh *ObjMesh* im Ordner *Weinglas_ Ebene*. Geben Sie im Eigenschaftenbedienfeld die folgenden Werte in die Position-Felder ein: X: **217,1**, Y: **274,2** und Z: **81,8**.

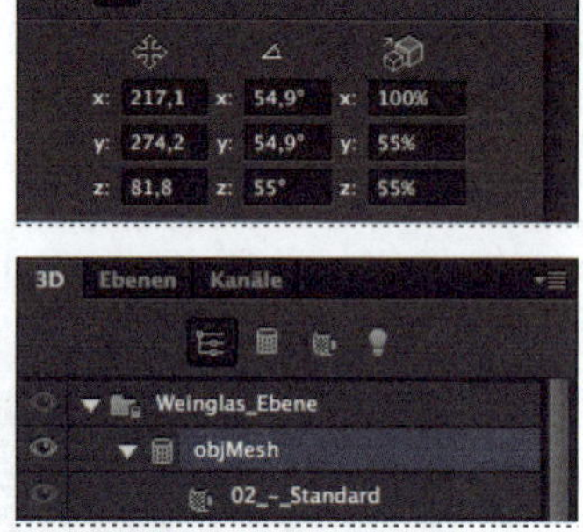

9 Wählen Sie im 3D-Bedienfeld das *Weinflasche*-Mesh im Ordner *Flasche_ Ebene*. Geben Sie im Eigenschaftenbedienfeld die folgenden Werte in die Position-Felder ein: X: **102,4**, Y: **388,8** und Z: **4,8**.

10 Geben Sie im Eigenschaftenbedienfeld den Wert **120%** für *X-Skalieren, Y-Skalieren* und *Z-Skalieren* ein.

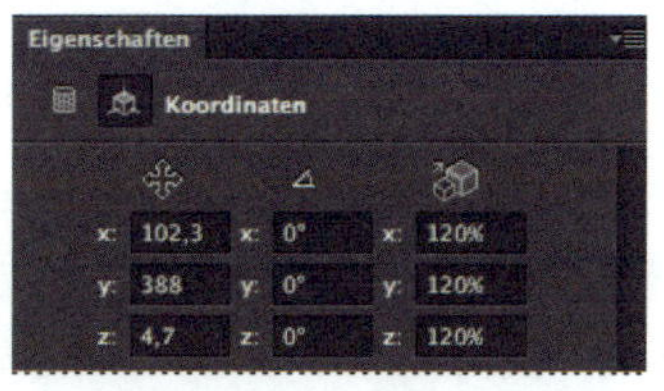

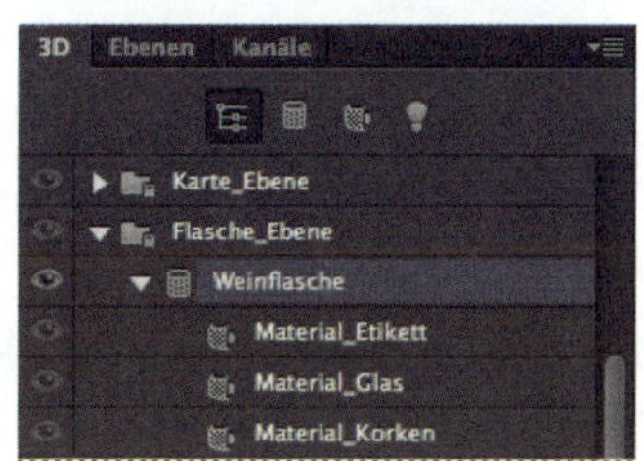

11 Wählen Sie **Datei: Speichern**.

Objekte mit Widgets skalieren und drehen

Das Weinglas und die Flasche befinden sich nun an der richtigen Stelle, der Text und die Karte jedoch noch nicht. Sie skalieren und positionieren beide Objekte jetzt mit dem 3D-Achsen-Widget.

1 Erweitern Sie im 3D-Bedienfeld den Ordner *HI-WHEEL_Ebene* und wählen Sie den Text *HI-WHEEL*.

2 Wählen Sie in der Optionsleiste das 3D-Objekt-drehen-Werkzeug.

3 Ziehen Sie mit dem roten Pfeil des 3D-Achsen-Widgets den Text nach hinten und nach vorn, um ihn vor der Kiste zu zentrieren. Benutzen Sie den grünen und blauen Pfeil, um den Text je nach Bedarf nach oben und unten bzw. vorwärts und rückwärts zu bewegen.

4 Setzen Sie die Maus so auf die Mitte des 3D-Achsen-Widgets, dass der kleine Würfel in der Mitte gelb wird. Ziehen Sie nun das Widget, um den Text an die Breites der Holzkiste anzupassen (etwa 135 % der ursprünglichen Größe, wie Photoshop während des Ziehens neben dem Zeiger anzeigt).

Hinweis: Möchten Sie lieber mit Koordinaten arbeiten, geben Sie den Wert **57%** für X-Skalieren, Y-Skalieren und Z-Skalieren ein. Die anfängliche Größe beträgt etwa 42 %; 57 ist etwa 135 % von 42.

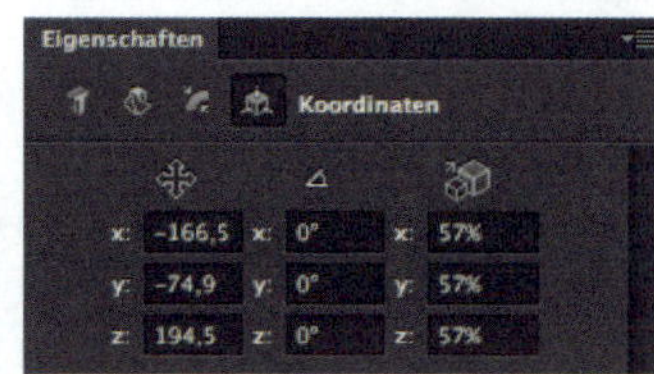

Der Text befindet sich an der richtigen Stelle. Sie skalieren und positionieren jetzt die Karte.

5 Wählen Sie im 3D-Bedienfeld den Ordner *HI-WHEEL* und erweitern Sie den Ordner *Karte_Ebene*.

6 Wählen Sie im 3D-Bedienfeld *Karte Mesh* und skalieren Sie es mit dem 3D-Achsen-Widget auf etwa 25 % der ursprünglichen Größe.

7 Ziehen Sie die Spitze des blauen Pfeils des 3D-Achsen-Widgets, um die Karte so weit entlang der Z-Achse zu ziehen, bis die Front der Karte mit der des Würfels übereinstimmt.

8 Ziehen Sie die Spitze des grünen Pfeils, um die Karte so weit nach unten zu ziehen, bis sie auf dem Würfel steht.

9 Drehen Sie mit dem blauen gebogenen Anfasser die Karte so nach hinten, dass sie an der Flasche zu lehnen scheint. Justieren Sie die Position der Karte (falls erforderlich) noch präziser mit den blauen, grünen und roten Pfeilen.

Damit befindet sich alles an der richtigen Stelle!

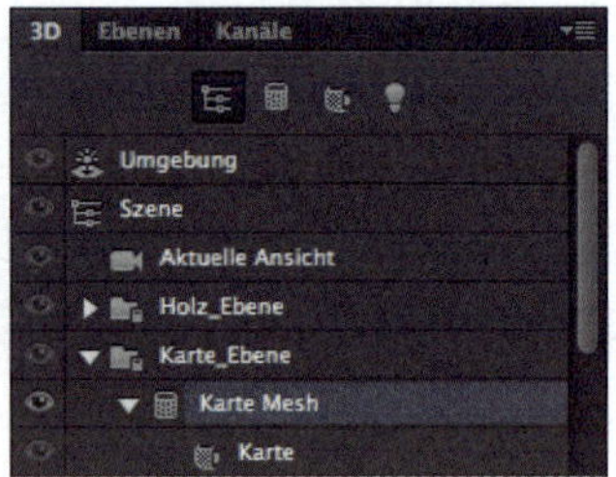

10 Wählen Sie **Datei: Speichern**.

3D-Objekte mit Material versehen

Einer der vielen Vorteile bei der Arbeit mit 3D-Objekten besteht darin, dass sich das Aussehen von Objekten schnell ändern lässt. Sie weisen nun Materialen dem Text zu, um ihn hervorzuheben. Anschließend gestalten Sie die Flasche und das Weinglas so, dass sie viel realistischer aussehen.

Aussehen von 3D-Text ändern

Sie ändern nun die Textform, extrudieren den Text und weisen dann Materialien den einzelnen Oberflächen des Textes zu.

1 Erweitern Sie im 3D-Bedienfeld den Ordner *HI-WHEEL_Ebene* und wählen Sie den Text *HI-WHEEL*.

2 Drücken Sie V, um im Eigenschaftenbedienfeld nacheinander die Fenster *Mesh, Deformieren, Kappe* und *Koordinaten* anzuzeigen – die Arbeitsflächen-Widgets ändern sich entsprechend.

3 Klicken Sie im Eigenschaftenbedienfeld auf die Schaltfläche »Deformieren«, um die entsprechenden Eigenschaften anzuzeigen.

4 Wählen Sie im Eigenschaftenbedienfeld im Menü »Formvorgabe« die Option »Abgeflachte Kante« (in der Ansicht mit großen Miniaturen ist *Abgeflachte Kante* in der Mitte der ersten Reihe).

5 Klicken Sie in die Mitte des Deformieren-Widgets auf der Arbeitsfläche und ziehen Sie, bis die Extrusionstiefe in etwa den Wert **23** einnimmt.

▶ **Tipp:** Zeigt Photoshop die Deformieren-Eigenschaften an, können Sie mit dem Widget auf der Arbeitsfläche das gewählte Objekt-Mesh extrudieren, abschrägen, zusammenziehen oder verbiegen.

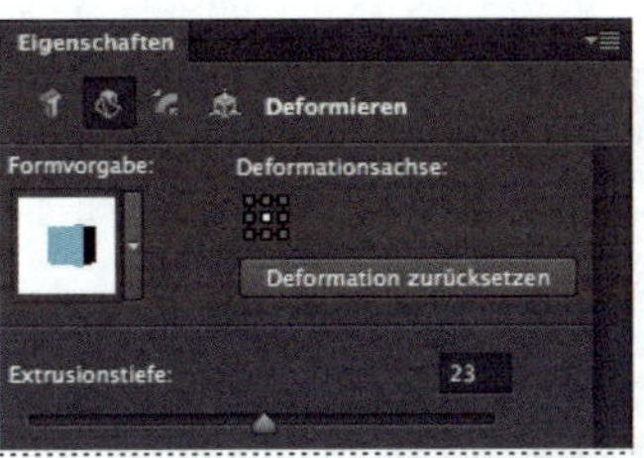

6 Drücken Sie V, um im Eigenschaftenbedienfeld die *Kappe*-Eigenschaften anzuzeigen.

7 Ziehen Sie das Widget auf der Arbeitsfläche so weit nach oben, bis die Stärke unter »Aufblasen« **5%** beträgt

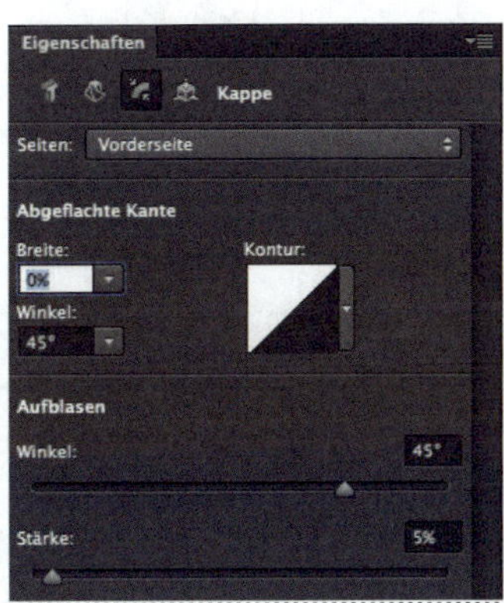

Die abgeflachte Kante sieht gut aus. Sie weisen nun ein Material zu, das den Text glänzen lässt.

8 Wählen Sie im 3D-Bedienfeld mit gedrückter Umschalttaste fünf Materialkomponenten des HI-WHEEL-Texts: *Material - Aufgeblasene Vorderseite HI-WHEEL, Material - Vorderseite mit abgeflachten Kanten HI-WHEEL, Material - Extrusion HI-WHEEL, Material - Rückseite mit abgeflachten Kanten und Material - Aufgeblasene Rückseite HI-WHEEL.*

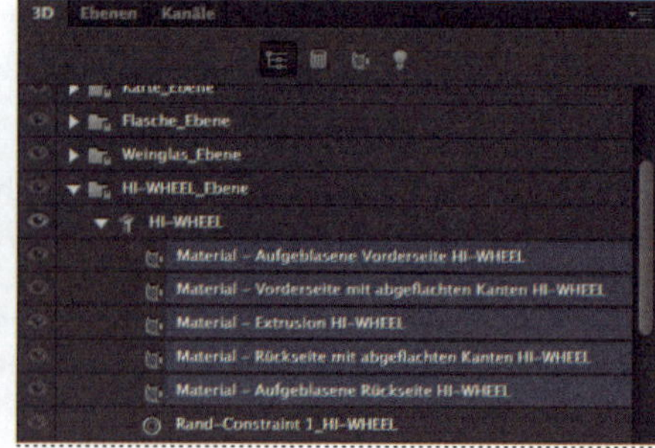

9 Öffnen Sie im Eigenschaftenbedienfeld den Materialwähler.

10 Wählen Sie unten im Einstellungen-Menü die Option »Standard (für Raytracer)«. Klicken Sie im Ersetzen-Dialogfeld auf OK.

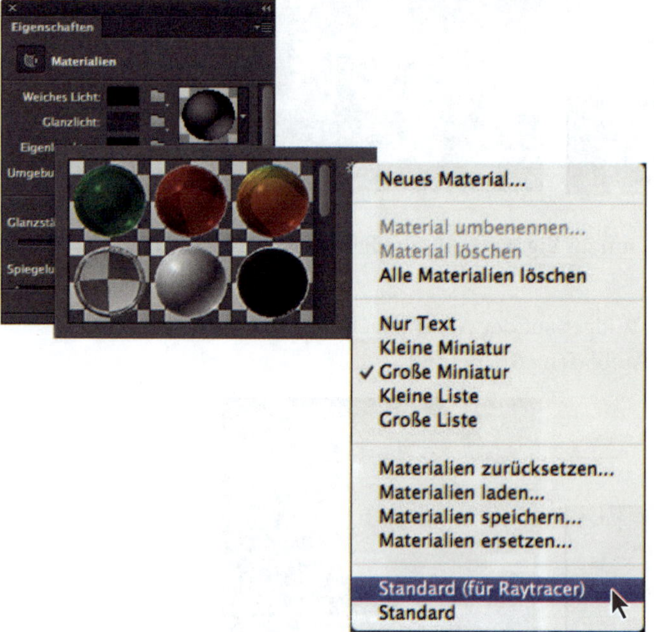

Der Materialwähler zeigt jetzt andere Materialien.

11 Wählen Sie im Materialwähler das Material *Metall - Gold* (mittlere Option in der vierten Reihe).

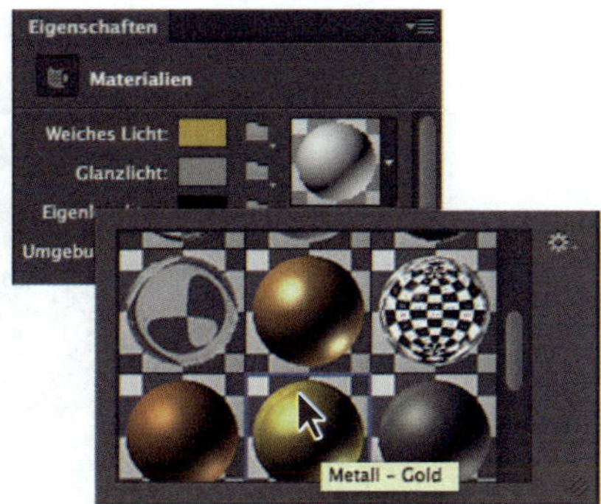

Der 3D-Text ist jetzt komplett aus Gold – mit dem gleichen Prozess versehen Sie auch die Flasche und das Weinglas mit Materialien.

12 Verbergen Sie im 3D-Bedienfeld den Inhalt des Ordners *HI-WHEEL_Ebene.*

Objekte mit Materialien versehen

Sie arbeiten mit ähnlichen Techniken wie zuvor, um den Korken der Weinflasche und das Glas mit Material zu versehen. Anschließend weisen Sie ein importiertes Etikett zu und lassen das Weinglas viel realistischer als bis jetzt aussehen.

1 Wählen Sie im 3D-Bedienfeld im Ordner *Flasche_Ebene* die Komponente *Korken_Material.*

Dieses Material betrifft nur den Bereich mit dem Flaschenkorken.

2 Öffnen Sie im Eigenschaftenbedienfeld den Materialwähler und wählen Sie *Metall Messing (massiv)* in der Mitte der dritten Reihe.

Die Flasche scheint jetzt eine Folienkappe zu haben, die um den Korken gewickelt ist.

3 Wählen Sie im 3D-Bedienfeld die Komponente *Glas_Material* und dann *Edelstein - Smaragd* im Materialwähler.

4 Klicken Sie im Eigenschaftenbedienfeld auf das Farbfeld *Weiches Licht,* wählen Sie ein sehr dunkles Grün und klicken Sie auf OK. Ändern Sie anschließend das Farbfeld *Umgebungslicht* in ein ähnlich dunkles Grün.

5 Nehmen Sie im Eigenschaftenbedienfeld die folgenden Einstellungen vor:

- Glanzstärke: **45%**
- Spiegelung: **55%**
- Bump: **10%**
- Rauheit: **0%**
- Deckkraft: **91%**
- Brechung: **1,5**

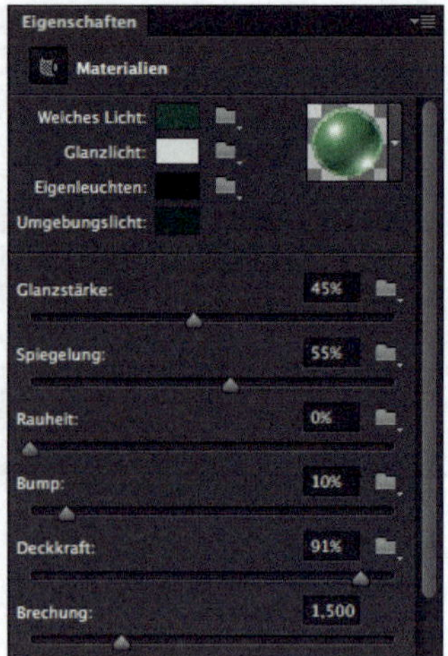

6 Wählen Sie im 3D-Bedienfeld die Komponente *Etikett_Material* und klicken Sie dann im Eigenschaftenbedienfeld auf das Symbol neben dem Farbfeld *Weiches Licht* und wählen Sie die Option »Textur ersetzen«. Navigieren Sie zum Verzeichnis *Lektion12/Assets* und doppelklicken Sie auf *Etikett.psd*. (In Windows wählen Sie im Menü »Dateityp« *Photoshop (*.PSD, *.PDD)*, um die Datei *Etikett.psd* anzuzeigen; eventuell müssen Sie nach oben scrollen.)

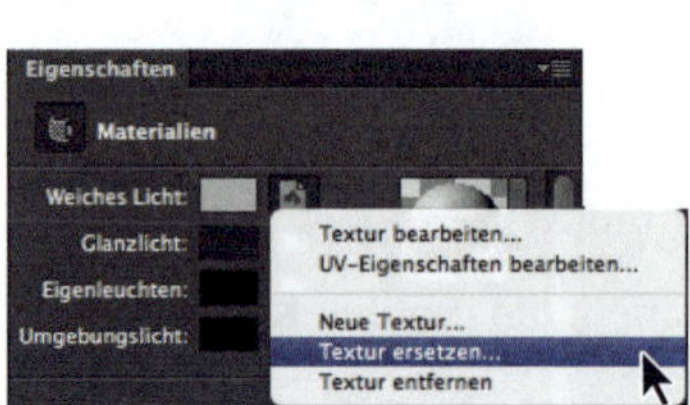

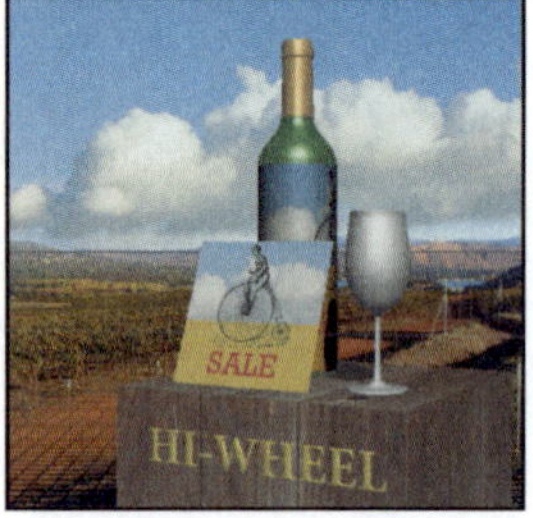

7 Wählen Sie im 3D-Bedienfeld das Weinflasche-Mesh. Klicken Sie anschließend oben im Eigenschaftenbedienfeld auf die Koordinaten-Schaltfläche und ändern Sie den Wert der Y-Drehung in **-34** Grad – das Etikett ist jetzt besser zu sehen.

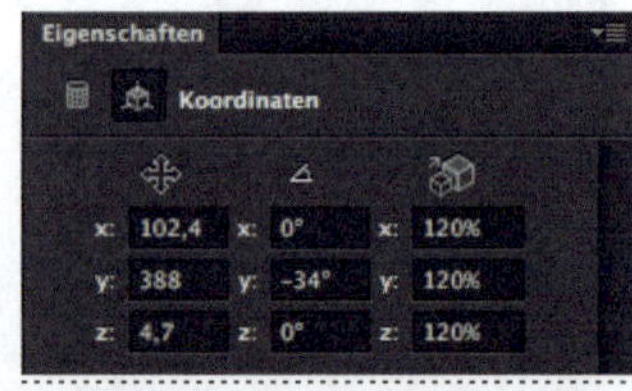

8 Erweitern Sie im 3D-Bedienfeld den Ordner *Weinglas_Ebene* und wählen Sie dann unter *objMesh* die Materialkomponente *02_Default*.

9 Wählen Sie im Materialwähler *Glas (glatt)* (die erste Option in der dritten Reihe).

10 Nehmen Sie im Eigenschaftenbedienfeld die folgenden Einstellungen vor:

- Glanzstärke: **96%**
- Spiegelung: **83%**
- Rauheit: **0%**
- Bump:**10**
- Deckkraft: **22%**
- Brechung: **1**

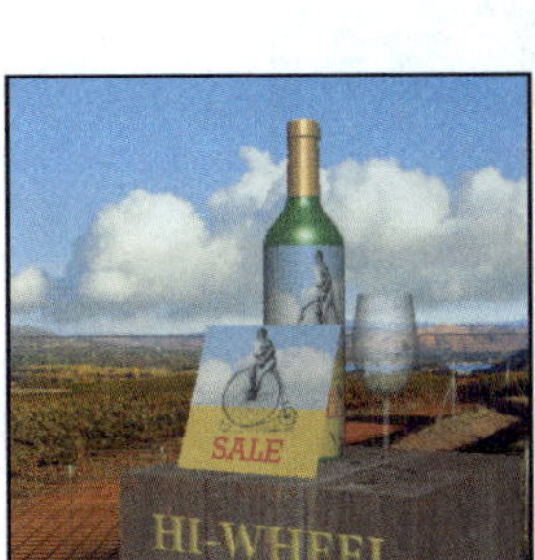

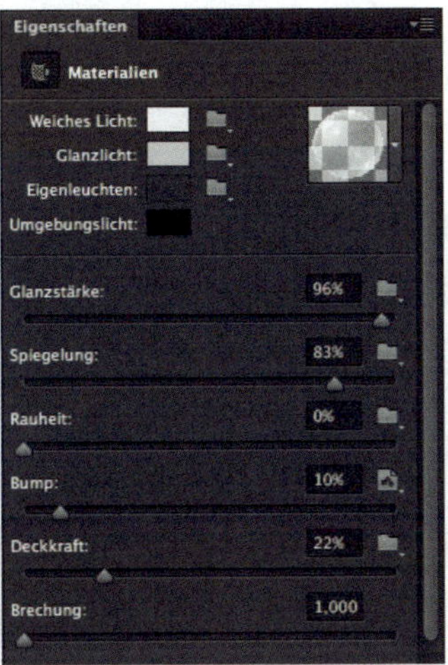

11 Wählen Sie **Datei: Speichern**.

Eine 3D-Szene beleuchten

Sie können die Standardbeleuchtung für eine Szene einstellen und neue Lichter hinzufügen. Die Einstellung der Lichter wirkt sich auf die Schatten, die Glanzlichter und die Stimmung in der Szene aus.

1 Wählen Sie ganz unten im 3D-Bedienfeld das Element *Gerichtetes Licht 1*.

Photoshop erzeugt beim Erstellen einer 3D-Szene standardmäßig *Gerichtetes Licht*. Sobald Sie das Licht wählen, erscheint ein Widget auf der Arbeitsfläche – es hilft Ihnen beim Ausrichten des Lichts. Bewegen Sie den großen Knopf für weitreichende Änderungen und den kleinen Knopf für präzisere Lichtveränderungen.

2 Positionieren Sie das Licht mit dem kleinen Knopf in der oberen linken Ecke (etwa auf der 11:00-Uhr-Position), so dass ein großes Glanzlicht mittig auf dem Flaschenhals entsteht.

Hinweis: Die Größe des Licht-Widgets ist abhängig von der Bildschirmvergrößerung - das Widget kann also größer oder kleiner als die nebenstehende Abbildung sein.

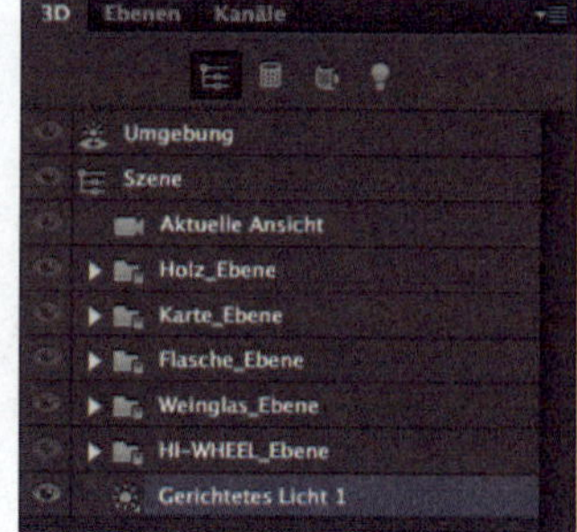

3 Klicken Sie mit der rechten Maustaste auf das Licht selbst (das runde weiße Symbol), um das Gerichtetes-Licht-1-Bedienfeld zu öffnen. Ändern Sie die Farbe in ein mattes Gold (wir haben die Einstellung R=251, G=242 und B=203 benutzt) und ändern Sie die Intensität in **75%**.

Hinweis: Sie können direkt im Gerichtetes-Licht-1-Bedienfeld oder im Eigenschaftenbedienfeld ändern.

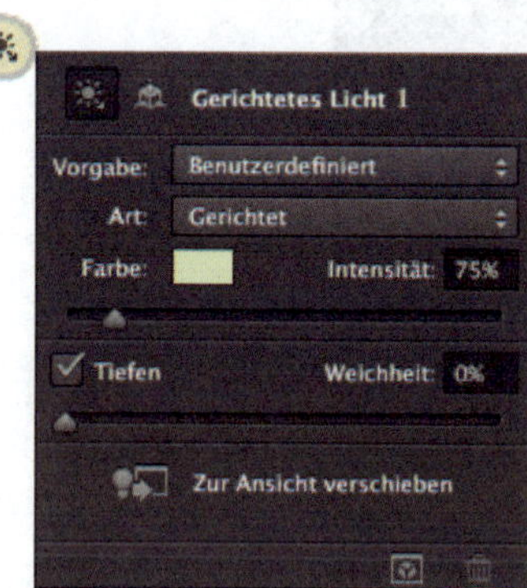

4 Klicken Sie unten im 3D-Bedienfeld auf die Schaltfläche »Neues Licht zur Szene hinzufügen« und wählen Sie die Option »Neues gerichtetes Licht«.

5 *Gerichtetes Licht 2* ist gewählt. Ändern Sie im Eigenschaftenbedienfeld die Farbe wieder in einen hellen Goldton. Stellen Sie die Intensität auf **30%** ein.

6 *Gerichtetes Licht 2* ist noch immer im 3D-Bedienfeld gewählt. Bewegen Sie den Knopf des Widgets und setzen Sie das Licht ungefähr auf die 1:00-Uhr-Position. Auf diese Weise erhalten Sie ein nettes Glanzlicht an der Flaschenkante.

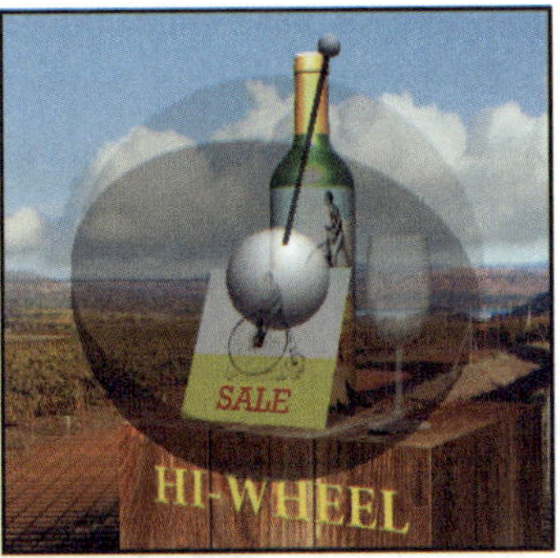

7 Klicken Sie unten im 3D-Bedienfeld auf die Schaltfläche »Neues Licht zur Szene hinzufügen« und wählen Sie die Option »Neues Punktlicht«.

8 Wählen Sie im 3D-Bedienfeld *Punktlicht 1* und ändern Sie im Eigenschaftenbedienfeld die Intensität in **30%**.

9 Ziehen Sie mit Hilfe des Widgets das Licht auf die Mitte des Weinglases.

10 Wählen Sie **Datei: Speichern**.

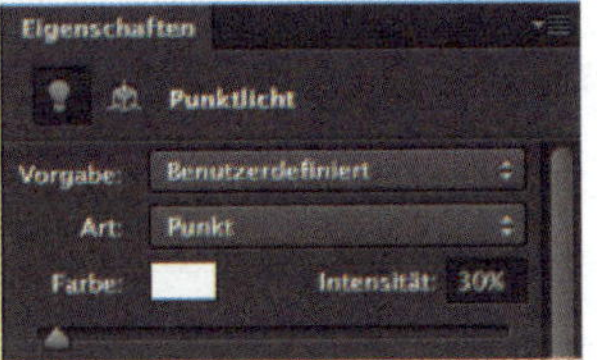

3D-Szene rendern

Beim Einrichten einer Szene in Photoshop können Sie sich bereits eine gute Vorstellung von Ihrer Arbeit verschaffen. Doch nur nach dem Rendern wissen Sie genau, wie gut dieses Ergebnis tatsächlich ist – zwischendurch können Sie jedoch bereits kleinere Bereiche als „Test" rendern. Das Rendern ist relativ zeitaufwändig und jede Änderung der Szene nach dem Rendern zieht ein erneutes Rendern nach sich.

Rendern Sie die Szene jetzt, doch wenn Sie sich noch mit dem folgenden Extra-Projekt beschäftigen möchten, warten Sie und rendern dann die animierte Szene.

▶ **Tipp:** Sie können die Anzahl der Durchgänge wählen, die Photoshop für das Rendern einer Szene verwenden soll. Wählen Sie **Bearbeiten: Voreinstellungen: 3D** bzw. **Photoshop: Voreinstellungen: 3D** (Mac OS) und ändern Sie dann im Bereich *Raytracer* den *Schwellenwert für hohe Qualität*.

Dieser Vorgang kann einige Zeit in Anspruch nehmen – je nach System wenige Minuten bis zu einer halben Stunde und mehr.

1 Wählen Sie **Datei: Speichern unter** und speichern Sie unter der Bezeichnung **12_Render.psd**. Klicken Sie auf OK, wenn das Dialogfeld mit den Photoshop-Formatoptionen erscheint.

Das Sichern einer gesonderten Datei fürs Rendern ermöglicht schnellere Änderungen an der Originaldatei.

2 Wählen Sie *Szene* im 3D-Bedienfeld, damit die Szene komplett gewählt ist.

3 Klicken Sie unten im Eigenschaftenbedienfeld auf die Schaltfläche »Rendern«.

▶ **Tipp:** Wenn Sie das Rendern unterbrechen müssen oder meinen, dass die Qualität bereits ausreichend ist, klicken Sie irgendwo im Bild, um den Rendervorgang anzuhalten.

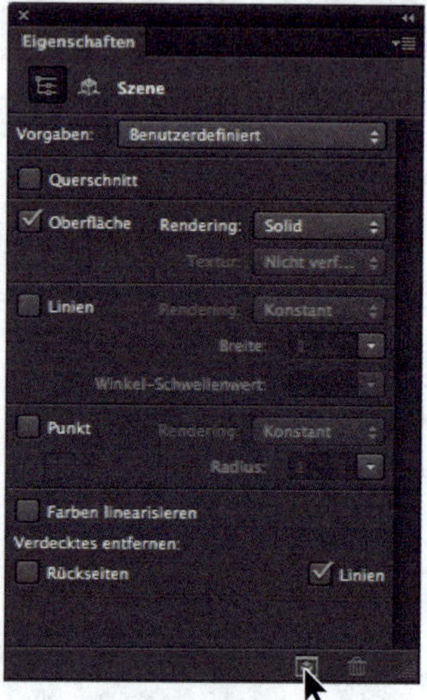

Extra: Beleuchtung für 3D-Szene animieren

Sie können ein Zeitraffer-Video eines Tagesanbruchs simulieren, indem Sie unterschiedliche Licht- bzw. Beleuchtungssituationen und die Deckkraft des Hintergrunds einstellen. Informationen über die Animation von Eigenschaften mit Hilfe der Zeitleiste finden Sie in Lektion 10, »Video bearbeiten«.

1 Klicken Sie unten links im Anwendungsfenster auf die Schaltfläche »Zeitleiste«, um das entsprechende Bedienfeld zu öffnen.

2 Klicken Sie auf »Videozeitleiste erstellen«.

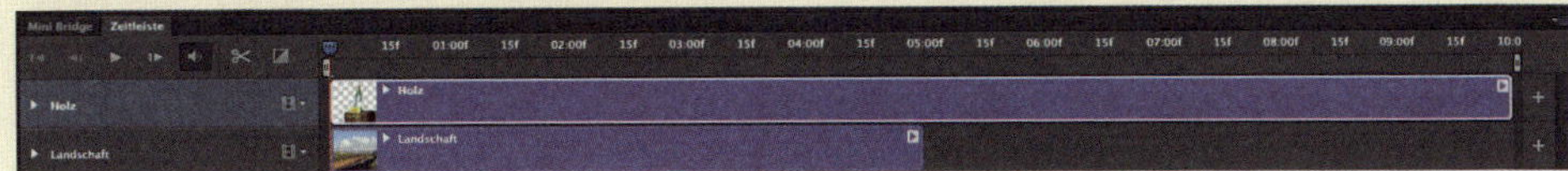

Photoshop fügt die Ebenen des Dokuments der Zeitleiste hinzu.

3 Verkürzen Sie die Dauer der Ebene *Holz*, indem Sie das Ende des Clips so weit nach links ziehen, bis die Länge mit der Ebene *Landschaft* (05:00f) übereinstimmt.

4 Zeigen Sie die Eigenschaften für die Ebene *Landschaft* an. Bewegen Sie die Abspielmarke an das Ende der Zeitleiste und klicken Sie dann die Stoppuhr für die *Deckkraft*-Eigenschaft, um einen Keyframe zu erzeugen.

5 Bewegen Sie die Abspielmarke an den Anfang der Zeitleiste.

6 Aktivieren Sie das Ebenenbedienfeld. Reduzieren Sie im Ebenenbedienfeld die Deckkraft der Ebene *Landschaft* auf **0%**.

(Fortsetzung)

Extra (Fortsetzung)

7 Blenden Sie im Zeitleistenbedienfeld die Eigenschaften für die Ebene *Landschaft* aus, blenden Sie die Eigenschaften für die Ebene *Holz* ein und erweitern Sie *3D-Lichter* unterhalb der Ebene *Wood*.

8 Bewegen Sie die Abspielmarke an das Ende der Zeitleiste und klicken Sie auf die Stoppuhr-Symbole für alle drei *3D-Knoten*-Eigenschaften.

9 Bewegen Sie die Abspielmarke wieder an den Beginn der Zeitleiste.

10 Aktivieren Sie das 3D-Bedienfeld und wählen Sie *Gerichtetes Licht 1*. Benutzen Sie das Widget auf der Arbeitsfläche, um das Licht nach unten zu richten. Wählen Sie anschließend *Gerichtetes Licht 2*, um auch dieses Licht nach unten zu richten.

11 Wählen Sie *Punktlicht 1* und ziehen Sie das Licht auf den Boden der Szene.

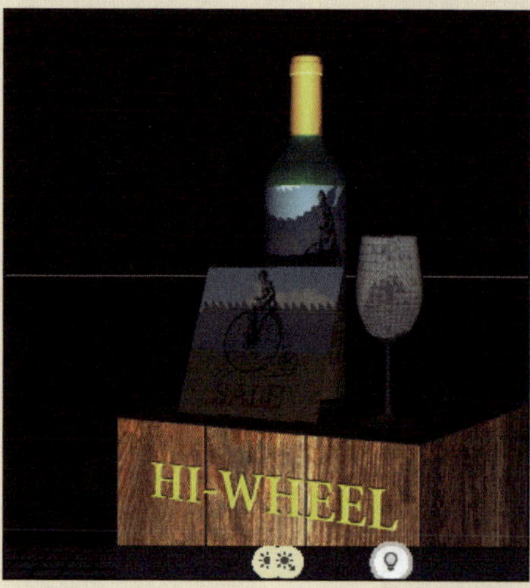

12 Klicken Sie im Zeitleistenbedienfeld auf das Symbol »Abspielen« für eine Vorschau der Animation. Falls notwendig, können Sie noch weitere Einstellungen bzw. Änderungen vornehmen.

13 Wählen Sie im 3D-Bedienfeld *Szene*, so dass die komplette Szene gewählt ist.

14 Wählen Sie im Menü des Zeitleistenbedienfelds die Option »Video rendern«.

15 Wählen Sie bei einem langsameren Computer unten im Dialogfeld »Video rendern« im Menü »3D-Qualität« die Option »Interaktiv«; ansonsten wählen Sie »Raytracing – Entwurf«.

16 Übernehmen Sie alle anderen Optionen mit ihren Standardeinstellungen und klicken Sie auf »Rendern«.

17 Wenn Photoshop mit dem Rendern des Films fertig ist, doppelklicken Sie auf die Datei *12Arbeit.mp4* im Verzeichnis *Lektion12/Assets* und sehen Sie sich den Film an.

Fragen

1 Wodurch unterscheidet sich eine 3D-Ebene von anderen Ebenen in Photoshop?

2 Wie ändern Sie die Kamerasicht?

3 Wie versehen Sie ein Objekt mit Materialien?

4 Welche Farbe haben die einzelnen Achsen des 3D-Achsen-Widgets?

5 Wie rendern Sie eine 3D-Szene?

Antworten

1 Eine 3D-Ebene verhält sich wie andere Ebenen – Sie können sie mit Ebenenstilen, Masken usw. versehen. Allerdings enthält eine 3D-Ebene im Gegensatz zu anderen Ebenen einen oder mehrere Mesh(es) zur Definition der 3D-Objekte. Sie können die Meshes, Maps und Texturen einer 3D-Ebene bearbeiten und auch die Beleuchtung einer 3D-Ebene einstellen.

2 Um die Kamerasicht zu ändern, bewegen Sie das Kamera-Widget oder klicken Sie mit der rechten Maustaste, um eine Voreinstellung für die Kamerasicht zu wählen.

3 Um Materialien zuzuweisen, wählen Sie im 3D-Bedienfeld die Materialkomponente und dann im Eigenschaftenbedienfeld die Materialien und Einstellungen.

4 Im 3D-Achsen-Widget stehen der rote Pfeil für die X-Achse, der grüne Pfeil für die Y-Achse und der blaue Pfeil für die Z-Achse.

5 Um eine 3D-Szene zu rendern, wählen Sie *Szene* im 3D-Bedienfeld. Klicken Sie anschließend unten im Eigenschaftenbedienfeld auf die Schaltfläche »Rendern«.

13 DATEIEN FÜR DAS WEB

Überblick

In dieser Lektion lernen Sie Folgendes:

- Bild-Slices mit den Slice-Werkzeugen erstellen
- Zwischen Slices und Auto-Slices unterscheiden
- Benutzer-Slices mit anderen HTML-Seiten oder -Orten verknüpfen
- Bilder für das Web durch gute Komprimierung optimieren
- Hochauflösende große Dateien für ein Vergrößern und Verschieben im Web exportieren
- Bilder in einer Galerie präsentieren

Für diese Lektion benötigen Sie etwa eine Stunde. Falls erforderlich, löschen Sie auf Ihrer Festplatte den Lektionsordner aus der vorherigen Lektion und kopieren stattdessen den Ordner *Lektion13* auf die Festplatte. Während dieser Lektion überschreiben Sie die Startdateien. Wenn Sie die Startdateien wiederherstellen wollen, kopieren Sie sie einfach von der Buch-DVD.

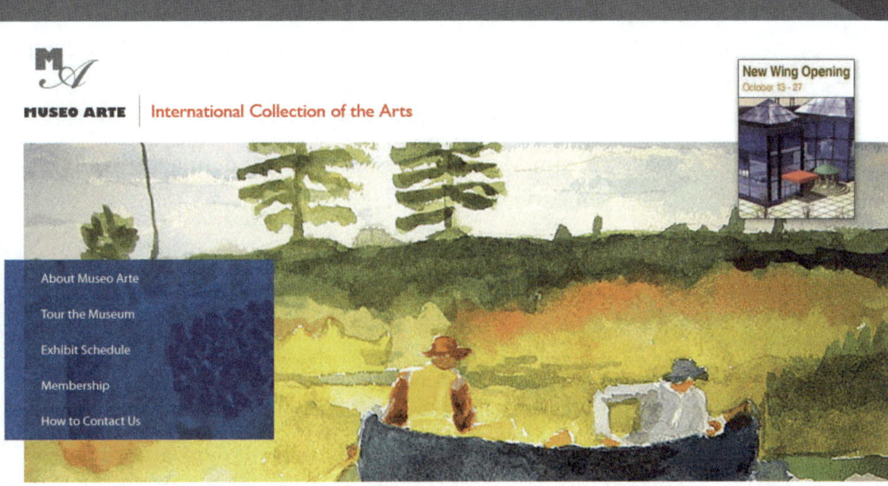
MUSEO ARTE
International Collection of the Arts
New Wing Opening
About Museo Arte
Tour the Museum
Exhibit Schedule
Membership
How to Contact Us
Welcome to Museo Arte : Treasures from South America, Europe & Asia
Museo Arte, founded in 1864, and located in the heart of Madrid's cultural district offers a dazzling array of art works from Spanish masters, as well as from other areas of Europe, and from Asia. The permanent collection at Museo Arte includes paintings, drawings, ceramics, and sculptural works.
Current Exhibits
Museo Arte is currently showing a travelling exhibit of Watercolors by Spanish Contemporary Artists Other current exhibits include a Sculpture Show in the Sculpture Garden Courtyard, and Road to Morrisy: An Installation by Jaime Nelson For more information on exhibits at Museo Arte, visit Exhibits.
Special Events
Museo Arte holds special events throughout the year for general public, as well as special groups. Facilities are also available for charity events, weddings, and private gatherings.

Sie navigieren in Webseiten und aktivieren Animationen, indem Sie auf verknüpfte Grafiken klicken. Diese Lektion zeigt, wie Sie in Photoshop Dateien für das Web aufbereiten, mit Slices zu anderen Seiten oder Sttites verknüpfen.

Vorbereitungen

Sie benötigen für diese Lektion einen Browser wie Firefox, Internet Explorer oder Safari – ein Internet-Zugang ist dagegen nicht erforderlich.

Sie arbeiten in dieser Lektion an Grafiken für die Homepage der Website eines spanischen Kunstmuseums. Sie versehen die Themen mit Hypertext-Links und verknüpfen mit anderen, bereits vorhandenen Seiten der Website.

Zuerst aber sehen Sie sich die bereits fertig gestaltete HTML-Seite an, die auf einer einzelnen PSD-Datei aufbaut.

1 Starten Sie Photoshop und halten Sie sofort danach die Tasten Strg+Alt+Umschalt (Windows) bzw. Befehl+Wahl+Umschalt (Mac OS) gedrückt, um die standardmäßigen Voreinstellungen zu erhalten. (Siehe »Die Standardeinstellungen wiederherstellen« auf Seite 13.)

2 Klicken Sie im Meldungsfenster zur Bestätigung auf »Ja«, um die Voreinstellungen zurückzusetzen.

3 Wählen Sie **Datei: In Bridge suchen**.

4 Doppelklicken Sie in Bridge im FAVORITEN-Fenster auf den Ordner *Lektion13*. Doppelklicken Sie anschließend auf den Ordner *13End* und öffnen Sie dann per Doppelklick den Ordner *site*.

Der *site*-Ordner enthält den Inhalt der Website, mit dem Sie nun arbeiten.

5 Klicken Sie mit der rechten Maustaste auf die Datei *home.html* und wählen Sie im Kontextmenü die Option »Öffnen mit«. Wählen Sie einen Webbrowser, um die HTML-Datei zu öffnen.

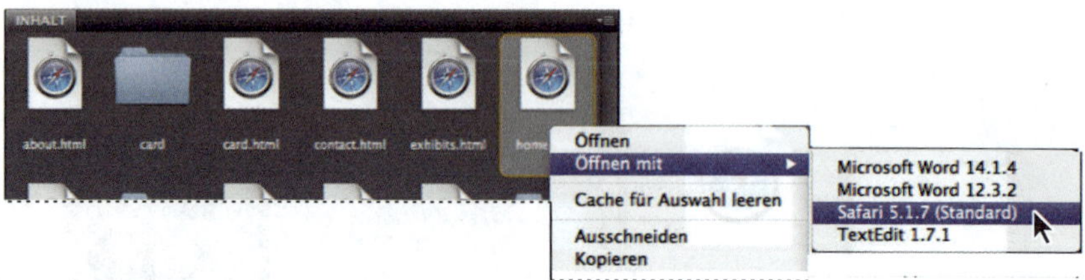

6 Bewegen Sie den Mauszeiger über die Themen auf der linken Seite und über die Bilder. Achten Sie auf die Veränderungen des Mauszeigers (er wird zum Handsymbol).

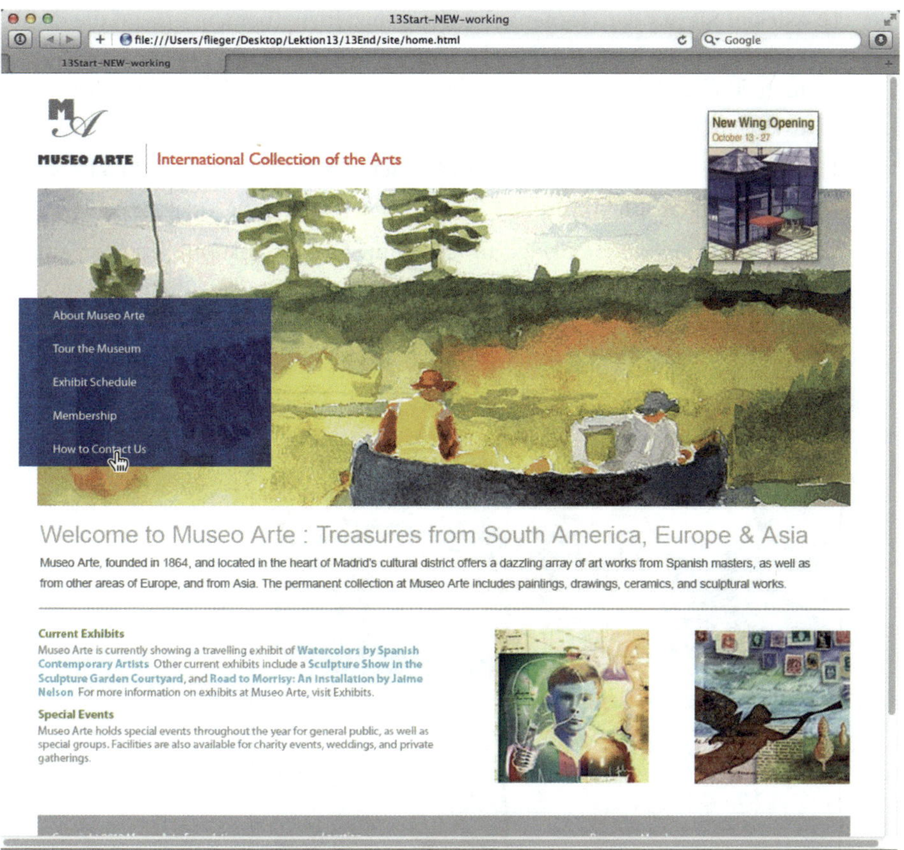
13Start-NEW-working
file:///Users/flieger/Desktop/Lektion13/13End/site/home.html
Google
MUSEO ARTE
International Collection of the Arts
New Wing Opening
October 13 - 27
About Museo Arte
Tour the Museum
Exhibit Schedule
Membership
How to Contact Us
Welcome to Museo Arte : Treasures from South America, Europe & Asia
Museo Arte, founded in 1864, and located in the heart of Madrid's cultural district offers a dazzling array of art works from Spanish masters, as well as from other areas of Europe, and from Asia. The permanent collection at Museo Arte includes paintings, drawings, ceramics, and sculptural works.
Current Exhibits
Museo Arte is currently showing a travelling exhibit of Watercolors by Spanish Contemporary Artists Other current exhibits include a Sculpture Show in the Sculpture Garden Courtyard, and Road to Morrisy: An Installation by Jaime Nelson For more information on exhibits at Museo Arte, visit Exhibits.
Special Events
Museo Arte holds special events throughout the year for general public, as well as special groups. Facilities are also available for charity events, weddings, and private gatherings.

7 Klicken Sie auf das Bild mit dem Engel unten rechts auf der Seite, um das Zoomify-Fenster zu öffnen. Probieren Sie die Steuerungen aus, indem Sie durch Klicken das Bild vergrößern bzw. wieder verkleinern.

Hinweis: Abhängig von den Einstellungen Ihres Browsers können Sicherheitswarnungen eingeblendet werden. Da Sie in dieser Lektion Dateien von Ihrer Festplatte und nicht aus dem Internet verwenden, können Sie die Inhalte unbesorgt anzeigen lassen.

8 Schließen Sie das Zoomify-Fenster, um wieder zur Homepage zu gelangen.

9 Klicken Sie auf das Bild des Jungen mit der Glühlampe, um es in einem eigenen Fenster anzusehen. Schließen Sie die entsprechenden Browserfenster wieder.

10 Klicken Sie auf der Homepage auf die einzelnen Themen, um auf die damit verknüpften Seiten zu gelangen. Um wieder auf die Homepage zu kommen, klicken Sie einfach auf *Museo Arte* direkt unter dem Logo oben links im Fenster.

11 Verlassen Sie den Browser, wenn Sie sich die Webseite angesehen haben – Sie befinden sich jetzt wieder in Adobe Bridge.

12 Klicken Sie in Adobe Bridge auf den Mini-Ordner *Lektion13* ganz oben im Bildschirm, um seinen Inhalt anzuzeigen. Doppelklicken Sie auf den Ordner *13Start* und doppelklicken Sie dann auf die Miniatur *13Start.psd* und bestätigen Sie die Abfrage, um die Datei in Photoshop zu öffnen.

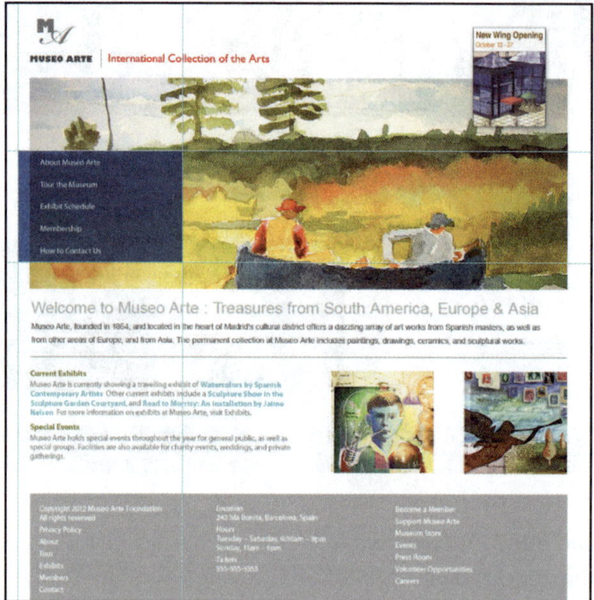

13 Wählen Sie **Datei: Speichern unter** und benennen Sie die Datei mit **13Arbeit.psd**. Klicken Sie im Dialogfeld mit den Formatoptionen auf OK. Durch das Speichern einer Arbeitskopie bleibt die Originaldatei erhalten – Sie können diese Datei jederzeit neu laden.

Sie haben zwei verschiedene Verknüpfungsarten kennengelernt: Slices (in den Themen links auf der Seite) und Bilder (der Junge und der Engel).

Slices sind rechteckige Bereiche in einem Bild, die Sie über Ebenen, Hilfslinien oder präzise Auswahlen im Bild oder mit dem Slice-Werkzeug erstellen. Wenn Sie Slices in einem Bild bestimmen, legt Photoshop eine HTML-Tabelle oder ein Cascading Stylesheet (CSS) zum Aufnehmen und Ausrichten bzw. Anordnen der Slices an. Wenn Sie möchten, erstellen Sie eine HTML-Datei, die das in Slices unterteilte Bild zusammen mit der Tabelle oder dem Cascading Stylesheet enthält.

Bilder lassen sich auch mit Hypertext-Links versehen, das heißt, der Besucher klickt auf das Bild, um eine damit verknüpfte andere Seite zu öffnen. Slices sind immer rechteckig, Bilder können hingegen beliebige Formen annehmen.

Slices erstellen

Sobald Sie einen rechteckigen Bildbereich als Slice definieren, legt Photoshop eine HTML-Tabelle mit dem entsprechend ausgerichteten Slice an. Danach lassen sich Slices in Schaltflächen umwandeln und für bestimmte Funktionen innerhalb einer Webseite programmieren.

Jedes neue Slice in einem Bild (ein *Benutzer-Slice*) zieht auch andere Slices (*Auto-Slices*) nach sich, die den Bildbereich außerhalb des angelegten Slice abdecken.

Slices wählen und Slice-Optionen einrichten

Sie beginnen mit der Wahl eines bereits vorgefertigten Slice in der *Start*-Datei.

1 Wählen Sie im Werkzeugbedienfeld das Slice-Auswahlwerkzeug (), das unter dem Freistellungswerkzeug () verborgen ist.

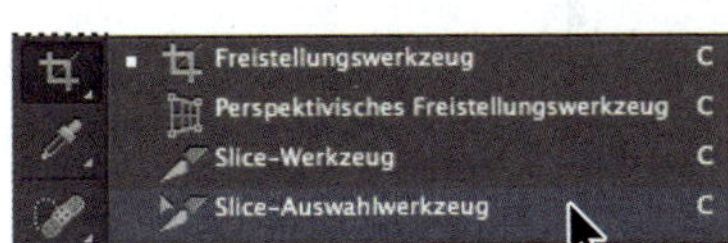

Wenn Sie das Slice-Werkzeug oder das Slice-Auswahlwerkzeug wählen, zeigt Photoshop im Bild die Slices mit der dazugehörigen Nummer an.

Das Rechteck *01* enthält die obere linke Bildecke und hat ein kleines Symbol, *Badge*, das an einen Mini-Berg erinnert. Die blaue Farbe sagt Ihnen, dass es sich um ein bereits in der *Start*-Datei angelegtes Benutzer-Slice handelt.

Beachten Sie auch die grauen Slices – *02* rechts und *03* direkt unter *Slice 01*. Die graue Farbe sagt Ihnen, dass es sich um Auto-Slices handelt, die automatisch bei der Erstellung eines Benutzer-Slice erzeugt werden. Das Symbol schließlich weist darauf hin, dass das Slice einen Bildinhalt enthält (siehe auch »Über Slice-Symbole« auf der folgenden Seite).

2 Klicken Sie mit dem Slice-Auswahlwerkzeug oben links auf das *Slice 01* mit dem kleinen blauen Rechteck. Der goldene Begrenzungsrahmen zeigt an, dass das Slice gewählt ist.

Über Slice-Symbole

Die blauen und grauen Slice-Symbole, auch Badges genannt, im Photoshop-Bildfenster sowie im Dialogfeld »Für Web speichern« sind eine nützliche Hilfe. Jedes Slice kann so viele Symbole enthalten, wie für die jeweilige Funktion erforderlich sind. Die folgenden Symbole erscheinen bei diesen Bedingungen:

- 01 Nummer des Slice. Photoshop nummeriert Slices fortlaufend von links nach rechts und von oben nach unten im Bild.
- Slice mit Bildinhalt
- Slice ohne Bildinhalt
- Ebenenbasiertes Slice, das auf Basis einer Ebene erzeugt wurde
- Slice mit anderen Slices aus Gründen der Optimierung verknüpft

3 Doppelklicken Sie mit dem Slice-Auswahlwerkzeug auf *Slice 01*. Danach öffnet sich das Dialogfeld »Slice-Optionen«. Standardmäßig benennt Photoshop die einzelnen Slices mit dem Dateinamen und der Slice-Nummer, das heißt, der aktuelle Name ist *13Arbeit_01*.

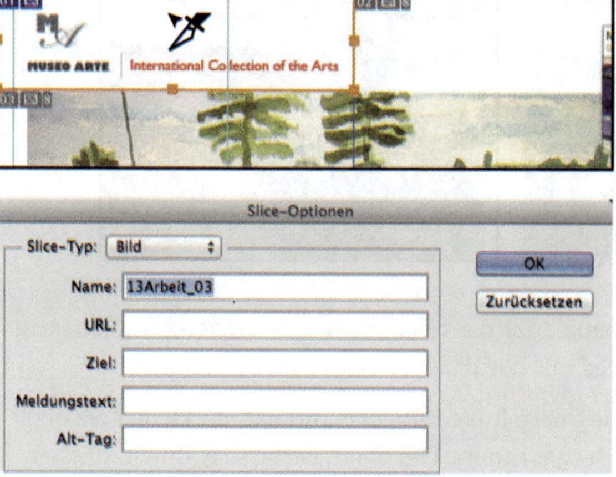

Hinweis: Optionen lassen sich auch für Auto-Slices einstellen, was sie allerdings automatisch in Benutzer-Slices umwandelt.

Slices sind erst dann eine Hilfe, wenn Sie für sie entsprechende Optionen einstellen, wie Namen oder das Zuweisen von URL-Verknüpfungen, die sich öffnen, sobald der Benutzer auf das Slice klickt.

4 Geben Sie in das Dialogfeld »Slice-Optionen« Folgendes ein: in das Textfeld »Name« **Logo** und in das Textfeld »URL« das Zeichen #. Über das Doppelkreuz können Sie die Funktion einer Schaltfläche prüfen, ohne erst eine Verknüpfung festlegen zu müssen. Das hilft im frühen Stadium des Webdesigns bei der Prüfung des Aussehens und Verhaltens einer Schaltfläche.

5 Klicken Sie auf OK, um die Änderungen zuzuweisen.

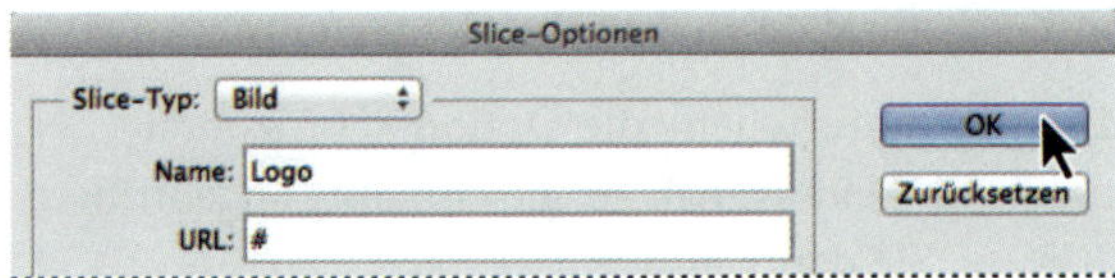

Navigationsschaltflächen erstellen

Sie erzeugen nun Navigationsschaltflächen links auf der Seite, um sie später in Rollover zu verwandeln. Dazu könnten Sie jede Schaltfläche einzeln wählen und ihr die Navigationseigenschaften zuweisen. Das Gleiche geht jedoch auch schneller.

1 Wählen Sie im Werkzeugbedienfeld das Slice-Werkzeug () oder drücken Sie dreimal Umschalt+C. (Freistellungswerkzeug, Slice-Werkzeug und Slice-Auswahlwerkzeug teilen sich den Tastaturbefehl C. Um zwischen den Werkzeugen zu wechseln, drücken Sie Umschalt+C.)

Beachten Sie die Hilfslinien über und unter den Wörtern links im Bild.

2 Orientieren Sie sich an den Hilfslinien links im Bild und ziehen Sie diagonal von oben links über der ersten Textzeile bis zur Hilfslinie unter der letzten Textzeile, damit alle Zeilen in der Begrenzung enthalten sind.

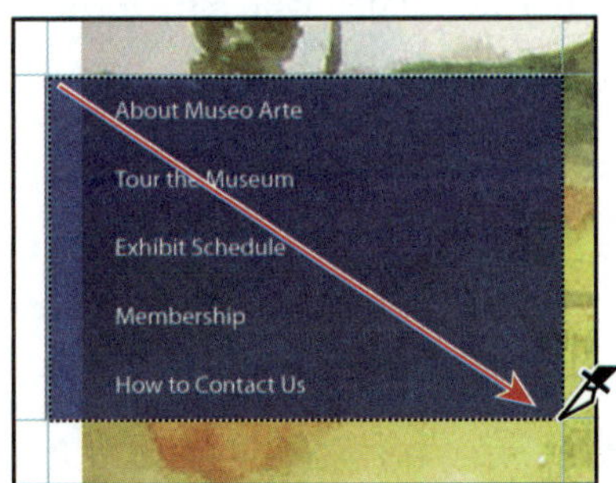

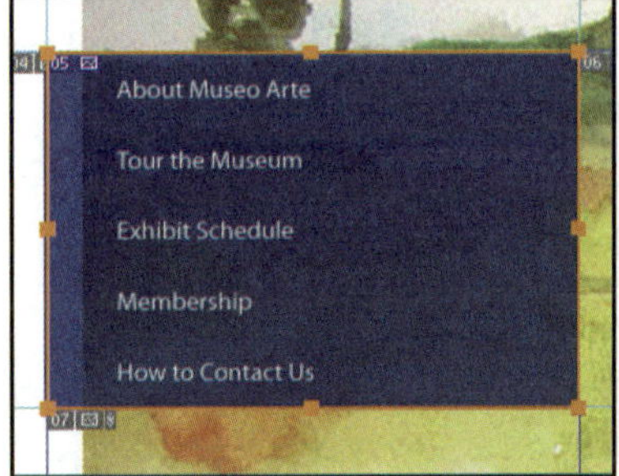

Ein blaues Rechteck, ähnlich dem für *Slice 01*, erscheint in der oberen linken Ecke des gerade erzeugten *Slice 05*. Die blaue Farbe weist darauf hin, dass es ein Benutzer-Slice und kein Auto-Slice ist. Der goldene Begrenzungsrahmen zeigt die Begrenzungen des Slice und weist darauf hin, dass es gewählt ist.

Das ursprüngliche graue Rechteck für Auto-Slice *Slice 03* bleibt unverändert erhalten, doch ist der in *Slice 03* enthaltene Bereich kleiner und deckt nur ein kleines Rechteck über dem Text ab. Ein weiterer Auto-Slice *Slice 07* erscheint unter dem gerade erzeugten Slice.

3 Das Slice-Werkzeug ist noch gewählt. Drücken Sie Umschalt+C, um das Slice-Auswahlwerkzeug () zu aktivieren. Die Slice-Optionen in der Optionsleiste über dem Bild ändern sich – Sie sehen nun verschiedene Ausrichten-Schaltflächen.

Sie slicen jetzt die Auswahl in fünf einzelne Schaltflächen.

4 Klicken Sie in der Optionsleiste auf die Schaltfläche »Unterteilen«.

5 Wählen Sie im Dialogfeld »Slice unterteilen« die Option »Horizontal unterteilen in« und geben Sie im Feld »vertikale, gleichmäßig angeordnete Slices« den Wert **5** ein. Klicken Sie dann auf OK.

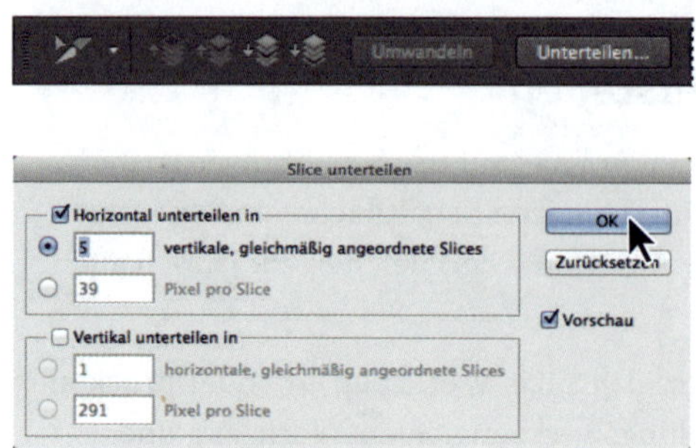

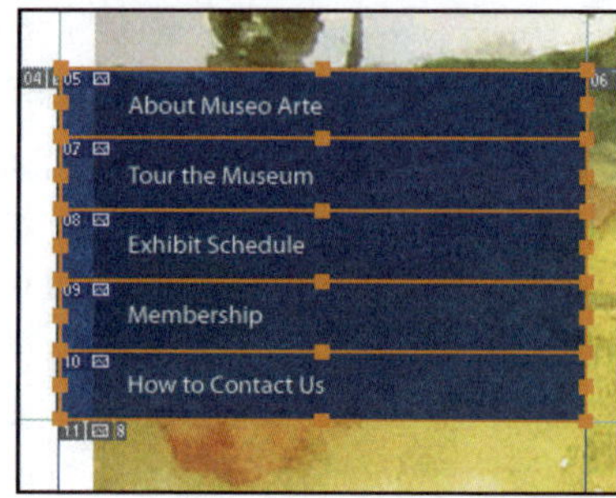

Sie benennen jetzt die einzelnen Slices und fügen entsprechende Links hinzu.

6 Doppelklicken Sie mit dem Slice-Auswahlwerkzeug auf das oberste Slice mit der Bezeichnung *About Museo Arte*, um das Dialogfeld »Slice-Optionen« zu öffnen.

7 Benennen Sie im Dialogfeld das Slice mit **About**, geben Sie für »URL« **about.html** und für »Ziel« **_self** ein. (Achten Sie auf den Unterstrich vor dem Buchstaben *s*.) Klicken Sie auf OK.

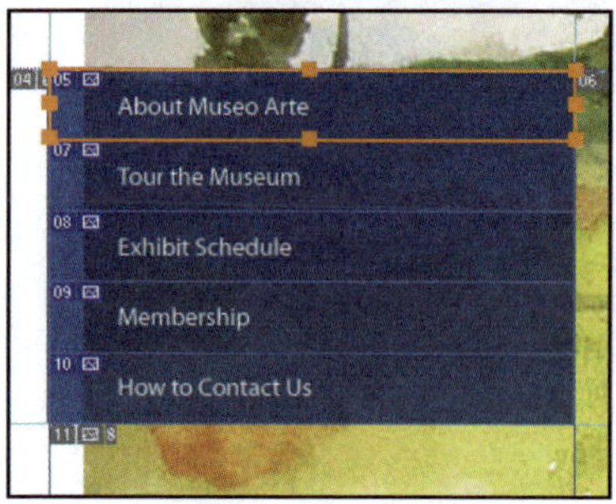

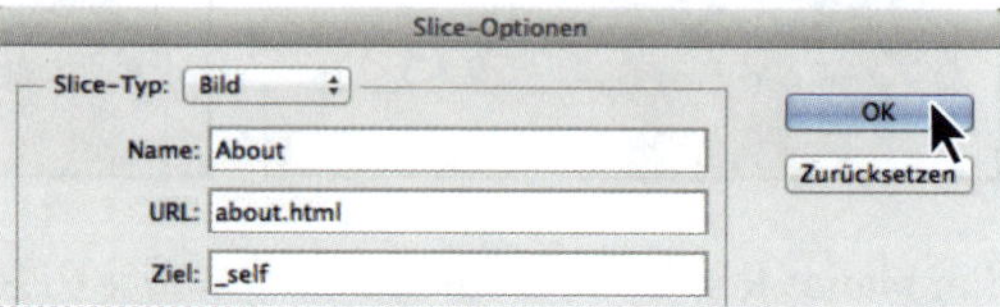

Hinweis: Geben Sie die HTML-Dateinamen genau so wie angegeben in das URL-Feld ein, damit die Namen der vorhandenen Seiten mit den Verknüpfungsnamen der jeweiligen Schaltflächen (Buttons) übereinstimmen.

Sie steuern mit der Option »Ziel«, wie sich eine verknüpfte Datei öffnet, sobald Sie darauf klicken. Wird *_self* gewählt, zeigt der Browser die verknüpfte Datei in demselben Frame wie die Originaldatei an.

8 Wiederholen Sie die Schritte 6 und 7 für die verbleibenden Slices – beginnen Sie mit dem zweiten Slice von oben:

- Zweites Slice:
  Name: **Tour**
  URL: **tour.html**
  Ziel: **_self**

- Drittes Slice:
  Name: **Exhibits**
  URL: **exhibits.html**
  Ziel: **_self**
- Viertes Slice:
  Name: **Members**
  URL: **members.html**
  Ziel: **_self**
- Fünftes und unterstes Slice:
  Name: **Contact**
  URL: **contact.html**
  Ziel: **_self**

9 Wählen Sie **Datei: Speichern**.

Tipp: Falls Sie die Anzeige der Auto-Slices stört, wählen Sie das Slice-Auswahlwerkzeug und klicken Sie anschließend in der Optionsleiste auf die Schaltfläche »Auto-Slices ausblenden«. Da die Hilfslinien nicht mehr benötigt werden, sollten Sie sie ebenfalls ausblenden, indem Sie den Befehl »Ansicht: Einblenden: Hilfslinien« wählen.

Slices erzeugen

Hier finden Sie weitere Methoden, um Slices zu erzeugen:

- Erstellen Sie »Kein Bild«-Slices und fügen Sie ihnen Text oder HTML-Quellcode hinzu. »Kein Bild«-Slices können eine Hintergrundfarbe haben und werden als Teil der HTML-Seite gespeichert. Der wesentliche Vorteil von »Keine Bild«-Slices für Text ist, dass sich der Text in jedem HTML-Editor bearbeiten lässt – Sie müssen also nicht zurück zu Photoshop gehen. Wird der Text jedoch zu umfangreich für das Slice, entstehen Probleme mit der HTML-Tabelle – es entstehen hässliche Lücken im Text.
- Wenn Sie bei der Gestaltung eigene Hilfslinien verwenden, lässt sich das ganze Bild über die Schaltfläche »Slices entlang der Hilfslinien« in der Optionsleiste für das Slice-Werkzeug in Slices zerlegen. Nutzen Sie diese Technik mit Umsicht, da alle zuvor erstellten Slices und die ihnen zugewiesenen Optionen danach nicht mehr vorhanden sind. Außerdem erhalten Sie über diese Schaltfläche nur Benutzer-Slices, von denen Sie meist nur wenige benötigen.
- Möchten Sie gleich große und gleichmäßig angeordnete Slices erzeugen, erstellen Sie ein einzelnes Benutzer-Slice, das genau den gewünschten Bereich enthält. Wählen Sie das Slice mit dem Slice-Auswahlwerkzeug und klicken Sie in der Optionsleiste auf die Schaltfläche »Unterteilen«, um es individuell vertikal und horizontal in Slices zu unterteilen.
- Wenn Sie die Verknüpfung eines ebenenbasierten Slice mit der dazugehörigen Ebene auflösen möchten, konvertieren Sie es in ein Benutzer-Slice. Doppelklicken Sie einfach mit dem Slice-Auswahlwerkzeug auf das Slice und wählen Sie die gewünschte Option.

Ebenenbasierte Slices erzeugen

Slices lassen sich auch mit Hilfe von Ebenen statt mit dem Slice-Werkzeug erstellen. Der Vorteil von Ebenen ist, dass Photoshop das Slice entsprechend den Dimensionen der Ebene erzeugt und die vorhandenen Pixeldaten übernimmt. Sobald Sie die Ebene bearbeiten, verschieben oder ihr einen Ebeneneffekt zuweisen, passt Photoshop das ebenenbasierte Slice automatisch so an, dass es auch die neuen Pixel umfasst.

1 Wählen Sie im Ebenenbedienfeld die Ebene *New Wing*. Ist der Inhalt des Ebenenbedienfelds nicht vollständig zu sehen, ziehen Sie das Bedienfeld aus dem Dock und erweitern es, indem Sie an der unteren rechten Ecke ziehen.

2 Wählen Sie **Ebene: Neues ebenenbasiertes Slice**. Im Bild erscheint ein blaues Rechteck mit der Nummerierung *04* über dem Bild mit der Ankündigung des neuen Gebäudeflügels. Die Nummerierung entspricht der Anordnung der Slices, beginnend in der oberen linken Bildecke.

3 Doppelklicken Sie mit dem Slice-Auswahlwerkzeug (✐) auf das Slice und benennen Sie es mit **New Wing**. Geben Sie für »URL« **newwing.html** und für »Ziel« **_blank** ein, um die verknüpfte Seite in einem neuen Browserfenster zu öffnen. Klicken Sie auf OK.

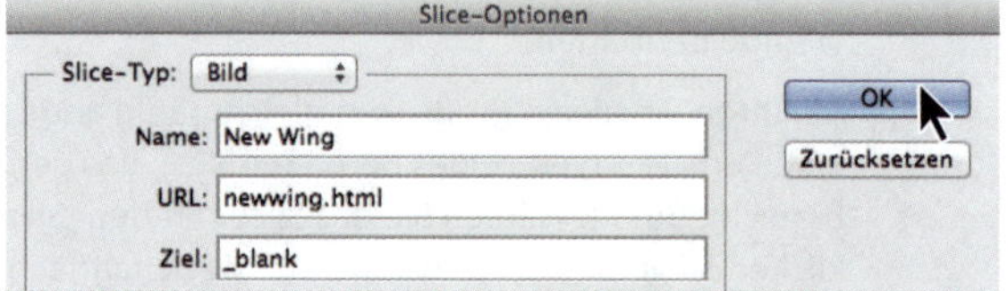

Geben Sie die Optionen genau wie angegeben ein, damit die Verknüpfungen mit denen in den bereits von uns vorbereiteten Seiten übereinstimmen.

Sie erzeugen nun weitere Slices für die Ebenen *New Wing* und *Image 2*.

4 Wiederholen Sie die Schritte 1 bis 3 für die weiteren Bilder wie folgt:

- Erzeugen Sie ein Slice aus der Ebene *Image 1* mit diesen Informationen:

Name: **Image 1**

URL: **image1.htmll**

Ziel: **_blank**

Klicken Sie auf OK.

- Erzeugen Sie ein Slice für die Ebene *Image 2* mit diesen Informationen:

  Name: **Card**

  URL: **card.html**

  Ziel: **_blank**

Klicken Sie auf OK.

Sie haben sicherlich schon festgestellt, dass im Dialogfeld noch andere Optionen verfügbar sind. Informationen darüber finden Sie in der Photoshop-Hilfe.

5 Wählen Sie **Datei: Speichern**.

HTML und Bilder exportieren

Sie sind jetzt so weit, die endgültigen Slices zu erstellen, Verknüpfungen zu definieren und die Datei zu exportieren. Danach verfügen Sie über eine HTML-Seite, die sämtliche Slices als eine Einheit darstellt.

Grafiken und Bilder für das Web sollten recht »schlank« (kleine Dateigröße) sein, damit sich die Seiten möglichst schnell beim Betrachter aufbauen. In Photoshop können Sie deshalb genau festlegen, wie »schlank« bzw. klein die einzelnen Slices sein sollen, ohne dabei jedoch Kompromisse hinsichtlich der Bildqualität eingehen zu müssen. Verwenden Sie die JPEG-Komprimierung für Fotos und die GIF-Komprimierung für Text sowie Grafiken mit flächigen und sich horizontal wiederholenden Farben – in unserem Übungsbeispiel die Bereiche, mit denen die drei Hauptbilder auf der Seite umgeben sind.

Sie benutzen nun in Photoshop das Dialogfeld »Für Web speichern« und vergleichen die Einstellungen und Komprimierungen der verschiedenen Dateiformate.

1 Wählen Sie **Datei: Für Web speichern**.

2 Klicken Sie oben im Dialogfeld »Für Web speichern« auf das »2fach«-Register.

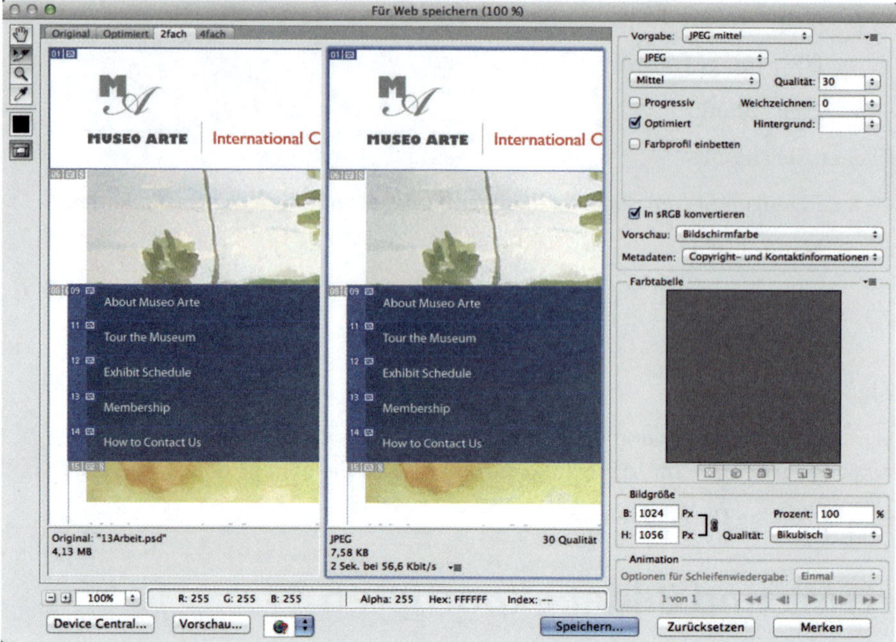

3 Wählen Sie im Dialogfeld »Für Web speichern« das Hand-Werkzeug (✋), um das Bild im Fenster so zu verschieben, dass Sie das Porträt des Jungen sehen.

4 Wählen Sie im Dialogfeld das Slice-Auswahlwerkzeug (✐) und dann *Slice 17* (mit dem Porträt des Jungen) aus den Slices im Bild links. Beachten Sie die Anzeige der Dateigröße unter dem Bild.

5 Wählen Sie rechts im Dialogfeld im »Vorgabe«-Popup-Menü die Option »JPEG mittel«. Beachten Sie wieder die Anzeige der Dateigröße unter dem Bild – die Dateigröße hat sich dramatisch verändert.

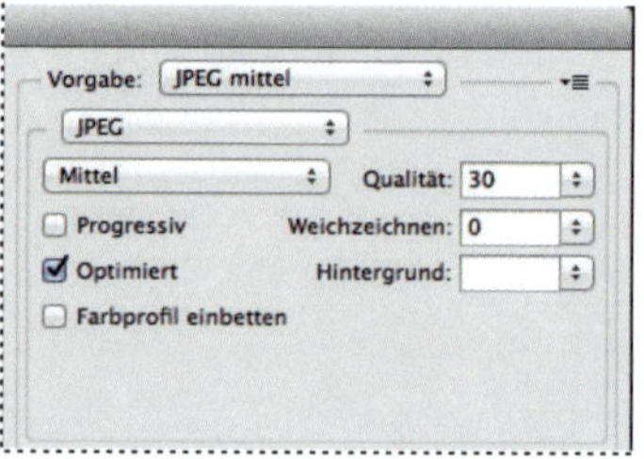

Sie prüfen jetzt eine GIF-Einstellung für das gleiche Slice im unteren Bild.

6 Wählen Sie mit dem Slice-Auswahlwerkzeug das *Slice 17* im Bild rechts. Wählen Sie in der rechten Hälfte des Dialogfeld im »Vorgabe«-Menü die Option »GIF 32 kein Dithering«.

Die Farben im unteren Bild sind weniger kräftig und fließend als im oberen, obwohl die Dateigröße beider Bilder ähnlich ist.

Sie weisen jetzt die von Ihnen favorisierte Komprimierung allen Slices dieser Seite zu.

7 Klicken Sie oben im Dialogfeld auf das Register »Optimiert«.

8 Wählen Sie mit dem Slice-Auswahlwerkzeug und gedrückter Umschalttaste die drei Hauptgrafiken (Junge, Engel und die New Wing-Ankündigung) und dann rechts im »Vorgabe«-Menü die Option »JPEG mittel«.

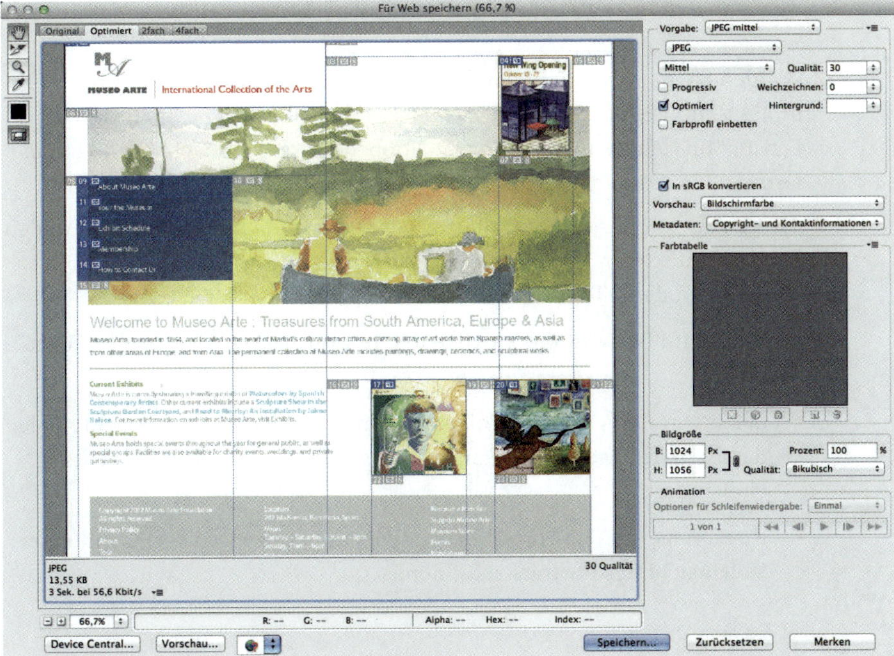

9 Wählen Sie mit gedrückter Umschalttaste die restlichen Slices und dann im »Vorgabe«-Menü die Option »GIF 64 Dithering«.

10 Klicken Sie auf »Speichern« und wählen Sie den Ordner *Lektion13/13Start/Museo*, der den Rest der Site enthält, einschließlich der Seiten, mit denen die Slices verknüpft sind.

11 Wählen Sie unter »Format« die Option »HTML und Bilder«. Übernehmen Sie die Standardeinstellungen und wählen Sie unter »Slices« die Option »Alle Slices«. Benennen Sie die Datei mit **home.html**, um die bereits vorhandene gleichnamige Datei zu überschreiben, und klicken Sie auf »Speichern«. Falls Photoshop in einem Dialogfeld zum Ersetzen von Bildern auffordert, klicken Sie auf »Ersetzen«.

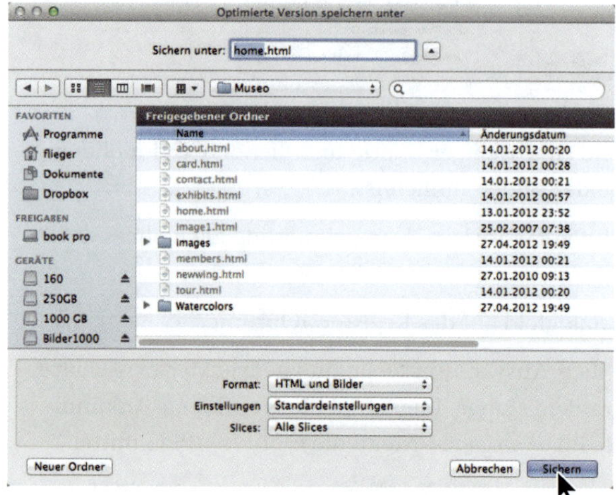

12 Wählen Sie in Photoshop **Datei: In Bridge suchen**. Doppelklicken Sie im FAVORITEN-Fenster auf *Lektionen*. Doppelklicken Sie im INHALT-Fenster auf den Ordner *Lektion13*. Doppelklicken Sie anschließend auf die Ordner *13Start* und *Museo*.

13 Klicken Sie mit der rechten Maustaste auf die Datei *home.html* und wählen Sie im Kontextmenü die Option »Öffnen mit«. Wählen Sie einen Browser zum Öffnen der HTML-Datei.

14 Prüfen Sie im Browser die Möglichkeiten Ihrer HTML-Datei und spielen Sie damit:

- Setzen Sie die Maus auf einige von Ihnen erzeugte Slices. Beachten Sie, dass sich der Zeiger in einen Zeigefinger (Hinweis auf eine Schaltfläche) ändert.
- Klicken Sie auf das Porträt des Jungen, um ein neues Fenster mit einer Vollansicht des Porträts zu öffnen.

- Klicken Sie auf »New Wing Opening«, um das entsprechende Fenster zu öffnen.

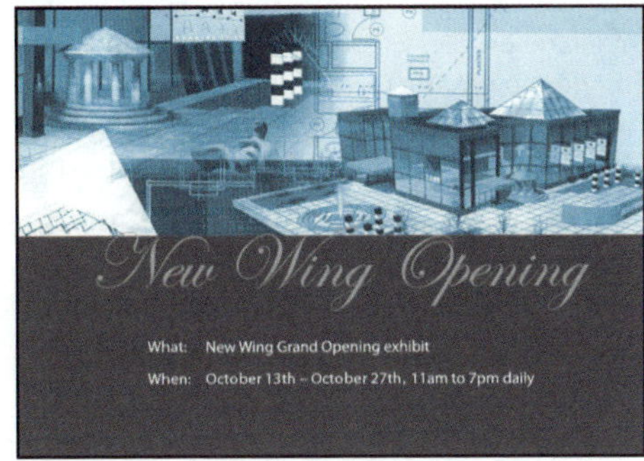

- Klicken Sie auf die Textverknüpfungen links, um zu den anderen Seiten in der Website zu gelangen.

15 Schließen Sie als Letztes den Browser.

Bilder für das Internet optimieren

Das *Optimieren* von Bildern ist ein Vorgang, bei dem Sie durch eine effiziente Wahl von Format, Auflösung und Qualität die jeweiligen Bilder für eine Veröffentlichung im Internet bzw. auf Browserseiten aufbereiten. Dabei müssen Sie stets einen guten Kompromiss zwischen Dateigröße und Bildqualität finden. Da jedes Bild anders ist, benötigen Sie für das Aufbereiten von Bildern für das Web sowohl ein gutes Urteilsvermögen als auch ein gutes Auge.

Die verfügbaren Komprimierungsoptionen richten sich nach dem Dateiformat, in dem das Bild gespeichert wird. Das JPEG-Format erhält die Farbtiefe sowie die feinen Unterschiede in Helligkeit und Farbton, die ein Foto oder Bilder mit Verläufen aufweisen. Dieses Format kann Bilder mit Millionen von Farben darstellen. Das GIF-Format komprimiert zeilenweise Volltonfarbbereiche, wohingegen scharfe Details, wie in Strichgrafiken, Logos oder Abbildungen mit Text, erhalten bleiben. Dieses Format benutzt ein Bedienfeld mit bis zu 256 Farben für die Bilddarstellung und unterstützt Hintergrundtransparenz.

Photoshop bietet effektive Möglichkeiten, ein Bild zu komprimieren und gleichzeitig seine Anzeige auf dem Bildschirm zu optimieren. Normalerweise optimieren Sie Bilder, bevor Sie sie in einer HTML-Datei speichern. In Photoshop vergleichen Sie im Dialogfeld »Für Web speichern« das Original mit den komprimierten Versionen und passen die Einstellungen an. Weitere Informationen zu JPEG und GIF finden Sie in der Photoshop-Hilfe.

Interaktivität mit Zoomify

Mit Zoomify können Sie hochauflösende Bilder im Web veröffentlichen, die sich vom Betrachter verschieben und vergrößern lassen, um andere Ausschnitte zu sehen. Dabei lädt sich das Ausgangsbild so schnell wie eine JPEG-Datei mit gleichen Pixelmaßen. Photoshop exportiert die entsprechenden JPEG-Dateien sowie die HTML-Datei zur Veröffentlichung im Web. Zoomify funktioniert mit jedem Webbrowser.

1 Klicken Sie in Adobe Bridge ganz oben im Fenster auf die Ordnerminiatur *13Start*. Doppelklicken Sie anschließend auf die Datei *card.jpg*, um sie in Photoshop zu öffnen.

Sie exportieren dieses relativ große Pixelbild mit dem Zoomify-Befehl nach HTML. Sie konvertieren nun das Bild mit dem Engel in eine Datei, die mit der gerade von Ihnen erstellten Homepage verknüpft wird.

2 Wählen Sie **Datei: Exportieren: Zoomify**.

3 Wählen Sie im Dialogfeld »Zoomify-Export« als »Ausgabeort« den Pfad bzw. Ordner *Lektion13/13Start/Museo*. Geben Sie **Card** als »Hauptname« ein. Stellen Sie die Qualität auf **12** ein und wählen Sie unter

»Browseroptionen« die Breite **800** und die Höhe **600** als Ausgabeformat im Browser. Die Option »In Webbrowser öffnen« ist aktiviert.

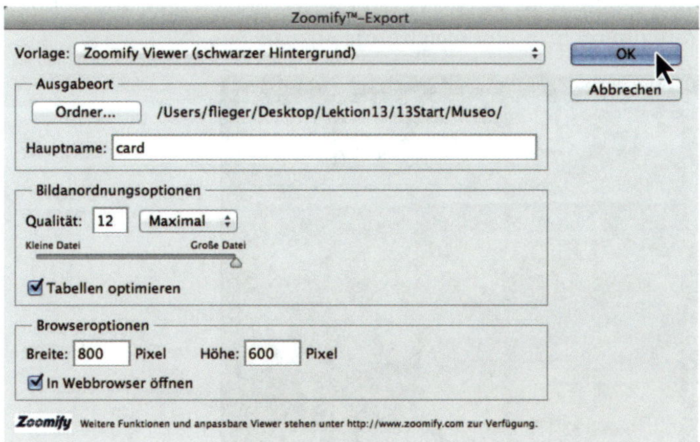

4 Klicken Sie auf OK, um die HTML-Datei und die Bilder zu exportieren. Zoomify öffnet sie dann in Ihrem Webbrowser.

5 Testen Sie mit den Steuerschaltflächen im Zoomify-Fenster die Verknüpfung zum Bild mit dem Engel.

6 Schließen Sie dann Ihren Webbrowser.

Eine Web-Galerie gestalten

Sie können mit Adobe Bridge Ihre Bilder recht einfach als Web-Galerie präsentieren – Besucher können sich Ihre Bilder einzeln oder als Diashow ansehen. Sie erstellen eine Galerie, die mit der Datei *exhibits.html* in der Museum-Website verknüpft ist.

1 Doppelklicken Sie in Adobe Bridge auf den Ordner *Watercolors*. (Der Ordner befindet sich im Ordner *Lektion13/13Start*.)

Sie erstellen nun eine Diashow mit den Bildern im *Watercolors*-Ordner.

2 Wählen Sie das erste Bild, drücken Sie die Umschalttaste und wählen Sie dann das letzte Bild – sämtliche Bilder sind gewählt. Benutzen Sie den Miniaturen-Regler unten im Bridge-Fenster und reduzieren Sie die Größe der Miniaturen, um mehr Bilder gleichzeitig anzuzeigen.

3 Klicken Sie oben im Bridge-Fenster auf »Ausgabe« für den entsprechenden Arbeitsbereich. Ist die Schaltfläche »Ausgabe« nicht zu sehen, wählen Sie **Fenster: Arbeitsbereich: Ausgabe**.

4 Klicken Sie im AUSGABE-Fenster oben rechts auf die Schaltfläche »WEB-GALERIE«.

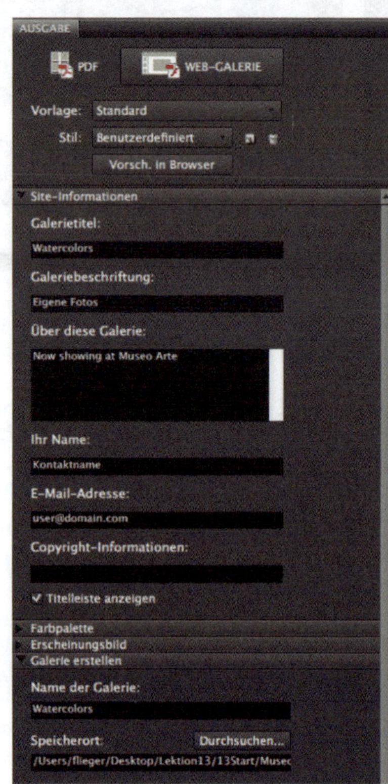

5 Klicken Sie auf das Dreieck neben *Site-Informationen,* falls der entsprechende Inhalt nicht zu sehen ist. Geben Sie im AUSGABE-Fenster im Bereich »Site-Informationen« **Watercolors** als *Galerietitel,* **Eigene Fotos** als *Galeriebeschriftung* und **Now showing at Museo Arte** unter *Über diese Galerie* ein. Sie können auch noch einen *Kontaktnamen,* eine *E-Mail-Adresse* und *Copyright-Informationen* eingeben.

6 Klicken Sie auf das Dreieck neben *Site-Informationen,* um den Inhalt auszublenden. Gehen Sie jetzt zum Bereich *Galerie erstellen.* Erweitern Sie den Bereich, indem Sie auf den entsprechenden Pfeil klicken.

7 Benennen Sie die Galerie mit **Watercolors.** Klicken Sie auf »Durchsuchen« und navigieren Sie zum Ordner *Lektion13/13Start/Museo*. Klicken Sie auf OK bzw. »Auswählen«, um das Dialogfeld zu schließen. Klicken Sie dann in Adobe Bridge unten im AUSGABE-Fenster auf »Speichern«.

Adobe Bridge erstellt einen Galerieordner mit der Bezeichnung *Watercolors*. Der Ordner enthält die Datei *index.html* und den Order *resources* mit den Aquarellen.

8 Klicken Sie auf OK, wenn die Meldung erscheint, dass die Galerie erstellt wurde. Klicken Sie nun oben in Adobe Bridge auf die Schaltfläche »GRUNDLAGEN«, um den standardmäßigen Arbeitsbereich zu erhalten.

9 Navigieren Sie zum Ordner *Lektion13/13Start/Museo*. Doppelklicken Sie auf den Ordner *Watercolors*, also den von Bridge erstellten Galerieordner. Klicken Sie mit der rechten Maustaste auf die Datei *index.html*, wählen Sie »Öffnen mit« und dann Ihren Browser.

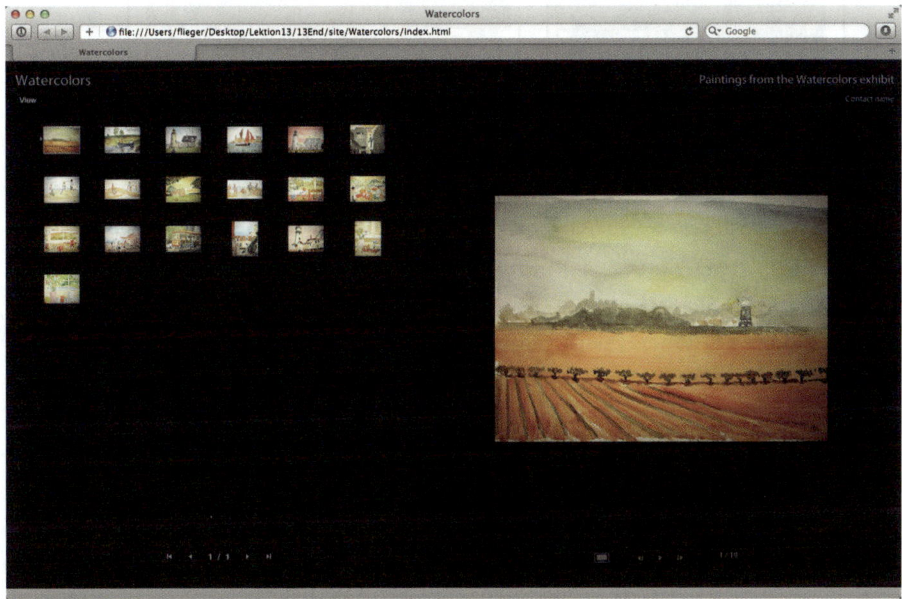

10 Erscheint ein Warnhinweis, klicken Sie auf OK oder folgen Sie den Anweisungen zum Ändern der Einstellungen.

Die Galerie öffnet sich. Rechts wird ein Bild angezeigt, während Miniaturen der restlichen Bilder auf der linken Seite zu sehen sind.

11 Klicken Sie unter dem großen Bild auf die Schaltfläche »Diashow anzeigen«, um mit der Diashow zu beginnen. Klicken Sie unter dem jeweils gezeigten Bild auf die Schaltfläche »Galerie ansehen«, um zur Galerieansicht zurückzukehren.

12 Schließen Sie Ihren Browser.

Die Datei *exhibits.html* hat bereits einen Link zu dem Ordner mit der Web-Galerie – nur muss der Ordner wie in Schritt 7 benannt sein (*Watercolors).* Sie öffnen jetzt Ihre Website und benutzen den Link, um die Galerie anzusehen.

13 Navigieren Sie in Adobe Bridge zum Ordner *Lektion13/13Start/Museo.* Klicken Sie mit der rechten Maustaste auf die Datei *home.html* und wählen Sie im Kontextmenü die Option »Öffnen mit«. Öffnen Sie die HTML-Datei mit einem Webbrowser Ihrer Wahl.

14 Klicken Sie in der Website im Navigationsbereich auf den Link *Exhibits* und anschließend auf der *Exhibits*-Seite auf den Link zur *Watercolors*-Galerie, um die Galerie zu öffnen.

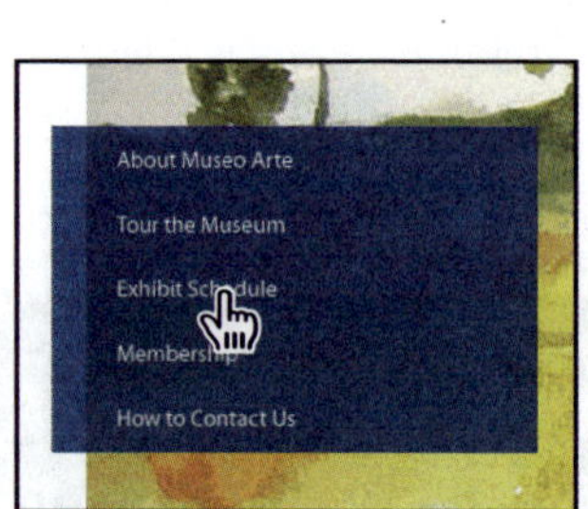

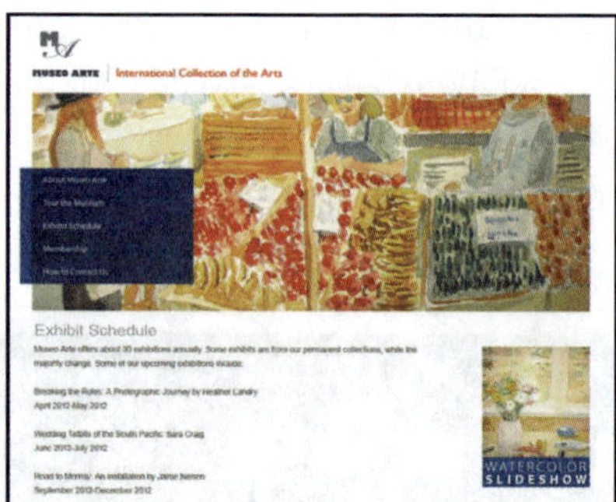

15 Untersuchen Sie die Galerie und die Website noch weiter. Schließen Sie dann Browser, Adobe Bridge und Photoshop.

Glückwunsch! Sie sind nun in der Lage, Webseiten mit Photoshop-Bildern zu gestalten. Sie haben gelernt, Ihre Webseiten mit Slices zu erstellen, Bilder für das Web zu optimieren, Zoomify einzusetzen und eine Web-Galerie in Adobe Bridge zu gestalten.

Fragen

1 Was sind Slices und wie erstellen Sie sie?

2 Was verstehen Sie unter Bildoptimierung und wie optimieren Sie Bilder für das Web?

3 Wie gestalten Sie eine Diashow für das Internet?

Antworten

1 Slices sind rechteckige Bildbereiche, die Sie in Photoshop für eine individuelle Web-Optimierung verwenden. Mit Slices erstellen Sie animierte GIFs, URL-Verknüpfungen und Rollover. Sie erstellen Bild-Slices mit dem Slice-Werkzeug oder durch Umwandlung von Ebenen in Slices im Ebenen-Menü.

2 Für die Optimierung ist eine gute Balance zwischen möglichst geringer Dateigröße und guter Qualität des komprimierten Bildes erforderlich. Halbtonbilder werden im JPEG-Format und flächige Bilder mit transparenten Bereichen sowie Text als GIF optimiert. Um Bilder in Photoshop zu optimieren, wählen Sie »Datei: Für Web speichern«.

3 Sie gestalten eine Diashow für den Einsatz im Internet in Adobe Bridge. Wählen Sie die gewünschten Dateien und dann im Bridge-Ausgabebedienfeld die Option »WEB-GALERIE«. Nehmen Sie die notwendigen Einstellungen vor und speichern Sie die Galerie. Bridge erzeugt die Datei *index.html* mit der Diashow und allen Steuerelementen für die jeweiligen Dateien.

14 MIT KONSISTENTEN FARBEN PRODUZIEREN UND DRUCKEN

Überblick

In dieser Lektion lernen Sie Folgendes:

- Die RGB-, Graustufen- und CMYK-Farbräume für die Anzeige, die Bearbeitung und den Ausdruck von Bildern definieren
- Ein Bild für die Ausgabe über einen PostScript-CMYK-Drucker vorbereiten
- Einen Proof eines Bildes für den Ausdruck erzeugen
- Bild als CMYK-EPS-Datei speichern
- Eine Vierfarbseparation erstellen und drucken
- Bilder für den kommerziellen Druck vorbereiten

Für diese Lektion benötigen Sie etwa eine Stunde. Falls erforderlich, löschen Sie den auf Ihrer Festplatte vorhandenen Lektionsordner aus der vorherigen Lektion und kopieren stattdessen den Ordner *Lektionen/Lektion14* von der Buch-DVD auf die Festplatte. Während der Arbeit überschreiben Sie die Startdateien. Falls Sie diese Dateien wiederherstellen wollen, kopieren Sie sie von der Buch-DVD.

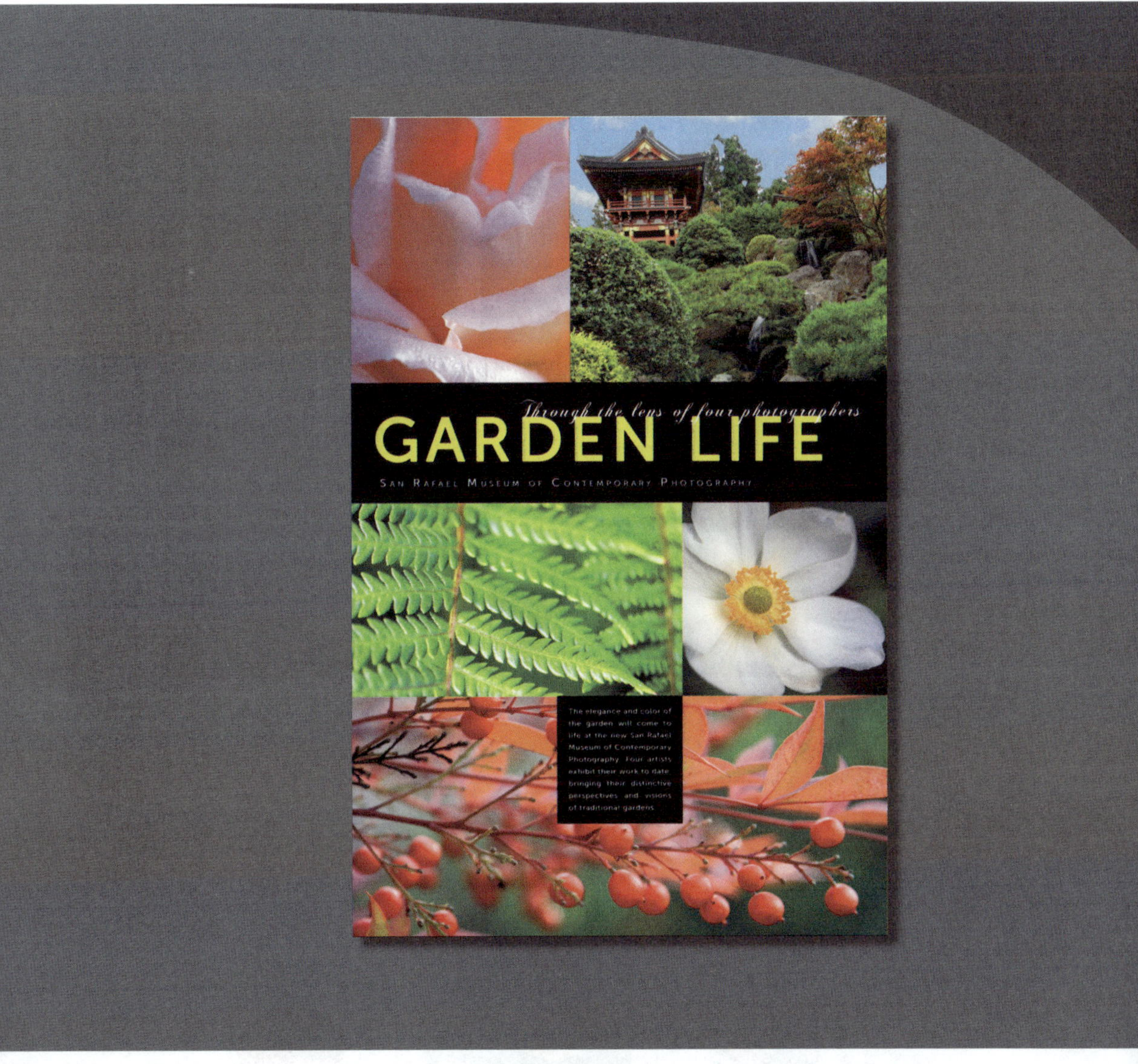

Definieren Sie für konsistente Farben den Farbraum, in dem Sie RGB-Bilder bearbeiten und vorhandene CMYK-Bilder zusätzlich drucken. So erreichen Sie eine größtmögliche Übereinstimmung zwischen den auf dem Bildschirm dargestellten Farben und den Farben im Druck.

Farbmanagement

Farben auf dem Monitor entstehen aus einer Kombination von rotem, grünem und blauem Licht (RGB), während sich ein Vierfarbdruck aus einer Kombination der vier Farben Cyan, Magenta, Gelb und Schwarz (genannt CMYK) zusammensetzt. Diese vier Druckfarben bezeichnet man auch als *Prozessfarben*, weil es sich dabei um die standardmäßigen Farben im Vierfarbdruck-Prozess handelt.

● **Hinweis:** Sie müssen für eine Übung in dieser Lektion mit einem PostScript-Farbdrucker verbunden sein. Ist das nicht der Fall, lässt sich nur ein Teil der Übung nachvollziehen.

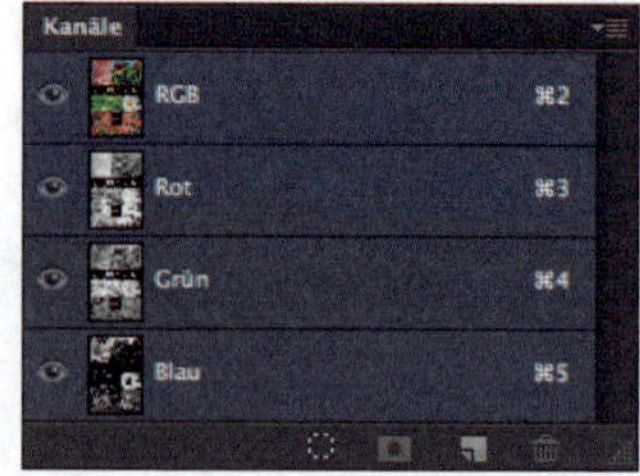

RGB-Bild mit den Kanälen Rot, Grün und Blau

CMYK-Bild mit den Kanälen Cyan, Magenta, Gelb und Schwarz

Da die Farbmodelle RGB und CMYK sehr unterschiedliche Methoden zur Darstellung von Farben verwenden, geben sie auch jeweils einen etwas anderen Farbbereich oder Farbumfang wieder. Da RGB zum Erzeugen von Farbe Licht verwendet, umfasst der RGB-Farbumfang auch Neonfarben. Andererseits lassen sich mit CMYK-Farben auch einige Pastelltöne und reines Schwarz erzeugen, die sich außerhalb des RGB-Farbumfangs befinden.

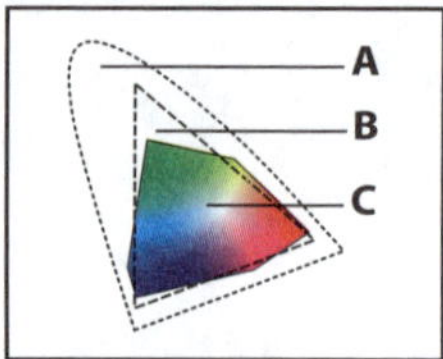

A. Natürlicher Farbraum
B. RGB-Farbraum
C. CMYK-Farbraum

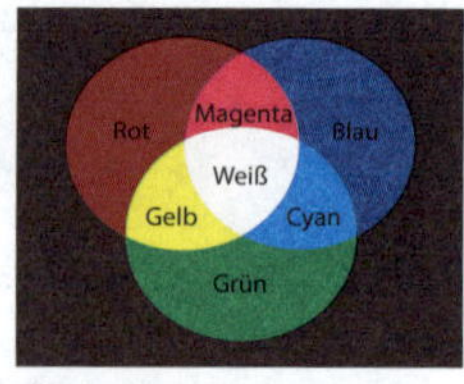

RGB-Farbmodell

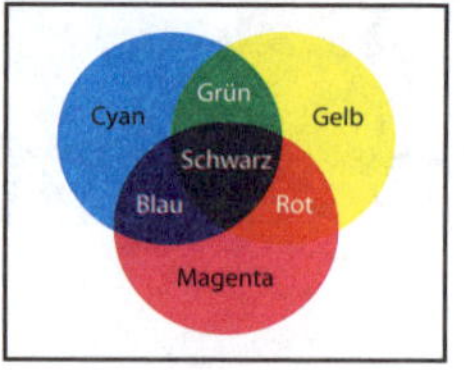

CMYK-Farbmodell

Aber nicht alle RGB- und CMYK-Farbumfänge sind gleich. Die einzelnen Monitore und Drucker verfügen über einen unterschiedlichen Farbumfang. So stellt beispielsweise eine Monitormarke besonders leuchtende Blautöne dar. Der *Farbraum* für ein Gerät wird durch den Farbumfang repräsentiert, den es darstellen kann.

RGB-Modell

Ein Großteil des sichtbaren Spektrums kann durch Mischen von rot, grün und blau gefärbtem Licht (RGB) in verschiedenen Anteilen und Intensitäten dargestellt werden. Wenn sich diese Farben überlappen, entstehen Cyan, Magenta, Gelb und Weiß.

Da die RGB-Farben zusammen Weiß ergeben, werden sie auch als additive Farben bezeichnet. Bei einer weißen Farbe wird das gesamte Licht an das Auge zurückreflektiert. Additive Farben werden für Beleuchtung, Video und Monitore verwendet. Ihr Monitor erzeugt Farbe z. B. dadurch, dass Licht durch rote, grüne und blaue Phosphorteilchen ausgestrahlt wird.

CMYK-Modell

Das CMYK-Modell basiert auf der lichtabsorbierenden Eigenschaft von Tinte auf Papier. Wenn weißes Licht auf lichtdurchlässige Druckfarben fällt, werden bestimmte sichtbare Wellenlängenbereiche absorbiert und andere reflektiert.

Theoretisch müsste eine Mischung aus idealen Cyan- (C), Magenta- (M) und Gelb-Pigmenten (Y) das gesamte Licht absorbieren und Schwarz erzeugen, daher werden diese Farben als subtraktive Farben bezeichnet. Aufgrund verschiedener Faktoren, darunter dem Farbannahmeverhalten im Offset-Druck, ergeben diese drei Farben ein schmutziges Braun und müssen oft mit schwarzer Druckfarbe (K) gemischt werden, um echtes Schwarz zu erzeugen. (Der Buchstabe K wird in diesem Modell für Schwarz verwendet.) Das Mischen dieser Druckfarben wird als Vierfarbendruck bezeichnet.

Ein ICC-Profil beschreibt den Farbraum eines bestimmten Gerätes, wie den CMYK-Farbraum eines bestimmten Druckers. In dieser Lektion wählen Sie ICC-Profile für RGB und CMYK. Wenn Sie die Profile festgelegt haben, sind sie fester Bestandteil Ihrer Bilddateien. Photoshop (und andere Anwendungen, die ICC-Profile verwenden) interpretiert die in der Bilddatei enthaltenen Profile und verwaltet automatisch die Farbe für das entsprechende Bild.

Weitere Informationen über das Einbetten von ICC-Profilen finden Sie in der Photoshop-Hilfe.

Achten Sie darauf, dass Ihr Monitor kalibriert ist. Wenn Ihr Monitor die Farben nur ungenau darstellt, könnte er die am Bild durchgeführten Farbeinstellungen falsch anzeigen. Informationen über die Monitorkalibration finden Sie in der Photoshop-Hilfe.

Vorbereitungen

Bevor Sie beginnen, müssen Sie die Adobe Photoshop-Voreinstellungen-Datei wiederherstellen.

1. Starten Sie Photoshop und halten Sie sofort danach die Tasten Strg+Alt+Umschalt (Windows) bzw. Befehl+Wahl+Umschalt (Mac OS) gedrückt, um die standardmäßigen Voreinstellungen zu erhalten.
2. Klicken Sie im Meldungsfenster zur Bestätigung auf »Ja«, um die Standardeinstellungen wiederherzustellen.

Die Farbmanagement-Einstellungen anpassen

In diesem ersten Teil der Lektion erfahren Sie, wie Sie einen Farbmanagement-Workflow (Arbeitsablauf) einrichten. Dazu sind im Dialogfeld »Farbeinstellungen« in Photoshop nahezu alle benötigten Optionen zusammengefasst.

Beispielsweise ist Photoshop standardmäßig für RGB als Teil eines Internet-/Online-Workflows eingestellt. Wenn Sie jedoch Grafiken für den Druck vorbereiten, sollten Sie diese Einstellungen für Bilder, die auf Papier gedruckt und nicht auf dem Bildschirm dargestellt werden, entsprechend verändern.

Sie beginnen diese Lektion, indem Sie eigene Farbeinstellungen vornehmen.

1. Wählen Sie **Bearbeiten: Farbeinstellungen**, um das Dialogfeld »Farbeinstellungen« zu öffnen.

Im unteren Teil des Dialogfelds finden Sie Informationen über die unterschiedlichen Farbmanagement-Optionen.

2. Bewegen Sie die Maus über die einzelnen Bereiche im Dialogfeld, beispielsweise die Bereichsbezeichnungen (wie *Arbeitsfarbräume*) und die zur Verfügung stehenden Optionen (wie verschiedene Menü-Optionen). Stellen Sie danach eventuell vorgenommene Änderungen wieder auf die Vorgaben zurück. Achten Sie beim Bewegen der Maus auf die Informationen, die unten im Dialogfeld erscheinen.

Sie wählen jetzt einen allgemeinen Satz mit Optionen für einen Druck-Workflow statt für einen Online-Workflow aus.

3. Wählen Sie im Einstellungen-Menü die Option »Europa Druckvorstufe 2«. Farbraum und Farbmanagement ändern sich entsprechend dem Workflow in der Druckvorstufe. Klicken Sie anschließend auf OK.

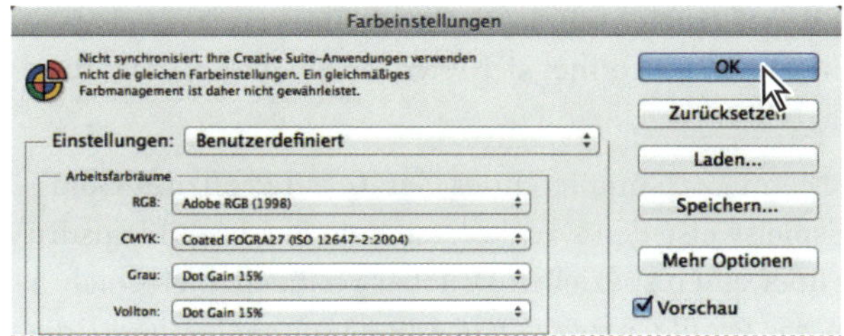

Einen Softproof eines Bildes erzeugen

Sie arbeiten jetzt mit einer Datei, die ein gescanntes Bild von einem Originaldruck enthält. Sie öffnen die Datei, wandeln ihr Farbprofil um und stellen es dann so ein, dass sich die Farbwiedergabe beim späteren Druck bereits auf Ihrem Bildschirm beurteilen lässt. Sie erstellen also dank der Präzision der Farbprofile einen *Softproof* (simulierten Andruck) direkt auf dem Bildschirm und haben die Möglichkeit, den Proof zu kontrollieren.

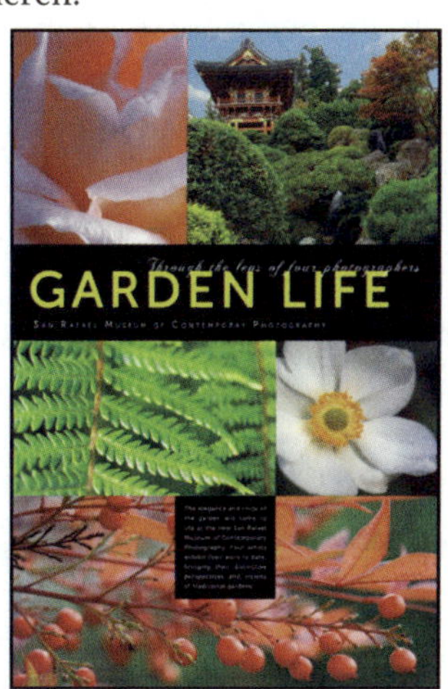

1 Wählen Sie **Datei: Öffnen**. Navigieren Sie zum Ordner *Lektionen/Lektion14* und doppelklicken Sie auf die Datei *14Start.tif*. Klicken Sie auf OK, falls eine Profilwarnung erscheint.

Photoshop öffnet ein RGB-Bild eines gescannten Posters.

2 Wählen Sie **Datei: Speichern unter**, benennen Sie die Datei mit **14Arbeit**, lassen Sie das TIFF-Format gewählt und klicken Sie auf »Speichern«. Klicken Sie im Dialogfeld mit den TIFF-Optionen ebenfalls auf OK.

Bevor Sie das Bild softproofen oder drucken, weisen Sie ihm ein entsprechendes Profil (auch als Proofprofil bezeichnet) zu, in dem Sie festlegen, wie das Dokument gedruckt werden soll. Diese visuellen Eigenschaften weisen Sie dann der Bildschirmversion zu, um das Softproofing noch genauer durchzuführen. Photoshop bietet dafür eine Vielzahl von Einstellungen, mit denen sich Bilder für verschiedene Einsatzbereiche abstimmen lassen, einschließlich des Drucks und der Veröffentlichung im Internet. Sie erstellen in dieser Lektion ein eigenes Proofprofil. Anschließend können Sie diese Einstellungen speichern und auf andere Bilder anwenden, die in der gleichen Weise ausgegeben bzw. veröffentlicht werden sollen.

3 Wählen Sie **Ansicht: Proof einrichten: Benutzerdefiniert**. Das Dialogfeld »Proof-Bedingung anpassen« öffnet sich. Achten Sie darauf, dass die Option »Vorschau« aktiviert ist.

4 Wählen Sie aus dem Menü »Zu simulierendes Gerät« ein Profil des Gerätes für den Proof (beispielsweise den Drucker, auf dem Sie das Bild ausdrucken). Falls Sie nicht über einen speziellen Drucker verfügen, bietet sich in den meisten Fällen das Profil *Coated FOGRA39 (ISO 12647-2:2004)*, die Standardeinstellung für gestrichenes (glattes) Papier an.

5 Achten Sie darauf, dass die Option »Nummern erhalten« deaktiviert (also nicht gewählt) ist.

Hinweis: Die Option »Nummern erhalten« ist nicht immer verfügbar und ist z. B. unter Mac OS für das Profil *Coated FOGRA39 (ISO 12647-2:2004)* abgeblendet.

Die Option »Nummern erhalten« simuliert die Farben *ohne* Konvertierung in den Farbraum des Ausgabegerätes.

6 Wählen Sie aus dem Popup-Menü »Renderpriorität« die Option »Relativ farbmetrisch«.

Die Renderpriorität bestimmt, wie die Farbe von einem Farbraum in einen anderen konvertiert wird. *Relativ farbmetrisch* behält die Farbverhältnisse ohne Einbußen der Farbtreue bei und ist die standardmäßige Renderpriorität für den Druck in Europa und Nordamerika.

7 Falls vorhanden, aktivieren Sie für das gewählte Profil die Option »Schwarze Druckfarbe simulieren«. Deaktivieren Sie dann diese Optionen und wählen Sie »Papierfarbe simulieren« – die Option wählt automatisch auch »Schwarze Druckfarbe simulieren«. Klicken Sie auf OK.

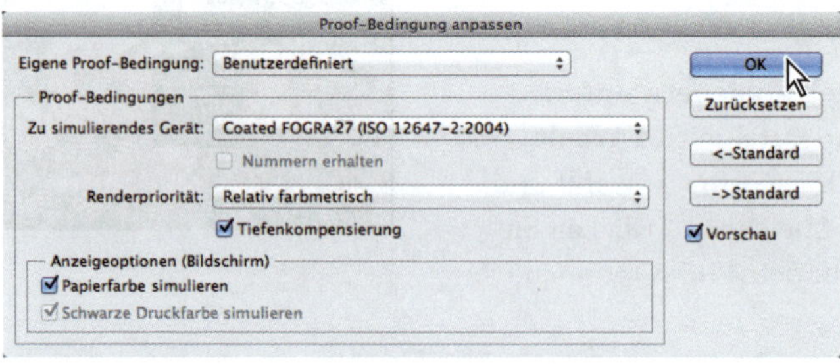

Tipp: Um die Proof-Einstellungen aus- und einzuschalten, wählen Sie **Ansicht: Farb-Proof**.

Beachten Sie, dass das Bild jetzt an Kontrast zu verlieren scheint. Mit »Papierfarbe simulieren« wird der spezielle Weißton eines Druckmediums simuliert, das durch das Dokumentprofil definiert ist. Mit »Schwarze Druckfarbe simulieren« wird statt Volltonschwarz das dunkle Grau simuliert, das die meisten Drucker verwenden – allerdings unterstützen nicht alle Profile diese Optionen.

Normales Bild

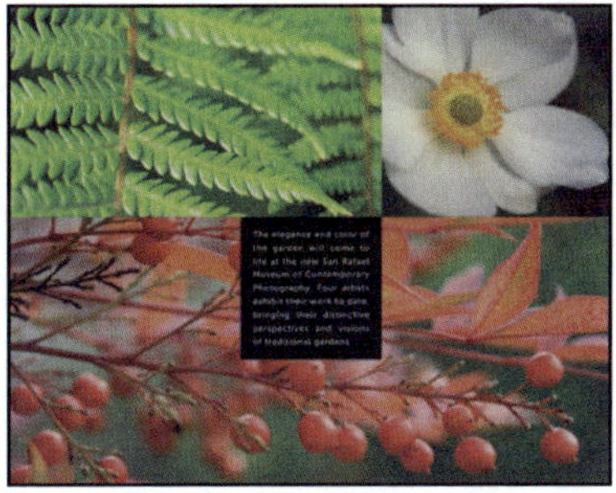

Bild mit den Optionen »Schwarze Druckfarbe simulieren« und »Papierweiß simulieren«

Farben außerhalb des Farbumfangs identifizieren

In den meisten gescannten Fotografien sind RGB-Farben innerhalb des CMYK-Farbumfangs enthalten. Das Umwandeln derartiger Bilder in den CMYK-Modus (was Sie später für den Ausdruck der Datei noch tun) konvertiert alle Farben, wobei verhältnismäßig wenige Farben ersetzt werden. Bilder, die digital erstellt oder verändert wurden, enthalten allerdings häufig RGB-Farben außerhalb des CMYK-Farbumfangs – beispielsweise Logos und Lichter in Leuchtfarben.

Bevor Sie ein Bild von RGB in CMYK konvertieren, können Sie die CMYK-Farbwerte bereits im RGB-Modus prüfen.

1 Wählen Sie **Ansicht: Farbumfang-Warnung**, um die Farben außerhalb des Farbumfangs angezeigt zu bekommen. Adobe Photoshop erstellt eine Farbumwandlungstabelle und zeigt für die Bildstellen ein neutrales Grau an, in denen Farben außerhalb des Farbumfangs liegen.

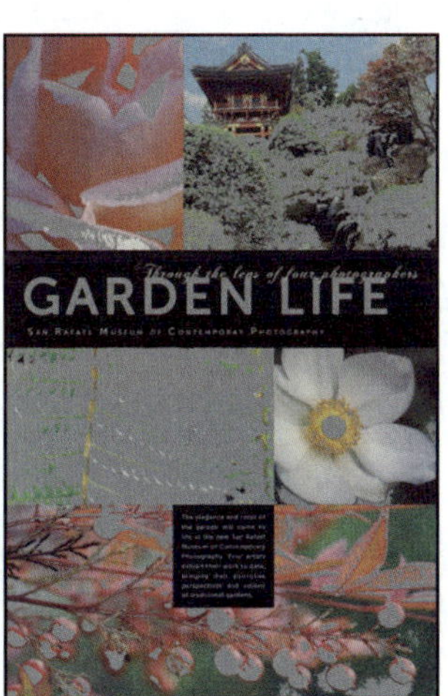

Da das Grau nicht besonders gut in diesem Bild zu erkennen ist, legen Sie eine eindeutigere Farbe für die Farbumfang-Warnung fest.

2 Wählen Sie **Bearbeiten: Voreinstellungen: Transp./Farbumfang-Warnung** (Windows) bzw. **Photoshop: Voreinstellungen: Transparenz & Farbumfang-Warnung** (Mac OS).

3 Klicken Sie unten im Dialogfeld im Feld »Farbe«. Wählen Sie eine auffälligere Farbe (z. B. Lila oder ein helles Grün) und klicken Sie auf OK.

4 Klicken Sie erneut auf OK, um das Dialogfeld »Transparenz & Farbumfang-Warnung« zu schließen.

5 Klicken Sie mit dem Verschieben-Werkzeug im Bild. Photoshop ersetzt als Farbumfang-Warnung das Grau durch die neu gewählte Farbe.

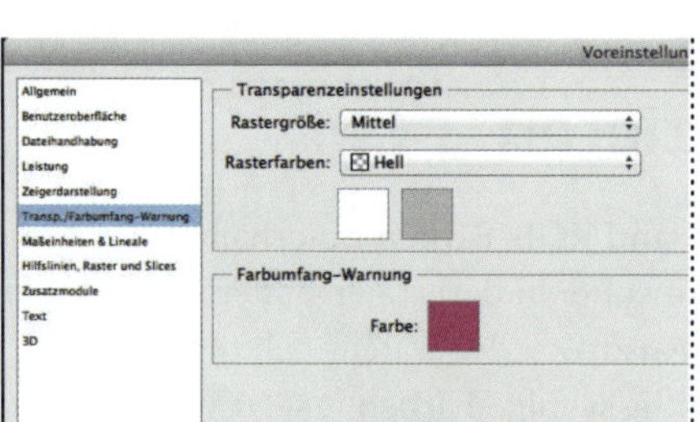

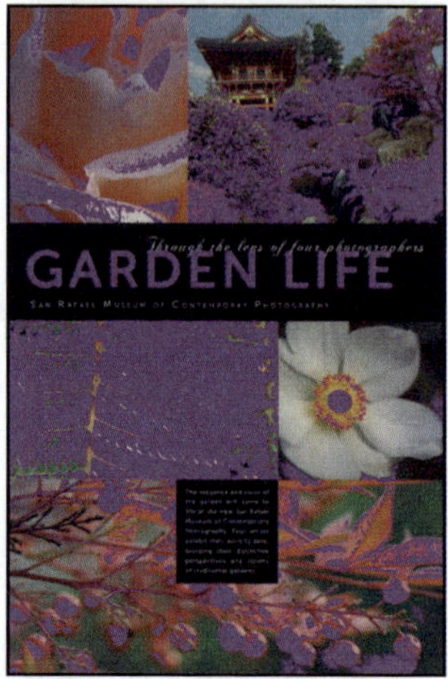

6 Wählen Sie **Ansicht: Farbumfang-Warnung**, um die Vorschau auf die außerhalb des Farbumfangs befindlichen Farben auszuschalten.

Photoshop korrigiert automatisch die Farben außerhalb des Farbumfangs, wenn Sie die Datei später im Photoshop-EPS-Format speichern. Das Photoshop-EPS-Format ändert das RGB-Bild in CMYK und passt die Farben an den CMYK-Farbraum an.

Ein Bild einstellen und einen Proof drucken

Der nächste Schritt bei der Bildaufbereitung für den Druck bzw. die Ausgabe sind eventuell notwendige Farb- und Tonwertkorrekturen des Bildes. Sie versehen in diesem Teil der Lektion das Bild mit einigen Farb- und Tonwertkorrekturen, um den nicht farbgetreuen Scan einer Postkarte zu korrigieren.

Um die Bildänderungen vor und nach der Korrektur zu vergleichen, erstellen Sie erst eine Kopie des vorhandenen Bildes.

1 Wählen Sie **Bild: Duplizieren** und klicken Sie auf OK.

2 Klicken Sie im Anwendungsfenster auf die Schaltfläche »Dokumente anordnen« und dann auf »2 übereinander«, um beide Bilder während der Arbeit zu vergleichen.

Sie stellen nun den Farbton und die Sättigung des Bildes ein, um alle Farben in den Farbraum zu verschieben.

3 Wählen Sie die Datei *14Arbeit.tif* (das Originalbild).

4 Wählen Sie **Auswahl: Farbbereich**.

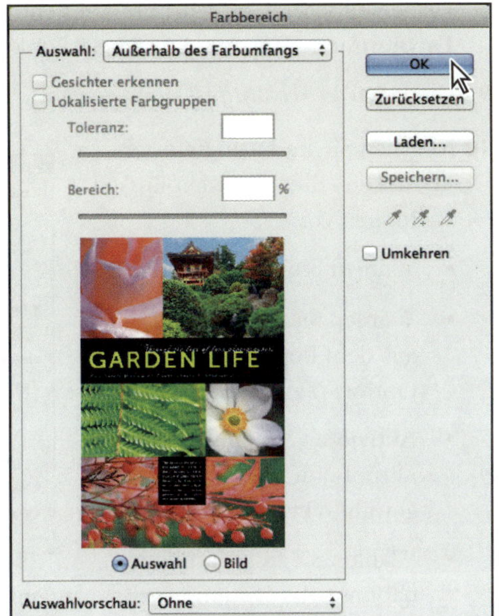

5 Wählen Sie im Dialogfeld »Farbbereich« aus dem Menü »Auswahl« die Option »Außerhalb des Farbumfangs«. Klicken Sie auf OK.

Die früher als außerhalb des Farbumfangs markierten Bereiche sind jetzt gewählt – Änderungen wirken sich ausschließlich auf diese Bereiche aus.

6 Klicken Sie auf die Schaltfläche »Farbton/Sättigung« im Korrekturenbedienfeld für eine entsprechende Einstellungsebene. (Falls das Fenster nicht geöffnet ist, wählen Sie **Fenster: Korrekturen**.) Die Einstellungsebene *Farbton/Sättigung* umfasst eine Ebenenmaske, die Photoshop aus Ihrer Auswahl erzeugt hat.

7 Nehmen Sie im Eigenschaftenbedienfeld die folgenden Einstellungen vor:

- Ziehen Sie den Farbtonregler, bis die Farben neutraler aussehen (wir haben den Wert **-5** benutzt).
- Stellen Sie die Sättigung so ein, dass die Farbintensität normal wirkt (wir haben den Wert **-40** benutzt).
- Übernehmen Sie für die Helligkeit den Vorgabewert (0).

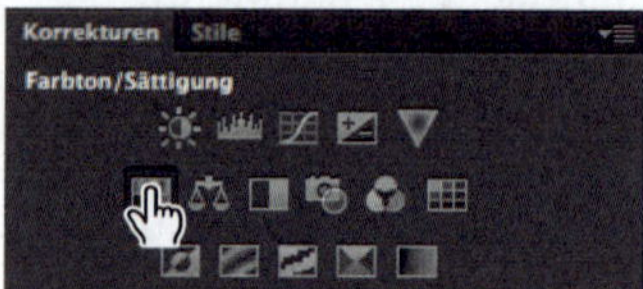

8 Wählen Sie **Ansicht: Farbumfang-Warnung**. Sie haben nahezu alle Farben außerhalb des Farbumfangs entfernt. Wählen Sie erneut **Ansicht: Farbumfang-Warnung**, um diese Funktion auszuschalten.

9 Die Datei *14Arbeit.tif* ist noch gewählt. Wählen Sie **Datei: Drucken**.

10 Nehmen Sie im Dialogfeld »Drucken« die folgenden Einstellungen vor:

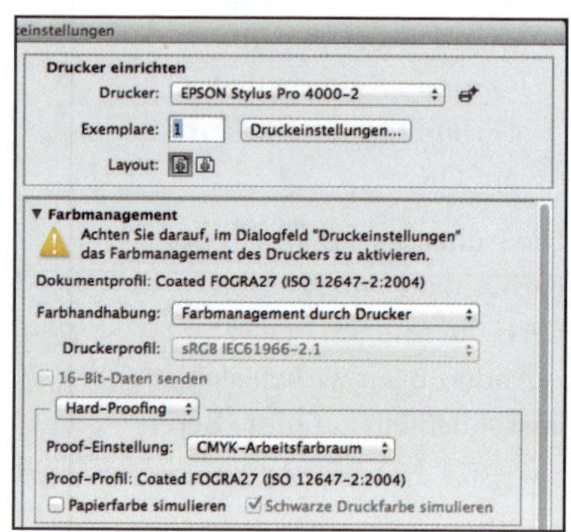

- Wählen Sie Ihren Drucker.
- Wählen Sie oben rechts aus dem Popup-Menü die Option »Farbmanagement«.
- Aktivieren Sie die Option »Proof« für das von Ihnen gewählte Proof-Profil.
- Wählen Sie für »Farbhandhabung« die Option »Farbmanagement durch Drucker«.
- Aktivieren Sie für »Proof-Einstellung« die Option »CMYK-Arbeitsfarbraum«.
- Wenn Sie mit einem PostScript-Farbdrucker arbeiten, klicken Sie auf »Drucken«. Vergleichen Sie das Druckergebnis mit der Monitordarstellung. Ansonsten klicken Sie auf »Abbrechen«.

Bild als CMYK-EPS-Datei speichern

Sie speichern das Bild als EPS-Datei im CMYK-Format.

1 Die Datei *14Arbeit.tif* ist noch gewählt. Wählen Sie **Datei: Speichern unter**.

2 Wählen Sie im Dialogfeld »Speichern unter« die folgenden Optionen:

- Wählen Sie aus dem Popup-Menü »Format« die Option »Photoshop EPS«.
- Aktivieren Sie unter »Farbe« die Option »Proof-Einstellungen«. Kümmern Sie sich nicht um den Warnhinweis – Sie speichern die Datei als Kopie.
- Übernehmen Sie den Dateinamen **14Arbeit Kopie.eps** und klicken Sie auf »Speichern«.

Hinweis: Das Bild wird mit diesen Einstellungen automatisch von RGB in CMYK umgewandelt, sobald es im Photoshop-EPS-Format gespeichert wird.

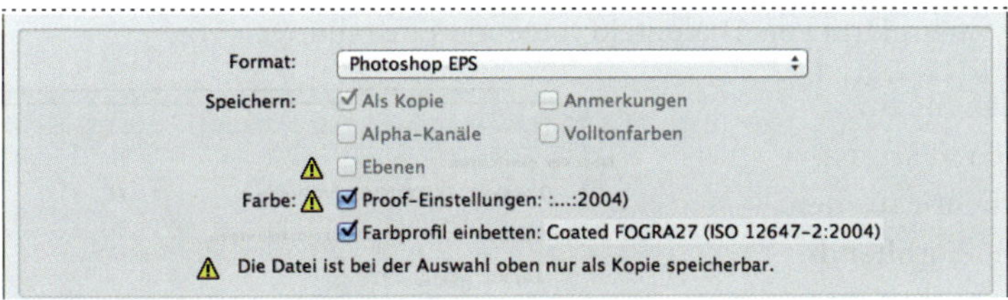

3 Klicken Sie im Dialogfeld »EPS-Optionen« auf OK.

4 Speichern und schließen Sie die Dateien *14Arbeit.tif* und *14Arbeit Kopie.tif*.

5 Wählen Sie **Datei: Öffnen** und öffnen Sie die Datei *14Arbeit.eps* im Ordner *Lektionen/Lektion14*.

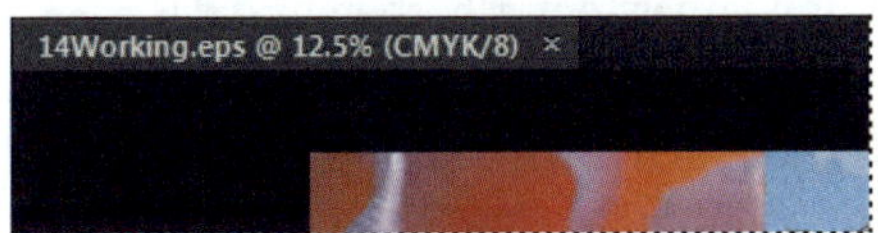

Die Titelleiste des Bildes zeigt an, dass *14Arbeit.eps* jetzt eine CMYK-Datei ist.

Video: Das Video »Bilder für den Druck aufbereiten« auf der Buch-DVD zeigt mehr zum Thema. Weitere Informationen finden Sie unter »Den Ordner Video-Training installieren« auf Seite 13.

Drucken

Für den Druck Ihrer Bilder sollten Sie die folgenden Richtlinien beachten, um zu optimalen Ergebnissen zu gelangen:

- Drucken Sie zur Kontrolle und auf Tintenstrahl-/Laser-Druckern ein *zusammengesetztes Farbbild*, häufig auch als *Composite* bezeichnet. Stellen Sie sich ein Composite als einzelne Druckplatte vor, auf der die Kanäle Rot, Grün und Blau eines RGB-Bildes oder die Kanäle Cyan, Magenta, Gelb und Schwarz eines CMYK-Bildes kombiniert sind. Die Änderungen der einzelnen Druckfarben zeigt Photoshop als Teil des endgültigen, aus allen Kanälen zusammengesetzten Bildes (Composite).
- Geben Sie die Parameter für das Halbtonraster an.

- Drucken Sie Farbauszüge, damit das Bild auch wirklich richtig separiert wird.
- Zuletzt erfolgt die Ausgabe auf Film oder Druckplatte.

1 *14Arbeit.eps* ist noch geöffnet. Wählen Sie **Datei: Drucken**.

Photoshop druckt Dokumente bzw. Bilder standardmäßig als Composite. Um für Farbseparationen zu drucken, müssen Sie im Dialogfeld »Drucken« entsprechende Einstellungen vornehmen.

2 Nehmen Sie im Drucken-Dialogfeld folgende Einstellungen vor:

   - Wählen Sie im Bereich »Farbmanagement« aus dem Menü »Farbhandhabung« die Option »Separationen«.
   - Klicken Sie auf »Drucken«.

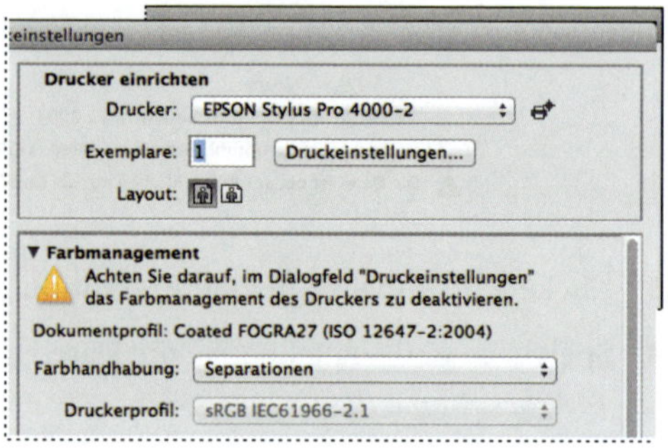

3 Wählen Sie **Datei: Schließen**, ohne die Änderungen zu speichern.

Damit ist die Einführung in die Produktion konsistenter Farben und das Drucken in Adobe Photoshop abgeschlossen. Wenn Sie mit einem Desktop-Drucker arbeiten, sollten Sie mit den verschiedenen Einstellungen experimentieren, um die besten Farbeinstellungen für Ihr System herauszufinden. Wenn Sie Bilder für den professionellen Druck aufbereiten, fragen Sie die Druckerei nach den benötigten Einstellungen. Weitere Informationen über Farbmanagement, Drucken und Farbseparationen finden Sie in der Photoshop-Hilfe.

Fragen

1 Welche Schritte müssen für das akkurate Reproduzieren von Farben eingehalten werden?

2 Was ist ein Farbumfang?

3 Was ist ein ICC-Profil?

4 Was sind Farbseparationen?

Antworten

1 Kalibrieren Sie Ihren Monitor und verwenden Sie anschließend das Dialogfeld »Farbeinstellungen«, um die verwendeten Farbräume festzulegen. Geben Sie beispielsweise an, welchen RGB-Farbraum Sie für Online-Bilder und welchen CMYK-Raum Sie für auszudruckende Bilder verwenden wollen. Anschließend proofen Sie das Bild, prüfen es auf Farben außerhalb des Farbraums, korrigieren eventuelle Farbabweichungen und erstellen für zu druckende Bilder Farbseparationen.

2 Der Farbbereich, der mit einem Farbmodell reproduziert wird. Beispielsweise unterscheiden sich der Farbumfang beim RGB- und der beim CMYK-Farbmodell ebenso wie bei zwei RGB-Scannern.

3 Ein ICC-Profil ist eine Beschreibung für den Farbraum eines Geräts, wie z. B. der CMYK-Farbraum für einen bestimmten Drucker. Programme wie Photoshop interpretieren die in einem Bild enthaltenen ICC-Profile und stellen damit eine konsistente Farbdarstellung für unterschiedliche Programme, Plattformen und Geräte sicher.

4 Farbseparationen sind Farbauszüge, etwa für die Druckplatten im Offsetdruck. Eine Farbseparation wird erstellt, sobald ein Bild in den CMYK-Modus umgewandelt wird. Die Farben im CMYK-Bild setzen sich aus vier Farbkanälen mit diesen Prozessfarben zusammen: Cyan, Magenta, Gelb und Schwarz.

INDEX

SYMBOLE

A

B

C

D

E

F

G

H

I

J

K

L

M

N

O

P

Q

R

S

T

U

V

W

X

Y

Z